O QUE A BÍBLIA NÃO NOS CONTOU

J. Douglas Kenyon (org.)

O QUE A BÍBLIA NÃO NOS CONTOU

A História Secreta sobre as Heresias da Religião Ocidental

Tradução:
HENRIQUE AMAT RÊGO MONTEIRO

Editora Pensamento
SÃO PAULO

Título original: *Forbidden Religion*.

Copyright © 2006 J. Douglas Kenyon.

Publicado pela primeira vez nos EUA por Bear & Company, uma divisão da Inner Traditions International, Rochester, Vermont.

A Editora Pensamento-Cultrix Ltda. não se responsabiliza por eventuais mudanças ocorridas nos endereços convencionais ou eletrônicos citados neste livro.

Todas as ilustrações foram reproduzidas da revista *Atlantis Rising* ou sob outros aspectos conhecidas.

Resumo: "Revela a ameaça que une caminhos espirituais que se opõem às religiões ortodoxas por todos os séculos e o desafio que proporciona o *status quo*" — fornecido pelo editor da língua inglesa.

Revisão: Adilson Silva Ramachandra.

Dados Internacionais de Catalogação na Publicação (CIP)
(Câmara Brasileira do Livro, SP, Brasil)

O que a Bíblia não nos contou : a história secreta sobre as heresias da religião ocidental / J. Douglas Kenyon, (org.) ; tradução Henrique Amat Rêgo Monteiro. — São Paulo : Pensamento, 2008.

Título original: Forbidden religion : suppressed heresies of the west
Vários autores.
ISBN 978-85-315-1545-3

1. Cristianismo — Literatura controversa 2. Cristianismo — Miscelânea 3. Jesus Cristo — Miscelânea 4. Maçonaria — Aspectos religiosos — Cristianismo 5. Sociedades secretas — Aspectos religiosos — Cristianismo I. Kenyon, J. Douglas.

08-05348   CDD-273

Índices para catálogo sistemático:

1. Cristianismo : História : Controvérsias doutrinas 273
2. Heresias : História da Igreja : Cristianismo 273

O primeiro número à esquerda indica a edição, ou reedição, desta obra. A primeira dezena à direita indica o ano em que esta edição, ou reedição, foi publicada.

Edição   Ano
1-2-3-4-5-6-7-8-9-10-11   08-09-10-11-12-13-14-15

Direitos de tradução para o Brasil
adquiridos com exclusividade pela
EDITORA PENSAMENTO-CULTRIX LTDA.
Rua Dr. Mário Vicente, 368 — 04270-000 — São Paulo, SP
Fone: 2066-9000 — Fax: 2066-9008
E-mail: pensamento@cultrix.com.br
http://www.pensamento-cultrix.com.br
que se reserva a propriedade literária desta tradução.

Sumário

Terceira Parte
O Papel Central dos Sinclair da Escócia

Sexta Parte
O Espírito e a Alma

Agradecimentos

A todos a quem atribuí um crédito especial em *Forbidden History* [*História Proibida*] — o nosso livro anterior — uma vez mais dedico outra dose de gratidão pela produção de *O que a Bíblia Não Nos Contou*. Incluindo, é claro, minha esposa, meus pais, meus patrocinadores financeiros iniciais e muitos outros que possibilitaram a publicação da revista *Atlantis Rising* — bem como este projeto mais recente.

Desta vez, entretanto, gostaria de fazer um acréscimo importante à lista de colaboradores a quem sou profundamente grato.

Refiro-me aos fundadores dos Estados Unidos e o seu legado de salvaguardas que nos deixaram por meio da Constituição americana. Nos dias atuais, quando tantos como nós sentem-se livres para desafiar a autoridade estabelecida onde quer que se encontre, vale a pena lembrar que tais confrontos nem sempre foram tão fáceis, um fato que permanece verdadeiro em boa parte do mundo atual. Na realidade, conforme exprimimos nestas páginas, muitos dos nossos antepassados pagaram com a própria vida por tentar expressar sentimentos bem semelhantes aos expostos aqui.

Contudo, o fato de que, em nosso país, tanto a liberdade religiosa — um assunto não menos importante em um livro intitulado *O que a Bíblia Não Nos Contou* — como a liberdade de imprensa, tão cara a todos os que atuam no mercado editorial, atualmente sejam dadas como certas é, a um só tempo, algo maravilhoso e um motivo de grave preocupação. Se nos esquecemos de quanto somos afortunados, será que podemos esperar que essa situação perdure? Numa época em que tantos se sentem ameaçados pelas liberdades dos outros — especialmente a liberdade de consciência — e buscam meios para negar tais direitos àqueles de quem divergem, não devemos ignorar o quanto a vigilância é importante.

O fato de que essas liberdades, pelo menos como estão expressas na Constituição americana, tenham se tornado um direito comum não significa que devam ser ignoradas. Sem elas, suspeitamos que muitos fariam o máximo possível para impedir que publicações como esta vissem a luz do dia. Somos imensamente gratos por estar livres da opressão dessa gente, e por poder discutir os nossos assuntos abertamente, sem temer as conseqüências.

Introdução

J. DOUGLAS KENYON

A história do mundo, alegam alguns, é a história de uma guerra entre sociedades secretas. E a religião, sustentam esses, nada mais é do que a ponta de um *iceberg* secreto, e por ela a atividade humana é conduzida para o bem ou para o mal. Do mesmo modo que os líderes podem ter guardado segredo das suas verdadeiras intenções, assim também os verdadeiros propósitos de muitas religiões foram mantidos ocultos da opinião pública.

No entanto, assim como acontece com o vento, a invisibilidade não significa ausência de força, direção ou intensidade que, a um observador atento, podem revelar o objetivo final. Do mesmo modo como as religiões autorizadas podem levar adiante os propósitos ocultos dos poderes que são, existem as religiões praticamente *proibidas* impossibilitadas de fazê-lo, e os seus seguidores precisam reunir-se em segredo.

Se a religião é definida como um conjunto de crenças e práticas mantidas pelos seus fiéis, afirmando a natureza da divindade e a relação dessa divindade com a humanidade, então, na realidade, muitas pessoas são religiosas sem o saber. Na verdade, até mesmo os que negam a existência de uma divindade são igualmente religiosos, uma vez que admitem uma crença na natureza da divindade (isto é, que *não* existe) que não podem provar e que mantêm por alguma coisa muito parecida com a fé.

Enquanto isso, muitos vieram a acreditar que, por trás do véu, os cordões são manipulados e pregadores de todos os credos — incluindo o secular, o científico e o político — proclamam visões que lhes teriam sido reveladas, enquanto uma antiga e invisível partida de xadrez entre as elites ocultas moldou a nossa história desde o princípio e continua a fazê-lo até hoje. Esse embate grandioso concentra-se nas verdadeiras dimensões do eu espiritual humano, e o que pode estar em jogo é a própria sobrevivência da alma humana.

De um lado estão aqueles que consideram a raça humana como pouco mais que consumidores de doutrinas materiais fabricadas artificialmente — as doutrinas religiosas e as acadêmicas subentendidas. De acordo com essa linha de pensamento, somos todos produtos da luta darwiniana e nada mais. Qualquer reivindicação nossa em relação ao valor e à dignidade deve-se unicamente ao nosso avanço coletivo desde que deixamos as cavernas apenas alguns milênios atrás, a partir do que, somos informados, nos empenhamos em uma ascensão heróica até a nossa estatura "grandiosa" atual. Noções de imortalidade e possibilidades transcendentes pessoais são consideradas ilusões nascidas do condicionamento social — nada mais que isso.

Os que apóiam outra visão, porém, vêem possibilidades ilimitadas em cada um de nós — não excluindo a imortalidade pessoal. Não importa que a psique humana atual claramente sofra em razão das feridas antigas. O esquema evolutivo é considerado por esses otimistas como muito maior, mais sutil e, realmente, mais sublime do que a mera sobrevivência do mais adaptado.

E ainda assim, nesta nossa época, tantos de nós continuam escravizados por um conceito antiquado da própria identidade. Programados para aceitar a autoridade do sistema científico/secular/humanista dominante, desistimos das possibilidades mais elevadas inerentes a cada um dos seres humanos. O edifício governante — com profundas raízes acadêmicas — convence à maioria de que as suas formulações são questões estabelecidas, muito além do questionamento. Só nos resta desempenhar o papel que nos foi designado — nada mais que isso.

Os autores deste livro sustentam que a lógica subjacente ou a razão na qual o sistema estabelecido baseia a sua autoridade — seja ele a Igreja, o Estado ou o meio acadêmico — é enganadora, senão corrupta, e tem sido assim durante um período de tempo muito, muito longo.

No centro da questão permanece a velha disputa sobre como saber a verdade de qualquer coisa — e qual é melhor, a ciência ou a religião? Não nos esqueçamos de que a distinção entre ciência e religião, tão fundamental para a perspectiva do século XXI, é inteiramente moderna, nascida da alienação da civilização ocidental. Só uma sociedade que vê um grande hiato entre o que é interior, espiritual, e o que é exterior, material, seria capaz de traçar uma distinção tão profunda entre os dois. Até mesmo a física quântica demonstra a falta de separação entre o observador e o que é observado, e ainda assim continuamos obstinadamente presos às nossas acalentadas — mas artificiais — distinções.

Os antigos não dividiam o mundo dessa maneira. Para eles, ciência e religião eram uma coisa só. O que importava era a verdade suprema, não a categoria. Se a sua compreensão esclarecida da alma era um conhecimento real e não inteiramente baseada na fé — como aprendemos a acreditar atualmente — quem pode dizer que tipo de ciência e tecnologia poderia ou não ter-se desenvolvido?

O estudo de temas como eletricidade, magnetismo, gravidade e energia poderia ter-se desenvolvido a partir da experiência com a alma à procura da imortalidade? Para nós, o mundo natural como é atualmente definido está sujeito ao estudo científico; mas se não pudermos defini-lo, o chamamos de sobrenatural e o consideramos — se não alucinação — simplesmente além da compreensão humana.

Talvez os antigos não fossem tão limitados assim. Se, conforme encontramos nos seus legados, a nossa tentativa arrogante de classificar os seus trabalhos falhou, a falha muito provavelmente é mais nossa do que deles.

Conhecimento, conforme se diz, é poder. Também ouvimos dizer que um conhecimento pequeno é algo perigoso (ênfase no *pequeno)*. Pensamos que a pergunta importante é: Afinal, o que é conhecimento? Ou — aproveitando a deixa de um pensamento neurótico contemporâneo — será mesmo que o conhecimento existe?

Em muitas grandes e antigas tradições espirituais, a gnose ou o conhecimento de qualquer tipo — o conhecimento de si mesmo, o conhecimento da verdade, o conhecimento do amor — é *uma* meta, senão *a* meta, da vida. E ainda assim, ao vermos a cultura ocidental questionando a própria possibilidade de saber alguma coisa com certeza, que dizer das respostas para as perguntas supremas sobre a verdade: Quem somos? De onde viemos? Qual é o sentido da nossa vida?

O problema, é claro, não é se existe uma coisa como a verdade, mas até que ponto somos capazes de apreender o que quer que ela possa ser. Desde *Matadouro 5* a *Laranja Mecânica*, de *O Apanhador no Campo de Centeio* a *Rebelde Sem Causa*, incontáveis mitos contemporâneos disputam a capacidade da humanidade para entender a verdade como uma espécie de heroísmo. Da psicanálise ao existencialismo, da ética situacional ao politicamente correto, o pensamento atual tem prejudicado a autoridade que acompanha o verdadeiro conhecimento. À maneira de Hamlet, só nos resta imaginar se deveríamos *ser* oú *não ser*.

Em tais assuntos, a ciência — ao menos o tipo de ciência que domina a civilização atual — faz-nos pouco bem. O melhor que um método empírico honesto pode esperar é alcançar uma indicação de probabilidades. Em nenhuma parte nos corredores dos meios acadêmicos encontra-se o conhecimento puro, do tipo que vem com o que o filósofo Theodore Roszak chamou de "declaração rapsódica". Presente em quantidades copiosas, entretanto, está o desespero.

Quando, alguns séculos atrás, decidimos livrar-nos do sacerdócio corrupto da Idade Média e voltar-nos para o que pensamos ser um modo mais esclarecido de decidir as coisas, acreditamos que estávamos nos aproximando mais do verdadeiro saber. Ironicamente, o que obtivemos em troca foi a *dúvida*, e em lugar das velhas superstições surgiu um tipo novo de medo. Em vez do fogo do inferno, encontramos o vazio. Levou algum tempo para as implicações mergulharem profundamente, mas quem pode questionar se uma disseminada ânsia de certeza ameaça subjugar a civilização?

Tristemente, essa carência não solicitada já nos levou muito além do limiar da loucura e para o abismo. O vácuo de conhecimento criado pelo nosso corrupto sacerdócio científico desovou uma multidão de falsos padres e charlatães, que prometem o verdadeiro vinho do conhecimento espiritual ao mesmo tempo que oferecem uma pletora de venenos — do genocídio à *jihad*. Seja Adolf Hitler ou Osama bin Laden, os flautistas do inferno, explorando o desejo humano legítimo de respostas supremas, continuam a enganar as massas desavisadas.

Ironicamente, no alvorecer do século XXI, uma relíquia do pensamento do século XIX mantém refém o pensamento moderno. Ainda representando o seu estranho ritual kabuki na cena pública vê-se algo que pode razoavelmente ser chamado de culto ao reducionismo.

Essa filosofia arcaica — também conhecida, ironicamente, como positivismo lógico — promoveu o materialismo e doutrinas como o darwinismo social, o behaviorismo, o marxismo e até mesmo a frenologia (um método segundo o qual o caráter humano pode ser entendido pela medição do crânio). O positivismo lógico fomentou muitas outras noções desacreditadas, enquanto insistia em que o universo poderia ser explicado em termos simples inteiramente transparentes à ciência convencional.

Para os positivistas lógicos, o cosmos funciona mais ou menos como uma gigantesca máquina de fliperama, com os objetos colidindo e caindo de modos inerentemente compatíveis com a ciência do momento. Eles tinham pouco uso para a metafísica, a espiritualidade ou as forças invisíveis em geral, e certamente não teriam se preocupado muito com a física quântica. O conceito reducionista, há muito tempo classificado pelas mentes mais perspicazes como ingênuo ao extremo, foi amplamente substituído por noções mais profundas e mais sutis promovidas por pensadores como Jung e Einstein. Não obstante, a exemplo do conde Drácula, o pensamento reducionista militante obstinadamente aferra-se à sua existência crepuscular.

Atualmente, o reducionismo conserva uma influência considerável sobre grande parte do pensamento vigente nos meios acadêmicos, nas esferas políticas e na mídia. Os mais corajosos dessa espécie até mesmo se apresentam como praticantes de um sacerdócio virtual de "desmistificação" profissional, fingindo desnudar as supostas falácias e o charlatanismo que ameaçam os seus pressupostos mais acalentados — estranhamente, fazendo lembrar os inquisidores dominicanos de um tempo ainda mais obscuro. A tarefa reducionista é auxiliada, em uma escala nada insignificante, pela ignorância pública disseminada dos fatos pertinentes. Pregações sutis desse sistema de crenças primitivo podem ser encontradas no noticiário científico atual. Ali, são apresentadas as descobertas da comunidade de pesquisa para explicar as evidências de conceitos que são anátemas para os reducionistas materialistas — por exemplo, a crença no paranormal é considerada como algo que surge fora da predisposição genética; a experiência de quase-morte é uma anomalia do cérebro; Deus é uma partícula subatômica; e assim por diante.

Michael Shermer, um pretenso cético, autor de *Why People Believe Weird Things*, defende em um artigo na revista *Scientific American* que "as pessoas inteligentes acreditam em coisas estranhas porque têm a capacidade de defender as convicções a que chegaram por razões não inteligentes". Por "estranhas", o senhor Shermer entende as noções que rejeita ou que não pode entender, e uma vez que admite que pessoas inteligentes as adotam, vê-se forçado ou a descartá-las ou a confessar as próprias insuficiências. Não surpreendentemente, ele escolheu a primeira alternativa.

A exemplo de uma criança retardada, o reducionista impenitente deduz que a carroça impulsiona o cavalo — não o contrário.

Mas surgem sinais de esperança. Na verdade, algo na nossa psique coletiva pode ter-se liberado com o choque do 11 de Setembro nos Estados Unidos e as suas conseqüências, forçando-nos a pensar em coisas que tínhamos deixado de lado ou esquecido há muito tempo. Em face de ameaças gigantescas à própria vida, a procura de um sentido e do verdadeiro propósito da existência ganhou uma nova urgência para muitos; por conseguinte, estamos menos tolerantes às fraudes e aos engodos que, em tempos menos turbulentos, deixaríamos passar impunemente. Tais mudanças não representam um bom presságio para os comerciantes de ilusões que florescem nas sombras do crepúsculo.

Filosofias e paradigmas científicos limitadores das possibilidades da alma humana refletem claramente a corrupção no topo do sistema estabelecido das idéias. Nesse último quarto de século apareceram inúmeras fraudes e estratagemas calculados para nos alinhar com visões de mundo desacreditadas — ou o que poderia ser chamado de falsas religiões.

Doutrinas geradas "cientificamente" declarando sermos meros animais — acidentes da natureza para quem o destino é uma ilusão sem sentido — parecem não mais impressionar as pessoas nem fortalecer guardiães auto-ungidos da verdade suprema. Não obstante os esforços frenéticos para prolongar a sua posição no topo, um sacerdócio "científico" corrupto — fora do alcance com a sua própria divindade — vê o vazio dos seus pronunciamentos oficiais tornar-se evidente a todos e a sua retirada das plataformas de autoridade inevitável.

O recente *best-seller* de Dan Brown, o romance *O Código Da Vinci*, chamou a atenção de todos — e, do ponto de vista ortodoxo, de maneira inconveniente — para diversos assuntos raramente considerados pelo público em geral. Na medida em que possa resultar em alguma instrução extremamente necessária, nós o aplaudimos. Há muito ultrapassamos o ponto em que os aspectos mais cruciais da história reprimida da civilização ocidental deveriam ser alardeados aos quatro ventos. Qualquer intenção secreta de Leonardo da Vinci ou dos seus colegas vale a pena ser desvendada. Contudo, na medida em que Brown, do nosso ponto de vista, falseou muitos dos assuntos que revela, não estamos assim tão satisfeitos. É uma pena que as multidões em seu primeiro contato com esse universo esotérico sejam, na nossa opinião, tão mal servidas.

Sugerir, por exemplo, que o Santo Graal seja uma determinada pessoa, ou até mesmo uma linhagem, parece uma interpretação inadequada e superficial de um mistério verdadeiramente profundo. No mínimo, é uma postura reducionista e materialista, senão idólatra, que desconsidera a questão sublime essencial, levantada por grandes sábios e santos tanto do Oriente quanto do Ocidente, de que "o reino do Céu está dentro de ti" (leia-se: "em todos nós"). Certamente, Parsifal e os seus cavaleiros precisaram aprender bem essa lição ou desistir da busca pelo Graal. Os budistas têm um ditado: "Se você encontrar o Buda na estrada, mate-o." A questão é a seguinte: não identifique a sua libertação em um ser físico externo — olhe para dentro de si.

Não temos nenhuma dúvida de que, na busca pelo poder, as instituições corruptas deste planeta fizeram o tipo de jogo que Brown descreve (este livro detalha muitos deles). Felizmente, nesse tipo de jogo não se inclui o que alguns chamam o "jogo final", o qual — para aqueles que têm ouvidos para ouvir e olhos para ver — está escrito nas entrelinhas, muito embora esquecido, dos nossos textos sagrados.

Uma questão importante a entender é que, no desenvolvimento da nossa civilização, o feminino divino foi rejeitado e espezinhado. Consideramos igualmente importante entender que os meios para a salvação encontram-se dentro de todos nós, não confinados em uma elite secreta. O feminino divino dentro de nós deve ser harmonizado com os nossos aspectos masculinos, elevando-o bem acima da fase rudimentar. Quando se persegue essa elevação com ardor e honestamente, os ensinamentos da sabedoria dos antigos dizem que as energias da vida se elevam como a seiva na primavera através do eixo da espinha. Essa comunhão das polaridades masculina e feminina em todos os níveis faz os chakras florescerem, culminando no desdobramento do lótus de mil pétalas na coroa, com um novo nascimento na nova terra da infinidade — um mundo não limitado pelos constrangimentos mortais.

Essa, acreditamos, é a natureza da iluminação e a meta da evolução. E ainda assim, a exemplo dos sete cegos e o elefante — em que cada um tenta usar a própria experiência limitada para descrever algo que lhe é praticamente indescritível —, tendemos a interpretar, de acordo com a nossa luz pessoal. Se perdermos a visão da nossa imortalidade, a simples procriação parecerá a melhor coisa que temos feito.

A busca da verdade não pode e não deve ser abandonada — longe disso. Estamos convencidos, porém, de que se deveria procurar a meta de maneira mais sadia, mais sábia e com menos fanatismo.

Para os que estão perdidos no mar da vida contemporânea sem sentido e que ainda buscam navegar além das angras de piratas e entrar no porto seguro da verdadeira gnose, lembrem-se de que qualquer um que alegar conhecimento especial de tais assuntos — visando a autoridade que acompanha tal conhecimento — está sujeito ao questionamento e deve ser instado, entre outras coisas, a mostrar os seus verdadeiros frutos.

Em outras palavras, ao avaliar a verdade, para provar a veracidade de algo, a melhor maneira é vivenciar pessoalmente. Nada substitui a experiência direta.

PRIMEIRA PARTE

CRISTIANISMO: A VERDADE POR TRÁS DO VÉU ORTODOXO

1 O Mistério de Cristo

HÁ MAIS COISAS NESSA HISTÓRIA QUE NEM
MESMO HOLLYWOOD IMAGINA?

J. DOUGLAS KENYON

Enquanto multidões de pessoas afluíam aos milhares aos cinemas para assistir ao filme *A Paixão de Cristo*, de Mel Gibson, por todo lado surgia um grande número de controvérsias. Entre alguns a questão era: imagens de tamanha violência visual poderiam servir a um propósito espiritual? Entre outros, indagações sobre o anti-semitismo eram fundamentais, enquanto outros ainda percebiam o cumprimento de uma agenda religiosa. Para os magnatas de Hollywood, entretanto, o negócio era clonar a fórmula, desenvolver uma franquia e quem sabe criar uma máquina sagrada de fazer dinheiro.

Mas, pelo menos, numa coisa todo mundo concorda: o filme foi um fenômeno, quebrando a maioria dos recordes de bilheteria. *A Paixão de Cristo*, ao que parece, pode ter-se beneficiado da mesma matriz energética que permitiu o nascimento da religião cristã antes de mais nada. Sem dúvida nenhuma, a saga de um herói sacrificado injustamente pelos crimes do povo foi a inspiração de incontáveis lendas de muitas culturas, e a catarse decorrente da sua repetição freqüente ofereceu, ao longo dos séculos, uma medida nada desprezível de exaltação cultural.

No seu livro *Hero with a Thousand Faces** e em outros, o mitólogo Joseph Campbell sugere que a jornada solitária do Herói universal — oriental ou ocidental — é fundamental para a sobrevivência da tribo humana, muito embora essa tribo possa perseguir e até mesmo matar o seu benfeitor. Outros, a exemplo de *sir* James Frazer, em *The Golden Bough*, apresentam argumentos

---

* *O Herói de Mil Faces*, publicado pela Editora Pensamento, São Paulo, 1988.

semelhantes. Na verdade, ecos desse tema estão por trás de muitos dos melhores esforços de Hollywood, de *Lorde Jim* a *O Homem Que Queria Ser Rei*.

Infelizmente, Mel Gibson parece pouco interessado nessas coisas. Como no seu grande sucesso anterior, *Coração Valente*, ele parece mais preso aos detalhes visuais da tortura física. *Paixão* gasta uns dez intermináveis minutos nos detalhes do flagelo de Jesus pelos guardas romanos, e se demora em minúcias excruciantes dos aspectos mais violentos da história. Na cena do clímax de *Coração Valente*, a execução do herói escocês de Gibson, William Wallace, é mostrada em vívidos detalhes. Essa profusão de imagens, defende-se Gibson, serve para envolver o público emocionalmente. Realmente pode ser, mas quanto a isso servir a algum outro propósito mais elevado é discutível.

Paixão baseia a sua narrativa em grande medida nos Evangelhos e na tradição católica comum. As catorze estações da Via Sacra são retratadas fielmente, incluindo a cena em que Verônica enxuga o rosto de Jesus. Embora provavelmente a cena seja pouco conhecida da maioria dos protestantes evangélicos, assim mesmo eles admiraram o filme. Com relação aos acontecimentos reais das últimas horas de Jesus, Gibson distancia-se um pouco da ortodoxia, indubitavelmente aproximando-se dos cristãos conservadores visceralmente opostos às versões menos convencionais distribuídas por Hollywood (por exemplo, *A Última Tentação de Cristo*).

As opiniões se dividem largamente entre os crentes e não-crentes. De um lado posiciona-se o cristianismo dominante — representado pelos católicos e protestantes — e do outro, a instituição humanista secular. Ironicamente, ambos os lados baseiam a sua reação em uma interpretação bíblica literal. Os cristãos que lêem a Bíblia literalmente e fundamentam a sua crença de acordo com essa visão são criticados pelos secularistas que contestam a leitura literal da Bíblia e mantêm a sua *des*crença de acordo com essa visão.

Por exemplo, a acusação de que *A Paixão de Cristo* seja um libelo anti-semítico baseia-se no medo de que a culpa pela crucificação recaia sobre os judeus, cuja elite sacerdotal do século I fornece o vilão da história. Uma visão mais esclarecida — que considera o antagonista como a elite do poder corrupto onipresente em todas as gerações — perde-se na argumentação. Deixamos de notar os "escribas e fariseus" que estão por toda a parte ao nosso redor, e que aparecem na nossa cultura moderna sob os mais variados disfarces — talvez como professores de faculdade ou intelectuais pregando novas e mais insidiosas doutrinas de intolerância.

Os dois campos tentam aplicar um padrão essencialmente materialista a uma temática normalmente considerada espiritual. Quase despercebido no tumulto há um terceiro ponto de vista, que procura encontrar o significado em termos simbólicos, ao longo de alguns atalhos menos percorridos da história. Geralmente estereotipados como "Nova Era", os seus partidários podem realmente reivindicar uma genealogia muito mais antiga do que a maioria das religiões mais populares, incluindo o cristianismo e até mesmo o judaísmo. Algumas vezes chamados de sabedoria eterna, ou uma versão esotérica ou mística do cristianismo, os contornos gerais dessa visão são aceitos por autoridades tão diversas quanto Edgar Cayce, Mary Baker Eddy, Paramahansa Yogananda e Helena Petrovna Blavatsky.

Ilustração 1.1. *A Cabeça de Cristo*, uma representação tradicional de Jesus, num quadro de Rembrandt van Rijn, de 1655.

De acordo com esse pensamento, o verdadeiro poder da mensagem de Cristo para conferir a vida eterna foi subtraído do cristianismo por uma elite corrupta. Em uma tentativa de frustrar as aspirações naturais dos "filhos de Deus" na Terra — ou seja, o retorno do pai/ criador — o verdadeiro vinho de uma antiga tradição de sabedoria representada por Jesus foi convertido em mera água pelos poderes e principados da Terra.

Os defensores do cristianismo esotérico observam que a Bíblia, como é constituída atualmente, é o produto de concílios eclesiásticos convocados para resolver as controvérsias dos primeiros tempos. O Concílio de Nicéia, por exemplo, reuniu-se em 325 d.C. por convocação de Constantino I, o imperador de Bizâncio recém-convertido ao cristianismo. No ponto alto da agenda do concílio achava-se a chamada heresia ariana. Essa discussão, centrada na divindade de Jesus, travou-se entre gnósticos (ou arianos) e nicenos. Os gnósticos visavam dirigir o conhecimento pessoal de Deus (gnose) e considerar seriamente declarações de Jesus tais como: "Não sabeis que sois deuses?" e "O reino do céu está dentro de vós". Os nicenos, por outro lado, consideravam Jesus como o mediador absolutamente essencial entre Deus e o homem. Os gnósticos foram derrotados na votação e os seus ensinamentos extirpados à força da doutrina da Igreja.

Alguns pesquisadores, incluindo Michael Baigent, Richard Leigh e Henry Lincoln, em *The Messianic Legacy*, sustentam que os gnósticos do século IV eram os herdeiros da posição e das responsabilidades do apóstolo Tiago, irmão de Jesus e líder da Igreja no século I. Pouca gente sabe que os primeiros anos da Igreja produziram muitos evangelhos e livros supostamente de autoria de diversos seguidores de Jesus (por exemplo, o Evangelho de Tomé e o Evangelho de Maria Madalena, assim como o recém-descoberto Evangelho de Judas). A maioria desses evangelhos e livros foi destruída por ordem da Igreja, que não queria nenhuma interferência nos seus desígnios. Recentemente, porém, alguns deles foram redescobertos nas proximidades da aldeia de Nag Hammadi, no Egito. A escritora Elaine Pagels incluiu muitos trechos dessas escrituras no seu *best-seller, The Gnostic Gospels.*

Os textos gnósticos parecem preencher as lacunas deixadas pelos chamados Manuscritos do Mar Morto, que foram descobertos perto de Qumran, na Palestina, na década de 1950. Apesar da feroz resistência dos acadêmicos ortodoxos, muitos pesquisadores respeitados acreditam que esses pergaminhos teriam sido produzidos por uma seita conhecida como os essênios, um grupo do qual provavelmente Jesus e os seus seguidores fizeram parte. É fácil identificar a semelhança entre muitos dos elementos dos Manuscritos do Mar Morto e os ensinamentos de Jesus.

Norman Golb, autor de *Who Wrote the Dead Sea Scrolls?*, afirma que a análise da caligrafia indica a participação no trabalho de pelo menos quinhentos escribas. Para uma mente razoável, isso sugere que os textos foram produzidos por um movimento amplo abrangendo a Palestina e a Judéia, não por alguma seita minúscula, isolada. Essa visão é apoiada pelo influente pesquisador Robert Eisenman.

Baigent e Leigh, no seu livro *The Dead Sea Scrolls Deception,* recorrem a Eisenman mas chegam a ponto de afirmar que os seguidores de Qumran e os primeiros cristãos não só eram os mesmos, mas também seriam militantes nacionalistas tentando empossar o seu sacerdote/rei, Jesus, no trono de Israel, e possivelmente o irmão dele, Tiago, em seguida. Para tanto, citam a linhagem de Jesus em relação ao rei Davi, conforme o evangelho de Mateus. Na visão deles, Jesus torna-se um rei verdadeiro dos judeus, talvez um defensor da liberdade contra a ocupação romana. Elementos decorrentes dessa linha historiográfica, ao mesmo tempo que podem ter influenciado a história européia, figuram proeminentemente em Baigent e Leigh e no livro *Holy Blood, Holy Grail,* de Lincoln e, mais recentemente, no romance *best-seller* de Dan Brown, *O Código Da Vinci.*

Nos últimos anos, tais revelações oriundas de uma erudição alternativa têm oferecido uma compreensão contundente das origens cristãs. Emergindo

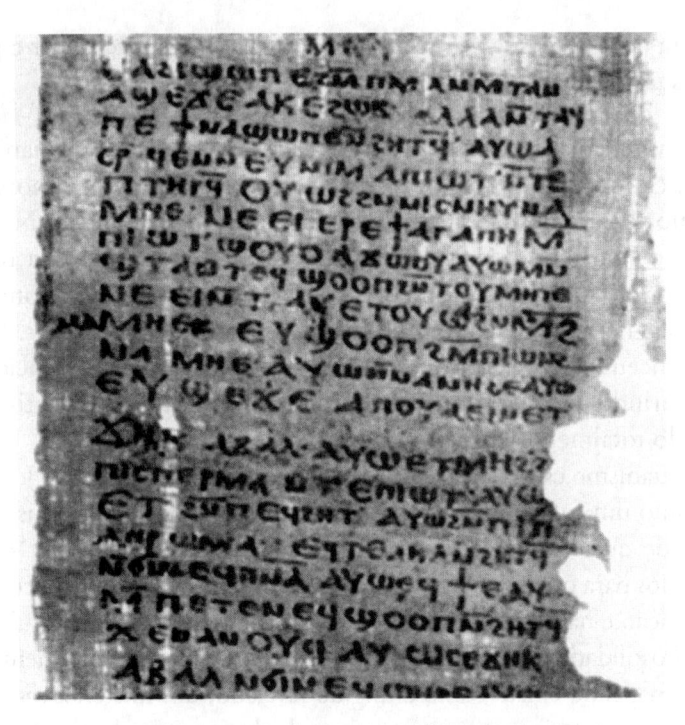

Ilustração 1.2. Fragmento de um evangelho gnóstico. Esses evangelhos foram suprimidos pela Igreja cristã primitiva.

das névoas de antiguidade, esse é um quadro de intrigas e deslealdades no qual os ensinamentos originais de Jesus foram classificados como leis e doutrinas impostas por uma elite sacerdotal em conluio com príncipes seculares determinados a preservar a autoridade. A intenção por trás disso tudo era desviar a atenção das pessoas para longe de noções problemáticas em relação à imortalidade pessoal e em seu lugar colocar o espectro do pecado e da culpa, requerendo a intercessão e a compensação vicária de Jesus. Essa doutrina obrigava a adoração real de Jesus como o único absoluto Filho de Deus e com o fardo de todos os erros humanos pesando apenas sobre os seus ombros.

Assim desincumbidas de aceitar a responsabilidade pelas próprias ações, as pessoas foram desprovidas do poder de encarar os desafios pessoais e, em última análise, transcender as suas circunstâncias — em outras palavras, impedindo-as de pôr em risco a supremacia dos governantes.

Vista nesta perspectiva, a campanha atual — sintetizada pelo filme de Mel Gibson — enfatizando o sofrimento de Jesus e concentrando-se na culpa a ele associada parece ter como objetivo a reenergização da fórmula do controle que

— embora bem-sucedida por séculos — atualmente parece correr o perigo de perder a sua eficácia.

Restam muitos mistérios em relação à vida real de Jesus, e o cristianismo esotérico busca fornecer as respostas. Há anos vêm circulando rumores de que o Vaticano teria suprimido o material relativo à vida de Jesus. Na verdade, alguns sustentam que Jesus teria vivido durante algum tempo na Índia; essa noção é fortalecida por profundas ligações entre o material encontrado nos evangelhos gnósticos e algumas doutrinas espiritualistas orientais. Outra teoria convincente estabelece comparações entre o antigo deus egípcio Osíris e Jesus, sugerindo que determinados aspectos da tradição cristã relativos a Jesus teriam sido totalmente inspirados nesse personagem egípcio.

O cristianismo esotérico apresenta a vida e os ensinamentos de Jesus basicamente como um caminho de iniciação no qual Cristo, agindo mais como um sacerdote do que como um rei, guia os discípulos — aqueles com "olhos para ver e ouvidos para ouvir" — através de vários rituais de purificação, culminando na iluminação e na libertação. (No mínimo, isso poderia se constituir em uma fonte de hostilidade por parte do alto sacerdócio ignorante e ciumento.) Nesse sentido, o papel de Cristo como o ungido revelador dos mistérios sagrados harmoniza-se com a mais pura e mais antiga sabedoria praticada no templo.

Para os iniciados em busca da gnose, cada passo de Jesus assume uma profunda importância simbólica. Num esforço — do ponto de vista espiritual — para assimilar o próprio corpo e o sangue do mestre (o exemplo e os ensinamentos dele), a iluminação resultante do iniciado desbloqueia o mistério da comunhão com o mestre. Essa comunhão sagrada é simbolizada pelo cálice da Última Ceia — também conhecido como o Santo Graal — e conduz à união com o mestre e a vida eterna, ou imortalidade.

Ironicamente, os produtores de *A Paixão do Cristo,* quaisquer que sejam as suas intenções conscientes, podem ter participado de um processo muito maior do que pensavam, e do qual podem ser incapazes de escapar — um processo em que tanto eles quanto o seu público podem ter sido inadvertidamente elevados.

Em uma variação da prática maçônica, o iniciado é convidado a galgar "os 33 degraus do altar espinhal até o local do crânio, onde Cristo é crucificado entre os dois ladrões dos lóbulos anterior e posterior". O conceito é que, à medida que a consciência evolui para a libertação — numa ascensão espiralada através dos vários centros alinhados com a espinha (também conhecidos como chakras) — ao mesmo tempo precisa atravessar as fases simbolizadas pela crucificação. Aqueles que concentrarem a atenção nesse processo podem se beneficiar, entendam ou não o que estejam fazendo.

2 O Paralelismo com Osíris

SUGESTÕES DO IMAGINÁRIO CRISTÃO EM
ARTEFATOS EGÍPCIOS ANTIGOS

RICHARD RUSSELL CASSARO

Por que os egípcios enterravam os seus mortos com uma touca cobrindo-lhes a cabeça, uma barbicha partindo do queixo e um cajado de pastor na mão?

Não há nenhuma teoria universalmente aceita em egiptologia que ofereça uma explicação lógica para esses adornos funerários. Um estudo recente revela que esses adereços compunham a imagem do salvador cristão — um pastor barbado de cabelos compridos. A touca na cabeça, a barbicha e o cajado de pastor tinham um significado simbólico. Eram usados para transformar a aparência externa do defunto na imagem do deus Osíris, a divindade egípcia mais importante de todas e a primeira de que se tem registro como tendo ressuscitado dos mortos.

RELIGIÃO DE RESSURREIÇÃO

"O personagem central da antiga religião egípcia era Osíris", escreveu o falecido egiptólogo *sir* E. A. Wallis Budge, "e os principais fundamentos do seu culto eram a crença na sua divindade, morte, ressurreição e controle absoluto do destino do corpo e da alma dos homens. O ponto religioso central de cada osiriano era a esperança da ressurreição em um corpo transformado e da imortalidade, que ele só poderia perceber pela morte e ressurreição de Osíris."

No início da história egípcia, o costume religioso exigia que os reis mortos fossem enterrados representando a imagem de Osíris. Posteriormente, as classes altas, e finalmente as massas comuns, também passaram a ter um enterro osiriano. O costume refletia a procura entre os egípcios de acompanhar a ressurreição divina.

Henri Frankfort, ex-professor de antiguidade pré-clássica na University of London, ressalta essa idéia: "Pode-se afirmar com segurança que a identificação do morto com Osíris era um meio para um fim, isto é, alcançar a ressurreição na vida futura."

Os hieróglifos usados para representar o nome de Osíris (Ausar) incluem a silhueta de um homem barbado com cabelo comprido. Essa mesma imagem era gravada nos caixões antropomórficos. O *nemes*, touca de cabeça, começando na testa do defunto e caindo-lhe sobre os ombros, simbolizava o cabelo comprido e era amarrado em um rabo-de-cavalo na nuca, como é costume fazer com os cabelos compridos. A barba trançada no queixo representava uma barba longa.

Esse padrão de serviço fúnebre apresenta-nos um mistério fascinante: durante milhares de anos antes do surgimento do cristianismo, os egípcios insistiam em compartilhar da ressurreição de um homem barbado e de cabelos compridos, e conquistar a vida depois da morte!

Caixões representando a imagem de Osíris também exibem um cajado de pastor na mão esquerda, um símbolo inconfundivelmente cristão — Jesus atribuiu a si mesmo o papel de Bom Pastor do rebanho humano e imagens de Cristo mostram-no segurando o cajado de pastor. Objetos de arte egípcios incluem o cajado de pastor nas mãos de Osíris. Na literatura, os seus epítetos *sa* e *Asar-sa* significam "pastor" e "Osíris, o pastor".

O termo *pastor* parece um título apropriado para um líder espiritual amado, cuja religião de ressurreição assegurou uma promessa de vida depois da morte.

A CRUZ DA VIDA

Significativamente, a continuação da vida e a sobrevivência da alma depois da morte eram representadas pela cruz *ankh,* também conhecida como cruz ansata ou cruz egípcia, outro símbolo que tem um correspondente no cristianismo. A cruz ansata era o emblema mais venerado e prolífico nas tradições egípcias; era inscrita em tumbas e templos e representada nas mãos de deuses, reis, padres, ministros, cidadãos comuns e os seus filhos. As suas origens são desconhecidas, mas a sua significação é caracteristicamente semelhante ao significado do crucifixo de Cristo, também simbolizando a vida depois da morte. A Doutrina da Vida Eterna de Jesus é um tema recorrente nos textos sagrados cristãos — em João 11:25, Jesus diz: "Eu sou a ressurreição e a vida; quem crê em mim, ainda que morra, viverá; e todo o que vive e crê em mim não morrerá."

De maneira interessante, os estudiosos dos símbolos vêem na cruz ansata o esboço de um homem crucificado: o círculo superior representa a cabeça; a linha horizontal, os braços; e a linha vertical as pernas pregadas juntas à cruz.

O DIA DO JUÍZO

Depois da ressurreição, Osíris torna-se o juiz das almas dos mortos, com o poder de conceder a vida no céu para aqueles que se comportaram honradamente na Terra. Wallis Budge explica: "Tão antiga quanto a civilização dinástica no Egito era a crença em que Osíris seria o juiz imparcial das ações e palavras humanas, recompensando os íntegros e castigando os maus, e governando um céu em que só ingressavam os seres sem pecado, e que ele tinha o poder de fazer essas coisas porque vivera na Terra, e sofrera a morte, tendo ressuscitado dos mortos."

De maneira semelhante, o Dia do Juízo é uma doutrina fundamental da religião cristã. As almas dos mortos devem se postar diante do tribunal de Cristo para ser julgadas. Aqueles que seguiram os seus ensinamentos durante a vida serão julgados íntegros e admitidos no céu. Em II Coríntios 5:10, as escrituras declaram: "Porque importa que todos nós compareçamos perante o *tribunal* [grifo meu] de Cristo, para que cada um receba segundo o bem ou o mal que tiver feito por meio do corpo."

As representações de Cristo e Osíris como juízes são notavelmente semelhantes.

O quadro de Michelangelo, *O Juízo Final,* tem muitas características em comum com o Dia do Juízo gravado em papiros egípcios e esculpido nas paredes dos túmulos. Na cerimônia egípcia, o coração do defunto — simbolizando a sua virtude, caráter moral e ações terrestres — era posto no prato de uma balança diante de Osíris para ser pesado em comparação com uma única pena representando *Maat,* a lei divina. Se os pratos da balança se equilibrassem, era permitido que o morto entrasse no céu. Como juiz, Osíris era retratado na posição sentada, uma postura que é semelhante à caracterização do tribunal de Cristo nas escrituras cristãs.

O que fazer com essas semelhanças notáveis? Os estudiosos cristãos simplesmente tomaram emprestadas as imagens e os símbolos de Osíris da religião egípcia? Ou essas evidências revelam um fenômeno profundo e até agora não

Ilustração 2.1. O quadro de Michelangelo, *O Juízo Final* (esquerda), tem muito em comum com a imagem que retrata o Dia do Juízo (abaixo) encontrada nas paredes de túmulos egípcios. Na cerimônia egípcia, o coração do defunto — simbolizando a sua virtude, caráter moral e ações terrestres — era posto no prato de uma balança diante de Osíris para ser pesado em comparação com uma única pena representando *Maat*, a lei divina. Se os pratos da balança se equilibrassem, era permitido que o defunto entrasse no céu.

admitido que teria influenciado o sentido da civilização humana? Ao revelar as semelhanças comuns entre as religiões egípcia e cristã, na realidade estaríamos redescobrindo os planos sagrados de uma tradição messiânica antiga que apressou o desenvolvimento cultural e espiritual humano desde o princípio da história?

MITO *VS* FATO

Por ser tão bem conhecida no Egito, a história de Osíris nunca foi registrada por escrito. Em conseqüência disso, os pesquisadores modernos não têm como determinar com precisão os acontecimentos que envolveram a sua vida, morte e ressurreição. Os primeiros relatos escritos sobre Osíris chegaram até nós por meio de fontes de fora do Egito, transmitidos por antigos historiadores como Diodoro da Sicília (século I a.C.), Heródoto (século V a.C.) e Plutarco (século I d.C.).

Esses autores clássicos apresentam Osíris como um rei semidivino que aboliu o canibalismo, ensinou os homens e as mulheres a viver de acordo com a lei de *Maat*, aprimorou-lhes a moralidade e — por amor à humanidade — saiu em viagem de esclarecimento pelo mundo para levar os benefícios da civilização a outras culturas. Os comentários daqueles autores incluem descrições mitológicas do assassinato de Osíris pelo irmão ciumento, Seth; o seu renascimento, realizado pela magia da sua irmã-esposa, Ísis; e a sua segunda morte, causada novamente por Seth, que lhe esquartejou o corpo e espalhou os pedaços ao longo do Nilo. Depois da completa destruição de Osíris, seu filho Hórus derrotou Seth em uma batalha memorável, vingando assim o pai assassinado.

O mito de Osíris se desenrola metade no nosso mundo e metade num mundo encantado de magia e simulação. Esse componente de ficção é responsável, em parte, pela má compreensão de que Osíris tenha sido um ser fictício. Os fatos registrados entre as ruínas do antigo Egito contam uma história diferente. A religião de Osíris produziu um renascimento entre moradores antigos das margens do Nilo, cujos efeitos se refletiram em todos os aspectos da sua primitiva sociedade. Essa crença instilou entre os egípcios um código moral elevado, um sentido de bem e de mal, e uma inclinação para o amor fraterno e para uma veneração sem precedentes na história humana e sem paralelo em outras nações antigas.

A religião de Osíris também fomentou uma filosofia altamente avançada. Os adoradores de Osíris entenderam que o corpo humano não era nem perfeito nem permanente. Assim sendo, também se convenceram de que a morte não era o fim do ser. Um componente eterno, espiritual, que traziam dentro de si sairia — ressurrecto — de dentro do corpo e existiria em um reino espiritual mais alto, desde que se comportassem de acordo com código moral elevado — *Maat*. Por essas razões, eles evitavam prender-se demais às coisas deste mundo. Essa é a mesma filosofia expressa no cristianismo, inspirada na vida, morte e ressurreição do salvador cristão.

FÊNIX DO ORIENTE

Os egípcios comparavam o espírito de Osíris a um pássaro divino tanto quanto os cristãos retratam a alma de Jesus como uma pomba branca e reluzente.

Os egípcios chamavam esse pássaro de Benu; os gregos o chamaram de fênix. De acordo com a lenda, essa criatura magnificente aparece milagrosamente no céu oriental em determinados momentos da história para anunciar o começo de uma nova era mundial. Quando aparece, o pássaro misteriosamente se envolve nas chamas e é consumido pelo fogo, restando de si apenas cinzas. E ainda assim ele ressuscita triunfalmente da morte, renovado e rejuvenescido.

Os estudiosos concordam que a fênix era um símbolo de Osíris. O filólogo alemão Adolf Erman explica: "A alma de Osíris habita o pássaro Benu, a fênix [...]" Uma passagem dos Textos do Caixão (antigos textos funerários mágicos) corrobora essa observação: "Eu sou a grande Fênix que está Dentro. Quem é ele? Ele é Osíris. O responsável por tudo o que existe. Quem é ele? Ele é Osíris."

Os atributos de Osíris como a fênix são os mesmos atributos associados ao Messias cristão. A fênix tanto quanto os sinais do Messias aparecem no céu oriental (a estrela de Belém surgiu no céu oriental para anunciar o Rei recém-nascido). Ambos ressuscitam dos mortos. Ambos encarnam o tema da vida depois da morte por meio da ressurreição. Ambos anunciam o começo de uma nova era. (O surgimento de Cristo iniciou a época atual: a.C./d.C.) Finalmente — e talvez mais importante — ambos são associados a um ressurgimento predito (os cristãos esperam o retorno iminente de Cristo: isto é, a Doutrina do Segundo Advento).

Que significação existe por atrás desses paralelos comuns entre a fênix e o Messias? Será que o mito da fênix subentende o conhecimento de um salvador que sempre retorna ao longo da história humana, um salvador cuja vida, morte e ressurreição foram criados com o sentido de apressar o desenvolvimento da cultura humana? Será que existe uma tradição importante e oculta expressa no mito da enigmática fênix do Egito? E não estaria essa tradição na iminência de ser redescoberta?

OS "PRIMEIROS TEMPOS" DE OSÍRIS

Os egípcios associavam o primeiro aparecimento da fênix a uma idade de ouro da sua história conhecida como Zep Tepi, os Primeiros Tempos. Estavam convencidos de que os fundamentos da sua civilização foram estabelecidos durante essa época remota e gloriosa. R. T. Rundle Clark, ex-professor de Egiptologia da Manchester University, na Inglaterra, comenta sobre a concepção desses Primeiros Tempos pelos antigos:

Qualquer coisa cuja existência ou autoridade precisasse ser justificada ou explicada era reputada aos Primeiros Tempos. Isso se aplicava aos fenômenos naturais, aos rituais, às insígnias reais, aos projetos dos templos, às fórmulas mágicas ou médicas, ao sistema hieroglífico de escrever, ao calendário — toda a parafernália da civilização. [...] Tudo o que era bom ou eficaz fora estabelecido de acordo com os princípios estabelecidos nos Primeiros Tempos — que foram, portanto, uma idade de ouro de perfeição absoluta.

Os Primeiros Tempos parecem ter sido aqueles durante os quais Osíris reinou como o primeiro rei do Egito. Durante essa época ele estabeleceu a lei *(Maat)* e deu início à adoração de Rá, o deus monoteísta do Egito. Rundle Clark explica: "O reinado de Osíris foi uma idade de ouro, um modelo para as gerações subseqüentes. *Maat* e o monoteísmo, o 'modelo para as gerações subseqüentes' estabelecido por Osíris, foram a força motriz que impulsionou a cultura egípcia durante milhares de anos."

O que significa exatamente a expressão "Primeiros Tempos"? Seria uma referência ao primeiro aparecimento — o primeiro advento — do salvador cristão na Terra? Havia uma força orientadora por trás do surgimento da cultura egípcia? E será que essa mesma força orientadora inaugurou o império da cristandade? Os Primeiros Tempos foram uma época em que se estabeleceu uma tradição messiânica antiga? Seria essa uma tradição destinada a revelar os conhecimentos culturais, a lei e a verdade espiritual à humanidade em diferentes épocas históricas?

Na década passada, os autores Graham Hancock, Robert Bauval e Adrian Gilbert realizaram extensas pesquisas visando relacionar os acontecimentos dos Primeiros Tempos ao deus Osíris e à constelação de Órion. Eles acreditavam que as três Grandes Pirâmides de Gizé teriam sido construídas para formar uma imagem invertida das três estrelas do cinturão de Órion (Órion era considerado a contrapartida celestial de Osíris).

Usando imagens geradas por computador, esses autores demonstraram que a correspondência mais aproximada entre a correlação Órion–pirâmides se dava no ano de 10500 a.C. Um dos supostos respiradouros no interior da Grande Pirâmide apontava diretamente para as estrelas do cinturão de Órion durante a época de 10500 a.C. — uma evidência adicional, de acordo com os autores, da correlação entre os Primeiros Tempos de Osíris, as pirâmides de Gizé e as três estrelas do cinturão de Órion.

Qual é a importância da época de 10500 a.C.? A vida, a morte e a ressurreição de Osíris poderiam ter acontecido durante essa época remota? Ao estabelecer uma data para os Primeiros Tempos de Osíris, Hancock, Bauval e

Gilbert involuntariamente teriam descoberto a data do primeiro aparecimento da fênix (o Messias cristão) na Terra?

De maneira interessante, o ano de 10500 a.C. é uma data importante para os amonitas, uma comunidade ocultista de cerca de 27.000 integrantes que ainda praticam a antiga religião egípcia. Embora se diga que os amonitas tenham sido destruídos pelos israelenses milhares de anos atrás, eles continuaram vivendo escondidos em todo o Oriente Médio durante séculos, instalando-se por um período no Irã, no Iraque, no Paquistão e no Afeganistão. A sua história pode ser rastreada até a época dos primeiros reinos amonitas do Jordão, fora do Egito. Diz-se que os fundamentos dos amonitas teriam sido estabelecidos pelo rei Tutankâmon depois do reinado do herético Akenaton, com o objetivo de proteger os textos sagrados egípcios de distorções.

Segundo a tradição amonita o aparecimento de Osíris, conhecido pelo seu nome egípcio antigo de Ausar, aconteceu em torno de 10500 a.C. Jonathan Cott, autor de *Isis and Osiris: Exploring the Myth*, conduziu uma entrevista com Sua Graça Sekhmet Montu, a líder espiritual dos amonitas. Na entrevista, ela explica o nascimento da tradição amonita: "Só começamos a nos considerar como seguidores depois da morte de Ausar [Osíris], e a data da ascensão dele para o outro mundo assinala o primeiro dia do calendário amonita — 12.453 anos antes deste 21 de junho de 1991!"

Nesse caso, novamente, a misteriosa data de 10500 a.C. surge em conexão com os Primeiros Tempos de Osíris.

De modo interessante, o médium americano do século XX, Edgar Cayce, também referiu-se ao ano de 10500 a.C. De acordo com as leituras dele, durante essa época os primeiros habitantes das margens do Nilo entraram em contato com seres de uma civilização mais antiga e avançada, que acelerou a sua cultura e o seu sentido de espiritualidade, estabelecendo os fundamentos da civilização egípcia.

3 A Leste de Qumran

EM BUSCA DAS RAÍZES DA FÉ OCIDENTAL

DAVID LEWIS

Em 1947, junto à margem do Mar Morto, os integrantes de uma tribo beduína encontraram sete manuscritos em pergaminhos deteriorados escondidos em cavernas desde a época de Cristo. De lá até 1956, os arqueólogos descobriram um total de oitocentos manuscritos na mesma área, o inóspito deserto judeu nas imediações das ruínas de Qumran. Nos tempos bíblicos, viveu ali uma seita religiosa misteriosa, a uns 30 quilômetros a leste de Jerusalém. Embora a natureza exata da seita seja incerta, os historiadores afirmam que se tratava dos essênios e que eles seriam os autores dos manuscritos. No entanto, a autoria dos manuscritos tornou-se o tema de um debate feroz. Estudiosos renegados sustentam que o local não abrigou seita nenhuma, mas ao contrário seria a fortificação de um movimento nacionalista militante. Eles afirmam que esses militantes que escreveram os manuscritos não eram outros a não ser os próprios primeiros cristãos.

Se isso for verdade, o navio da religião, até mesmo da civilização ocidental, estaria começando a adernar em alto-mar. Pode ser que o mundo judaico-cristão precise rever a si mesmo e às suas origens. Enquanto isso, um véu abateu-se sobre o Mar Morto, sobre os manuscritos e o seu significado, e continua a mantê-los ocultos. Pistas os ligam a outros textos encontrados em lugares tão longínquos quanto o Tibete. E padres dominicanos, aparentemente temerosos do significado dos manuscritos, vêm mantendo-os em segredo durante décadas, ao mesmo tempo que negam tenazmente a sua importância para os primórdios do cristianismo. Encontrados próximo das ruínas de Khirbet Qumran, consideradas pelos historiadores como um mosteiro e uma fortaleza, os manuscritos continuam sendo uma das descobertas mais controversas e enigmáticas do nosso tempo.

Desde o princípio, um véu de intriga vem encobrindo os manuscritos. De início, um agente da recém-formada Agência Central de Inteligência [Central Intelligence Agency, a CIA], examinou um dos manuscritos em Damasco. Não obstante, todo e qualquer papel possível que a CIA pudesse ter representado no drama subseqüente permanece obscuro. No turbilhão político envolvendo a formação do Estado de Israel, era incerto qual nação seria a possuidora dos manuscritos, independentemente de quem os tivesse escrito.

Os manuscritos trocaram de mãos no mercado negro, passando de beduínos a nebulosos comerciantes de antiguidades. Passaram-se os anos. O mundo, ao que parecia, deixaria de reconhecer a importância da descoberta, como se uma força sinistra tivesse lançado um encantamento sobre aqueles textos. Em 1954, no entanto, saiu publicado no *Wall Street Journal* um anúncio intrigante, colocando à venda manuscritos bíblicos. Inacreditavelmente, tratava-se dos Manuscritos do Mar Morto à espera de um comprador. Os manuscritos, já enigmáticos, caíram então por trás de outro véu de segredo, o Vaticano.

A Ecole Biblique et Archéologique, uma instituição dominicana criada pelo papa no século XIX, tomou posse dos manuscritos sob os auspícios indulgentes do Departamento de Antiguidades israelense, que cuidadosamente adquirira os manuscritos no mercado negro e de outras fontes. Ao mesmo tempo que lentamente traduzia e publicava exemplares dos textos bíblicos e apócrifos, a Ecole mantinha outra categoria de manuscritos em segredo. Até a década de 1990, um quarto de todo o conjunto de documentos tratando de assuntos de natureza política, cultural e mística dos misteriosos qumranianos permaneceram inéditos. Alguns estudiosos sugeriram que os dominicanos, mantendo os manuscritos em segredo por tanto tempo, agiam em benefício do Vaticano, porque os textos ameaçariam as crenças sobre as origens cristãs. E a sugestão deles, ao que parece, tem uma base histórica.

No século XIX, o Vaticano criou a Ecole Biblique para tratar de descobertas arqueológicas e teorias científicas relativas à história bíblica, assim como a ciência adotou o método empírico. Com a autoridade dos novos achados, os arqueólogos mostravam ao mundo a verdade ou a falsidade dos mitos religiosos — a descoberta da antiga Tróia por Heinrich Schliemann é um exemplo notável. Quando os arqueólogos começaram a cavar embaixo das ruínas do Templo de Jerusalém, o Vaticano estremeceu, reconhecendo a ameaça à doutrina religiosa representada pela ciência moderna. Nos velhos tempos, os hereges seriam simplesmente queimados na fogueira.

Mas isso estava acontecendo nos anos 1800; a Inquisição não funcionava mais. Assim, o Vaticano criou um Guardião da Fé intelectual, a Ecole Biblique et Archéologique Française de Jérusalem. Hoje, a Ecole, embora financiada parcialmente pelo governo francês, ainda é em grande parte composta por padres dominicanos.

Para lidar com os Manuscritos do Mar Morto, a Ecole trabalhou quase em segredo com uma equipe internacional composta principalmente de dominicanos. A equipe da Ecole, monopolizando os textos, reconstituiu-os meticulosamente, traduzindo-os do aramaico e do hebraico antigo. O padre de Vaux, da Ecole, prometeu a sua publicação ainda em 1970, já bastante tarde. Em 1989, foi sugerida uma data de publicação para 1997, por incrível que pareça, cinqüenta anos depois da descoberta inicial.

Estudiosos que buscavam um acesso aos manuscritos protestaram, depois de uma espera de décadas. Na imprensa, as táticas de postergação da Ecole provocaram acusações de escândalo. Herschel Shanks, editor da prestigiosa *Biblical Archaeological Review*, de Washington, D.C., alegou que reconstituir e decodificar os milhares de fragmentos danificados escritos em hebraico antigo e aramaico — um antigo quebra-cabeça — era uma tarefa grande demais para uma equipe. Ele afirmou que eles nunca publicariam os manuscritos porque a equipe era muito pequena. Shanks, conforme veremos, estava certo. Os manuscritos chegaram a público por intermédio de uma fonte independente, com possíveis ligações com a CIA.

Tudo mudou no outono de 1991. A Huntington Library, da Califórnia, anunciou, como num passe de mágica, que tinha um conjunto de fotografias de todos os Manuscritos do Mar Morto. Já em 1961, Elizabeth Bechtel, esposa de Kenneth Bechtel, da megalítica mas obscura Bechtel Corporation, conseguira adquirir as fotografias e as confiara à Huntington Library. A maneira como a sra. Bechtel se apoderou das fotografias é algo obscuro — talvez pelas ligações do marido com governos do Oriente Médio ou a CIA (a Bechtel Corporation construiu o enorme complexo militar em Riad, Arábia Saudita, que foi o palco de organização das forças da Operação Tempestade no Deserto; Bechtel é muitas vezes relacionado com a CIA). A equipe da Ecole e o governo israelense exigiram as fotografias do Huntington. O Departamento de Antiguidades israelense chegou a acusar a biblioteca de roubo — sem uma base legal, conforme se esclareceu, uma vez que Israel conseguira os manuscritos como uma espécie de recompensa de guerra.

Sem se deixar intimidar por essas ameaças, a Huntington Library reagiu oferecendo o acesso dos estudiosos às fotografias por meros 10 dólares. O véu havia-se partido, pelo menos até certo ponto.

Portanto, o que dizem os manuscritos?

As interpretações variam. No entanto, o idioma dos manuscritos sugere que o qumranianos estivessem envolvidos com a Igreja antiga. O idioma usado dá peso aos manuscritos — a Bíblia e Jesus se expressam com expressões e cadências semelhantes às de Qumran, usando termos como *zelo*, *mentiroso* e *lei* que os estudiosos renegados Robert Eisenman e Michael Wise, no seu livro *The Dead Sea Scrolls Uncovered*, associam aos militantes zelotes que desafiaram a dominação romana na Palestina. A denúncia feroz de Jesus contra os fariseus também imita o tom e o caráter de certos manuscritos, especificamente *As Maldições do Conselho Comunitário aos Filhos de Belial*, conforme traduzido por Eisenman, uma execração de *O Anjo da Cova e os Filhos de Belial*.

João Batista também se expressa e age de maneira muito parecida à de um zeloso qumraniano. E a viagem até o rio Jordão, no qual João batizou Jesus, requer uma rota que passa muito perto das ruínas de Khirbet Qumran — Jesus e os seus seguidores teriam ao menos conhecido a povoação. Além disso, os evangelhos, as Bem-aventuranças e o Sermão da Montanha repetem palavras-chave e conceitos dos manuscritos como se Jesus e os primeiros cristãos estivessem totalmente familiarizados com a terminologia e o contexto. Em resumo, uma vez que os manuscritos antecedem a Bíblia, que foi escrita em 60 d.C., o cristianismo primitivo pode derivar da seita de Khirbet Qumran.

Portanto, os manuscritos podem ser tão importantes para o cristianismo inicial quanto a Bíblia, embora a maioria dos estudiosos rejeite essa questão escrupulosamente. No entanto, considerando as escrituras cristãs, os estudiosos renegados identificam passagens específicas que não só sugerem uma ligação com Qumran, mas também sua origem ali. Alguns textos referem-se aos qumranianos como seguidores do Caminho, usando as mesmas frases encontradas nas escrituras cristãs. Na realidade, a Bíblia está cheia de qumranianismos que, quando colocados no contexto adequado, dão a essas expressões e frases um significado revolucionário. Especialmente revelador é o uso da palavra hebraica "Ebionim", significando "os Pobres", encontrada nos "Hinos dos Pobres", em outros textos de Qumran e nas escrituras cristãs. Sinônimos aparecem também — "os submissos", "os oprimidos": termos familiares aos cristãos. Nos Manuscritos do Mar Morto, porém, os qumranianos usam esses termos para designar a si mesmos.

Eusébio de Cesaréia, o historiador da Igreja do século IV, refere-se a esses ebionitas como sectários, de origem palestina, e responsáveis pela tomada de Roma pelos cristãos. Depois de ordenado bispo de Cesaréia, ele classifica pejorativamente esse grupo, uma vez que os ebionitas não consideravam Jesus divino. De modo revelador, uma tradição cristã nos conta que os descendentes da Igreja inicial, a comunidade de Jerusalém de Tiago, o Justo, o irmão de Jesus, também usava o nome de "os Pobres". Isso sugere que os ebionitas e os primeiros cristãos eram as mesmas pessoas, e que Tiago, como líder da Igreja inicial de Jerusalém, não considerava Jesus como divino — um problema para o Vaticano, e na realidade para todo o cristianismo.

Steven Feldman, também da *Biblical Archaeological Review*, de Washington, afirma que a fraseologia comum dos manuscritos e das escrituras cristãs era simplesmente isso — o que se falava na época — e que a ligação dos qumranianos com os primeiros cristãos parte da margem não ortodoxa da erudição bíblica. Ainda que a erudição tradicional, conforme vimos, geralmente prefira um caminho de menor resistência às descobertas que ameacem o *status quo*, e uma vasta gama de evidências apóie o ponto de vista dos "não ortodoxos".

Cópias antigas dos manuscritos apareceram em Massada, a fortaleza judaica sitiada por Roma no século I. Os zelotes judeus aparentemente veneravam os manuscritos, presumivelmente por serem partidários da modalidade de judaísmo qumraniano. Em menor número e famintos, os rebeldes suicidaram-se em massa em vez de sucumbir à supressão da sua identidade espiritual e nacional por parte de Roma. Que alguns historiadores considerem Khirbet Qumran como uma fortaleza, não um mosteiro — e façam ligações entre ela e a Revolta Macabéia do século I d.C. — contradiz a noção antiga de uma comunidade de essênios pacifistas à margem do Mar Morto. Com as escrituras cristãs relacionadas aos manuscritos, e os manuscritos aparecidos em Massada, os primeiros cristãos parecem-se mais com os rebeldes de *Guerra nas Estrelas* em luta contra o Darth Vader da hegemonia romana do que os cordeiros passivos da tradição.

Michael Baigent e Richard Leigh, autores de *The Dead Sea Scrolls Deception* e co-autores com Henry Lincoln de *Holy Blood, Holy Grail*, um livro que serviu de referência para o romance *O Código Da Vinci*, retrata Jesus como um pacifista igualmente improvável. Conforme os autores observam, expressões qumranianas fluíram dos lábios dele, às vezes palavra por palavra. Essas eram expressões dos mesmos qumranianos que evitaram o mundo fora da Judéia e da Palestina, ao mesmo tempo que possivelmente se uniam aos zelotes, ou seriam os próprios, lutando e morrendo pela causa nacional.

Tradicionalmente, os estudiosos admitem que pelo menos alguns zelotes pertenciam ao círculo mais próximo de Jesus. A própria Bíblia revela que Jesus agiu à maneira de um zelote, expulsando os cambistas do Templo, destruindo as suas mesas violentamente. Ele declara nos evangelhos: "Não vim para trazer paz, mas uma espada." Nesse mesmo sentido, quando um destacamento de soldados romanos chega em busca de Jesus no Getsêmani, Pedro levanta a espada contra eles, um ato bastante incomum para um cristão submisso. Igualmente revelador é o número de soldados desse destacamento romano — seiscentos, de acordo com Baigent e Leigh. Por que enviar seiscentos soldados a não ser na expectativa de resistência armada? E a crucificação, como bem nos recordamos, era o método destinado à execução de rebeldes, não de rabinos. Esses acontecimentos bíblicos, em conflito com a tradição cristã, não conflitam com o contexto dos renegados de Qumran. Ao contrário, eles se encaixam.

O livro de Norman Golb, *Who Wrote the Dead Sea Scrolls?*, salienta que, com base na análise das caligrafias, pelo menos quinhentos escribas trabalharam nos manuscritos. Para uma mente razoável, isso contesta a teoria da seita de Qumran como pequena. Ao contrário, os textos devem ter vindo de um grande movimento disseminado por toda a Palestina e a Judéia.

Eisenman concorda com esse ponto de vista. Baigent e Leigh inspiram-se no trabalho de Eisenman mas vão além. Eles sustentam que os qumranianos e os primeiros cristãos não apenas eram uma coisa só, portanto os mesmos, mas também eram militantes nacionalistas que tentavam colocar o seu sacerdote-rei Jesus no trono de Israel, e possivelmente o irmão dele, Tiago, em seguida. Eles citam a linhagem de Jesus em relação ao rei Davi, conforme a tradição. Segundo eles, Jesus torna-se alguém diferente do Jesus tradicional — um pretenso rei dos judeus no sentido literal, talvez em luta pela liberdade e contra a ocupação romana. Quase é possível ouvir o Vaticano rugindo.

Pelas compilações dos evangelhos, porém, e a partir de fontes mais obscuras que estudaremos, Jesus permanece um revolucionário, mas um personagem profundamente místico, um guerreiro do espírito trazendo consigo as tradições de um contexto geográfico e espiritual muito mais amplo do que até mesmo os renegados da pesquisa moderna ousam revelar. Ele esteve distante da Palestina, conforme alega uma tradição, durante os anos perdidos da Bíblia? Poderia ter estado na Índia, ou no Tibete, e regressado para uma Palestina politicamente caótica? A própria Bíblia fornece algumas pistas iniciais.

Embora a Bíblia ofereça poucas informações históricas, os textos do apóstolo Paulo ajudam a explicar como o cristianismo inicial pode ter evoluído a partir de um fervente judaísmo nacionalista para se tornar um movimento puramente espiritual que varreu o mundo ocidental. Além disso, a experiência de Paulo na estrada para Damasco pode nos proporcionar uma peça perdida do quebra-cabeça de 2.000 anos de idade — a da comunhão mística.

Depois da morte de Jesus, Paulo viajou e pregou uma doutrina além dos limites da Judéia e da Palestina, ações incompatíveis com o nacionalismo religioso dos qumranianos (e do judaísmo). Seria ele um agente romano infiltrado entre os rebeldes judeus, cooptando o movimento, como Baigent e Leigh sugerem? Ou seria um mestre místico inspirado pela revelação progressiva?

Depois de ser tocado pela visão de Jesus na estrada para Damasco, Paulo parte para Roma, Grécia e Ásia Menor, espalhando uma nova religião que exalta a fé em Cristo, enquanto os manuscritos — os textos da Igreja de Jerusalém de Tiago, somos informados — exaltam a lei judaica e as obras pela fé. Considerando que as escrituras cristãs ainda não existiam, que a doutrina cristã formal não apareceu até o Concílio de Nicéia, em 325 d.C., vemos Paulo criando uma nova religião.

Paulo faz de Jesus um avatar no estilo oriental, como Krishna, capaz de conduzir os seus seguidores a um estado divino, uma terra prometida mística. Ele prega a sucessão conjunta com Cristo, a unidade por contato direto, uma mistura de misticismo oriental e dualismo judaico que desafia a ortodoxia até hoje (em que a equiparação espiritual com Jesus é uma blasfêmia).

Paulo fala de um "espírito do coração", de maneira muito semelhante a que os Vedas da Índia antiga falam de uma identidade espiritual interna em comunhão com o Brahman, o Todo. Os Manuscritos do Mar Morto também falam dessa identidade, assim como a Cabala, sugerindo ligações, ou ao menos um conhecimento comum, entre os místicos orientais e os judeus das escrituras hebraicas e cristãs.

Eisenman apresenta a seguinte tradução esclarecedora de um texto do Mar Morto, chamado as Bem-aventuranças, pela sua semelhança com a passagem bíblica do mesmo nome. A tradução é a seguinte: "Procure conhecer o seu eu interior." Essa frase (dentre outras das escrituras ocidentais) parece derivar dos Vedas da Índia, da mesma maneira que Jesus ao se referir a si mesmo como a "Luz do Mundo" assemelha-se à linguagem de Krishna no Bhagavad Gita. Na tradução de Eisenman está implícito que esse "eu" (Atman em sânscrito) é a identidade divina que reside misteriosamente dentro de cada pessoa. Esse ensinamento herético não é cristão no sentido ortodoxo. Mas será que as tradições do Oriente e Ocidente têm uma origem comum quanto à experiência mística oriental?

Outra evidência nos diz que Jesus ensinou os mistérios iniciáticos, a ciência da imortalidade, a exemplo dos grandes místicos orientais. Em 1958, em um mosteiro ortodoxo grego no deserto da Judéia, Morton Smith descobriu uma carta escrita em 200 d.C. por Clemente de Alexandria — o mesmo

Morton Smith que sugere que os textos do próprio Jesus foram suprimidos. A carta fala de um evangelho secreto de Marcos, "[um] evangelho mais espiritual", escreve Clemente "[...] lido apenas para os que estão sendo iniciados nos grandes mistérios".

Essa carta intrigante, escrita muito tempo antes de Eusébio de Cesaréia, fala de uma tradição mística secreta sem limites nacionalistas. Que Jesus tenha ensinado e participado dessa tradição é mais do que provável. Ao fazer isso, segundo todas as probabilidades, ele não era escravo de intenções regionais — além dos símbolos do bem e do mal relativos, dos judeus e dos gentios — embora ferozmente oposto ao mal espiritual encarnado nos sacerdotes corruptos.

Paulo também fala de verdades ocultas para o "maduro", ou iniciado, que ele teria aprendido de Jesus por algum tipo de relação paranormal. E Paulo freqüentemente usa a palavra *mistério,* a qual no contexto da antiga tradição religiosa tinha a ver com cultos iniciáticos e doutrinas secretas. Nesse contexto, a Ecole Biblique, e os eruditos de um modo geral, erram ao localizar as origens cristãs. Ninguém considera a probabilidade de que Jesus fosse um adepto dos Mistérios Secretos, que inspiram a tradição mística oriental — ou que o cristianismo tenha nascido dessa tradição.

Será que Paulo avaliou o núcleo da sabedoria cristã e védica, deixando para trás o que restou das políticas locais; que como um místico iniciado, tentou trazer a sabedoria oriental para o mundo ocidental? Os ensinamentos relativos à "herança comum" e ao "espírito do coração" parecem fazer exatamente isso ao sugerir a paridade com uma identidade divina interior, afirmada nos Manuscritos do Mar Morto como: "Produz o conhecimento do seu eu interior." Essa poderia ser a verdadeira ameaça que os manuscritos apresentam — liberdade espiritual, esclarecimento individual, em vez de subserviência à ortodoxia rígida? Dando um passo à frente, essa perseguição da unidade mística estava no coração do cristianismo inicial?

Textos de um mosteiro tibetano dão algumas pistas.

Há muitos anos circulam rumores de que o Vaticano retém textos estrangeiros sobre a vida de Jesus Cristo, textos que alterariam drasticamente as convicções tradicionais sobre as origens cristãs. Em 1887, um viajante russo, o dr. Nicolas Notovitch, alegou ter descoberto esses textos em um mosteiro em Himis, no Tibete. De volta à Rússia, ele escreveu *The Unknown Life of Jesus Christ,* um livro sobre a viagem de Jesus para ao Oriente quando jovem — os seus anos perdidos. Outro livro que detalha a aventura tibetana de Notovitch, *The Life of Saint Issa,* descreve Jesus estudando e ensinando os Vedas na Índia.

Acompanhando uma caravana ainda muito jovem, conta a história, Jesus viajou pela Rota da Seda, indo para Kapilavastu, o local de nascimento de Buda. Na sua estada na Índia, Jesus denunciou a classe dos sacerdotes hindus, os brâmanes, do mesmo modo como denunciou os fariseus no evangelho de Mateus, cujo tom se assemelha ao dos textos do Mar Morto. Um *swami* hindu, Abhedananda, publicou uma tradução bengali dos textos budistas em 1929. No mesmo ano, Nicholas Roerich, pintor e explorador, citou esses textos no seu diário de viagem. A transcrição de Roerich revela um ensino místico sobre o Divino Feminino dado por Jesus na Índia — novamente, de maneira semelhante aos ensinamentos encontrados nos manuscritos, uma postura decididamente diferente sobre a realidade daquela adotada pelo Vaticano.

Se parece forçado que Jesus tenha viajado para a Índia e estudado os Vedas, e que os clérigos do Vaticano tenham escondido os relatos budistas da viagem, lembre-se da Ecole Biblique fundada pelo Vaticano e do controle da Ecole sobre os Manuscritos do Mar Morto. Considere que Tomé, o seguidor de Cristo, viajou para a Índia, onde construiu uma missão, e que cristãos fiéis a usam para veneração até os nossos dias. Considere este verso de abertura do Evangelho de João: "No princípio era o Verbo, e o Verbo estava com Deus, e o Verbo era Deus."

E este verso do mais antigo Rig-Veda da Índia: "No princípio era Brahman, com quem estava o Verbo, e o Verbo é Brahman" (traduzindo-se a palavra "Vak" do sânscrito como "Verbo").

Os textos originais descobertos por Notovitch desapareceram, embora persistam histórias de corredores secretos no Vaticano. Se as histórias são válidas, assim como os textos budistas parecem ser, então o Vaticano, e talvez a Ecole Biblique, encarem outro questionamento à sua autoridade. Esse questionamento pode ter sido a evidência de que Jesus buscou o conhecimento e ensinou a sabedoria do Oriente, que ele buscou e encontrou a sua divindade por meio de práticas místicas aos pés de sábios orientais. E se ele buscou aquela tradição, quase certamente encontrou um mestre, por quem ele contatou Brahman, o Todo.

Assim, seria de admirar que Paulo tenha exultado em comunhão espiritual com o seu mestre acima de tudo o mais, ou que ele, assim como Jesus, tenha partido pelo mundo para pregar uma mensagem de iluminação espiritual? Se Jesus passou boa parte da sua curta vida na Índia e na Pérsia, conforme afirmam os textos, longe da agitação da Palestina, a alegada combatividade do cristianismo inicial torna-se menos do que um problema. Ao regressar, Jesus teria se achado no meio do fanatismo e da rebelião — que muito provavelmente apoiou no princípio. Pode até ser que ele tenha introduzido no mundo ocidental o ensinamento budista de Metta ou o Ahimsa hindu, bondade e inocência.

Reciprocamente, Notovitch conta-nos que Jesus questionou um sacerdócio corrupto na Índia, assim como fez na Palestina, cumprindo talvez o papel crístico de defender os humildes em todos os lugares. Mas se ele era Deus, também era homem, como os evangelhos confirmam, informando-nos que ele chorou e se indignou, que se apaixonou, a exemplo de todos nós. Então por que deveríamos negar-lhe o direito de participar da luta pelo seu povo? Ainda durante a sua busca pelos Grandes Mistérios ao longo da vida, na Índia, no Egito e na Palestina, Jesus teria evoluído de um judeu palestino a um adepto espiritual — um homem divino. A Bíblia afirma que, aos 12 anos de idade, ele pregou as escrituras hebraicas nos degraus do Templo. Aos 30, ele pode ter pregado os Vedas, mas sobre isso os registros se perderam.

As peças desse quebra-cabeça, espalhadas ao longo do tempo, dizem-nos que há mais coisas no cristianismo inicial e mais informações para descobrirmos do que a tradição ocidental revela. A verdade salta dos fragmentos dos textos, como paisagens estéreis, até os nossos mais íntimos recantos, incitando-nos a resolver o mistério de dentro para fora. Não obstante, a batalha sobre as origens do cristianismo continua, assim como as lutas pela própria Terra Santa, como se o tesouro mais sagrado estivesse para ser ganho ou perdido — e isso é mais do que provavelmente a verdade: enquanto um véu paira sobre o Mar Morto, o tesouro é o da nossa própria história, da nossa origem, da nossa alma.

4 Uma Nova Luz sobre as Origens Cristãs

UMA ANÁLISE MAIS DETALHADA DO PAPEL
DE TIAGO, O IRMÃO DE JESUS

CYNTHIA LOGAN

A cena transmitida para todo o mundo era impressionante: pessoas de todas as crenças lotavam a Basílica de São Pedro para acompanhar a cerimônia fúnebre do papa João Paulo II. Em meio ao preto tradicional usado por luto e às batinas brancas e escarlate dos padres, bispos e cardeais misturavam-se aos turbantes brancos dos muçulmanos e às túnicas cor de laranja dos hindus. À parte o enorme carisma e a popularidade do papa, é cada vez mais intenso o interesse pelo Vaticano e maior o fascínio em relação às origens do cristianismo, ao mesmo tempo que são investigados os escândalos de abuso sexual cometidos por padres, aumenta a procura de livros sobre algum aspecto da história e dos segredos da Igreja, e todos têm acesso à versão cinematográfica de *O Código Da Vinci*.

Pode ser que estejamos prontos para uma conversão em grande escala ao catolicismo — no sentido mais amplo da palavra. O 265º pontífice da Igreja Católica Romana, incorporado sobre a Pedra de Pedro, abriu a porta da tolerância. Mas será que o sucessor ou sucessores dele admitirão as evidências cada vez maiores de que a própria fundação da cristandade foi viciada? De acordo com o ministro luterano Jeffrey J. Bütz, a Pedra da Igreja na realidade era Tiago, e a cena descrita acima deveria ter acontecido em Jerusalém. E, a propósito, o Tiago a quem estamos nos referindo é Tiago, o Justo — irmão de sangue de Jesus Cristo, o segundo filho de Maria e José.

Esse é um conceito sensacional — o qual Bütz, reconhecidamente no extremo "liberal" do espectro luterano, pesquisou cuidadosamente para a obtenção do seu grau de S.T.M. (mestre em teologia sagrada) no Seminário Teológico Luterano, da Filadélfia. O ano em que ele concluiu essa tese (2002) coincidiu com a controvertida descoberta de um antigo ossário no Oriente Médio (uma urna fúnebre) ostentando uma inscrição surpreendente em aramaico, o dialeto hebraico falado pelos palestinos da época de Jesus, em que se lia: "Tiago, filho de José, irmão de Jesus." Intrigado, e já convencido de que a compreensão do verdadeiro papel de Tiago na missão de Jesus poderia ajudar a abreviar a lacuna sempre crescente entre cristãos, judeus e muçulmanos, Bütz ampliou a sua pesquisa em um livro recém-publicado, *The Brother of Jesus and the Lost Teachings of Christianity*.

"Tiago é um tema controvertido desde a fundação do cristianismo", declarou Bütz em uma entrevista a esta autora. Ao conversar com ele, fica claro que Bütz não esconde o seu orgulho pela apresentação que conseguiu fazer das evidências acadêmicas, tanto por serem acessíveis aos leigos como pela sua fidelidade aos fatos. Ele sugere que "a reunião dos resultados de outros para permitir a visão de um quadro mais amplo" pode facilitar "o surgimento de uma mudança de paradigma no campo de estudo dos textos sagrados cristãos", e afirma que se dedicou a essa tarefa "com a visão de um perito criminal em busca de pistas numa cena de crime". Com base nos evangelhos canônicos e nas epístolas de Paulo, nos escritos dos padres da Igreja e nos textos apócrifos e gnósticos, Bütz sustenta que os ensinamentos centrais de Jesus têm as suas origens profundamente na tradição judaica, e que o cristianismo inicial não era uma religião separada, distinta, do judaísmo, mas uma seita dessa religião. "Lembre-se", diz ele, "Jesus era um rabino judeu; ele provavelmente não estava interessado em dar início a uma nova religião chamada cristianismo. Ele seguia a lei de Moisés, assim como o seu irmão, Tiago."

Para Bütz, assim como para um número crescente de estudiosos, pesquisadores e para a Igreja protestante como um todo, a questão de Jesus ter ou não irmãos não é problema. "Na própria Bíblia, há numerosas referências aos quatro irmãos de Jesus e a [pelo menos] duas irmãs", argumenta ele. Se Jesus teve irmãos, então obviamente a mãe dele não permaneceu uma virgem (tenha Jesus sido concebido "imaculadamente" ou por meios mais humanos não é algo com que Bütz perca muito tempo se preocupando), o que propõe um enorme problema para a Igreja Católica Romana, cuja ortodoxia investe fortemente em uma Maria perpetuamente virgem.

Professor adjunto de religiões mundiais no Berks-Lehigh Valley College, da Penn State University, Bütz diz aos seus alunos o que não diz aos seus paroquianos na Igreja da Graça Luterana, em Belfast, Pensilvânia — que Jesus Cristo era o Messias prometido e é Senhor e Salvador; mas que não era uma encarnação de Deus. Essa mesma crença é adotada tanto pelos muçulmanos como também pelos judeus e, de acordo com Bütz, era mantida tanto por Tiago como por numerosos dos primeiros seguidores das seitas cristãs.

Como pesquisador e acadêmico (Bütz também detém o grau de mestre em divindade — *magna cum laude* — do Seminário Teológico Morávio), ele se sente à vontade com a crença de que Cristo não foi a incorporação da Divindade. Como pastor luterano ordenado, porém, ele segue o evangelho cristão tradicional: "Eu nunca pregaria do púlpito que Jesus não foi o Filho Divino de Deus", diz ele, "mas agora que o meu livro foi publicado, estou surpreso de ver o 'rebanho' muito mais receptivo do que imaginava."

O fato de ele pregar tanto como ensinar é praticamente um milagre. Educado na religião luterana com cinco meias-irmãs mais velhas, Bütz tornou-se o que ele mesmo chama de "um desistente da confirmação posterior. [...] Quando estava na metade do colegial, comecei a ter dúvidas sobre a minha fé", diz ele, "e na época da formatura já me declarava um ateu". Mas não sendo do tipo calado nem retraído, Bütz foi evangélico em relação ao ateísmo e tentou convencer os amigos cristãos de que tinham sido enganados.

Cerca de dez anos depois — no final da década de 1980 — ele se converteu da noite para o dia. "Eu tinha acabado de ler a última página de *Holy Blood, Holy Grail*, e esperava usar algumas das evidências apresentadas no livro nas discussões com os meus amigos cristãos", recorda-se Bütz. "Eram duas ou três horas da madrugada e foi como se sentisse a presença do espírito de Cristo no quarto. Não vi nada nem ouvi voz nenhuma, mas estava convencido de que Cristo tinha aparecido para mim. Foi uma crença muito forte, que calou fundo no meu coração."

Embora a conversão de Bütz tenha sido quase tão instantânea quanto a de São Paulo (ainda que não tão dramática), o futuro ministro protestante tornou-se menos do que cativado pelo homem que levara Jesus aos gentios. "Paulo discutia com Tiago e Pedro sobre se os gentios deveriam ou não seguir a lei de Moisés para seguir Jesus", explica Bütz. "Ele não achava que eles precisassem ser circuncidados" (o que era bem compreensível, comenta ele). Paulo, cuja mensagem se concentrava na fé e não nas obras, tornou-se enormemente popular. A sua versão do evangelho foi adotada pelo Estado romano. Depois ele se tornou o homem de ponta do protestantismo, acabando por levar para a ilegalidade o cristianismo de Tiago baseado no judaísmo.

Todos os ramos do cristianismo acreditaram que Pedro era o líder dos apóstolos, ainda que as pesquisas mostrem que isso é um mal-entendido, de acordo com Bütz. "Tiago tornou-se o líder dos apóstolos depois da ressurreição de Jesus. Essa liderança transferiu-se naturalmente para o seguinte da família." Ele observa que Pedro é subserviente a Tiago em um incidente registrado no capítulo 15 do livro dos Atos. "No Concílio de Jerusalém, o primeiro Concílio Apostólico, todos os líderes da Igreja inicial reuniram-se para discutir até que ponto os gentios deveriam seguir a lei de Moisés para ser considerados seguidores de Cristo. Tiago resolveu a questão, declarando que os gentios não precisavam ser circuncidados, mas que precisariam seguir um mínimo da Torá", comenta Bütz, que também menciona o "incidente Antioquia", incluído na epístola de Paulo aos Gálatas.

"As populações judias e pagãs estavam fazendo refeições em conjunto, o que era uma violação da Lei de Moisés. Tiago é informado de que Pedro 'compartilha as refeições' com gentios em Antioquia e diz-lhe que seria alijado." Novamente, em uma demonstração de subserviência a Tiago — que Bütz acredita ter sido provavelmente integrante dos nazaritas, uma seita judaica rígida e ascética —, Pedro interrompe aquele comportamento. "Se alguém merece o título de primeiro papa da Igreja, esse alguém é Tiago, não Pedro", insiste Bütz, observando que, embora ele fosse um seguidor da lei, foi Tiago que permitiu a Paulo continuar na sua missão. "Ele apôs o selo de aprovação oficial na missão junto aos gentios, mas não esperava que Paulo chegasse ao ponto de dizer que não era preciso seguir a Lei de Moisés, a Torá, mas simplesmente acreditar em Jesus Cristo. Essa foi realmente a divisão que fez com que o cristianismo se tornasse uma religião separada."

Bütz imagina o quanto a história da civilização ocidental seria diferente se a sede da cristandade se mantivesse em Jerusalém. Ele acha fascinante que a antiga cidade esteja novamente no epicentro da evolução religiosa, uma mudança de paradigma prevista pelo profeta Isaías. Também acha que não por acaso, depois de 2.000 anos de obscuridade, Tiago, o Justo, tenha obtido um destaque internacional repentino obtido logo após 11 de setembro de 2001, pela descoberta do ossário no início de 2002. "Ele talvez seja hoje o único personagem capaz de levar a paz ao Oriente Médio e reunir a família dividida de Abraão", postula Bütz. "Tiago pode ser a ponte que faltava sobre as águas intensamente agitadas. Tiago acreditava nas profecias das escrituras hebraicas de que um dia todos os povos, todas as nações do mundo, venerariam o Deus único de Israel e se uniriam em torno de Jesus como o Messias. Por meio de Tiago, o irmão de Jesus, Deus parece estar nos conclamando a uma *jihad* comum — a uma luta santa para trazer a reconciliação e a cura da Sua família estilhaçada e ferida."

Bütz explica que a ascensão do Islã foi influenciada grandemente pelas seitas judaico-cristãs — tais como os ebionitas, que alegam ser descendentes dos próprios apóstolos — que sobreviveram ao redor do perímetro noroeste da península arábica onde Maomé viveu e atuou. "A Síria era um grande centro do cristianismo judeu naquela época", observa ele. "Eles acreditavam que Jesus fosse o Messias prometido, descendente do rei Davi, mas não que fosse divino, a mesma teologia que Maomé sustentava. Há muitos ensinamentos e textos sobre Jesus em Qumran. Os muçulmanos acreditam que Jesus foi o último profeta enviado por Deus antes de contatar Maomé. Eles não

Ilustração 4.1. O pastor, professor e autor Jeffrey Bütz.

acreditam na Santíssima Trindade e na Encarnação, assim como Tiago também não acreditava."

O reverendo Bütz diz que aprendeu a ser humilde com a sua teologia e com o que afirma ser absolutamente verdadeiro, "por ter atravessado diversas mudanças teológicas na vida — de um cristão convencional a um ateu resoluto, voltando a ser um cristão convicto. Logo depois de ter-me reconvertido, refugiei-me num cristianismo muito fundamentalista. Felizmente, freqüentei um seminário mais liberal, que abriu os meus olhos para os perigos do fundamentalismo e então evoluí até me tornar gradualmente mais compreensivo. Estou muito mais tolerante a pontos de vista diferentes. Jesus é o meu Deus e Salvador, mas acredito que Deus tenha nos proporcionado muitos caminhos para subir a montanha e também acredito que Deus tenha oferecido a revelação a todas as culturas da Terra em diversos momentos da história. Acredito que Ele tenha enviado os profetas hindus e muçulmanos. Vejo a verdade em todas as religiões e me tornei um estudioso de todas as religiões".

Nos seus anos de juventude, Bütz participava de bandas de *rock* e ainda hoje, ao lado da esposa, Katherine, do filho, David, e da filha, Rachael, apresenta-se num espetáculo anual num teatro local "detonando" na bateria. Além de adorar ler, escrever e pesquisar, ele gosta de pescar, de passear ao ar livre e de jogar xadrez. O seu forte interesse pela ciência rendeu-lhe um bacharelado em geologia, mas perdendo apenas para as suas inclinações teológicas, a sua paixão mais profunda é voltada para o céu. Um astrônomo amador, Bütz diz que adora "armar os meus telescópios em uma noite clara e erguer os olhos para o universo de Deus — essa é a experiência mais espiritual para mim".

Ao mesmo tempo que é um fã do livro de Dan Brown, *O Código Da Vinci*, Bütz tem um problema com o filme de Mel Gibson, *A Paixão de Cristo*. "Os meus alunos e paroquianos estão sempre me perguntando sobre esse filme, mas fora o excessivo derramamento de sangue, o que me aborrece é que o roteiro não se baseia nos fatos. Gibson admitiu que baseou o filme no texto *The Dolorous Passion of Our Lord Jesus Christ*, escrito no século XIX por uma freira católica romana, Anne Catherine Emmerich, que alegou ter tido visões da crucificação de Cristo. Gibson é um católico romano tão ultra-ortodoxo que faria o novo papa parecer um liberal!", exclama Bütz, que diz ter ouvido Gibson afirmar em uma entrevista que enfrenta diariamente o fato de que não estará no céu com a esposa, uma vez que ela é da igreja anglicana e não católica romana.

Trabalhando no seu segundo livro — intitulado provisoriamente *The Underground Stream*, sobre a linhagem de Jesus — Bütz informa ter encontrado abundantes evidências dos descendentes da família de Jesus. Embora suspeite de que Cristo provavelmente se casou, ele nem assume nem descarta a possibilidade de Jesus e a esposa terem tido filhos. "Os descendentes são mais provavelmente sobrinhas e sobrinhos, mas talvez filhos e netos", diz ele. "Também estou pesquisando a história da Igreja de Jerusalém original e as chamadas seitas heréticas, como por exemplo os nazarenos, os ebionitas e os elkesaitas, as quais, apesar de serem uma minoria perseguida, mantiveram-se na Síria e na Arábia e influenciaram Maomé e a ascensão do Islã, os Cavaleiros Templários e a Franco-maçonaria."

Enquanto isso, ele espera que o seu livro atual provoque uma reavaliação sobre Tiago, que ele diz ter sido encoberto, escondido e suprimido. "Tiago é um personagem histórico mais injustiçado do que qualquer outro. Como irmão e sucessor de Jesus, a maioria dos cristãos não faz nem mesmo idéia de que tenha existido. Quando o papel de Tiago for admitido, quando entendermos o lado israelita de Jesus, haverá maior compreensão entre cristãos, judeus e muçulmanos."

Essa seria uma coisa muito boa, mas muito boa mesmo.

5 Propagando o Evangelho da Deusa

GRAÇAS A *O CÓDIGO DA VINCI*,
MARGARET STARBIRD VÊ-SE RECONHECIDA
MUNDIALMENTE

CYNTHIA LOGAN

Depois que *O Código Da Vinci* chegou ao topo da lista dos *best-sellers*, o seu autor, Dan Brown, pegou o telefone e ligou para Margaret Starbird. Ele queria agradecer pelo conceito original que encontrara na obra dela: a idéia de que Jesus Cristo teria desposado Maria Madalena. Os livros de Starbird, *The Woman with the Alabaster Jar* e *The Goddess in the Gospels*, deram-lhe um amplo material para a pesquisa que sustentou o conteúdo do seu empolgante romance de mistério.

Starbird, por sua vez, inspirara-se em *Holy Blood, Holy Grail*, cuja premissa é que não só Cristo se casou, mas também que a sua esposa e a sua linhagem sobreviveram na Europa Ocidental — algo que Starbird, uma católica romana praticante e acadêmica da Vanderbilt Divinity, considerara perturbador. Não se permitindo comprar o livro, foi retirá-lo na biblioteca. Ao ler a contracapa, ficou estarrecida. Em uma entrevista inspiradora, ela conta como foi a experiência: "Quase devolvi o livro na hora, quase saí correndo do prédio", comenta sobre o seu primeiro encontro com uma hipótese que, não tinha dúvida, questionaria profundamente as suas convicções. "Não fiquei apenas chocada com a idéia, fiquei abalada." Mas a receptividade a novas idéias e o desejo de conhecer a verdade falaram mais alto e então, pensando melhor, ela se forçou a admitir que a teoria era provocante e que a compilação das evidências sugeriam fortemente a supressão grosseira da verdade pela hierarquia católica ortodoxa e pela Inquisição.

Com o apoio do seu grupo de oração, ela começou o que se tornaria uma jornada de sete anos, por meio de uma pesquisa sobre história, simbolismo, arte medieval, franco-maçonaria, mitologia, psicologia e a Bíblia, até desbancar o que até então considerara uma blasfêmia. O resultado foi uma reestruturação radical da sua fé e o nascimento do seu livro. "Foi um trabalho longo e difícil", recorda ela. "Às vezes, pensei que viraria do avesso. Precisei desentranhar as doutrinas em que acreditava na minha religiosidade [...], precisei desmantelar todo o arcabouço da minha infância para descobrir a perigosa falha nos seus fundamentos e recompor cuidadosamente as minhas crenças depois de vedar a rachadura."

No entanto, mesmo sendo uma ex-bolsista pela Fundação Fulbright na Christian Albrechts Universitat, em Kiel, Alemanha, com mestrado em literatura comparada (pela University of Maryland), Starbird nunca pretendera escrever um livro — "só fiz essa pesquisa porque estava interessadíssima em aprender sobre Cristo mais a fundo". Sem contatos no meio editorial, ela não esperava que o livro fosse publicado, mas de qualquer maneira consultou um editor. Foi aconselhada a enviar o original acompanhado da taxa postal suficiente para a devolução depois da rejeição, mas dois meses depois recebeu uma carta informando que o seu texto encontrava-se entre os doze originais a serem publicados naquele ano, dentre os cerca de 7.000 manuscritos recebidos. Ela ficou surpresa ao ler a resposta: "Vínhamos procurando um livro como o seu por todo o mundo!" *The Woman with the Alabaster Jar* já se encontra disponível em doze idiomas e sem muito alarde tornou-se um *best-seller* no gênero.

A teoria de Starbird acerca de Madalena repousa sobre dois "pilares": a antiga ciência da gematria (segundo a qual é atribuído um valor numérico a cada letra do alfabeto grego e hebraico) e os mitos que remontam às culturas matriarcais neolíticas. Em especial, ela cita o mito do "Noivo-Rei", que primeiramente é ungido pelo mais alto representante da Deusa, unindo-se depois a ela em matrimônio, então sendo torturado, morto e "semeado" na terra, para assegurar que as colheitas dessem bons frutos e o povo prosperasse. (Esse rito foi praticado em algumas culturas; em outras, o Rei era sacrificado simbolicamente.)

Starbird observa que esse ritual fez parte das culturas da Suméria, Babilônia e Canaã, entre outras. Em muitas versões dessa história, a união do par é feita em um jardim. Na mitologia grega, o rito é conhecido como *hieros gamos* ou Matrimônio Sagrado. Considerando que Israel esteve sob a influência grega durante quase trezentos anos depois das conquistas de Alexandre, o Grande, é lógico que os hebreus tivessem conhecimento desse rito. "O seu conteúdo mitológico teria sido compreendido pela comunidade helenizada de cristãos que ouviam o evangelho pregado nas cidades do Império Romano, onde os cultos às deusas do amor não foram inteiramente extintos até o fim do século V d.C.", escreve Starbird, que considera haver evidências abundantes de que foi Maria Madalena que ungiu Jesus com o nardo em um ritual de matrimônio e que a unção foi reconhecida como tal pelos presentes.

Em primeiro lugar, "deveria ser escandaloso para uma mulher — qualquer mulher — tocar um homem judeu em público, mas nem sequer há uma sugestão de que os amigos de Jesus ficaram escandalizados com o gesto dela", escreve Starbird. Ela observa que o Cântico dos Cânticos das escrituras hebraicas, muito popular na Palestina durante a época de Cristo, era uma canção matrimonial do Pastor-Rei com a sua Noiva, e que versos idênticos encontram-se em um poema litúrgico do culto à deusa egípcia Ísis. Starbird apresenta mais semelhanças, declarando que as insinuações freqüentes a Jesus como o Noivo do mito da fertilidade poderiam ser "uma criação dos autores helenizados dos evangelhos" (nenhum dos quais na verdade conheceu Cristo!), mas ela acha muito mais provável que essas insinuações originaram-se do próprio Jesus. Na tradição hebraica, os profetas proclamaram Yahweh como o Noivo divino da comunidade e o rei de Israel como o seu filho fiel, o Messias ungido — expressões também encontradas nas mitologias suméria e cananéia.

O que leva à pergunta: Jesus foi uma pessoa de verdade ou um ser mitológico? "Pessoalmente, acho que alguém afirmou que Jesus ou Yeshua viveu no século I e de fato incorporou o mito", afirma Starbird. "As pessoas notaram isso, e o reconheceram como o Messias. Acho que Cristo veio encarnar aquele mito, mas acho que foi o mito da parceria sagrada que Ele e Madalena incorporaram juntos."

Esse é o ponto crucial da mensagem dela — que Jesus e Maria Madalena representaram um princípio masculino e feminino unificado tão antigo quanto o próprio cosmos. Ela explica os triângulos do "fogo" (ápice piramidal superior) e da "água" (ápice apontando para baixo) como símbolos desses princípios, observando que o hexagrama formado quando eles são unidos é a "estrela da parceria". De modo interessante, esse é um símbolo universal da união desde o tempo pré-histórico — na tradição oriental da Índia de Shiva e Shakti se abraçando, na fusão harmônica dos opostos de Platão, no Selo de Salomão, dentro da Arca da Aliança e no Grande Selo dos Estados Unidos, colocado pelos pais fundadores na mandala das treze estrelas que representam as primeiras colônias.

Starbird é a primeira a admitir que a sua teoria não é provável ("O que tenho é um caso enorme de provas circunstanciais"), mas é frustrada pelos escritores fundamentalistas cristãos que menosprezam a sua teoria por ela não ter um título de doutora. Para uma mulher de fala mansa, racional, as suas opiniões podem ser sumamente fortes. Por exemplo, ela sente que, embora "os apologistas do clero fundamentalista católico romano da Igreja tentem convencer a todos das suas idéias", eles apenas seguem a tradição que aprenderam e apóiam-se mutuamente da melhor maneira possível.

Ilustração 5.1. Margaret Starbird, erudita e proponente do evangelho da Deusa.

"Uma das coisas que realmente me irritam no que diz respeito a *O Código Da Vinci* é que muitas pessoas tentam desmascará-lo, e sem antes avaliar a minha pesquisa. É uma indignidade, porque eu cumpri todo o programa de doutorado com exceção da dissertação. Na época, eu trabalhava em Maryland e o meu marido [o homem que lhe emprestou o sobrenome 'Nova Era' é um engenheiro reformado do Exército] foi transferido para a Carolina do Norte. Eu me casei e tive cinco filhos, todos formados em faculdades. Sacrifiquei o meu título de doutora pela minha família e agora sou excluída — eles nem sequer consideram as evidências que apresento. Não posso provar que a doutrina da heresia do Graal é verdadeira. Não posso nem mesmo provar que Maria Madalena foi a mulher com o vaso de alabastro que ungiu Jesus em Betânia. Mas *posso* constatar que essas são doutrinas de uma heresia em que se acreditava amplamente na Idade Média, que os fósseis a respeito dela podem ser encontrados em numerosas obras de arte e da literatura, que ela foi veementemente atacada pela hierarquia da Igreja oficial de Roma e que sobreviveu, apesar da perseguição inexorável."

Essa suposta heresia tem numerosas variações, desde os gnósticos até os cátaros e os rosa-cruzes. Entretanto, a sua doutrina central, de que Maria Madalena (Starbird enfatiza a importância do "e" no nome dela, seguindo a gematria grega original e distanciando-a de uma cidade chamada Magdala) não era uma prostituta, mas a Noiva de Cristo e a incorporação do Santo Graal, incorreu na ira da ortodoxia católica durante séculos. Starbird não resiste a uma comparação: "Acabei de assistir novamente *O Poderoso Chefão* e acho que a Máfia foi constituída segundo o mesmo modelo do Vaticano: 'Protejam-se uns aos outros a todo custo e livrem-se de qualquer um que seja contra vocês'. Nunca provaremos nada contra o Vaticano, porque eles não deixarão ninguém pesquisar os seus arquivos. Eles protegerão o poder que têm [...] e é isso que o princípio masculino faz. Assim como o pessoal da Enron. Quando os veremos na prisão? Conseguimos colocar Martha Stewart na prisão, mas não aqueles sujeitos."

Ela diz essas coisas sem raiva — simplesmente vendo as evidências do "feminino perdido" em toda parte. "Ele está atuando agora mesmo no deserto; o princípio masculino desequilibrado deforma toda a psicologia da civilização ocidental. Porque temos tanto poder, estamos tentando impô-lo ao mundo todo." Starbird acha que a única maneira de salvar o planeta é restabelecer o princípio feminino: "Não ouvimos mais a voz das esposas e filhos, porque os excluímos da nossa história."

Ironicamente, ela resume o modelo familiar oferecido pela Igreja ortodoxa: um pai patriarcal divorciado da mãe virgem de um solteirão perpétuo. Ela se surpreende de que, com todo o questionamento quanto a "o Código" ser fato ou ficção, a preocupação não recai sobre — no caso dela — a filha que se diz ser de Madalena: uma criança conhecida como Sara Kali. "De todas as coisas do meu livro, essa é a mais especulativa, e nunca é questionada", Starbird ri. "Não existe nenhuma prova da linhagem e não acho que Deus quisesse que esse fosse o assunto. Na Idade Média as pessoas se prendiam a essas promessas da linhagem davídica, mas as genealogias não se sustentaram através da Idade Média; simplesmente não existe uma documentação a respeito disso." Além do mais, nisso ela e Brown concordam, a mensagem é sobre o Matrimônio Sagrado, não sobre elitistas de sangue real aparecendo e dizendo: "Eu sou isso." Ela também imagina se a busca dos fatos históricos seria um desperdício de tempo, quando a verdadeira questão é como vivemos a nossa vida. "A idéia era aprender a amar a essência dos evangelhos a serviço dos outros", diz ela.

Starbird pode ser o expoente perfeito para expressar o que muitas forças feministas vêm reivindicando há séculos. "Se alguém tão conservador quanto eu pode aceitar essa idéia, qualquer um pode", ironiza. Ela sustenta o seu ponto de vista no paradigma "e/ambos" do princípio feminino em lugar do paradigma "e/ou" do masculino. Ela se recorda de expressar o seu apoio à Emenda dos Direitos Iguais na Vanderbilt University e a surpresa gerada quando esse apoio não se estendeu ao direito ao aborto.

Starbird é uma ponte, um exemplo de alguém que pratica o amor que Cristo ensinou, não julgando as pessoas e as questões. Por exemplo, o casamento *gay* não a incomoda: "Sempre me pergunto: 'O que fariam Jesus e Maria?' Acho que eles concordariam com a comunidade *gay*." Muitos padres casados apóiam a obra dela; na realidade, ela diz que o seu próprio padre e a maioria das pessoas da paróquia que freqüenta concordam com ela — sem alarde. "Sou católica romana, mas não vou [à igreja]", admite, suspirando. Em parte, por causa das viagens que é obrigada a fazer. Starbird participa de retiros e profere conferências e discursos de orientação geral que a impedem de ir à missa. Mas também há um problema ético: "Eu invisto o meu dinheiro no que posso consumir. [...] e não me sinto à vontade apoiando uma Igreja que tem tantos problemas que não posso discutir."

Ela não assistiu ao filme *A Paixão de Cristo*, de Mel Gibson, e não pretende fazê-lo ("Para mim, *Ben-Hur* é o bastante e acho que o filme de Gibson está longe disso"). Ela se desaponta porque, a exemplo de tantos outros anteriormente, Gibson retrata Maria Madalena como uma prostituta ou adúltera: "Essa postura está cinqüenta anos atrasada; hoje sabemos mais do que isso."

Starbird concorda com os setores do clero feminino, historiadores e acadêmicos que gostariam que Madalena fosse elevada ao mesmo nível apostólico de Pedro, mas acha que essas pessoas ainda estão cometendo um erro: "Isso não 'restaura o deserto'", diz com firmeza. "Tudo o que faz é restabelecer um modelo de poder da Igreja que é igual ao de Pedro (a 'pedra' da igreja de Cristo), mas não se compara à simbiose yin/yang de Cristo e Madalena juntos — eles modelam o espírito manifesto na carne. Graças a Deus Dan Brown teve êxito com isso!" Starbird considera o livro de Brown uma resposta às suas preces para conseguir levar a sua obra a um público maior. "Sim, o livro é ficção, mas a história por trás dele não é — há 99% de chances de que Cristo fosse casado."

Depois de quase 2.000 anos, escreve Starbird, "está na hora de corrigir os registros, revisar e completar a história do evangelho de Jesus, incluindo a esposa dele. O nosso ambiente devastado, as nossas crianças vítimas de maus-tratos, os nossos veteranos mutilados, as nossas famílias autodestruídas e as esposas abandonadas estão todos clamando pela reintegração da Noiva de Cristo". Ela observa que, nas escrituras, nunca se afirmou que Jesus não fosse casado; só se omitiu a menção específica à esposa dele — e o risco à vida dela parece ter sido argumento suficiente para retirá-la dos textos. Impressionada com o interesse rápido e crescente em torno desse assunto, Starbird está esperando para ver o que o sistema católico fará: "É possível que o Vaticano continue a negar que Jesus foi casado. Mas também é possível, quando confrontadas as evidências, os padres decidirem que está na hora para acolher a Noiva [...] talvez permitam que os sinos da Igreja toquem por toda a Terra anunciando o seu retorno, enfim, para lhe dar boas-vindas à sua casa."

6 Em Busca da Verdadeira Estrela de Belém

QUEM FORAM OS "REIS MAGOS" E O QUE
ELES PROCURAVAM?

PETER NOVAK

Ocupando cargos oficiais no governo como conselheiros imperiais junto ao imperador de Pártia, os sacerdotes de Zoroastro conhecidos como Magos eram famosos pelos seus conhecimentos religiosos sobre profecias e astrologia. Heródoto foi testemunha da sua perícia astrológica. Gostemos ou não, tudo o que sabemos sobre a Estrela de Belém resulta das informações que esses estranhos eclesiásticos astrólogos nos legaram sobre ela e, talvez mais importante ainda, como reagiram a ela. Eles parecem ter sido os únicos que testemunharam a ocorrência dessa estrela afinal. Ao contrário do que se imagina, aparentemente a estrela não se destacava no céu, e não deve ter sido muito empolgante admirá-la. Ninguém em Jerusalém parecia saber alguma coisa sobre essa estrela antes de os Magos chamarem a atenção para ela, e quando isso aconteceu, a cidade inteira parece ter sido pega desprevenida pela notícia:

> Tendo Jesus nascido em Belém da Judéia, em dias do rei Herodes, eis que vieram uns Magos do Oriente a Jerusalém. E perguntavam: "Onde está o recém-nascido Rei dos judeus? Porque vimos a sua estrela no Oriente e viemos para adorá-lo." Tendo ouvido isso, alarmou-se o rei Herodes, e, com ele, toda Jerusalém. (Mateus 2:1-3)

Essa passagem é tudo que temos com que contar. Felizmente, ela nos diz muita coisa. Diz que a estrela não chamou a atenção de ninguém a não ser dos astrólogos. Logo que os Magos a viram, ela se elevava no Oriente ao pôr-do-sol. Mateus relata que ela se elevava *"en te anatole"* — uma expressão grega traduzida como "no Oriente", mas que, na realidade, refere-se a um acontecimento astronômico específico: a ascensão acrônica oriental de uma estrela, uma ocorrência relativamente rara, quando uma estrela se eleva no Oriente exatamente quando o Sol está se pondo no Ocidente. E o texto nos diz que essa estrela pareceu tão importante àqueles sacerdotes que eles decidiram fazer uma longa e difícil viagem à procura de um bebê recém-nascido; e quando encontrassem essa criança, pretendiam adorá-la como a um deus.

A maioria das teorias sobre a Estrela de Belém não leva em conta nada disso. A lenda a respeito desse evento celestial cresceu a tal ponto que se presume que a estrela deve ter sido um espetáculo assombroso, embora os registros escritos a citem como algo de que a maioria das pessoas nunca tinha ouvido falar. Praticamente, todas as teorias sobre a estrela começam perguntando: "O que poderia ter feito uma estrela tão notável aparecer no céu naquele momento da história?" Entretanto, a pergunta adequada: "O que poderia ter feito os Magos ficarem tão interessados por uma estrela de aparência tão insignificante no céu?", praticamente nunca é feita.

Além disso, nenhuma teoria explica como a estrela poderia ter sido vista subindo em um lado do horizonte enquanto o Sol se punha no outro (o Sol, a Terra e a Estrela de Belém estando em uma linha perfeitamente reta), nem por que os Magos (e depois, o autor do Evangelho de Mateus) acharam que ela fosse tão importante para mandar transmitir esse detalhe curioso. E, é claro, nenhuma teoria tenta explicar por que os Magos tiveram essa reação excepcional a uma estrela, concluindo por ela que um bebê — que mereceria ser idolatrado e adorado — tinha nascido.

FUSO HORÁRIO DA ÍNDIA: 16 DE SETEMBRO, 1 A.C.

Ainda assim, isso é exatamente tudo o que teria acontecido se a Estrela de Belém fosse o planeta Urano. Há uma considerável possibilidade de que os Magos vivessem próximo ao rio Indo, na Índia, e tivessem descoberto o planeta Urano durante a Lua nova de 16 de setembro de 1 a.C. Eles poderiam estar olhando para o lugar certo no momento certo e, ao avistar Urano naquele momento, poderiam ter reagido exatamente conforme a Bíblia descreve.

Numerosos Magos viviam na Índia, e eles teriam razões particularmente profundas para acompanhar essa Lua nova. Era uma lunação incomum, um alinhamento raro segundo todos os padrões: o Sol, a Lua, Júpiter e Plutão encontravam-se agrupados proximamente em um lado do céu, com Marte e Urano juntos no lado exatamente oposto do céu.

Plutão, Júpiter, o Sol, a Terra, a Lua, Marte e Urano estavam todos em uma linha reta atravessando o sistema solar de um lado a outro. Toda Lua nova próxima assim de Júpiter (menos de um grau de distância) teria sido considerada notável pelos astrólogos daquela época, uma vez que tais conjunções fechadas entre a Lua nova e Júpiter só acontecem aproximadamente uma vez a cada 27 anos. Mas aquela conjunção entre Júpiter, o Sol e a Lua em oposição a Marte ao mesmo tempo constituiria definitivamente um acontecimento imperdível para os antigos observadores do céu.

Entretanto, os observadores da Índia teriam visto algo mais, algo que teria feito o alinhamento como um todo adquirir uma peculiaridade ainda muito mais importante: o alinhamento abarcava os seus dois horizontes, o oriental e o ocidental, exatamente no momento preciso em que a Lua nova se tornava perfeita. Um alinhamento angular tão incomum, os Magos deveriam saber, só acontece uma vez em muitos milhares de anos. Os *parans*, ou ângulos cruzados quase simultâneos como esses, eram considerados extremamente importantes na astrologia antiga.

É claro que as *ascensões* eram consideradas de mais importância do que as *declinações*; as ascensões eram o futuro, as declinações, o passado. Esse fato simples poderia ter causado preocupação àqueles conselheiros imperiais, pois o alinhamento glorioso (de Júpiter) com a Lua nova estabelecido precisamente no horizonte ocidental teria dado a sugestão incômoda de que a própria civilização deles poderia estar à beira do fim, enquanto uma outra força marcial (indicada por Marte elevando-se ao mesmo tempo no horizonte oposto) estaria pronta a surgir.

Será que os Magos confiavam que essa seria a interpretação correta do alinhamento? Com certeza, não; provavelmente, teriam aprendido com a experiência a ser cautelosos antes de tirar conclusões extremas precipitadamente. Mas provavelmente uma certa preocupação lhes teria passado pelo pensamento e eles fizeram questão de assistir esse alinhamento de perto, medindo-o da melhor maneira possível. Naquela escura noite de Lua nova, os Magos da Índia teriam acompanhado com toda a atenção o tal alinhamento no céu, e depois de observarem o Sol se pôr no horizonte ocidental, teriam se voltado para observar Marte elevar-se naturalmente no Oriente com a precisão de um relógio.

E enquanto acompanhavam cuidadosamente o seu lento avanço para o alto no céu noturno, estariam em uma posição perfeita para ver uma nova e desconhecida estrela que nunca tinham notado até aquela data. Urano estava logo abaixo de Marte no céu naquela noite, e embora geralmente se presuma que Urano seja invisível a olho nu, isso não é inteiramente verdade. Objetos com uma magnitude visual aparente de 6, a exemplo de Urano, podem ser vistos a olho nu quando as condições são certas.

Os Magos tinham uma antiga reputação de astrólogos excelentes e se consideravam inteiramente familiarizados com todos os astros visíveis do zodíaco. Se acontecesse de notarem Urano elevando-se logo baixo de Marte naquela noite, eles teriam percebido imediatamente que ele não fazia parte, que não estivera ali antes, pelo menos não de acordo com os registros. E assim como a Bíblia registrou, eles realmente teriam imediatamente localizado essa nova estrela "en te anatole", elevando-se no leste no mesmo momento em que o Sol se punha no oeste.

E A ESTRELA SE MOVEU!

Qual teria sido a reação dos Magos se eles tivessem localizado Urano? Provavelmente, eles teriam feito exatamente o que a Bíblia relata. A princípio, teriam estudado cuidadosamente o planeta e, depois de alguns meses de observação (Urano move-se lentamente), perceberiam — para a surpresa deles — que não se tratava apenas de mais outra estrela fixa, mas, em vez disso, de um planeta inteiramente novo, outro astro móvel — outro deus!

Duas coisas conspiraram para manter Urano invisível antes daquela noite: a visibilidade do planeta vem e vai enquanto ele se move de um lugar para outro no céu. É o único planeta do sistema solar que apresenta essas duas características. Os demais planetas conhecidos também se movem, é claro, mas a sua visibilidade permanece relativamente constante. A visibilidade de muitas estrelas de baixa magnitude também vem e vai, mas uma vez que permanecem no mesmo lugar, tudo é uma simples questão de confirmar a sua existência e posição exata.

Os antigos Magos podiam ser capazes de examinar e reexaminar inúmeras vezes todas as outras estrelas visíveis e, ao longo dos séculos, até a última estrela poderia ter sido verificada e re-verificada, até mesmo aquelas cuja luz fulgurava nos limites da visibilidade. Urano, porém, não só aparecia e desaparecia dependendo das condições visuais, como também se movia. Mas finalmente — afinal de contas, Urano é visível a olho nu pelo menos em uma parte do tempo — é razoável supor que os Magos o teriam notado cedo ou tarde.

A reação dos Magos sugere que teriam feito exatamente isso.

Ilustração 6.1. Astrônomos orientais observando o céu noturno na hora do nascimento de Jesus.

E nós sabemos onde eles se encontravam no momento em que fizeram o seu famoso avistamento? A Bíblia só diz "no Oriente", mas somos capazes de aproximar isso mais um pouco. Qualquer mago que vivesse próximo ao rio Indo, na Índia, poderia ter acompanhado o acontecimento de perto o bastante para localizar o fugidio Urano. As lendas sobre os Magos bíblicos confirmam essa possibilidade identificando um desses viajantes pelo menos como realmente sendo da Índia. A tradição hindu também corrobora essa teoria. Não só a astrologia é respeitada e estudada na Índia ao longo dos séculos, como também os textos védicos sugerem que Urano tivesse sido, na realidade, descoberto milênios atrás por astrônomos hindus. E de acordo com os registros de Israel, magos do Oriente avistaram uma nova e desconhecida estrela movente no céu no século I a.C. e concluíram, a partir do que avistaram, que um novo deus acabava de nascer. Coincidência?

VIAGEM PARA VER UM DEUS

Seriam precisos meses de observação para ter certeza de que Urano realmente estivesse se movendo, e naquele momento as chuvas do inverno teriam chegado, obrigando a adiar para a primavera qualquer viagem planejada até então. A longa, árdua e perigosa rota terrestre da Índia para Israel seria inconcebivelmente desagradável.

O fato de os Magos estarem dispostos a empreender tal viagem nos diz muito sobre o quanto eles estavam confiantes quanto à interpretação do significado da estrela e a sua urgência. De acordo com T. E. Lawrence (o famoso oficial de ligação britânico durante a Revolta Árabe de 1916 a 1918), uma pessoa inexperiente montando um camelo é capaz de cobrir cerca de 50 quilômetros por dia. Partindo da Índia na primavera, os Magos teriam chegado a Israel no fim do verão ou começo do outono. Convencidos de que a criança divina teria nascido no momento em que viram a estrela pela primeira vez, os Magos esperavam que ela já estivesse com mais de um ano de idade na ocasião.

Vendo-se iludido pelos magos, enfureceu-se Herodes grandemente e mandou matar todos os meninos de Belém e de todos os seus arredores, de dois anos para baixo (Mateus 2:16). (Na época, de acordo com o costume judaico, uma criança de um ano e um mês era considerada com dois anos de idade.)

A única evidência concreta da Estrela de Belém é a reação dos Magos: a sua estada temporária à procura de um deus recém-nascido. A possibilidade de que tivessem identificado um novo planeta pouco conhecido ajusta melhor a sua reação do que qualquer outro fenômeno natural que pudessem ter testemunhado. Conjunções planetárias, cometas, e assim por diante, eram visões relativamente familiares, especialmente entre uma casta de sacerdotes que monitorava os céus minuciosamente ao longo de mais de 500 anos. A descoberta de um planeta novo teria sido sem precedente. Até onde sabemos, essa foi a única vez que os Magos fizeram uma viagem para ir adorar um recém-nascido desconhecido.

Ilustração 6.2. Os Reis Magos seguem a estrela auspiciosa, que pode ter sido o planeta Urano, até Belém. (Ilustração de Gustav Doré)

O MÊS E A DATA

Os Magos estavam certos em presumir que Jesus teria nascido no momento exato da Lua nova de 16 de setembro de 1 a.C.? Parece haver algumas evidências de que Jesus nasceu em setembro. Por exemplo, o relato segundo o qual "pastores que viviam nos campos e guardavam o seu rebanho durante as vigílias da noite" (Lucas 2:8-12) situa a data do nascimento em setembro com muito mais probabilidade do que em dezembro. Os pastores não saíam para os campos no inverno (Cânticos de Salomão 2:11; Esdras 10:9,13). O costume antigo entre os judeus era enviar as ovelhas para os campos e desertos no começo da primavera e trazê-las para casa no começo das primeiras chuvas, geralmente antes de 15 de outubro. Ainda assim, isso só reduz a data provável da natividade em meio ano.

Entretanto, uma prática curiosa dos primeiros cristãos sugere especificamente a natividade em setembro. Nos primeiros anos da Igreja, durante o banquete judeu em setembro do Rosh Hashanah, os cristãos parecem ter continuado as suas celebrações dos mistérios a portas fechadas, as quais, alguns sugerem, terem sido as primeiras festividades do Natal.

Excepcionalmente, algumas evidências corroboram a data real de 16 de setembro de 1 a.C. Acontece que esse foi o primeiro dia do Rosh Hashanah naquele ano, quando a população de Jerusalém teria aumentado de aproximadamente 100.000 pessoas para mais de 1 milhão. Com tanta gente, teria havido pouco espaço nas hospedarias de Jerusalém e cidades vizinhas, exatamente conforme é relatado na Bíblia. O Rosh Hashanah é o ano-novo judeu, uma data simbolicamente adequada para o nascimento do Messias.

Jesus nasceu no dia 16 de setembro de 1 a.C.? Curiosamente, a carta astrológica dessa Lua nova não só parece corresponder ao relato bíblico sobre a pessoa e a história de Jesus, mas também combina com a história subseqüente da Igreja Cristã. Os Magos, é claro, o teriam considerado adequado, uma vez que o nascimento de Jesus Cristo era também o nascimento do cristianismo. Mais curioso é o fato de que essa antiga carta de nascimento, apesar de todos os argumentos, também parece refletir muitas das mais significativas evoluções seculares dos últimos 2.000 anos.

SEGUNDA PARTE

SIGA O FIO DOURADO: OS TEMPLÁRIOS E A FRANCO-MAÇONARIA

7 A História Oculta

O QUE FILMES COMO *CORAÇÃO VALENTE*
NÃO CONTAM?

DAVID LEWIS

Comentando o seu livro *The Return of Merlin*, Deepak Chopra observou uma vez que a história existe no olho do observador. Chopra falava da "história da alma", em oposição ao que é exposto em um livro didático. E embora o autor não cite exemplos, pode-se dizer sem medo de errar que a exatidão histórica sempre se apoiou no politicamente correto — basta nos lembrarmos da antiga União Soviética. Na época de Galileu, a Igreja definia a realidade. Ela chegou a ponto de rearranjar o céu, declarando que o Sol girava ao redor da Terra, não o contrário. Quando confrontada com o que considerava heresia, ela não só eliminou os infiéis como também o seu testemunho escrito, como foi o caso dos cátaros no sul da França.

Sete séculos depois, a definição de um livro didático padrão sobre os cátaros continua refletindo o geocentrismo da Igreja, como se tudo girasse ao redor de Roma. Ainda assim, da última vez que verificamos, a Terra gira ao redor do Sol, que por sua vez gira em uma ramificação de uma galáxia espiral girando no infinito. E a verdade por trás das heresias medievais pode ter uma trajetória semelhante à de uma descoberta sobre o caminho da interminável busca do conhecimento absoluto, um caminho trilhado por místicos, templários e cátaros, entre outros. Essa busca, relegada pelos céticos a uma fantasia quixotesca, tem pouco a ver com a história dos livros didáticos, ainda que tenha tudo a ver com a história secreta, a história da alma.

Coração Valente, o filme de grande publicidade sobre o maior guerreiro da liberdade escocesa, *sir* William Wallace, abre um capítulo nesse livro sobre a história secreta. O filme trata da guerra pela independência escocesa do final do século XIII, mas negligencia um elemento raramente discutido daquela campanha que influenciou os acontecimentos humanos até o presente. Como um fio dourado, esse elemento-chave atravessa a história escocesa e a americana. Atravessa a Idade Média e a Inquisição até a Israel antiga, o Templo de Salomão e até mesmo o Egito antigo. Ele une todos os anteriores, indo mais longe, mais fundo e de um modo mais secreto que os cronistas politicamente corretos ousariam conceber. É o fio que os exércitos do Vaticano tentaram destruir — a Ordem dos Mistérios Antigos e a sua progênie, os Cavaleiros Templários.

ALÉM DE *CORAÇÃO VALENTE* — A VERSÃO DO LIVRO DIDÁTICO

Nos últimos anos do século XIII, William Wallace levantou a Escócia contra a Coroa inglesa. A exemplo dele, muitos nobres escoceses deram apenas meio apoio solidário à causa, e às vezes apoio nenhum. Mesmo assim, Wallace derrotou o governador inglês John de Warenne nas proximidades de Sterling, em 1297. Como *Coração Valente* mostra com mordacidade, Robert Bruce acabou finalmente defendendo a causa de Wallace. Mas em 1305, Eduardo II levou a melhor sobre Wallace. Capturou o rebelde carismático e o julgou por traição, cuidando para que Wallace fosse horrivelmente torturado e executado.

Mas a história continuou. Na época da batalha de Bannockburn, em junho de 1314, os escoceses haviam conseguido empurrar as forças do rei de volta para a Inglaterra. O castelo de Stirling, o portal para as Terras Altas, o último bastião do rei Eduardo em terra escocesa, encontrava-se sitiado. O exaurido comandante militar do castelo estava prestes a render-se, a não ser que o exército do rei o socorresse no início do verão. Enfrentando o desafio, Eduardo reuniu um exército fortemente armado, que podia chegar a um total de 100.000 homens, mas mais precisamente próximo a 20.000.

Ele o fez, muito provavelmente, não só para salvar Stirling, mas também para aniquilar Robert Bruce e ocupar a Escócia. Para interceptar o exército inglês, Robert reuniu uma força menor, de apenas 8.000 homens, muito menos armados. Os dois exércitos se defrontaram em Bannockburn onde, apesar da esmagadora desvantagem, os escoceses derrotaram os ingleses. Essa vitória impressionante abriu o caminho para uma Escócia livre, com Robert Bruce como o seu rei.

E QUANTO À HISTÓRIA SECRETA?

A batalha de Bannockburn aconteceu no Dia de São João, 24 de junho, um dia de importância especial para os Cavaleiros Templários, os enigmáticos monges guerreiros da Idade Média. Mas os relatos sobre a batalha deixam muito a desejar. Até mesmo o local ainda hoje é questionado. Os historiadores concordam, entretanto, em que os ingleses estivessem em número imensamente maior do que os escoceses, e que o exército escocês consistisse principalmente em lanceiros, com relativamente poucos cavaleiros. Além disso, esses cavaleiros nem de longe se comparavam aos guerreiros montados fortemente blindados de Eduardo. A surpreendente vitória escocesa, portanto, continua sendo um acontecimento misterioso.

Durante a batalha, com todas as unidades escocesas reunidas entre Bannockburn (*burn* significa corrente de água) e o rio Forth, algo estranho aconteceu. Partindo da retaguarda escocesa, precipitou-se uma investida feroz, com bandeiras tremulantes. Os historiadores descrevem essa investida como composta de todos os que se encontravam no acampamento, até mesmo crianças — não combatentes, a quem os ingleses equivocadamente consideraram como uma unidade bélica feroz. O ataque, conta-nos a história, partiu espontaneamente das pessoas que se encontravam no acampamento, as quais fizeram bandeiras de lençóis e aproveitaram as armas dos mortos e feridos. Inacreditavelmente, esse ataque — que necessariamente teria se lançado a pé — inspirou tamanho medo entre os guerreiros ingleses, que seguiam montados, que eles fugiram em massa.

Essa história, quase romântica, cativa o patriotismo escocês. É o material de lendas, ou de *Coração Valente II*. Entretanto, a idéia de camponeses desmontados afugentando um numeroso exército inglês não convence o bom senso. Que o ataque inspirasse o pânico entre as fileiras inglesas, porém, parece claro. O rei Eduardo e quinhentos dos seus cavaleiros fugiram do campo de batalha, seguidos logo depois pelos soldados da infantaria inglesa. E embora alguns relatos falem de matança, as perdas inglesas registradas pelas crônicas foram leves; a derrota parece ter resultado apenas do puro pânico.

Em *The Temple and the Lodge*, os autores Michael Baigent e Richard Leigh mostram que, quando a Inquisição começou a caçar os templários por toda a Europa, muitos templários fugiram para a Escócia. De modo convincente, Baigent e Leigh observam que os atacantes misteriosos de Bannockburn teriam sido os Cavaleiros Templários, facilmente reconhecidos pelos seus estandartes e cruzes largas, a única força guerreira da época que poderia ter inspirado tamanho medo e confusão. Em Bannockburn, onde se sabe ter sido desferido um ataque escocês *montado,* os escoceses vitoriosos marcharam atrás de um receptáculo no formato de uma arca, conhecido como o Relicário de Monymusk, uma representação do templo de Salomão que figura com destaque na tradição dos templários.

Uma fraternidade rica e poderosa, os templários mostraram-se difíceis de ser suprimidos pela Igreja e pelo rei da França. O rei Filipe, o Justo, aliado do papa Clemente V, natural de Avignon, suprimiram impiedosamente a ordem em toda a Europa, ao estilo medieval, com prisões, torturas e execuções. Conforme observado, muitos templários fugiram antes de ser capturados e encontraram refúgio em países estrangeiros. Na realidade, a frota inteira da ordem escapou com uma vasta fortuna, cujo destino continua sendo um mistério até os nossos dias.

Os refugiados templários, demonstram as evidências, encontraram abrigo na Escócia, onde os túmulos de templários dão testemunho de terem vivido e morrido no século XIV. Aparentemente, o rei Robert Bruce não tinha nenhum interesse em perseguir a ordem, apesar de que uma bula papal ordenasse que assim o fizesse. Ao contrário, ele deve ter tirado proveito da condição de fugitivos deles, oferecendo-lhes asilo se o ajudassem a empreender a guerra contra a Inglaterra.

QUEM REALMENTE ERAM OS CAVALEIROS TEMPLÁRIOS?

Hughes de Payns e outros oito cavaleiros fizeram os seus votos no dia 12 de junho de 1118, no castelo de Arginy, próximo a Lyon, França. Os nove fundadores da ordem devotaram-se a Cristo e à proteção de peregrinos que viajavam pela Terra Santa, contam-nos os livros didáticos. O rei Balduíno, de Jerusalém, cujo irmão, Godfrey de Bouillon, capturara a cidade santa para a cristandade dezenove anos antes, recebeu-os de braços abertos como cavaleiros, um precedente que seria repetido por outros reis no mundo inteiro.

De acordo com a tradição, os cavaleiros construíram alojamentos sobre as ruínas do Templo de Salomão, o que segundo alguns comentaristas modernos indicariam os propósitos secretos da ordem. Em 1126, o imensamente influente São Bernardo de Clairvaux obteve legitimidade eclesiástica para os templários no Concílio de Troyes. Dali por diante, as hierarquias da ordem engrossaram a uma taxa extraordinária, assim como os seus tesouros e propriedades. Em pouco tempo, os templários detinham terras na Inglaterra, na França, na Espanha, em Portugal e na Escócia. Antes de meados do século

XII, eles só perdiam para o papado em matéria de riqueza, poder e prestígio, uma indicação de que o seu sucesso dependia, como sugere a tradição, de algum conhecimento secreto.

Os templários tornaram-se extraordinariamente influentes e, apesar dos abusos dos anos posteriores, coerentemente idealistas. Os reis que estavam bem conscientes do seu poder, e às vezes partilhavam dos seus ideais, alinharam-se com os cavaleiros. A ordem, em troca, influenciou os reis, ocupando-se, por exemplo, de tentar reconciliar o rei da Inglaterra, Henrique II, com Tomás de Becket. E o filho de Henrique, Ricardo Coração de Leão, foi provavelmente um Templário honorário. Ele buscou a companhia dos cavaleiros, residiu nas suas comunidades, viajou nos seus navios e vendeu-lhes a ilha de Chipre, a qual tornou-se a sede da ordem durante algum tempo.

O irmão de Ricardo e seu rival, o rei João, teve como conselheiro de confiança Aymeric de St. Maur, mestre da ordem na Inglaterra. Graças aos conselhos de Aymeric, o rei João, que não era nenhum defensor da liberdade, assinou relutantemente a Magna Carta em 1215, um documento que é citado

Ilustração 7.1. Uma antiga igreja dos templários, com a arquitetura circular típica das suas construções.

— juntamente com a Declaração de Independência dos Estados Unidos e a sua Constituição — como sendo fundamental para os direitos humanos.

Tornando-se incrivelmente poderosos, os templários realizaram quase tudo o que almejaram em uma escala e uma natureza que sugere nada mais do que uma capacidade sobrenatural. O seu papel no projeto e construção das grandes catedrais góticas da Europa, por exemplo — o qual muitas vezes não lhes é creditado — testemunha um conhecimento esotérico de arquitetura que transcende praticamente tudo na civilização ocidental a não ser pelas pirâmides do Egito.

Assim como as pirâmides, as catedrais góticas confundem os historiadores, por não terem nenhum precedente técnico na história. Na realidade, a arquitetura gótica derivou dos templários e a sua dedicação à geometria sagrada, à ciência mística dos números e às proporções freqüentemente identificadas com as pirâmides egípcias e com o Templo de Salomão.

QUAL ERA O PROPÓSITO SECRETO DOS TEMPLÁRIOS?

A *raison d'être* oficial da ordem dos templários, como protetores de peregrinos, permanece uma questão aberta. A julgar pelos seus esforços e associações, os templários tinham metas mais profundas que os livros históricos revelam, criando, por exemplo, receptáculos materiais — como o Graal, por assim dizer — para a essência espiritual venerada na sua tradição dos Mistérios: comunidades, catedrais, igrejas, até mesmo nações — uma fraternidade universal.

Com essa finalidade, os nove cavaleiros originais escavaram o Templo de Salomão esperando encontrar a Arca da Aliança perdida (veja *The Sign and the Seal*, de Graham Hancock, onde há uma digressão sobre o assunto). Com isso, os templários teriam conquistado uma autoridade que transcenderia até mesmo a do papa, abrindo caminho para um estado Templário, adornado com edifícios projetados por inspiração mística. Alega-se, a esse respeito, que os nove cavaleiros originais guardaram segredos quanto ao projeto e às proporções codificados no próprio Templo de Salomão — uma geometria secreta que pode remontar à construção das pirâmides egípcias.

Os Cavaleiros Templários, entretanto, assim como qualquer um de nós, podem ser mais bem conhecidos pelas obras que produziram, entre as quais, segundo Baigent e Leigh, incluem-se os textos de romances medievais sobre o Graal. A busca do Santo Graal, portanto, e a importância dessa busca, chega até nós por meio dos devotos dos Mistérios, aqueles que de fato o buscaram. E aí encontramos a "história da alma", de Chopra, a busca da divindade (a heresia mais politicamente incorreta de todas, mesmo na época moderna), a qual sob vários disfarces tem animado as sociedades desde o começo dos tempos.

Podemos deduzir que os templários codificaram a verdadeira natureza — a da sua ordem e a das suas almas — dentro das famosas lendas do Graal (eles estavam bem conscientes das conseqüências de fazê-lo muito abertamente). Estabeleceram, assim, na psique popular, o ideal da busca da imortalidade, a "história da alma", a qual, embora sendo uma história fidedigna, também é pouco ortodoxa, nos termos de Chopra.

Podemos acrescentar esse feito, portanto, à lista de obras legadas, pelas quais os templários podem ser conhecidos. Também os aplaudimos por terem tentado sincretizar — com o propósito de criar um reinado da idade de ouro — os Mistérios cristãos, judaicos, islâmicos e celtas, centrados em Carcassonne, no sul da França, onde antes da Inquisição uma idade de ouro começara já a florescer sob a influência dos cátaros e dos templários.

Situando o nosso fio dourado um passo adiante, Wolfram von Eschenbach (considerado ele próprio um templário) escreveu o romance medieval do Graal, *Parzival*. Nessa história épica, ele intitula os templários como "Protetores do Graal e da Família do Graal". Nesse contexto, outro livro de Baigent e Leigh, *Holy Blood, Holy Grail*, apresenta uma teoria convincente sobre o empenho dos templários nessa causa, não em ficção, mas na realidade. Alega-se que a Família do Graal é composta dos descendentes verdadeiros de Jesus Cristo e de Maria Madalena, que, segundo a lenda, teriam migrado para a França, possivelmente como os fundadores da dinastia merovíngia.

Essa teoria extraordinária (popularizada recentemente pelo romance de Dan Brown, *O Código Da Vinci*) sugere que em 679 d.C., depois do assassínio do último monarca merovíngio, Dagoberto II, os protetores da linhagem real constituíram uma sociedade secreta, o Priorado de Sião, em torno do *sang real*, o sangue real, dos descendentes de Jesus e Maria Madalena. Esse pode ser o verdadeiro significado de *sangraal*, sugerem Baigent e Leigh, o Santo Graal dos romances medievais.

Os Cavaleiros Templários, afirmam os autores, podem ter tido muito a ver com esse Priorado do Sião, cujas origens podem remontar até a Casa de Davi, a Jesus e Salomão: a linhagem dos reis israelitas. Os templários podem ter-se dedicado secretamente a essa linhagem de sangue muito especial, acreditando ser o legado-sabedoria de Salomão e Jesus, assim como deles próprios. Entronizando essa linhagem durante a Idade Média, os templários teriam posto em movimento a idade de ouro.

COMO A ARCA PERDIDA DA ALIANÇA SE ENCAIXA NO QUEBRA-CABEÇA?

Em *Os Caçadores da Arca Perdida*, Steven Spielberg informou os espectadores sobre um dos maiores mistérios de todos os tempos, o destino da Arca Perdida da Aliança, o antigo repositório israelita da autoridade divina. Embora Spielberg retrate o Reich de Hitler cobiçando a Arca na ficção, os templários provavelmente tentaram encontrar a Arca na realidade.

O livro *The Sign and the Seal*, de Graham Hancock, mostra de modo convincente como os templários saíram em busca da Arca Perdida de Jerusalém até chegar ao suposto local onde estaria escondida na Etiópia. Hancock sustenta que a própria Arca pode ter sido o enigmático Santo Graal, e que os autores dos romances codificaram nos seus textos a missão secreta dos Templários de encontrar e controlar o poder sagrado da Arca.

Tendo em mente que, na Idade Média, a posse da Arca teria significado deter o poder de Deus, esse feito teria estabelecido os Cavaleiros Templários como a força dominante sobre a Terra, não obstante o papa. Com as evidências de que os templários teriam escavado o Templo de Salomão, e depois da sua presença na Etiópia (um país que figura no *Parzival*, de Eschenbach), onde se acredita que a Arca esteja até hoje, é possível que os cavaleiros teriam buscado o famoso artefato, provavelmente para atender às suas metas místicas e políticas de estabelecer uma idade de ouro.

A HISTÓRIA SECRETA DE BANNOCKBURN

Trazendo o nosso fio dourado aos séculos mais recentes, a busca dos Cavaleiros Templários revela-se muito posterior ao período da sua existência oficial. Levados à clandestinidade durante a Inquisição, os cavaleiros refugiados, conforme uma específica tradição maçônica, criaram a Maçonaria escocesa. A tradição marca as suas origens diretamente na ordem e no rei Robert Bruce, Roberto I da Escócia. Robert, segundo especifica claramente a tradição, fundou a primeira loja maçônica escocesa depois da batalha de Bannockburn, para receber os templários em fuga da perseguição na França.

No século XVII, a tradição se ramificou em uma infinidade de variedades. A variedade jacobita, a mais intensamente devotada à política e ao misticismo, reivindicava para si a tradição templária. Os jacobitas não conseguiram restaurar os Stuarts escoceses no trono inglês, até mesmo com a ajuda dos poderosos aliados maçônicos da França, mas nessa época o Iluminismo estava a caminho. O ideal Templário da sociedade independente fundada na liberdade religiosa e política criara raízes, pelo menos filosoficamente. Maçons escoceses, ingleses e franceses começaram a mudar radicalmente o modo de pensar do mundo.

Locke, Montesquieu, Voltaire — todos maçons — pregaram a filosofia da Liberdade, uma conseqüência natural tanto da experiência templária quanto da repressão aos seus ideais. Como se pela providência, então, a tradição brotou em praias distantes, como fios, então cordões luminosos, com que se uniram os filósofos-revolucionários do Novo Mundo.

Em 28 de agosto de 1769, a loja maçônica de Saint Andrew, em Boston, conferiu um grau de franco-maçom em homenagem aos Cavaleiros Templários. Em 1773, a loja tinha assumido um papel altamente significativo na Revolução Americana. A Grande Loja da Escócia fez o médico e patriota colonial Joseph Warren grão-mestre do continente americano. Outros membros foram Paul Revere e John Hancock. E a associação à loja se sobrepunha à sociedade secreta mais catalítica da época, os Filhos da Liberdade, com pelo menos doze integrantes da loja participando do Partido do Chá, de Boston.

Mas a história não acaba em Boston. Os franco-maçons desempenharam papéis de importância na própria Guerra Revolucionária e na assinatura da Constituição. Entre esses membros destacavam-se George Washington, muitos dos seus generais, Benjamin Franklin, Patrick Henry e o marquês de Lafayette. Franklin era um membro de uma sociedade misteriosa francesa chamada a Casa Real dos Comandantes do Templo Oriental de Carcassonne, que sozinha valia mais do que muitas.

Aquele nosso fio dourado liga Benjamin Franklin à cidade medieval de Carcassonne, relacionando-o a uma das mais secretas de todas as histórias. A região ao redor da fortaleza de Carcassonne, um centro medieval de cátaros e templários, abriga uma rede de símbolos profundos e misteriosos que têm a ver com a geometria sagrada, símbolos que aparecem em vestimentas rituais usadas por Franklin e Washington durante as cerimônias maçônicas. E como se engendrada pelas forças da criação, uma incomum disposição de picos montanhosos forma uma perfeita estrela de cinco pontas maçônica ao redor de Rennes-le-Château, na região de Carcassonne.

Uma série de igrejas, torres e antigos sítios celtas medievais se expandem sobre o desenho, criando triângulos maçônicos nas proporções exatas do significado dourado da geometria sagrada, um padrão geral que se estende de

Rennes-le-Château até a ilha de Bornholm, no mar Báltico — onde existe uma evidência da presença dos templários —, até Jerusalém e o Templo de Salomão. O imenso projeto geométrico e os símbolos gravados na pedra nos sítios foram localizados como sendo do Priorado de Sião e dos templários, sociedades secretas atuando de maneira que transcendem a cultura, a religião e a história mundana.

O nosso fio dourado representa apenas uma parte do tecido como um todo. A tapeçaria maior sugere que, embora o mistério seja ainda mais profundo, até mesmo mais inalcançável, ele é também tão perceptível quanto o Grande Selo dos Estados Unidos ou o símbolo maçônico encontrado na nota de 1 dólar. O fato de a história verdadeira ter sido mantida oculta de todos nós não é de surpreender, contudo.

O que percebemos meramente como uma manifestação sutil e contínua manifesta-se como uma corrente atuante na hora auspiciosa, um dilúvio que ameaça os tiranos da ortodoxia, os guardiães da história politicamente correta. Essa corrente avança ainda, para aqueles que têm ouvidos para ouvir o rugir das águas. Mas não espere encontrar a história secreta em um livro de história.

Em vez disso, siga o fio dourado.

8 Os Templários e o Vaticano

A HERESIA JOANINA PROIBIDA

MARK AMARU PINKHAM

De acordo com uma tradição esotérica, depois de escavar as fundações do Templo de Salomão por nove anos, os Cavaleiros Templários deixaram o Oriente Médio com cinco "cestos" ou caixas cheias de tesouros que coletaram na Terra Santa. Essas caixas, segundo a história, foram colocadas em Kilwinning, a Loja Mãe da franco-maçonaria escocesa, antes de ser transportadas para o castelo de Rosslyn, o antigo lar dos barões Sinclair de Rosslyn, onde foram guardadas até que o lugar foi destruído pelo fogo. As caixas foram então retiradas às pressas do castelo e pouco depois desse incidente teve início oficialmente a construção da Capela de Rosslyn. Assim, parece que a capela pode ter sido construída especialmente para guardar as cinco caixas.

Aparentemente, essa noção foi corroborada na década de 1990 por Andrew Sinclair, que conduziu pesquisas sobre o solo de Rosslyn e descobriu cinco objetos angulares, ou caixas, na cripta sob a capela. A descoberta de Sinclair alimentou especulações sobre o que poderia estar guardado em segredo dentro das caixas, incluindo noções de artefatos associados ao Templo de Salomão ou ao Templo do Herodes e possivelmente a alguns pergaminhos antigos.

Há conjecturas de que alguns dos artefatos imaginados nas caixas foram descobertos pelos cavaleiros por meio de indicações que encontraram enquanto estudavam obscuros textos essênios, uma teoria recentemente corroborada pela descoberta do Manuscrito de Cobre, um dos Manuscritos do Mar Morto. As indicações encontradas no Manuscrito de Cobre levaram os arqueólogos a alguns poços vazios que estão nas proximidades dos símbolos e armas dos templários, assim, aparentemente, revelando que os cavaleiros tinham supervisionado as escavações secretas e então fugido com o tesouro encontrado.

Os supostos manuscritos que poderiam estar dentro das cinco caixas incluiriam informações genealógicas de uma família formada por Jesus e Maria Madalena ou, segundo afirmam os autores Christopher Knight e Robert Lomas, no seu livro *The Hiram Key*, possivelmente conteriam informações essênias com relação às origens da franco-maçonaria. Até o momento, porém, tudo o que é conhecido com certeza sobre os manuscritos é que um deles contém um diagrama com símbolos lembrando a misteriosa Heresia Joanina, um sistema de crenças gnóstico no qual os templários podem ter sido iniciados na Terra Santa.

Copiado por Lambert de St. Omer, um professor aposentado, na época em que os Cavaleiros Templários passaram por Flandres a caminho do norte da Europa, esse diagrama — hoje intitulado a "Jerusalém Celestial" — está pendurado em uma parede de um museu de Ghent, na Bélgica. Trata-se de um mapa da Nova Jerusalém conforme descrito no Livro da Revelação, ou Apocalipse. A sabedoria herética joanina é evidente no desenho pela identificação de um Messias — o personagem profetizado para encontrar a cidade sagrada do futuro — como sendo não Jesus, mas João Batista.

Essa designação é coerente com a antiga heresia joanina, segundo a qual João seria tanto o Messias quanto o fundador do caminho gnóstico joanino, que leva à visão intuitiva da Jerusalém Celestial. De acordo com essa tradição herética, houve dois Messias ou Escolhidos — com João, o Padre Messias, girando em torno de Jesus, o Rei Messias encarnado.

Se a Heresia Joanina é verdadeiramente a chave para compreender o manuscrito templário atualmente na Bélgica, deve-se considerar que os cavaleiros fossem joaninos que adotaram uma veneração maior por João Batista do que por Jesus. Além do mais, se eles *fossem* joaninos, portanto praticavam um caminho gnóstico composto de ritos heréticos que culminavam em uma revelação interior com relação à natureza do universo e da meta da existência humana. Isso explicaria por que as cinco caixas com os seus pergaminhos joaninos acabaram na Capela de Rosslyn. Sinclair, o construtor da capela, considerava-se um zelador e protetor da sabedoria gnóstica dos templários.

Conde William Sinclair foi um grão-mestre franco-maçom do nascente Rito Escocês, uma ordem que descendia diretamente dos templários que fugiram da França e mais tarde adotaram a Escócia como lar. De acordo com Niven Sinclair, um patriarca contemporâneo do clã Sinclair, em vez de se arriscar à morte expondo os segredos gnósticos em seu poder, o conde William os embutiu dentro da sua construção de pedra. Talvez ele soubesse na época que os segredos que guardava para a posteridade — segredos comprobatórios

Ilustração 8.1. O diagrama da "Jerusalém Celestial" em Ghent, Bélgica, por Lambert de St. Omer.

de que os templários eram gnósticos joaninos e hereges — fossem na verdade os maiores segredos dos templários.

A DESCRENÇA DO PAPA CLEMENTE V

De acordo com a história convencional, a primeira notificação que o Vaticano teve com relação às inclinações gnósticas e joaninas dos templários apareceu durante os depoimentos dos cavaleiros diante das alegações de heresia em 1307. Em seguida, em 1308, o papa Clemente V dissolveu a impiedosa Inquisição de modo a poder entrevistar ele próprio os Cavaleiros Templários reservadamente. Estava em jogo a sua própria guarda privativa de cavaleiros, a qual desde a época do papa Honório II e o Concílio de Troyes, em 1128, constituía a milícia pessoal da Santa Sé.

Os cavaleiros haviam sido acusados de uma longa e tediosa lista de delitos heréticos, o menor deles suficiente para atirá-los às fogueiras sagradas da Inquisição, mas considerando que muitas das confissões foram extraídas sob tortura extrema, a sua credibilidade estava ameaçada. Portanto, sem nunca ter acreditado plenamente nas acusações comprometedoras contra os seus queridos templários, Clemente V convocou confidencialmente 72 cavaleiros, a serem transportados de Paris para a sua casa de campo em Poitiers, no sul da França, na certeza de que ali eles repudiariam os testemunhos prestados.

Imagine a surpresa do papa quando, depois de assegurar aos cavaleiros a sua proteção, por mais comprometedoras que fossem as acusações, os templários se recusaram a renegar as confissões, até então extraídas nas sombrias e úmidas câmaras de tortura de Paris. Ao papa Clemente, essencialmente um peão colocado na função pelo rei Felipe, só restou coçar a cabeça em descrença e lamentar que os seus cavaleiros de alguma forma houvessem se desviado do bom caminho.

Para o seu maior assombro, o papa descobriu conclusivamente que as vis alegações contra os templários eram na realidade verdadeiras. Via-se, assim, forçado a admitir o fato de que perdera de vez os seus cavaleiros. Mais tarde, profundamente abalado, no silêncio dos seus aposentos, o papa deve ter se perguntado se os templários alguma vez foram realmente um exército cristão da Igreja.

O QUE O VATICANO REALMENTE SABIA

Desde a época da audiência particular dos templários com Clemente V, vinha-se formando um corpo de evidências para provar o que — embora o papa estivesse cego em relação às atividades heréticas dos cavaleiros — outros funcionários da Igreja informados dentro do Vaticano sabiam sobre as suas propensões heréticas. Por exemplo, de acordo com o testemunho de um padre Antonio Sicci, durante os julgamentos dos templários, algumas das atividades gnósticas dos cavaleiros haviam sido testemunhadas por espiões do Vaticano na Palestina bem antes de 1307.

Também tornou-se claro durante os julgamentos dos templários o fato de que tanto o Vaticano quanto o rei Felipe da França tinham enviado os seus espiões para investigar as atividades dos cavaleiros na Europa antes de 1307; posteriormente, na época da instauração do processo, alguns dos espiões foram escolhidos como testemunhas. Foi graças às evidências descobertas por esses primeiros espiões que, meses antes da prisão em massa dos templários, o rei Felipe sabia exatamente sobre quais atividades heréticas deviam ser observadas, quando instruiu os seus doze espiões especialmente escolhidos ao infiltrá-los em determinadas comunidades dos templários.

O monarca também poderia saber quais heresias observar pelo exame das informações contidas em um documento secreto dos templários. Esse documento, intitulado *Batismo de Fogo do Consulado dos Irmãos* e geralmente mencionado pelos historiadores dos templários como o "Regulamento Secreto dos Templários", foi descoberto em 1780 na Biblioteca do Vaticano por um bispo dinamarquês.

Ao que tudo indica redigido em 1240 d.C. por um mestre templário francês chamado Roncelinus, esse documento parece dar sinal verde a todos os delitos heréticos de que os cavaleiros foram acusados no século XIV. Nesse documento dos templários, é dada a permissão para incorrer em todos os comportamentos heréticos, incluindo a profanação da Cruz, a negação de Cristo como o Salvador, ligações sexuais e a adoração de uma cabeça idolátrica conhecida como Baphomet. Existe até mesmo uma passagem no documento que concede a permissão aos cavaleiros para iniciar outros gnósticos na sua ordem — incluindo cátaros, bogomilos e até mesmo fanáticos muçulmanos assassinos. Se o *Batismo de Fogo do Consulado dos Irmãos* esteve realmente em circulação desde 1240 d.C., terá sido uma tarefa corriqueira para a Igreja ou para os espiões do rei encontrar um exemplar para os seus patrões.

OS CAVALEIROS DE SÃO JOÃO

Uma peça mais substancial das evidências que corroboram a noção de que o Vaticano estava ciente das filiações heréticas joaninas dos templários apareceu em meados dos anos 1800, quando o papa Pio IX apresentou a sua famosa "*Alocução de Pio Nono*" contra os franco-maçons. Na realidade, esse discurso implica que o Vaticano podia ter sabido durante todo o tempo sobre uma relação herética entre os joaninos e os templários.

Na época do seu solene discurso, o papa encontrava-se sob imensa pressão para tomar uma posição contra o surgimento de numerosas seitas gnósticas heréticas que se constituíam na França, uma das quais a Igreja Joanina dos Cristãos Primitivos. A seita alegava descender diretamente dos primeiros Cavaleiros Templários, e o seu líder, Bernard Fabre-Palaprat, afirmava ser um grão-mestre templário descendente tanto de Hughes de Payns quanto do apóstolo João. O subseqüente banimento da seita pelo papa Pio durante o seu discurso provou que a Igreja ostensivamente soubera por centenas de anos sobre a íntima ligação entre os templários e os joaninos:

> Os joaninos atribuíam a São João [Batista] a fundação da sua Igreja Secreta, e os Grandes Pontífices da Seita assumiam o título de Khristós, o Ungido, ou Consagrado, e alegavam ser sucessores uns dos outros desde São João por uma sucessão ininterrupta de poderes pontifícios. Aquele que, na época da fundação da Ordem do Templo, reivindicou essas prerrogativas foi chamado *Theoclet;* conheceu *Hugues de Payens,* [sic] introduziu-o nos Mistérios e esperanças da sua pretensa igreja, seduziu-o com as noções de Sacerdócio Soberano e realeza Suprema, e finalmente designou-o como o seu sucessor.

O discurso do papa Pio foi logo corroborado por alguns historiadores esotéricos altamente respeitados do século XIX. Em sua obra *Isis Unveiled,* * Madame Blavatsky revela: "Eles (os Cavaleiros Templários) foram a princípio os verdadeiros Cavaleiros de João Batista, pregando no deserto e vivendo à base de mel silvestre e de gafanhotos", enquanto o contemporâneo dela, o autodenominado descendente dos templários e cabalista Éliphas Lévi, adiantou em *The History of Magic:* "Os templários tinham duas doutrinas: uma era oculta e reservada aos líderes, sendo essa a do joanismo; a outra era pública, sendo a doutrina católica romana. [...] Apenas os chefes sabiam do objetivo da Ordem dos Subalternos, seguida sem desconfiança."

Lévi confirma, assim, a filiação dos templários aos joaninos gnósticos, mas dá um passo adiante ao indicar que eram principalmente os grão-mestres e chefes da Ordem que detinham o conhecimento das atividades heréticas dos cavaleiros. Essa noção é confirmada pelas transcrições compiladas durante o Concílio Papal reunido para os julgamentos dos templários, mostrando que, ao ser interrogados com relação a um dos seus ritos joaninos mais importantes — a adoração da cabeça idolatrada chamada Baphomet —, apenas os chefes da Ordem sabiam tudo a respeito dela. O encarregado da cabeça era, na época, Hugues de Peraud, o segundo em comando abaixo do grão-mestre templário, Jacques de Molay. Peraud carregava secretamente a cabeça quando

---

* *Ísis sem Véu,* publicado pela Editora Pensamento, São Paulo, 1990.

Ilustração 8.2. Salomé contempla a cabeça cortada de João Batista. Seria essa cabeça o "Baphomet" que os templários foram acusados de venerar?

ia de uma comunidade templária para outra, sempre que a sua presença era requisitada por uma iniciação ou cerimônia.

O QUE ERA O BAPHOMET

Quem ou o que era o Baphomet e como esse mito ligava os templários aos joaninos? Os joaninos contemporâneos, que se separaram do templarismo convencional em meados do século XIX, afirmam saber. Supostamente a sua igreja, a Igreja Apostólica Joanina, estaria na posse de uma sabedoria secreta que descenderia diretamente dos chefes dos Cavaleiros Templários.

De acordo com James Foster, ex-arcebispo-primaz da Igreja Joanina, o Baphomet dos templários era a cabeça decapitada de João Batista, o Messias, na tradição joanina. Isso explicaria a extrema santidade que os templários atribuíam à cabeça e por que ela ficava unicamente na posse do segundo em comando da Ordem. De acordo com os templários no seu julgamento, a cabeça possuía um poder especial e seria capaz de fazer "as árvores florescerem e a terra produzir".

Segundo a lenda, ao ser encontrada pelos templários no Palácio de Boukoleon, em Constantinopla, durante a Quarta Cruzada, a cabeça de João estaria sendo usada por um imperador do Império Romano do Oriente do século XI, que se mantinha bem-disposto e com vigor apenas por passá-la próximo ao corpo diariamente. Esse poder, conhecido no Ocidente como o Espírito Santo e no Oriente como a Kundalini, é o mesmo de que João se saturou durante a vida na Terra Santa. É o poder que pode ser despertado como uma energia normalmente adormecida na base da espinha e culminar na consciência gnóstica.

9 A Frota Templária Perdida e a *Jolly Roger*

OS PIRATAS DO CARIBE TIVERAM UMA
VENDETA SECRETA?

DAVID H. CHILDRESS

Em 1307, o rei Felipe IV da França viajou a Roma para convencer o papa Clemente V de que os Cavaleiros Templários não eram santos defensores da fé católica, mas em vez disso procuravam destruí-la. E conseguiu.

Em 13 de outubro, o rei Felipe ordenou que fossem feitas diligências policiais simultâneas em todos os priorados dos templários do país. Em poucas semanas, centenas de cavaleiros foram aprisionados, incluindo o seu grão-mestre, Jacques de Molay. O dia oficial da repressão aos templários caiu numa sexta-feira — daí a origem da crença popular de que a sexta-feira 13 é um dia de azar.

Templários de toda a Europa foram presos e supliciados, em um esforço para extrair confissões de heresia. Todos os capturados foram torturados, às vezes por meses e anos, para que divulgassem o segredo do Santo Graal e o seu paradeiro. Jacques de Molay recebeu atenção especial e sofreu anos de agonia. No entanto, conforme se diz, nenhum dos templários revelou as informações esperadas. Em 1312 — muito embora os templários tivessem sido efetivamente esmagados na França — Felipe pressionou o papa Clemente V no sentido de dissolver a ordem em toda a Europa. Assim, foi emitida uma bula papal para suprimi-la indiscriminadamente.

Nessa ocasião, um emissário do rei entrou nos castelos dos templários e descobriu que muitas das fortalezas achavam-se abandonadas. Os poucos homens encontrados foram presos, julgados e declarados culpados de pecados contra Deus. Em 1314, de Molay, que sofrera nos calabouços de Felipe por sete anos — tornado cego com ferro em brasa, os genitais cozidos em óleo e arrancados com cordas, e a maioria dos ossos fraturados ou deslocados na tortura — encarou, por ordem do rei e do papa, o seu último tormento: ser queimado vivo em fogo brando. Essa destruição bárbara de uma vida humana nunca foi esquecida e atualmente, setecentos anos depois, o nome de de Molay sobrevive na denominação de um grupo da juventude maçônica.

Os Cavaleiros Templários, depois que passaram a ser perseguidos, dispersaram-se por toda a Europa. Ainda assim, mesmo refugiados, esses homens continuavam infundindo um imenso respeito entre os guerreiros europeus. Em muitos lugares, eram bem acolhidos e hospedados como heróis. Alguns ingressaram nas fileiras dos Cavaleiros Teutônicos e lutaram contra as incursões mongóis e tártaras na Europa Oriental; outros seguiram para a Hungria e resistiram contra a expansão turca; outros ainda rumaram para a Escócia, e alguns mais se estabeleceram em Portugal.

A FROTA PERDIDA DOS TEMPLÁRIOS

Os misteriosos Cavaleiros Templários tinham uma extensa rede de contatos no meio naval e podem mesmo ter adquirido alguns dos mapas e outros segredos dos fenícios. A sua grande frota é discutida no livro de Michael Baigent e Richard Leigh, *The Temple and the Lodge*. Os autores observam que os templários tinham uma frota imensa à disposição, a qual operava nos portos da costa mediterrânea da Itália e da França, assim como no norte desse país, da Holanda e de Portugal.

Quando o rei Felipe ordenou os ataques em 13 de outubro de 1307, a frota templária baseada em La Rochelle de alguma forma conseguiu ser alertada. Todos os barcos içaram velas, escaparam do ataque de Felipe e nunca mais se teve notícia deles.

O desaparecimento da frota dos templários tornou-se um dos grandes mistérios da história. O que aconteceu com ela? Teria se espalhado pelos sete mares ou se reagrupado secretamente?

Baigent e Leigh afirmam que os navios templários escaparam em massa e navegaram para um destino secreto, que lhes ofereceu asilo político e segurança: a Escócia.

Para chegar lá, a frota mediterrânea precisou atravessar o perigoso estreito de Gibraltar, provavelmente com escalas em diversos portos portugueses aliados, como o do castelo de Almourol. Portugal foi um dos poucos lugares em que os cavaleiros puderam encontrar asilo — um país que, ao contrário da Espanha, era amplamente simpático à sua causa.

Em Portugal, os Cavaleiros Templários retiveram parte da sua organização coesa, meramente mudando de nome para a Ordem dos Cavaleiros de Cristo. Ali, receberam apoio da realeza, a que a Igreja não poderia fazer outra coisa a não ser ignorar. Primeiro, o rei Afonso IV tornou-se o grão-mestre dos "novos" Cavaleiros de Cristo, e começou a enviar navios portugueses para o Atlântico. Depois, o filho dele, o príncipe Henrique, o Navegador, também foi sagrado grão-mestre e deu continuidade à tradição paterna na exploração do Atlântico.

A interessante história de Portugal, e depois do Brasil, está ligada aos templários e à sua frota perdida. Até mesmo o nome Portugal é curioso. Sugere-se que se trataria de um nome de origem templária — Port-O-Gral —, significando Porto do Graal.

Portugal sempre teve laços estreitos com a Inglaterra, e é de imaginar se isso não teve algo a ver com os templários e a sua frota em Portugal. E como um país pequeno como Portugal conseguiu permanecer independente na Península Ibérica? Será por causa da sua forte ligação com os templários e antigos navegantes? Posteriormente, a sua colônia transatlântica, o Brasil, foi fundada de maneira muito semelhante à dos Estados Unidos, como uma união de estados independentes; e, significativamente, estabeleceu-se por uma série de lojas maçônicas — assim como na América do Norte.

A ÚLTIMA PARADA DOS TEMPLÁRIOS

Baigent e Leigh chegam a afirmar que a frota dos templários partiu de Portugal e seguiu para o norte, até a costa ocidental da Irlanda, na direção dos portos seguros de Donegal e Ulster, onde se localizavam as propriedades dos templários e eram comuns expedições de contrabando para Argyll.

A frota alcançou Argyll navegando para o sul das ilhas de Islay e Jura, entrando no canal de Jura e descarregando homens e cargas nas fortificações escocesas dos templários em Kilmory, Castle Sweet e Kilmartin.

Robert Bruce controlava algumas regiões da Escócia, mas não a totalidade dela. Importantes áreas das terras altas do norte e do sul eram controladas por clãs aliados da Inglaterra. Robert fora excomungado pelo papa em 1306, um ano antes do início da perseguição aos templários. Essencialmente, o decreto papal banindo os templários não se aplicava à Escócia, ou pelo menos às regiões da Escócia controladas por Robert Bruce.

A virada da maré a favor de Robert Bruce, da Escócia e (talvez) dos Cavaleiros Templários foi a famosa batalha de Bannockburn. Embora o verdadeiro local da batalha permaneça indeterminado, sabe-se que o confronto ocorreu a cerca de 4 quilômetros do castelo de Stirling, ao sul de Edimburgo.

Em 24 de junho de 1314, Robert Bruce, juntamente com 6.000 escoceses, derrotaram miraculosamente 20.000 soldados ingleses. O que aconteceu exatamente naquele dia nunca foi plenamente estabelecido. Alguns acreditam que a batalha tenha sido vencida com a ajuda de uma força especial dos Cavaleiros Templários.

PIRATAS —
GUARDIÃES DO SANGREAL

Mas qual foi o verdadeiro fim da frota desaparecida dos templários? Teria aportado na Escócia? Atravessou o Atlântico quinhentos anos antes de Colombo? Integrou-se à Marinha dos reis portugueses e escoceses? Transformou-se em uma frota de piratas, atacando os navios leais ao papa e ao Vaticano? Talvez todas as possibilidades acima sejam verdadeiras!

De acordo com Michael Bradley, autor de *Holy Grail Across the Atlantic*, os templários eram os guardiães do Santo Graal, no sentido em que ele é compreendido como o "Sangreal" ou "Sangue Sagrado". Conta-se que os descendentes de Jesus que viveriam no sul da França teriam sido transportados às pressas durante o terrível cerco de março de 1244. É provável que tenham encontrado abrigo, conforme sugere uma certa poesia trovadoresca, em numerosas cavernas dos Pireneus durante meses ou até mesmo anos.

No entanto, para a segurança a longo prazo dos templários e do Sangue Sagrado, a ordem e o Graal precisaram ser levados para fora da França e, finalmente, para fora da Europa. Bradley afirma que o rio Garonne seria a rota mais óbvia para a escapada final, uma vez que corre desde os Pireneus e atravessa o sul da França até o seu estuário na costa oeste.

La Rochelle, base da frota dos templários, situa-se no estuário. Um santuário na cidade-fortaleza de Angoulême na metade do caminho pode ter sido usado como refúgio por duas ou três gerações. Durante o período em que os templários permaneceram como uma ordem coesa e independente, houve esperança de que a linhagem pudesse ser mantida oculta na Europa e de que começasse a recuperar os seus bens.

Bradley acredita que pelo menos algum dos navios dos templários desaparecidos em 1307 transportava o Santo Graal. Esse poderia abranger não só integrantes da antiga família real merovíngia, como também uma grande coleção de tesouros, incluindo uma fortuna em moedas de ouro, cruzes, jóias e possivelmente até mesmo o famoso cálice da Última Ceia (o Cálice do Graal) ou, incrivelmente, a Arca da Aliança. Há rumores de que os templários estivessem de posse tanto do Cálice quanto da Arca, embora para a maioria dos historiadores — a exemplo de todas as especulações em torno do Santo Graal — isso não passe de mera fantasia.

Bradley concorda com Baigent e Leigh em que a frota dos templários navegou para o norte e atravessou o mar da Irlanda até o seu destino final, os fiordes ocidentais da Escócia, evitando cuidadosamente a costa da Irlanda, onde os portos eram aliados do Vaticano.

A frota aportou em diversos pontos ao norte da atual Glasgow, nos arredores de Oban. Nesse local, as sepulturas dos templários foram marcadas com o conhecido símbolo dos seguidores da ordem com a caveira e as tíbias cruzadas.

Na Escócia, porém, os templários decidiram não se organizar em uma nova ordem de cavalaria, preferindo, em seu lugar, disseminar mais amplamente a sua doutrina secreta com a criação da Franco-maçonaria, sob a liderança dos poderosos Saint-Clairs (Sinclair) de Rosslyn. Desse momento em diante, a guerra naval contra o Vaticano intensificou-se.

Bradley afirma: "A partir dessa época, teve início um surto de pirataria européia e o seu padrão sugere que muitos piratas não seriam meros flibusteiros que atacassem qualquer um, mas 'corsários' muito singulares que concentravam a sua atenção na navegação do Vaticano e de católicos leais."

A frota dos templários seria dividida em duas partes. Uma ancoraria nas ilhas Órcadas e prepararia as ambiciosas viagens dos Sinclair para a América do Norte. A outra navegaria pelo Atlântico e pelo Mediterrâneo como uma força naval, atacando os navios ligados ao Vaticano e seus aliados. Parte da frota dos templários chegaria a ser absorvida pela Marinha portuguesa e envergaria a sua bandeira, ao passo que outros navios — normalmente comandados por capitães franceses ou ingleses — ostentariam a bandeira preta com a caveira e as tíbias cruzadas, um símbolo que se tornaria conhecido no mundo inteiro como a *Jolly Roger.*

O REINADO DA *JOLLY ROGER*

O símbolo da caveira com as tíbias cruzadas nas bandeiras dos primeiros piratas surgiu pelo fato de que os templários e a sua frota não poderiam ostentar em segurança o seu verdadeiro estandarte — uma cruz vermelha sobre fundo branco. Foi essa a mística dos primeiros piratas: eles eram essencialmente uma marinha secreta, que não deveria existir. (Essa marinha até mesmo navegou para o Novo Mundo praticamente um século antes dos espanhóis.)

Autores como Baigent, Lincoln e Bradley sustentam que a imagem da caveira com as tíbias cruzadas que os templários usaram não é outra coisa a não ser a velha "cruz *pattee*" templária transposta em partes do esqueleto humano, com os nós dos ossos da perna sendo as *pattees* da cruz templária. A mensagem da caveira com as tíbias cruzadas é abundantemente clara, diz Bradley: significava um voto "neo-templário" de oposição até a morte à Igreja Romana, daí o simbolismo dos ossos humanos tanto na bandeira quanto nos túmulos templários.

O termo *Jolly Roger* em si foi uma homenagem a Rogério II (Roger, em inglês) da Sicília (1095–1154). Rogério foi notoriamente ligado aos templários durante as Cruzadas, e conquistou Apúlia e Salerno em 1127 d.C., apesar da oposição do papa Inocêncio II. Foi coroado rei da Sicília pelo antipapa Anacleto II, em 1130 d.C. Inocêncio acabou voltando atrás e investiu Rogério com as terras que ele já possuía.

Rogério estabeleceu uma administração fortemente centralizada, em grande parte desvinculada de Roma, e a sua resplandecente corte em Palermo foi um centro de artes, letras e ciências. Os seus palácios viviam repletos de dançarinos, músicos e artistas em geral, e ele ficou conhecido como o "alegre Rogério" (daí *Jolly Roger*, em inglês). De muitas maneiras, o Renascimento começou na corte de Rogério. A luta dele contra o papa foi bem conhecida, especialmente entre navegantes e mercadores.

Rogério também fundou uma escola de navegação na Sicília, isolada do Vaticano tanto pelo mar como pela sua frota, a qual recebeu geógrafos judeus e islâmicos como consultores. O geógrafo árabe, Ibn Idrisi, foi atraído para a corte de Rogério e produziu um "disco celeste" e um "disco terrestre", ambos em prata, representando respectivamente todo o conhecimento astronômico e geográfico da época. Idrisi e Rogério também produziram um importante tratado de navegação, chamado *Al Rojari*. Rogério gostava da poesia islâmica e hebraica romântica, com uma inclinação por mulheres bonitas que combinassem com aquelas alusões poéticas.

Rogério, por meio dos geógrafos árabes da sua corte, também começou a obter mapas importantes que os muçulmanos tinham adquirido de bibliotecas, entre as quais a de Alexandria, no Egito.

O CRESCIMENTO DA PIRATARIA EM ALTO-MAR

Quando a Inquisição espanhola se estabeleceu no Novo Mundo, depois de 1492, os "piratas" templários estenderam os seus ataques ao Caribe. Posteriormente, os marinheiros britânicos — tais como Francis Drake, no século XVI — elevariam a pirataria a um grande negócio. Com a Inquisição instalada na Espanha, Drake só atacava navios da Espanha católica.

Finalmente, os piratas chegariam aos portos do Pacífico, no Peru e no México — tudo em nome de uma guerra naval contínua que tivera a sua origem muitos anos antes, com os Cavaleiros Templários.

10 O Mistério da Batalha de Bannockburn

UM CASO ESCLARECIDO PELA ANTIGA
MÁXIMA "ASSIM EM CIMA COMO EMBAIXO"?

JEFF NISBET

Nenhum outro combate da história foi talvez comentado com tanta paixão e interesse quanto a Batalha de Bannockburn, travada em 1314. Sem esse grande confronto, quem sabe a Escócia jamais tivesse conseguido libertar-se do jugo inglês, nunca tendo estabelecido, portanto, uma verdadeira identidade nacional e criado a emocionante Declaração de Arbroath, que teria sido, na opinião de muitos, o modelo para a própria Declaração de Independência dos Estados Unidos.

Nada menos do que sete relatos da batalha foram escritos durante 63 anos depois do incidente, e desde essa época sucederam-se inúmeros outros. Recentemente, mais dois ainda foram publicados em 2005.

Qual o motivo de tanto interesse? Acontece que, no centro dessa batalha, permanece ainda um grande mistério: de que maneira, naquele dia, os escoceses, em número consideravelmente menor, alcançaram a vitória contra uma força classificada como o maior exército que um rei da Inglaterra jamais comandara?

Tentando resolver o mistério, pesquisadores examinaram a topografia do local, o clima político, as lideranças de cada lado — até mesmo a altura das marés — para explicar como a parte inferiorizada pôde ter prevalecido apesar de uma desigualdade tão esmagadora. Ainda assim o mistério continua. Acrescente-se a isso uma possível intervenção de última hora dos obscuros Cavaleiros Templários e o mistério simplesmente torna-se ainda maior.

No entanto, a Escócia *realmente* achava-se em inferioridade, ou isso foi apenas o que deu a entender? Considerando do ponto de vista de que o que parece bom demais para ser verdade geralmente não é, examinei a questão de outro ângulo — o céu *acima* do campo de batalha — e vi o que talvez tenha passado despercebido, em plena luz do dia, quase setecentos anos atrás.

Voltemos no tempo.

Estamos em 1286. Com a morte de Alexandre III, a Escócia fica repentinamente sem rei. A neta de Alexandre, Margaret, a filha ainda criança do rei Eric II da Noruega, é a única herdeira do trono, e os escoceses rapidamente juram fidelidade a ela. Não demora muito para que o cunhado de Alexandre, o astuto rei da Inglaterra, Eduardo I, providencie o noivado de Margaret com o seu filho. Mas o plano fracassa quando a pequena rainha morre durante a viagem. O trono escocês permanece vago.

Dois poderosos nobres escoceses, aparentados a Alexandre por linhagem de sangue, competem pelo prêmio. Um é lorde John Balliol de Galloway, e o outro, lorde Robert Bruce de Annandale, avô do homem que acabaria chegando à vitória em Bannockburn. A guerra civil parece inevitável. A quem escolher?

Por incrível que pareça, a Escócia pede que o rei da Inglaterra escolha. Eduardo, como não poderia deixar de ser, escolhe o mais fraco dos dois, John Balliol, e é ele próprio declarado senhor supremo de ambos os reinos na barganha. Com Balliol sob a sua autoridade, Eduardo guarnece os castelos escoceses com os seus próprios homens. Embora não coroado rei da Escócia, Eduardo é a melhor escolha imediata.

No entanto, logo entra em cena um herói que captura os corações e as mentes dos oprimidos. Esse herói é William Wallace, cujas proezas, romanceadas por Hollywood em *Coração Valente,* são hoje amplamente conhecidas. No final, Eduardo faz com que Wallace seja castrado, tenha a língua arrancada e depois esquartejado, enviando os pedaços do corpo para o norte, como uma advertência eloqüente contra futuras insurgências.

Entra em cena o neto de Annandale, Robert Bruce, que recaptura sistematicamente as fortalezas escocesas, com exceção do castelo de Stirling, próximo a Bannockburn.

Os escoceses estabelecem o cerco ao castelo.

O filho de Eduardo, a essa altura o rei Eduardo II, recebe um ultimato transmitido pelo comandante do castelo: ou chega com um exército em 24 de junho de 1314, o dia do solstício de verão, ou *sir* Philip de Mowbray entregará a fortaleza. Eduardo acede à imposição e chega um dia antes, com um exército monstruoso que supera em número o de Robert à razão de três para um.

A situação dos escoceses parecia desesperadora.

Agora, vamos olhar para cima.

Ao amanhecer, Touro posicionava-se no horizonte, de frente para o norte em um céu já claro demais para que se pudesse enxergar a constelação. As estrelas mais altas de Órion, o Caçador, acabavam de subir. Vênus, um planeta há muito associado à deusa pré-cristã, brilhava bem ao norte da arma de Órion, em linha reta com o chifre mais inferior do touro. O Sol nascia em Gêmeos, seguido por Júpiter, Mercúrio e a Lua. Atrás de todos seguia Leão, com o planeta guerreiro Marte embaixo do seu peito. Acompanhando Órion, seguiam dois companheiros de caça, Cão Maior e Cão Menor.

Ao longo do dia, esse grupo celestial moveu-se para oeste. Touro atingiu o zênite ao

Ilustração 10.1. O rei da Inglaterra, Eduardo II, filho de Eduardo I (cognominado "Longshanks", literalmente "Pernalonga"), que enfrentou Robert Bruce na batalha de Bannockburn, na Escócia.

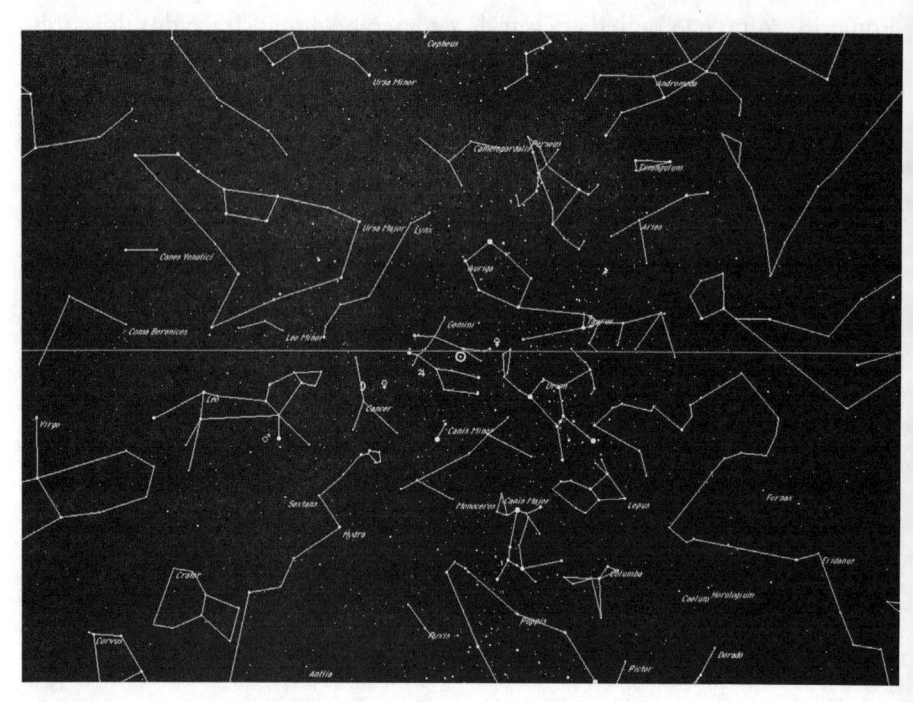

Ilustração 10.2. O céu ao amanhecer acima de Bannockburn, Escócia, conforme seria visto no momento da famosa batalha do século XIV entre britânicos e escoceses em número esmagadoramente menor.

meio-dia e começou a descer. Quando a noite caiu, Órion conduziu Touro para baixo do horizonte. O Sol se pôs e a noite voltou. Curta como é uma noite de verão naquela latitude, entre aqueles que deveriam lutar ao amanhecer uma noite assim deve ter parecido longa demais. Muitos deles jamais veriam outra.

Agora, vamos considerar os acontecimentos em Bannockburn ao longo desse mesmo período, tendo em mente o dito hermético: "Assim em cima como embaixo." Os paralelos são impressionantes.

Em primeiro lugar, um episódio ao meio-dia que se tornou o mais memorável daqueles dois dias de luta: o primeiro sangue derramado.

Em razão de uma disputa pela liderança, o exército de Eduardo divide-se em duas grandes cunhas em forma de chifre ao avançar ruidosamente. O conde Gilbert de Clare, de Gloucester, comanda uma das facções. O conde Humphrey de Bohun, de Hereford, comanda a outra.

Cerca de 40 metros à frente da coluna de Hereford cavalga o sobrinho deste, Henry de Bohun, envergando uma armadura completa e montado em um possante cavalo de batalha, com a lança na mão. Henry avista o rei dos escoceses, Robert Bruce, armado apenas com uma machadinha de ataque e um escudo, montado sobre um cavalo baixo e cinzento, enquanto inspeciona alguns dos seus soldados à entrada de uma floresta. De Bohun antevê a oportunidade de vencer a batalha de um só golpe, antes mesmo que essa comece, e parte para o ataque.

Com a lança em riste, Henry investe a todo galope contra Robert, no entanto o escocês não se deixa surpreender. Uma fração de segundo antes que a lança de Henry o atinja, Robert desvia o cavalo para o lado, empertigando-se sobre os estribos, e desfecha sobre Henry um golpe potente que lhe atravessa o elmo, o crânio e o cérebro.

Essa é uma história curta e grossa, impressionante o bastante para sobreviver à passagem do tempo, conforme talvez tenha sido a intenção do personagem que a motivou.

Uma pesquisa etimológica revela que o nome "de Bohun" relaciona-se tanto a Touro quanto à palavra *boun,* como eram chamados os bolos oferecidos à divindade nos tempos pré-cristãos. O que é mais interessante ainda é que *bannocks,* como parte da palavra Bannockburn, eram os bolos escoceses semelhantes, usados com a mesma finalidade. Na biografia do rei Robert que John Barbour escreveu no século XIV, esse autor refere-se especificamente a de Bohun e a Robert respectivamente como "the Boun" e "the Brus". A meu ver, "Brus" pode ser derivado do inglês médio *brusen,* com o significado de *esmagar* ou *estraçalhar.*

Seria possível que John Barbour pretendesse que o combate isolado entre Bohun e Robert simbolizasse a luta simultânea entre Touro e Órion no céu? Estaria secretamente apontando para cima?

Em primeiro lugar, vamos considerar os supostos mitos sobre a recusa da Escócia em desaparecer como nação.

O paralelismo com o Egito: na obra *Scotichronicon,* do século XV, afirma-se que os escoceses, ou *Scots,* criaram essa designação a partir de Scota, filha do faraó egípcio, que acompanhou os filhos de Israel na fuga do Egito. Scota e os seus companheiros deixaram o Egito em seguida aos israelitas e, depois de muitos anos, os seus seguidores acabaram se estabelecendo em uma terra a que chamaram de Scotia.

Recentemente, no livro *The Head of God,* de Keith Laidler, foi sugerido que o pai de Scota era Akhenaton, o faraó que tentou estabelecer o mono-teísmo no Egito usando o Sol para representar o único deus verdadeiro, que não deveria ter outra imagem além dessa. Mais surpreendentemente ainda, Laurence Gardner, autor de *Bloodline of the Holy Grail,* afirmou recentemente que Akhenaton seria na realidade Moisés, o homem que conduziu os israelitas para fora do Egito.

O paralelismo com Jesus: no seu livro *Holy Blood, Holy Grail,* de 1982, os autores Michael Baigent, Richard Leigh e Henry Lincoln sustentam que Jesus Cristo e Maria Madalena — ao contrário do dogma cristão — foram casados e tiveram filhos, fundando uma linhagem sagrada que deu origem a algumas das mais destacadas e poderosas famílias da Europa. Evidências de linhagem de sangue podem ter sido descobertas pelos Cavaleiros Templários enquanto escavavam sob as ruínas do Templo do Rei Salomão, em Jerusalém, no início do século XII. Após a bárbara dissolução dessa ordem em 1307, considera-se que muitos dos seus integrantes escaparam da França para a Escócia bem a tempo de ajudar Robert Bruce — um homem cujo parentesco pode ter unido *ambas* as linhagens de sangue, a egípcia e a sagrada — na sua luta contra a Inglaterra.

Essas eram idéias perigosas, na realidade, especialmente em 1314. No entanto, como alguns acreditam, não poderiam ter sido introduzidas se-cretamente na grande tapeçaria da história como a parte que foi tecida em Bannockburn, para talvez um dia, em tempos de maior tolerância, ser apre-sentadas como a Verdade?

Vamos considerar agora como esses dois mitos podem estar interligados por uma origem comum, o sistema de crenças do antigo Egito.

No seu livro mais recente, *Rex Deus*, Tim Wallace-Murphy apresenta uma tese de que Jesus foi um iniciado do culto egípcio a Osíris e um seguidor da deusa Ísis, o que é amplamente confirmado pela bem documentada veneração de Ísis pelos templários sob o disfarce cristianizado da Madona Negra. As estrelas do cinturão de Órion são um fundamento para as teorias de Graham Hancock e Robert Bauval sobre uma extraordinária planta baixa das pirâmides do planalto egípcio de Gizé.

À medida que eu continuava a estudar as razões admitidas da vitória dos escoceses em Bannockburn, elas pareciam cada vez menos dignas de crédito. Acima de tudo, a existência de uma irmandade subterrânea de escoceses e ingleses, unidos em torno de uma causa que transcendia a lealdade nacional, parecia provável; e a confirmação de que uma história *secreta*, escrita bem debaixo das entrelinhas da história *oficial*, começou a surgir das brumas do tempo.

Alguns pontos de interesse adicionais:

Em um trecho do livro de Barbour que trata dos primeiros dias de Robert Bruce, esse autor menciona uma perseguição de Robert por lorde John de Lorna, que usou uma parelha dos próprios cães de caça de Robert. Robert Bruce livrou-se do faro dos cães simplesmente subindo por um riacho (assim como Órion e os seus companheiros caninos descendo à noite sobre o oceano ocidental, para depois elevar-se novamente com o Sol). Barbour também interrompe a sua narrativa para apresentar um discurso estranho sobre uma profecia e uma conjunção de planetas, talvez para sugerir que estava realmente contando duas histórias — uma em cima e outra embaixo.

A. A. M. Duncan, o tradutor mais recente de Barbour, observou que o patrão de Barbour no século XIV era o bispo William Sinclair de Dunkeld, o irmão caçula do senhor de Rosslyn, um ancestral do homem que construiu a Capela de Rosslyn no século XV, há muito considerada um repositório arquitetônico dos conhecimentos antigos e costumes dos templários.

A VERDADEIRA BATALHA DE BANNOCKBURN

Enquanto o exército inglês avança ruidosamente para o norte, as forças de Robert aguardam em Torwood, uma floresta ao sul do castelo de Stirling. A palavra *tor*, atualmente significando um morro ou um pico rochoso, tem uma definição alternativa interessante no livro de R. H. Allen, *Star Names: Their*

Lore and Meaning, de 1899. Referindo-se à reverência dos antigos druidas pela constelação de Touro, Allen afirma que alguns argumentaram — talvez fantasiosamente — que os picos rochosos da Inglaterra (chamados *tors)* eram antigos locais de culto tauriano dos druidas, assim como os pãezinhos em formato de cruz consumidos na Páscoa são os representantes atuais dos primeiros bolos taurianos com a mesma associação estelar que remonta às épocas do Egito e da Fenícia. (Talvez a afirmação não fosse assim tão fantasiosa.)

A discussão de Hereford com Gloucester sobre quem deveria liderar o avanço atrasa os ingleses, tanto que eles precisam se apressar, chegando a Bannockburn exaustos, ainda assim, de modo tão conveniente, a tempo para o combate ao meio-dia entre Robert e de Bohun.

Um desertor inglês chamado Alexander Seton (um sobrenome templário bastante comum) aparece no campo de Robert no meio da batalha. Ele informa a Robert que a derrota de de Bohun desmoralizara os ingleses e que, se os escoceses lutassem na manhã seguinte, com certeza venceriam. Quando se vêem as primeiras luzes do amanhecer, Seton pronuncia as seguintes palavras: "Este é o momento e esta é a hora", uma frase imortalizada pelo poeta escocês Robert Burns na emocionante *Ode to Bannockburn.*

Na escuridão que antecedeu o 24 de junho, os escoceses aproximam-se em silêncio do exército inglês e conseguem estabelecer uma linha de batalha mais próxima do que a prudência inglesa teria permitido. Quando ambas as facções se defrontam, os escoceses repentinamente ajoelham-se para uma prece. O rei Eduardo pensa que se ajoelharam numa demonstração de respeito à sua presença, enquanto atrás dele Vênus já se elevou, seguida por Órion e pelo Sol. Será que esse episódio tão comentado foi orquestrado visando a um duplo propósito — uma prece para o momento, outra oculta para a posteridade?

A maior inovação militar introduzida por Robert, até então o único a utilizá-la, eram as chamadas *schiltrons,* densas formações de homens portando lanças compridas, direcionadas para a frente. Essas formações com a aparência de ouriços-do-mar já haviam sido usadas por outros com sucesso, mas apenas como uma estratégia de defesa estacionária. A diferença é que Robert as treinara para se moverem, o que permitia o uso dessa tática como um instrumento ofensivo. Enquanto as três estrelas do cinturão de Órion movem-se inexoravelmente na direção de Touro, três formações de lanceiros escoceses avançam sobre os ingleses. Entre as flâmulas de batalha tremulando no alto destaca-se a do lugar-tenente de Robert, James Douglas. Nela estão representadas *três estrelas sobre um fundo azul-celeste.*

O exército inglês posiciona-se em uma faixa de terra em forma de cunha entre dois tributários do rio Forth, um rio de maré. À medida que os escoceses avançam naquela direção, os tributários se enchem — com uma maré excepcionalmente alta em razão da proximidade entre o Sol e a Lua —, deixando pouco espaço de manobra aos ingleses, a não ser na linha de frente.

Conta a lenda que, inesperadamente, uma força de trezentos Cavaleiros Templários, comandados por lorde Sinclair de Rosslyn e seguido por uma horda exultante de seguidores da comitiva, surgiu do oeste e precipitou-se ensurdecedoramente sobre o inimigo, levando-o a um pânico irreversível. Muitos se afogaram na tentativa de fugir à chacina. Será que as posições relativas do Sol e da Lua eram conhecidas de antemão? Então talvez por isso é que se deu quase um ano a Eduardo para reunir o seu poderoso exército? E se também o soubessem os comandantes Hereford e Gloucester, que talvez tenham atrasado de propósito o avanço inglês, e foi por isso que as suas forças cansadas precisaram acampar onde o fizeram?

A batalha de Bannockburn, em 1314, não pôs um fim à Guerra de Independência escocesa, mas provocou uma virada da maré. Em 1322, Eduardo fez a sua última incursão para o norte e encontrou a terra esvaída de alimentos. "O Testamento do Rei Robert", conforme a política de terra incendiada tornou-se conhecida, deixou para trás apenas miséria em todos os campos do sul da Escócia.

É altamente improvável que os historiadores convencionais admitam a existência desses paralelismos, mas, uma vez que não participo das disputas acadêmicas nem tenho uma reputação a zelar, apresento-as de qualquer maneira, e dou as boas-vindas ao debate. Mas devo advertir que outras comparações dos registros escritos com os mitos teimosamente persistentes revelam outros paralelismos, numerosos demais para relacionar aqui ou desconsiderar como mera coincidência. Houve mais coisas na batalha de Bannockburn, assim em cima como embaixo, do que a história nos permite saber, e que são simplesmente o *quê* da questão, o *porquê* é outra história...

A idéia de que o mito sempre foi usado como um veículo para transmitir verdades eternas para um futuro mais esclarecido, por mais fundamentais que elas fossem, é difícil de ser digerida por muitos, e ainda assim é importante tentar aceitá-la — especialmente quando o assunto é religião, e ainda mais nestes tempos terríveis. Se é possível que os ensinamentos todos estejam igualmente errados, e que se distanciaram da única e tristemente esquecida fonte espiritual, mais antiga do que nos ensinaram, então talvez tenha chegado a hora de finalmente considerar essa possibilidade.

11 As Pirâmides da Escócia

A PLANTA TERRESTRE DE ÓRION DESCOBERTA EM PLENA CALEDÔNIA

JEFF NISBET

O magnata egípcio Mohamed Al Fayed, dono da Harrods e pai de Dodi Fayed — o companheiro da princesa Diana no fatal acidente de automóvel em 1997 —, relacionou os seus dez livros prediletos no *website* do jornal *Manchester Guardian*. Um deles foi *The Scotichronicon: A History Book for Scots,* acompanhado apenas de um simples comentário: "A dívida da Escócia com o Egito enfim revelada."

O que Al Fayed quis dizer com esse comentário?

O *Scotichronicon,* concluído no século XV por Walter Bower, abade de Inchcolm, começa com o capítulo intitulado "A Lenda de Scota e Gaythelos". A lenda afirma que Scota era filha do faraó que perseguiu os filhos de Israel do Egito no seu êxodo para a Terra Prometida. Gaythelos, um príncipe grego exilado, era o marido de Scota. Pouco depois da partida dos israelitas, o casal foi forçado a partir também para o seu próprio êxodo fora do Egito — indo primeiro para a Espanha, depois para a Irlanda e, finalmente, para a Escócia, cujo nome foi atribuído em homenagem a Scota. A sua linhagem de sangue prosseguiu através dos séculos pelos antigos reis da Irlanda e Escócia. Mas a linhagem de Gaythelos é ainda muito mais antiga — estendendo-se a muito mais gerações, até o patriarca Noé das escrituras hebraicas, o mais velho sobrevivente do dilúvio bíblico.

Embora os historiadores sustentem que as famílias reais consideram politicamente conveniente inventar linhagens fantasiosas de grande antiguidade, seria possível que a lenda fosse mais factual do que imaginária?

Em 27 de março de 2000, recebi o seguinte comentário de uma eminente arqueóloga britânica com relação ao meu relato sobre uma intrigante configuração de uma linha *ley* escocesa que havia descoberto: "Compreendo a sua busca pelo conhecimento", comentou ela, "mas, por favor, tome muito cuidado com essa história de linhas *ley*. É muito fácil traçar essas linhas e fazer pressupostos, da pré-história em diante, mas esse caminho pode levar ao delírio."

Hummm...!

Para os que têm pouca familiaridade com o termo, linha *ley* é um alinhamento curiosamente exato de antigos sítios arqueológicos, ligados entre si a uma distância de muitos quilômetros. Os acadêmicos desprezam o conceito, alegando tratar-se de uma mera coincidência, e aqueles que descobrem uma relação dessas não conseguem explicar o "porquê" dela. Atravessando montanhas e grandes extensões de água como acontece, as linhas *ley* nunca parecem seguir o caminho mais fácil de ser trilhado — mas exclusivamente a linha reta.

Então que utilidade poderiam ter?

Eu estava estudando os Cavaleiros Templários na época e a minha descoberta foi a seguinte:

Havia observado uma ligação geométrica entre dois importantes sítios templários na Escócia — a sede do Templo mais antiga de que se tem notícia na minúscula aldeia e o famoso repositório arquitetônico das tradições templárias e franco-maçônicas, a Capela de Rosslyn. Cada um desses locais podia ser ligado a um terceiro por meio de linhas retas traçadas sobre duas ilhotas a nordeste da baía de Firth of Forth — as ilhas de Craigleith e Fidra. Todas as linhas ligavam-se à ilha de May, a 32 quilômetros de distância, onde uma tradição nos diz que a frota dos templários aportou depois de fugir da França. O historiador Stuart McHardy sugeriu recentemente que "a May", como é chamada localmente, é na realidade a ilha de Avalon, onde o lendário rei Arthur foi enterrado. (Os partidários de Glastonbury, firmemente defensores das ligações avalonianas há muito tempo defendidas do seu próprio local, não se impressionam.)

Exatamente a meio caminho entre Craigleith e Fidra encontra-se uma minúscula ilha conhecida na região como "the Lamb" (o Cordeiro), que entra na equação mais adiante.

Eu tinha então traçado três outras linhas interligadas.

A primeira estendia-se exatamente para o sul, desde Craigleith até a abadia cisterciense de Melrose. Os cistercienses e os templários, fundados contemporaneamente pelo abade Bernardo de Clairvaux, são considerados dois ramos da mesma ordem. Curiosamente, descobri depois que, se a linha continuasse mais para o sul de Melrose, chegaria, infalivelmente, a Glastonbury.

A segunda linha encaminhava-se para a direção noroeste de Melrose, exatamente através do templo e de Rosslyn, até um lugar chamado Crossford, onde cruzava a terceira linha.

Essa terceira linha seguia para o oeste a partir de Craigleith, passando pela abadia de Dunfermline no meio do caminho. Robert Bruce, um dos quase-heróis do meu artigo anterior neste livro, sobre "O Mistério da Batalha de Bannockburn", foi enterrado em Dunfermline, mas o seu coração foi removido e transportado em uma fatídica jornada à Terra Santa. Trazido à Escócia de volta da Espanha, que foi o mais longe que conseguiu chegar antes que a horda "infiel" interrompesse o seu caminho, o coração acabou sendo enterrado em Melrose, faltando apenas um dia de viagem para a reunificação com o resto do corpo. A história não nos explica por quê.

Sem dúvida, eu havia descoberto com a régua e o compasso as retas e ângulos ligando diversos sítios templários e franco-maçons no sul da Escócia. E conforme muitos devem saber, régua e o compasso são símbolos importantes da Franco-maçonaria. Eles podem ser vistos em toda loja maçônica do mundo — sobrepostos à misteriosa letra "G", que costuma ser interpretada de várias maneiras, como se referindo a Deus (*God* em inglês), gnose ou geometria.

A minha configuração de linhas *ley*, ou alinhamentos hipotéticos, vibrava com uma significação que parecia excluir qualquer coincidência. Mas haviam me apontado um dedo em riste em sinal de advertência contra a pesquisa das linhas *ley*, então deixei esse estudo cozinhando em fogo brando — mas não por muito tempo.

Durante as pesquisas para o meu artigo sobre Bannockburn, diversas vezes observei uma simulação por computador sobre como teria sido o céu boreal no dia da batalha. Inúmeras vezes observei as três estrelas eqüidistantes do cinturão da constelação — Órion sobe invisível no céu diurno — e em determinado momento reparei que elas subiam acima de Fidra, Lamb e Craigleith. Atirando a cautela ao vento, concluí que a Lamb merecia alguma atenção — a sanidade mental que se danasse.

Então tracei uma linha da ilhota de May até a Lamb e o ponto médio exato entre Rosslyn e o Templo, só para ver onde poderia levar. Levou a um minúsculo ponto chamado Tara, bem distante na Irlanda, onde os antigos reis daquela terra eram coroados — reis descendentes de Scota e Gaythelos.

Era tudo muito estranho, e estava ficando cada vez mais estranho!

Em uma parede da cripta subterrânea da Capela de Rosslyn — a construção mais antiga e sagrada de todo o edifício — encontra-se o que se considera como "um desenho maçônico funcional". Tem a forma aproximada de um obelisco, mais que de uma pirâmide, e ainda assim foi como um sinal de alarme para mim. A linha central do desenho atravessa três pirâmides — como se fossem vistas de cima!

Por que conspurcar um local sagrado para sempre com um desenho que poderia ter sido mais facilmente esboçado na areia? Não é mais estranho ainda?

Quando está visível, Órion é a constelação mais espetacular do céu — e não é de admirar. De todas as constelações, Órion é a menos abstrata — é a que tem uma forma impressionantemente humanóide. No entanto, de todas as suas sete estrelas principais, as que compõem o cinturão receberam a parte do leão em matéria de atenção ao longo do milênio. Chamadas simplesmente de as "três enfileiradas" pelos nativos norte-americanos, tiveram as suas posições recentemente correlacionadas, pelo pesquisador Robert Bauval, ao plano terrestre do complexo de pirâmides de Gizé.

Órion e a vizinha Sírius, a estrela mais brilhante do céu, acham-se inextricavelmente ligadas tanto ao sistema de crenças do Egito antigo quanto ao

Ilustração 11.1. A constelação de Órion elevando-se no horizonte no dia da batalha de Bannockburn, Escócia.

simbolismo misterioso inerente aos excêntricos rituais maçônicos atuais, praticados desde os primeiros dias da irmandade, mas atualmente pouco compreendidos — até mesmo pelos próprios maçons. Será que o que há muito tempo é chamado de "Os Segredos Perdidos da Maçonaria" escondia-se em plena luz do dia, a és-sueste de Bannockburn, em 24 de junho de 1314?

Em um palpite arriscado, decidi projetar Órion e Sírius sobre a Terra, pousando as três estrelas do cinturão no topo das três ilhas da baía de Firth of Forth. Inacreditavelmente, Sírius caiu sobre a minúscula ilhota Inchcolm, bem a oeste da foz do rio Forth, onde Walter Bower escreveu o seu *Scotichronicon*. No livro *Star Names: Their Lore and Meaning*, de Richard Hinckley,

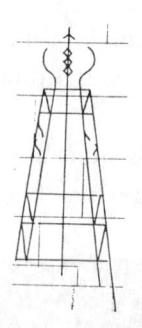

Ilustração 11.2. Este desenho maçônico ainda visível na parede sul da cripta da Capela de Rosslyn representa a relação especial entre as pirâmides do Egito e as ilhas da baía escocesa de Firth of Forth.

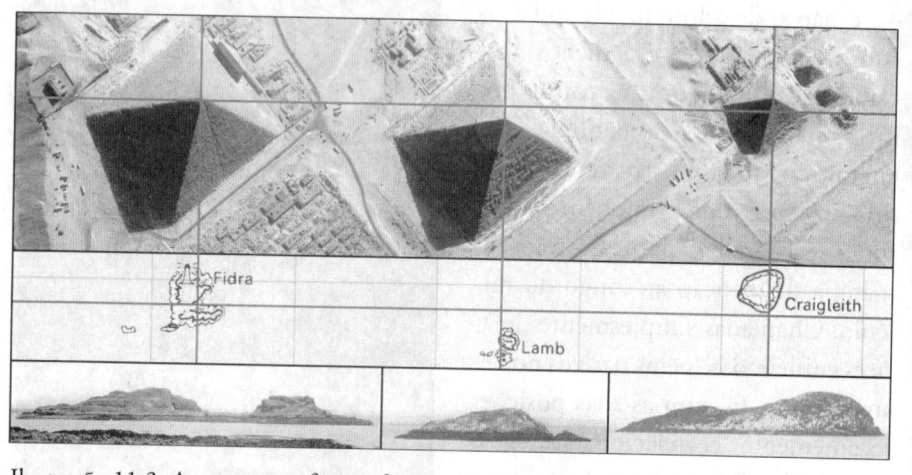

Ilustração 11.3. A montagem fotográfica também ilustra a relação especial entre as pirâmides do Egito e as ilhas da baía escocesa de Firth of Forth.

o autor cita uma tradição astrológica hindu que personifica Sírius como um caçador que lança de uma vez três flechas que atravessam Órion na cintura.

É interessante que o sobrenome de Walter Bower derive da arte de fazer arcos. Será que Bower, ao terminar o seu livro, teria lançado uma flecha de conhecimento proibido na direção de um futuro mais esclarecido?

As outras estrelas da configuração Órion/Sírius, entretanto, não são assim tão favoráveis. Bellatrix, a estrela que assinala o ombro direito de Órion, situa-se de modo insignificante no mar, longe da May, a ilha que o meu "compasso" sugerira como tendo um papel importante no que se parecia cada vez mais com uma mensagem do passado.

Em outro palpite arriscado, aumentei o grupo estelar, colocando o seu centro em Craigleith, até Bellatrix situar-se sobre a May.

O resultado foi interessante!

Sírius agora situava-se sobre Torphichen, a sede dos Cavaleiros Hospitalários da Escócia — a ordem militar católica que absorveu os remanescentes dos templários depois que passaram para a clandestinidade e além do mais, pela graça de Roma, adquiriram a maioria das suas propriedades. Pesquisas recentes, porém, sugerem que os templários podem ter continuado a manter uma autonomia secreta dentro dos hospitalários.

Mas isso é apenas o começo.

Uma linha traçada de Bellatrix e passando pelo ombro esquerdo de Órion (Betelgeuse) levava diretamente ao castelo de Dunsinane, imortalizado em *Macbeth*, de Shakespeare.

Keith Laidler, autor de *The Head of God*, relata uma história interessante sobre Dunsinane. Ele cita um artigo de jornal de 1809 em que se menciona uma grande pedra de "natureza meteórica ou semimetálica" descoberta escondida embaixo do castelo. A pedra foi enviada a Londres para análise, mas desapareceu no caminho.

A certa altura, Laidler afirma que se tratava da *verdadeira* Pedra do Destino da Escócia, e que a pedra sobre a qual os monarcas britânicos têm sido coroados desde então é uma substituta. A verdadeira pedra, afirma ele, é o Trono de Akhenaton, o faraó herético que tentou e não conseguiu estabelecer o monoteísmo no Egito pouco antes do Êxodo bíblico. Essa pedra começou a sua jornada para a Escócia com Scota, que Laidler diz ter sido a filha de Akhenaton, enquanto Akhenaton teria liderado o Êxodo israelita para a Terra Prometida sob o nome que lhe teria sido atribuído na Bíblia — Moisés!

Poderiam os atuais cristãos e judeus estar ligados por um patriarca egípcio comum? As implicações são desconcertantes!

Mas onde se situava Betelgeuse — a estrela entre a May e Dunsinane?

O meu mapa mostrava uma paisagem indefinida. No entanto, novas pesquisas revelaram que um antigo círculo de pedras, atualmente "desaparecido", existiu no oeste da vizinha aldeola de Dunino. Se o círculo desaparecido estivesse mesmo embaixo de Betelgeuse, os arqueólogos novamente terão com que se divertir.

As estrelas aos pés de Órion também projetam-se sobre locais interessantes.

Rigel, o pé direito de Órion, situa-se sobre as terras de Yester. Construído em 1297 pelo Mago de Yester, Hugo de Gifford, o castelo de Yester situa-se sobre uma caverna subterrânea de dimensões consideráveis conhecida como o Goblin Hall. Hugo praticou a sua "magia" em Goblin Hall antes de passá-la para a família Hay no século XIV. Posteriormente, o padre Richard Hay escreveu a história dos Sinclair de Rosslyn. Lorde William Sinclair, acredita-se, realmente mudou o castelo para dar lugar no terreno à construção da capela. A localização era tudo, imagino eu — até mesmo antes disso!

Saiph, o pé esquerdo de Órion, situava-se entre as cidades de Musselburgh e Prestonpans, na terra que fora de propriedade dos monges cistercienses de Newbattle e depois relacionada às famílias de Seton e Kerr, ligadas aos templários. Além de abrigar uma das primeiras lojas maçônicas da Escócia, a área foi palco do primeiro Encontro das Bruxas do Norte de Berwick — acusado em 1590 de tramar o assassinato do primeiro rei oficialmente maçônico da Escócia pelo "abominável crime de bruxaria". O caso forjado ajudou a dar início a mais de 100 anos de perseguição às bruxas na Escócia, algo que é pouco explorado nas histórias convencionais.

Eis o desfecho surpreendente: uma linha desenhada de Rigel e passando por Saiph levava diretamente a Bannockburn, o local da grande batalha pela independência escocesa onde, no dia do solstício de verão, 24 de junho, de 1314, uma grande mensagem permaneceu invisível ao amanhecer — uma mensagem propensa a acabar revelando que fomos enganados por um longo tempo. Surpresa, surpresa!

Em abril de 2006, fui de carro a Edimburgo para tirar fotografias das três ilhas correspondentes ao cinturão estelar e fiquei impressionado com a forma do North Berwick Law, o pico que se eleva exatamente ao sul de Craigleith. Ele se parecia notavelmente com uma pirâmide, então fiz alguns cálculos.

De acordo com o livro *Message of the Sphinx*, de Hancock e Bauval, o fundo do poço quadrado no centro da câmara subterrânea da Grande Pirâmide situa-se a 183 metros da plataforma do topo da pirâmide. O North Berwick Law tem 184 metros!

Ilustração 11.4. Um velho mapa da baía de Firth of Forth, na Escócia, com North Berwick Law representado com destaque (como "N. Law").

Pronto para prestar atenção a novos detalhes muito impressionantes?

Do topo do North Berwick Law, as ilhas de Craigleith, Lamb e Fidra distribuem-se ao longo da costa como pérolas num colar. As perguntas são inevitáveis: como é possível estarem posicionadas assim, uma em relação à outra, como as pirâmides de Gizé? Como poderiam estar abaixo do cinturão de Órion no amanhecer de Bannockburn? Como poderia North Berwick Law ter a forma piramidal? Como as características geológicas situam-se tão convenientemente no seu lugar sem intervenção divina? E por que, nessa pequena esquina do mundo, as vozes do mito e da história se unem para chamar a atenção de pessoas como eu?

Talvez eu possa sugerir respostas a algumas dessas perguntas e levantar outras dúvidas. Arriscando-me às vaias e aos protestos da academia, proponho que North Berwick Law e as ilhas da baía de Forth estão onde estão em conseqüência de uma formação geológica em larga escala — isto é, moldando a paisagem para se adequar a um propósito que apenas agora emerge das brumas do tempo.

Em um mapa da região de meados do século XVII, supostamente baseado no original, mas agora misteriosamente apenas desenhos perdidos do cartógrafo do final do século XVI Timothy Pont, aparecem as três ilhas do cinturão de estrelas. A orientação do agrupamento está errada, e a Lamb é chamada de Long Bellenden. O nome é especialmente curioso porque a Lamb não é nem um pouco longa. Na verdade, é a mais curta das três ilhas.

Poderia ela ter sido encurtada para "afinar" a pontaria sobre a vasta distância de May a Tara? Não poderiam as ilhas ter sido uma única ilha comprida a certa altura — escavada da terra firme por um cataclismo de que os antigos construtores de mitos não fizessem nem idéia — e que depois foi dividida em três? E não poderia North Berwick Law ter sido moldado por talhos de uma escavação enorme desse tipo? Basta dar uma olhada em Fidra, partida quase em duas e claramente perfurada, e perguntar-se se ela foi moldada por Deus, pela natureza ou pela ajuda da mão do homem!

Entendo que a minha posição é um tanto perturbadora, mas não sem nenhuma reflexão — e admito as suas contestações. Mas esteja avisado, porém, que este artigo não poderia ser muito extenso. A simples grade mostrada aqui já aumentou de tamanho consideravelmente — e estou sobrecarregado com o peso dela!

A história nos diz que somos a maior civilização que já pisou a face da Terra. Desde tempos imemoriais travam-se guerras por questões de fé — cada facção acreditando que Deus está do *seu* lado. Mas e se as coisas que nos fazem sentir orgulhosos estiverem erradas? Quem nos perdoará pelo dano que causarmos, uns enganando os outros, acreditando em mentiras?

Órion foi projetada sobre a Terra na Escócia e depois mais tarde presa ao lugar por histórias de uma pedra lendária, um cálice sagrado, uma espada mágica, uma batalha de que o mundo tão cedo não se esqueceria e um rei imortal chamado Arthur.

Foram tomados todos os cuidados, por meio de acontecimentos envolvendo perigos e agitações de toda a sorte, para nos fazer refletir. Talvez, mais do que nunca, o momento para fazê-lo seja agora.

12 O Enigma do Mapa Perdido do Grande Marinheiro

COMO FOI POSSÍVEL AOS SEUS CRIADORES
SABEREM O QUE SABIAM?

DAVID H. CHILDRESS

Uma geração depois de Felipe IV ter pressionado o papa Clemente V para dissolver os Cavaleiros Templários (13 de outubro de 1307), mapas chamados *portolanos* começaram a ser distribuídos por toda a Europa. Um dos primeiros é chamado de Portolano de Dulcert, de 1339, que apareceu exatamente 27 anos depois que os templários foram finalmente debelados.

Pesquisadores acadêmicos da navegação tentam sistematicamente ignorar os portolanos por causa das suas implicações. É aceito que eles, na realidade, existiram, mas conclusões posteriores sobre a sua importância foram postas de lado.

Simplificando a questão, o mistério não decorre tanto do aparecimento repentino dos portolanos na Europa no século XIV, mas do fato de que eles são incrivelmente precisos. Antes disso, no período medieval, o obstáculo à navegação era que a longitude — a posição a leste ou oeste de qualquer ponto dado — não podia ser determinada com precisão. O ponto crítico para encontrar a longitude pela observação dos astros é que isso exigia a medição do tempo com grande exatidão. Relógios precisos simplesmente não existiam no mundo medieval e os navegadores precisaram esperar até o século XVIII para que a tecnologia resolvesse o problema.

Um especialista moderno, o falecido professor Charles Hapgood, do Keene State Teacher's College, de New Hampshire, pesquisou os mapas portolanos nas décadas de 1950 e 1960. Hapgood conseguiu que a sua análise fosse verificada pela Seção Cartográfica do Comando Aéreo Estratégico da Força Aérea americana, com a conclusão de que todos os portolanos parecem ter sido copiados de um único original.

Todos os portolanos remanescentes são centrados no mundo mediterrâneo, o que propõe a pergunta: será que o mapa original, do qual todos os outros derivam, não retrata uma área muito mais extensa, talvez o mundo inteiro?

Se os portolanos representam apenas a pequena porção européia de um mapa mundial mais extenso — ou mapa-múndi, conforme diriam os acadêmicos —, então o corolário deve ser de que o resto do mundo estaria representado com tanta exatidão quanto o pequeno segmento europeu.

O pesquisador Michael Bradley afirma: "Acredito que seja justificado supor com boa probabilidade, e com essa probabilidade convergindo para a certeza, que os templários possuíssem esse tal mapa do mundo. O motivo para afirmar isso com tanta convicção é que simplesmente os eruditos modernos encontraram exatamente esse tipo de mapa-múndi em arquivos do Oriente Médio. Especificamente, dois mapas do mundo muito intrigantes foram localizados: o mapa de Hadji Ahmed, descoberto em 1860 na região que atualmente é o Líbano; e depois, em 1929, o mapa de Piri Reis, descoberto no velho Palácio Imperial, em Constantinopla." No entanto, supondo que os cartógrafos dos séculos XV e XVI possuíssem um mapa muito antigo e preciso que pudessem copiar, ainda assim estariam inclinados a "aprimorá-lo" com base nas melhores informações contemporâneas disponíveis.

Com relação a regiões que eram desconhecidas por motivo de inacessibilidade, tais como o norte da Groenlândia, por exemplo, ou lugares representados no mapa-múndi que ainda não haviam sido descobertos, os cartógrafos não tinham outra escolha a não ser confiar no mapa em que se baseavam. Quando se tratasse de lugares que os cartógrafos pensavam que conheciam — a exemplo da costa atlântica da Europa e da região mediterrânea — eles se sentiam na obrigação de aprimorar os detalhes, considerando as melhores informações disponíveis. Infelizmente para os cartógrafos medievais ou renascentistas, e infelizmente para os pesquisadores modernos, o conhecimento e as técnicas cartográficas dos séculos XV e XVI não tinham comparação com os misteriosos mapas de consulta, os quais eram sempre praticamente precisos. Em conseqüência disso, as tentativas dos cartógrafos de melhorá-los com as informações disponíveis resultavam em distorções que atualmente redundam como a mais rematada demonstração de ignorância.

O MAPA DE HADJI AHMED

O mapa de Hadji Ahmed foi desenhado por um geógrafo árabe de Damasco, que é praticamente desconhecido na história. É datado de 1559 e representa o mundo inteiro de acordo com uma projeção relativamente fantasiosa que é mais arte do que ciência, o que era típico da cartografia arábica da época. Um exame cuidadoso mostra que Hadji Ahmed "melhorou" o Mediterrâneo de acordo com Ptolomeu, e assim o distorceu. Ele também desenhou a África de acordo com as melhores informações portuguesas que conseguiu obter, distorcendo aquele continente igualmente de uma maneira típica da época.

No entanto, quando examinamos as Américas do Norte e do Sul, vemos um formato quase moderno, que bem poderia ser comparado ao mapa segundo a projeção de Mercator da América do Sul, desenhado dez anos depois de acordo com as informações dos exploradores contemporâneos. Afortunadamente, Hadji Ahmed aparentemente não teve acesso a mapas e cartas contemporâneos das Américas e assim se limitou apenas a simplesmente copiar algum mapa-múndi misterioso em seu poder.

Esse mapa de base desconhecida de Hadji Ahmed era mais preciso do que as melhores informações disponíveis em 1559 e ainda assim parece muito moderno. Mostra, por exemplo, a Baixa, Califórnia, que não tinha sido mapeada na época. Mostra a costa noroeste da América do Norte, incluindo o Alasca, que na época não fora descoberto. Mostra as ilhas havaianas do Pacífico, que só foram descobertas duzentos anos depois. Mostra uma variedade de ilhas no Pacífico, um tipo de representação vaga e sugestiva das ilhas polinésias, mas elas ainda não tinham sido descobertas. Mostra claramente a Antártida, e até mesmo uma sugestão da península de Palmer, que também não fora descoberta.

O Extremo Oriente, até onde pôde ser representado na projeção do tipo "maçã cortada ao meio" usada no mapa, é distorcido mas razoavelmente preciso. Mas a coisa mais estranha e enervante é a região do Alasca e a Ásia. A curva das ilhas Aleutas é representada com precisão, entretanto não há o estreito de Behring e toda a área é terrestre. Essa parte do mapa representa aquela região do mundo como era realmente — mas 10.000 anos atrás! A ponte terrestre de Behring entre a Ásia e a América do Norte é mostrada corretamente.

Esse fato quase desafia a crença. Ou será simplesmente coincidência? Talvez um cartógrafo medíocre, não sabendo de que maneira a Ásia e a América do Norte terminavam realmente, decidisse facilitar as coisas e simplesmente as uniu.

Hapgood e Bradley acreditam que todos os portolanos têm uma peculiaridade em comum: a precisão geral existe, mas o nível do mar parece baixo demais. Na célebre carta náutica de Ibn Ben Zara, quase todas as ilhas do Egeu são representadas maiores do que são hoje, ao passo que há algumas ilhas a mais que não existem atualmente, mas que existiriam se o nível do mar baixasse uns 60 ou 90 metros. Essas ilhas existiam 10.000 anos atrás, próximo ao final da Era Glacial, quando o nível do mar era exatamente 60 a 90 metros mais baixo do que é hoje em dia!

Uma vez que esses problemas com o nível do mar são comuns a todos os portolanos e aos mapas-múndi existentes que aparentemente derivaram daqueles portolanos, deveríamos acreditar que a Terra tenha sido mapeada com exatidão 10.000 anos atrás, e que algumas cópias desses mapas tenham sobrevivido até o período medieval?

O MAPA DE PIRI REIS

O mapa de Piri Reis, encontrado em 1929 no Museu Topkapi, em Istambul, representa um quebra-cabeça ainda maior. Foi desenhado em 1519, o ano que a expedição de Magalhães saiu para a circunavegação do globo. No entanto,

essa expedição só retornou à Europa em 1521, e assim o mapa de Piri Reis não poderia basear-se na viagem. De acordo com notas à margem, presumivelmente feitas pelo próprio Piri Reis, o mapa baseou-se no "mapa de Colombo" e em outros mapas "datando do tempo de Alexandre, o Grande".

Em todo caso, o mapa causou uma agitação tanto nos meios diplomáticos quanto geográficos porque representava as Américas com grande exatidão. O problema era que os continentes americanos ainda não tinham sido explorados, ou nem mesmo costeados em grande extensão, em 1519. Os europeus acabavam de

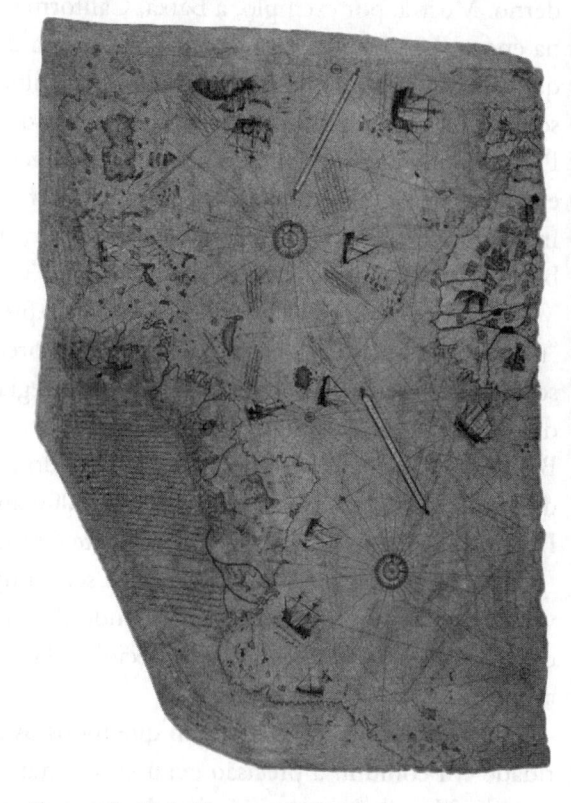

Ilustração 12.1. O mapa de Piri Reis revela um conhecimento geográfico avançado na pré-história.

intuir o seu caminho para além do Caribe. Cortês aportou no México no mesmo ano. Pizarro ainda não tinha encontrado os incas na América do Sul. Qual, então, poderia ser a fonte desse mapa?

O secretário de Estado norte-americano Henry Stimson promoveu uma intensa troca de correspondência com as autoridades turcas, a qual se estendeu até quase o final da década de 1930, requisitando urgentemente que os turcos pesquisassem nos seus arquivos antigos em busca de outros mapas semelhantes. Os turcos concordaram, ou pelo menos disseram que concordaram, mas mais nada parecido com os mapas de Hadji Ahmed e de Piri Reis foi encontrado.

Piri Reis mostra a linha costeira do Novo Mundo com exatidão impressionante, o que talvez não fosse tão visível ao observador comum. Já aos cartógrafos da década de 1930, entretanto, com a sua experiência técnica, ficou totalmente evidente que o mapa fora desenhado de acordo com uma projeção azimutal eqüidistante, uma técnica bem conhecida da cartografia moderna. Os especialistas ficaram, e ainda ficam, impressionados e perplexos.

O mapa, concluiu Hapgood, só poderia ter sido feito com o auxílio da fotografia aérea!

O MAPA ZENO DO NORTE

Henry Sinclair, grão-mestre dos templários, depois da fuga da França para a Escócia, aparentemente contava com um mapa excepcional quando decidiu navegar para a Nova Escócia em 1398. Esse mapa chegou até nós como o Mapa Zeno do Norte, e foi desenhado por um navegador veneziano, Antonio Zeno, a serviço de Sinclair no final do século XIV.

Supostamente, o mapa foi o resultado de uma viagem feita por Antonio juntamente com seu irmão, Nicolò, de Veneza, no ano de 1380. Segundo o relato de ambos, as suas explorações os levaram à Islândia e à Groenlândia, e talvez até mesmo à Nova Escócia. Eles desenharam um mapa do Atlântico Norte, que depois disso esteve perdido por dois séculos antes de ser descoberto por um dos seus descendentes na década de 1550.

Um estudo detalhado desse mapa — que Hapgood realizou e conta em detalhes no seu livro *Maps of the Ancient Sea Kings* — revela que o Mapa Zeno foi na realidade copiado de alguma outra carta náutica altamente precisa, desenhada em projeção cônica. Antonio não tinha familiaridade com esse tipo de projeção, o que é compreensível, uma vez que ela só foi desenvolvida três séculos depois da sua morte, e ele também "melhorou" detalhes do seu próprio conhecimento sempre que pôde.

Exatamente quão antigos os mapas consultados originalmente podem ter sido é indicado pelo fato de que o Mapa Zeno mostra a Groenlândia sem as geleiras. São representadas montanhas no interior, e aparecem rios correndo para o mar, onde em muitos casos encontram-se geleiras hoje em dia.

Além da revelação de que a Antártida em uma época não foi coberta de gelo, e talvez fosse habitada, encontramos lendas semelhantes de um povo civilizado que habitou regiões do norte atualmente cobertas por milhares de metros de gelo: as lendas de Tule, Numinor e dos Hiperbóreos.

É interessante especular que o mapa dos irmãos Zeno mostra o que pode ter sido a terra perdida de Tule, uma região lendária no norte do planeta, mencionada por historiadores gregos e romanos, a exemplo de Diodoro da Sicília, Estrabo e Procópio. Tule era uma ilha no Atlântico Norte, a uns seis dias de navegação das ilhas Órcadas e com dez vezes o tamanho da Grã-Bretanha. Mais estranho ainda, parece que a Groenlândia talvez não fosse coberta de gelo nessa mesma época!

A terra perdida de Tule teve importância na mitologia nórdica entre os cavaleiros teutônicos da Idade Média e muito tempo depois entre grupos ocultistas secretos da Alemanha nazista.

Eles acreditavam que Tule (geralmente identificada como a Groenlândia) fosse uma ilha ao norte de Atlântida, para a qual muitos atlantes teriam fugido pouco antes da destruição da sua terra. Será que o mapa dos irmãos Zeno veio dessa época, posterior ao afundamento de Atlântida, mas antes que o gelo tivesse coberto inteiramente a Groenlândia, a maior ilha do mundo? Onde esses navegadores italianos teriam encontrado uma preciosidade dessas?

Conforme observamos, Antonio Zeno estava a serviço de Henry Sinclair. Talvez Sinclair compartilhasse com ele a carta que se tornou o projeto básico dos irmãos. Mas como um mapa altamente preciso do Atlântico Norte foi parar em Rosslyn dos Sinclair? Poderia ter chegado com os refugiados templários?

A LIGAÇÃO COM OS TEMPLÁRIOS

Conforme dito anteriormente, dois mapas-múndi apareceram nos arquivos do Oriente Médio relativamente há pouco tempo: o mapa de Hadji Ahmed, em 1860, e o mapa de Piri Reis, em 1929. Deveria haver muitos outros mapas como esses nos mesmos arquivos do Oriente Médio, cerca de 900 anos atrás, quando os templários capturaram e saquearam muitas cidades e vilas sarracenas. É praticamente uma certeza de que pelo menos alguns mapas semelhan-

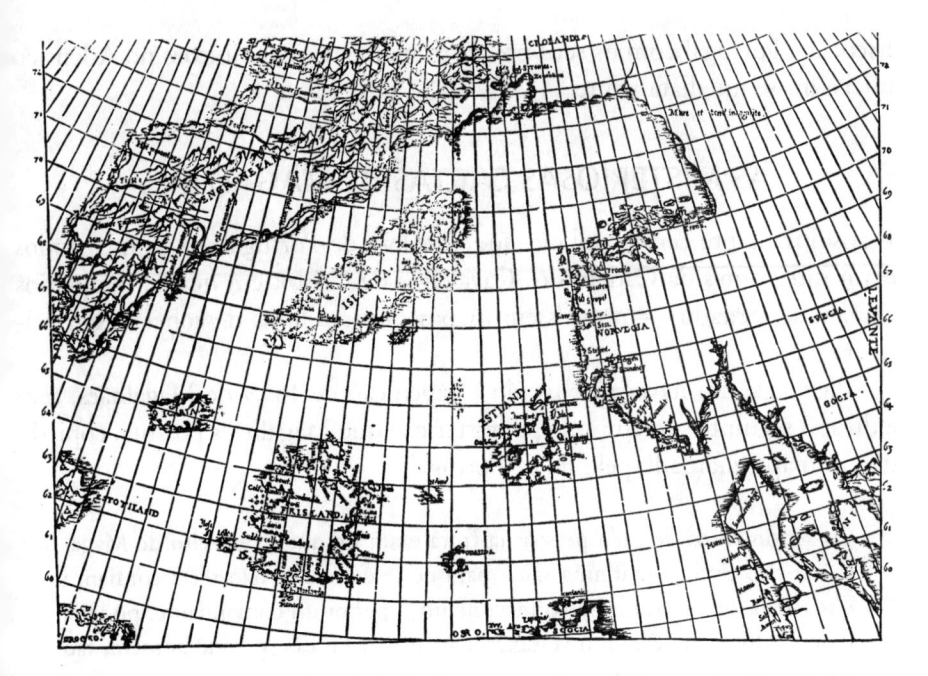

Ilustração 12.2. O Mapa Zeno, publicado em 1558, compreende um conjunto de cartas e um mapa que resultou de uma viagem de exploração realizada pelos irmãos Antonio e Nicolò Zeno por todo o Atlântico Norte, na companhia de Henry Sinclair, no século XIV.

tes tenham sido descobertos pelo fundador da dinastia templária: Godfrey de Bouillon.

O valor dessas cartas náutica antigas teria sido identificado imediatamente pelos templários. Tivesse o reinado de Jerusalém sobrevivido, a sua riqueza e prosperidade futuras obviamente dependeriam do intercâmbio comercial, não da agricultura. No século XII, a Palestina era muito semelhante ao que é hoje. Qualquer coisa que pudesse dar uma vantagem aos Bouillon no tocante ao comércio seria um tesouro, e os templários teriam sido encarregados de guardá-lo.

Mas então os Bouillon perderam Jerusalém. Regressaram para a Provença, apenas para ser massacrados durante a Cruzada Albigense do século XIII. Alguns poucos representantes dessa suposta linhagem de sangue sagrada sobreviveram, mas então os próprios templários foram esmagados e se dispersaram. Se houvesse terra do outro lado do Atlântico, conforme tanto o mapa de Hadji Ahmed quanto o de Piri Reis atestavam, então existia em potencial um porto verdadeiramente seguro longe da Inquisição. Era o trabalho dos templários descobrir esse abrigo de qualquer maneira, e assim eles fugiram para a

Escócia e Portugal com os seus preciosos mapas. As explorações no Atlântico iniciaram-se imediatamente.

AS MISTERIOSAS CARTAS DE MAGALHÃES

É absolutamente certo também que a realeza de Portugal — da qual todos eram integrantes da Ordem dos Cavaleiros de Cristo, em que os templários tinham se tornado — possuíssem mapas mostrando as descobertas em primeira mão.

Pigafetta, um navegador ligado à expedição de 1519 de Magalhães, teve a dizer o seguinte sobre um mapa misterioso que Magalhães possuía, copiado de um mapa guardado pelo rei de Portugal:

> Os sentimentos de cada pessoa na frota eram de que [o estreito de Magalhães] não tivesse nenhuma saída para oeste e nada, a não ser a confiança que todos depositavam no conhecimento superior do comandante, poderia tê-los induzido a levar a investigação adiante. Mas esse grande homem, tão habilidoso quanto cortês, sabia que precisava buscar uma passagem através de um estreito obscuro: esse estreito tinha sido projetado sobre uma carta de Martinho da Boêmia, um cosmógrafo da maior excelência, a qual estava na posse do rei de Portugal.

De onde veio essa carta? Ninguém sabe com certeza. Não existem provas, mas parece pelo menos provável que essa carta chegou a Portugal com os refugiados templários — assim como parece igualmente provável que o mapa do norte de Henry Sinclair chegou ao refúgio de Rosslyn com os templários dispersados. As coincidências são altamente sugestivas, até mesmo se não constituírem uma prova absoluta.

Colombo também possuía um mapa do mesmo tipo. Era possivelmente uma cópia dos mesmos mapas a partir dos quais foi formulado o de Piri Reis, ou talvez um mapa semelhante ao que deu origem ao de Hadji Ahmed. Os dois mapas mostram o Novo Mundo e nenhum deles confunde as Américas com a Ásia.

TERCEIRA PARTE

O PAPEL CENTRAL DOS SINCLAIR DA ESCÓCIA

13 A Colônia Desaparecida de Arcádia

TERIAM OS CAVALEIROS TEMPLÁRIOS
ESTABELECIDO POSTOS AVANÇADOS NA
AMÉRICA DO NORTE?

STEVEN SORA

Uma torre curiosa guarda o porto de Newport, em Rhode Island. Um octógono dentro de um círculo, a torre de pedra redonda tem oito arcos ao nível do solo e dois andares elevados com janelas em fendas curiosamente situadas. Desde os tempos coloniais, discute-se se poderia ser um moinho de cereais, um moinho de vento ou um remanescente dos nórdicos pré-coloniais. Uma descoberta recente descarta todas essas teorias. A torre proclama a todos os que compreendem o seu significado: os construtores templários estiveram aqui.

UM CAVALEIRO TEMPLÁRIO NA AMÉRICA

Em 1398, Henry Sinclair, da família guardiã, redescobriu terras às quais os seus ancestrais nórdicos haviam viajado séculos antes. Ele pretendia fundar uma colônia no Novo Mundo, onde todos estivessem a salvo da perseguição. Isso foi muito antes de Colombo, e há evidências de que Colombo estivesse ciente da viagem de Sinclair. Henry empregou o que hoje em dia seria chamado de uma tripulação multicultural. O seu piloto era italiano; os marinheiros eram robustos ilhéus das Ilhas Órcadas; os seus soldados, descendentes dos remanescentes templários, normandos franceses então reunidos nas lojas escocesas. Eles aportaram na região atualmente chamada Nova Escócia e ali passaram todo o inverno. Na primavera, Sinclair dividiu a frota, enviando o piloto Antonio Zeno de volta à Escócia. A ele, Sinclair comunicou que tinha a intenção fundar uma colônia na terra recém-descoberta. Com a outra metade da frota, Sinclair explorou toda a Nova Escócia e mais além, ao sul, onde atualmente situa-se a Nova Inglaterra.

As evidências dessa expedição podem ser encontradas em diversos lugares. Na Nova Escócia, estranhas ruínas de um abrigo próximas ao legendário sítio descoberto na Oak Island e as chamadas Mystery Walls nas proximidades de Halifax são indicações de uma presença duradoura na época pré-colonial. Em Westford, Massachusetts, um poste de granito talhado retrata um cavaleiro de armadura cujo elmo familiar e a armadura heráldica foram declarados como sendo os de *sir* James Gunn, que foi o lugar-tenente de confiança de Sinclair na região de Caithness, na Escócia. Em Fall River, Massachusetts, encontrou-se um esqueleto dentro de uma armadura, e o poeta Longfellow, escrevendo a respeito, chegou a expressar a sua crença de que estaria ligado à torre misteriosa.

Ao largo da costa de Rhode Island, e novamente na Nova Escócia, encontraram-se dois canhões que se incluem entre os primeiros exemplares de canhões usados a bordo de navios. O irmão de Antonio Zeno, Carlo, foi quem os introduziu em uma batalha no mar para salvar a sua cidade natal, Veneza. Esses primeiros canhões apresentavam a tendência de explodir, em vez de atirar corretamente; podem ter sido usados para impressionar a população nativa, ou então foram simplesmente atirados borda afora.

Essa e outras evidências encontradas em diversos outros locais da Nova Inglaterra, no entanto, são de pouca importância em relação à própria torre e ao conhecimento que ela inspira.

GUERREIROS, CONSTRUTORES, BANQUEIROS E MÍSTICOS

Os templários foram muito mais do que uma ordem de monges guerreiros que lutaram para salvar Jerusalém nas guerras chamadas de Cruzadas. Eram também peritos em artes e ciências, nas atividades bancárias e no comércio; possuíam vastas propriedades e construções que existem ainda hoje na Europa. A sua arquitetura mais sagrada reproduzia a construção octogonal encontrada no Santo Sepulcro, em Jerusalém. Erigiram prédios chamados batistérios, ou lavabos, representando o mesmo simbolismo encontrado na fonte batismal de toda igreja. O círculo representava o mundo e os oito lados de uma fonte batismal — ou batistério — significavam o renascimento, ou ressurreição, que era e é o princípio central da fé cristã.

Segundo esse simbolismo cristão, Deus criou o mundo em sete dias. Começou no domingo e descansou no sétimo dia, sábado, ou o Sabbath. O oitavo dia era de novo o domingo. Um simbolismo semelhante é encontrado na história da morte do Filho. Ele é crucificado e morto na sexta-feira, entra no mundo subterrâneo por um tempo e, no domingo, o oitavo dia da semana, Ele ressuscita.

A semelhança com as celebrações pagãs do Sol é bastante evidente. O Sol nasce com a sua irradiação mais fraca próximo ao momento do solstício de inverno. Os dias ficam cada vez mais curtos e o dia do solstício em si, para os que vivem ao norte do equador, é o mais curto de todo o ano. Embora essa precessão astronômica tenha mudado ligeiramente ao longo de milhares de anos, atualmente esse solstício acontece no dia 21 de dezembro. O Sol então renasce e a Terra vai ficando pouco a pouco mais iluminada a cada dia, até a chegada do solstício de verão.

No hemisfério norte, o solstício de verão acontece no dia 21 de junho e, não coincidentemente, o único santo da teologia cristã cujo nascimento é comemorado, não no dia da sua morte como de costume, mas no de nascimento, é São João Batista. Foi ele quem preparou o terreno para a vinda do Senhor.

Na teologia celta e pagã, João é o rei que morre para abrir o caminho para o novo rei. Assim como na morte simbólica de John Barleycorn, João Batista é decapitado. A ligação entre a crença cristã e a mitologia pagã vai além da mensagem Sol-Filho. Fogueiras no solstício do verão e velas no Natal são remanescentes do culto pré-cristão, uma prova de que as antigas tradições nunca foram esquecidas.

A religião romana na qual se adorava o *Sol Invictus* personificava Deus na forma de Mitra. Mitra também nascia em uma caverna, de uma Virgem, e era visitado por três pastores. De muitas maneiras, a sua vida espelha a de Jesus, e o seu Templo já foi onde atualmente se encontra o Vaticano. Mitra era o deus dos soldados e da batalha, ao passo que Jesus trazia a mensagem da paz.

Quando os Cavaleiros Templários saíram cavalgando da zona rural da França medieval para descobrir muitas coisas novas no Oriente Médio, descobririam prazeres simples como doces e o açúcar, e impressionaram-se com uma nova ciência que o Islã tanto preservara quanto fomentara em universidades. Além da arquitetura nos sítios cristãos, muitos em ruínas, os templários teriam visitado a mesquita de Umayyad, em Damasco.

Um dos mais requintados exemplos da arquitetura moderna da época, essa mesquita apresentava-se em toda a sua glória. Também exibia traços octogonais, raros na arquitetura muçulmana, mas obviamente essa não era uma mesquita comum. Construída sobre o templo pagão do deus sírio-fenício Hadad, nunca perdeu o seu sentido original. Hadad era o Sol fertilizador; a sua relação com a Terra era decisiva, uma vez que era necessário para produzir a vida. Além disso, a mesquita também preservava a cabeça de João Batista. Os muçulmanos cultivavam a tolerância incondicional, e essa mesquita em especial convidava à oração pessoas de todas as crenças, até mesmo os cristãos. Embora possa se culpar tanto a cristandade quanto o Islã por ocultar as raízes antigas, as pessoas não esquecem. Ainda hoje em dia não é incomum uma mulher muçulmana entrar em Umayyad para orar junto à estátua de São João na esperança de ter um filho.

Os céticos talvez considerem contraditórias tamanhas semelhanças entre as religiões mais antigas e as modernas, ainda que os templários e depois os maçons tratassem o assunto de maneira diferente. Essa é uma mensagem de tolerância: todos os deuses são o caminho para o Deus único.

UMA MENSAGEM NA PEDRA: A ARQUITETURA TEMPLÁRIA

Quando os templários regressaram à Europa, trouxeram consigo uma compreensão maior da sua fé e um conhecimento científico muito mais amplo. A sua nova ciência incorporava um misto de teologia e geometria conhecido desde antes de Stonehenge e as pirâmides terem sido construídos, mas geralmente esquecido da Europa cristã. Os templários deram início a um frenesi de construções, das catedrais mais gloriosas da Europa até as pontes mais corriqueiras. Os soldados templários e os monges cistercienses deixaram muitos monumentos que permanecem até os dias atuais. E nesses monumentos encontram-se as chaves secretas para o conhecimento.

Os zodíacos desenhados nos pisos das igrejas, as estrelas de seis pontas em vitrais e as representações da Virgem e do Filho negros são todos evidências de uma admissão de crenças fora do cristianismo. Apenas há pouco mais de dez anos foi que começamos a nos dar conta da fértil mistura de ciência e magia que se imortalizou em construções que de outra maneira seriam puramente cristãs.

Na minúscula ilha de Bornholm, no mar Báltico, os templários construíram quinze igrejas, onze das quais ainda se mantêm. A mais impressionante é a de Osterlarskirke, cujo significado é a Igreja Oriental de São Lourenço. As suas janelas em fendas foram dispostas de modo a receber a luz do solstício de verão e o nascer do Sol do solstício de inverno. Uma torre semelhante foi construída pelos cistercienses em Mellifont, um mosteiro diferente, não muito distante de Dublin. A capela Saint Clair, no sul da França; a capela de Tomar, na sede dos templários em Portugal; a chamada igreja redonda dos templários em Lanleff, na Bretanha; e a Igreja Templária em Londres são exemplos mais eloqüentes. Não se sabia que essas construções redondas e octogonais tivessem um significado adicional até muito recentemente.

De muitas maneiras, as Cruzadas foram um fracasso devastador. Depois de dois séculos de guerra contra o Islã, a monarquia francesa e a Igreja recuaram. Os cátaros do norte da Itália e do sul da França foram perseguidos e massacrados. Os banqueiros lombardos e depois os judeus foram expulsos da França. Logo os próprios templários assumiram a culpa pelo desastre militar que redundou na perda de Jerusalém. Os que escaparam de ser presos e foram para a Escócia serviriam como mercenários e desempenhariam um papel na luta pela independência daquele país. A Escócia, contudo, não estava segura. A ameaça de guerra com a Inglaterra era uma constante, e as rebeliões de classe que precederam as lutas religiosas posteriores também eram uma ameaça.

Henry Sinclair, herdeiro da tutela da ordem, tomou a decisão de criar uma nova colônia onde a ciência não fosse considerada como um mal, onde a discussão religiosa não fosse determinada pela guerra e onde os que estivessem sob a sua tutela pudessem prosperar. Era um ideal utópico; nunca mais se ouviu falar da sua colônia. Nos círculos esotéricos, a sua tentativa de criar a Arcádia, uma terra idílica onde a liberdade e a tolerância fossem a ordem dominante, não foi esquecida.

Outros círculos de expressão geralmente proibida reuniram-se como sociedades organizadas e secretas, assim como o Colégio Invisível e depois os rosa-cruzes. Outros mantiveram a sua associação tão secreta que ainda não conseguimos atribuir-lhes um rótulo. Acima de tudo, os que fomentavam uma nova ciência e um novo pensamento em relação à monarquia e à Igreja foram considerados como integrantes de uma corrente de conhecimento oculto.

EM BUSCA DA ARCÁDIA PERDIDA

Giovanni da Verrazano era um integrante de uma sociedade esotérica dessa natureza. Ele nasceu em Florença em 1485 mais ou menos. Na época, Florença era um viveiro da ciência e do aprendizado criado pelos Médicis, ao mesmo tempo que era um alvo da Inquisição. Verrazano mudou-se para Lyon, no sul da França, outra cidade com uma natureza igualmente suspeita de acolher idéias alternativas sobre religião. Ambas as cidades eram centros do pensamento cátaro, e Florença — dedicada a São João Batista — era chamada de Cidade da Pomba, que era o símbolo cátaro. Muito tempo antes de Verrazano nascer, a Igreja deflagrara uma guerra devastadora contra esse grupo de cristãos, massacrando dezenas de milhares de seus integrantes. A filosofia cátara, contudo, sobreviveu.

Verrazano era um viajante de longas distâncias, tendo passado anos no Egito antes de voltar para o mar. Acabou convencendo Francisco I, o rei da França, de que havia um bom motivo para enviá-lo para o Novo Mundo, envolvendo o rei em um estranho tratado de alquimia e em um mundo idílico adequadamente chamado Arcádia. Aparentemente, a missão de Verrazano era encontrar uma rota marítima para a China. Mas a sua missão verdadeira foi mantida em segredo.

Quando atingiu as barreiras externas da costa da Carolina do Norte, os recifes que anunciavam a proximidade de terra, ele registrou no seu diário que do outro lado dessa estreita faixa de terra que se alargava por centenas de quilômetros estendia-se o oceano Pacífico. Ainda assim ele não se incomodou em encontrar a passagem. Poderia ter navegado para dentro da ampla baía de Chesapeake, ou para a quase tão ampla baía de Delaware, mas não o fez. Em vez disso, passou pela futura cidade de Nova York, que chamou de Angoulême, em homenagem a uma cidade cujo símbolo é um dragão enrolado em uma chama, um instrumento notavelmente cátaro. Dali, encaminhou-se para o leste, para longe da sua meta estabelecida.

O único lugar em que se deteve foi Newport. Foi saudado por nativos americanos e excepcionalmente permitiu que um deles pilotasse o seu navio em segurança para dentro do porto de Newport. Na terra que ele chamou de Arcádia, invocou um rei pelo nome de Magnus. Foi-lhe mostrada a torre que se encontra ainda hoje em Newport. Embora soubesse que era um batistério templário (uma vez que havia um na sua cidade na Europa), o seu irmão Girolamo chamou-a de uma vila normanda no mapa que produziriam.

Verrazano relatou pouca coisa ao seu patrocinador, mas deixou indícios impressionantes. Ele descreveu o povo Wampanoag que conheceu como pacífico e "inclinado em favor dos brancos". Narrou toda a viagem, mas não explicou por que deixou de explorar mais a oeste. O seu mapa foi copiado por outros cartógrafos. Se uma vila estranha surpreendeu a todos quantos consultaram o mapa, não se registrou nenhum comentário. Verrazano sabia o que havia encontrado.

Ele denominou a futura cidade de Newport de "Refúgio". Era realmente o refúgio estabelecido pelo guardião templário Sinclair. O monumento que Sinclair legara para a posteridade contava o suficiente da história quanto era preciso: os templários estiveram ali. Henry Sinclair começara a sua colônia, mas ela não sobrevivera.

A ÚLTIMA ARCÁDIA

No coração de Paris, encontra-se a igreja de São Sulpício. Na festa do santo, o Sol se levanta e a sua luz traça um caminho até um relógio de sol estrategicamente localizado. Na verdade, toda a igreja está estrategicamente localizada. Dentro, uma tira de bronze chamada de Roseline corta o assoalho, marcando o meridiano de Paris.

São Sulpício foi a sede do Priorado de Sião, da Companhia do Sagrado Sacramento e de outras sociedades semi-secretas que desempenharam papéis importantes na história oculta da França. Desde a função inicial do Priorado de Sião na fundação dos templários até a função que São Sulpício desempenhou no mistério de Rennes-le-Château, pouca coisa mudou.

No século XVII, integrantes da Companhia do Sagrado Sacramento receberam ordens para debandar. Sem alterar a sua lista de associados nem a sede em São Sulpício, eles se transformaram na Sociedade de Notre-Dame de Montreal. Nem todos eram padres; entretanto, um integrante da maior importância, Jean-Jacques Olier, também teria fundado a Sociedade de São Sulpício.

A Sociedade de Notre-Dame, embora católica, permitia o relacionamento com os protestantes franceses, chamados huguenotes, e incluía membros que eram jansenistas, um movimento que, ainda que católico, era considerado herético. Embora essa Sociedade de Notre-Dame tenha deixado poucos documentos (a maioria dos associados eram considerados secretos), ficamos com a sensação de que ela se esforçou no sentido da tolerância, o que geralmente deixa de acontecer quando a fé é sufocada pelas próprias instituições estabelecidas para alimentá-la.

A Sociedade de Notre-Dame, juntamente com os huguenotes franceses, fundaram a cidade de Montreal, no Canadá. Bem antes da separação entre a Igreja e o Estado tornar-se realidade, a Sociedade de São Sulpício realmente teve a permissão de governar Montreal. Hoje em dia, muitas das ruas dos quarteirões mais antigos exibem os nomes dos integrantes das antigas sociedades que desempenharam um papel fundamental. A França logo entregaria o

Canadá aos Ingleses, mas antes de isso acontecer, os sulpicianos construíram a última torre redonda.

Situada hoje na cidade que foi planejada como a nova Arcádia, essa torre é um símbolo da última tentativa de criar uma colônia baseada na fé, que seria tolerante em relação às religiões mais abertas e aceitaria o pensamento de cada um. Estranhamente, no entanto, a atual capela de Bon Secour de Notre-Dame está próxima ao hotel Masonic Hall, projetado pelo grande mestre da Loja de St. Paul de Montreal.

As pesquisas sobre as mensagens ocultas e o conhecimento secreto vinculados a tais monumentos, desde Damasco a Newport, encontram-se ainda na infância. A ciência acabou de chegar ao ponto em que se começa a admitir a existência desse significado mais profundo. Isaac Newton compreendeu que o segredo das pirâmides poderia ser encontrado por intermédio dos números. Depois dele, poucos foram além disso. Quem visita Newport nos dias do equinócio e do solstício, porém, sempre encontrará um pequeno número de pesquisadores rondando a sua torre. Quem sabe, um dia, algum deles venha a desvendar o seu segredo.

14 O Tesouro Perdido dos Cavaleiros Templários

SERÁ ENCONTRADO NA AMÉRICA DO NORTE?

STEVEN SORA

Uma ilhota ao largo da costa nevoenta da Nova Escócia pode esconder o maior tesouro do mundo, o da Ordem dos Cavaleiros Templários. Desaparecido desde o século XIV, o tesouro dos templários tem a reputação de conter uma grande quantidade de barras de ouro e de prata, as jóias da coroa de famílias reais européias, artefatos religiosos sagrados tanto para o judaísmo quanto para o cristianismo, além de documentos que podem ser tão explosivos agora como quando foram enterrados. O atual proprietário do que tem sido cognominado "uma Mina de Dinheiro" calcula o valor potencial do tesouro como sendo de mais de um bilhão de dólares.

A história das escavações na Oak Island começa em 1795, quando três rapazes com tempo de sobra para gastar decidiram procurar o produto das pilhagens do Capitão Kidd. Na minúscula ilha, eles encontraram um cordame de navio pendente de um galho de árvore e uma depressão no solo vizinho. Cavando a uma profundidade de 60 centímetros, eles chegaram a uma plataforma de lajotas cuidadosamente dispostas, as quais normalmente não são encontradas na ilha. Cavaram ainda mais fundo e a 3 metros de profundidade encontraram uma plataforma de carvalho. Sucessivas plataformas foram encontradas a 6 e 9 metros, o que embora encorajasse os escavadores apresentava um desafio muito acima da sua capacidade.

Alguns anos depois, cidadãos importantes da ilha constituíram uma associação intitulada Onslow Syndicate para dar continuidade às explorações. As plataformas de carvalho continuaram a ser desenterradas até que, a uma profundidade de 27 metros, uma pedra com inscrições em um código simples revelava que o tesouro só seria encontrado "12 metros abaixo". O código poderia ser uma pista falsa, levando os caçadores do tesouro a uma armadilha. O poço logo foi cheio pela água do mar, que não só impedia escavações posteriores, como também representou um obstáculo intransponível durante os dois séculos seguintes.

Uma série de túneis inundados foram cavados a partir de cavernas de ambos os lados da ilha. A água do mar entrava por drenos feitos de madeira cobertos com casca de coco e plantas marinhas. Durante praticamente duzentos anos, o trabalho continuou sendo interrompido e retomado alternadamente enquanto um caçador de tesouros após outro investia uma fortuna após a outra em bombas, escavadeiras, caixões para deter a água do mar, e até mesmo maquinaria de construção pesada. Até o momento, a mina de dinheiro só rendeu um pequeno número de itens em troca dos milhões de dólares e cinco vidas que cobrou. Uma corrente de ouro, uma tesoura de ferro e um pedaço de pergaminho indecifrável estão entre os magros resultados até o momento. A maior riqueza, porém, têm sido as teorias com relação às origens do tesouro.

A mais divulgada mas implausível teoria, de que o tesouro seria do Capitão Kidd, é considerada "furada", uma vez que o maior buraco nela é de que o tesouro de Kidd foi encontrado na Gardiner's Island, na extremidade leste da Long Island de Nova York, onde a família Gardiner permitia a uma grande quantidade de piratas o acesso aos domínios de Kidd. Pode ser que o tesouro da Oak Island consista das folhas de pagamento de navios franceses e ingleses, mas o motivo para a construção de uma enorme galeria subterrânea daquelas para guardá-las não se sustenta. Dos *vikings* a OVINIs, de astecas a hugue-

Ilustração 14.1. A misteriosa Oak Island na Nova Escócia, onde se diz estar enterrado o tesouro dos templários.

notes, a lista de teorias torna-se cada vez maior, e a combinação de meios e motivos é a prova de fogo a que são submetidas.

Uma teoria plausível sustenta que um navio espanhol carregado de tesouros avariado teria se desviado da rota por uma tempestade e arrastado por correntes até a Nova Escócia. Os engenheiros de minas teriam construído as traiçoeiras galerias subterrâneas, escondido a carga preciosa e tentado regressar à Espanha em busca de um navio mais resistente. No caminho, surgiu outra tempestade e a tripulação pereceu, levando consigo o segredo.

Enquanto a Mina de Dinheiro não revelar o seu tesouro, o debate permanecerá sem solução.

Simultaneamente aos duzentos anos de escavações, os proprietários da Mina de Dinheiro e diversos pesquisadores independentes tentaram determinar exatamente o montante do tesouro que jaz sob a superfície.

Em 1954, os proprietários da Mina de Dinheiro receberam uma carta informando-os de que o tesouro enterrado na minúscula Oak Island não era ouro de piratas, mas um tesouro de valor muitíssimo maior. O tesouro, foram informados os proprietários, conteria relíquias sagradas e ouro do Templo de Jerusalém, juntamente com manuscritos e documentos que aumentariam o conhecimento sobre a história humana. De outras fontes surgiu a crença de que entre os documentos guardados na mina poderia encontrar-se a genealogia terrestre de Jesus Cristo. O Santo Graal, de acordo com os co-autores Richard Leigh e Michael Baigent de *Holy Blood, Holy Grail*, na realidade poderia não ser um cálice ou prato, mas em vez disso uma linhagem que se estenderia desde o rei Davi, passando por Jesus, até a época moderna. Uma indicação intrigante é que *sir* Francis Bacon escreveu sobre a preservação de documentos importantes em mercúrio. Frascos contendo resíduos de mercúrio foram encontrados na Oak Island.

Enquanto o debate continua sem solução, a verdade inquestionável é que alguém com um grande conhecimento e especialização em engenharia deu-se um grande trabalho para esconder *alguma coisa*. E também está claro que terminou o seu complexo projeto antes de 1795. O processo de datação por carbono remete as datas até um passado próximo a 1390 e até a década de 1660.

Quem pode ter tido motivo para construir um complexo tão bem planejado antes que a colonização européia chegasse à Nova Escócia? Quem teria tido um tesouro tão importante para proteger? E quem pode ter tido a capacidade e os meios para projetar e construir uma falsa galeria subterrânea tão sofisticada? Por volta do ano 1118, os nove homens que constituíram os Cavaleiros

Templários originais regressaram de Jerusalém para a França. Ostensivamente, a sua missão era guardar as rotas dos peregrinos cristãos em viagem à Terra Santa — uma tarefa aparentemente quase impossível para um mero punhado de homens. O seu verdadeiro propósito podia ser inteiramente diferente. Os primeiros cavaleiros instalaram-se nos estábulos do Templo de Salomão e basicamente conduziram uma caça ao tesouro. Quando regressaram à França, eles receberam uma acolhida de heróis e receberam toda a atenção de São Bernardo.

Bernardo de Clairvaux orou tão fervorosamente em nome dos guerreiros cristãos que transformou o minúsculo grupo em uma ordem que rivalizaria com os seus próprios cistercienses. A diferença era que os Cavaleiros Templários eram monges guerreiros. Comprometidos com a Igreja e com a sua ordem, eles não respondiam a nenhum outro poder terrestre. Os rapazes das famílias abastadas da Europa afluíram para as suas fileiras, empenhando-lhes a sua herança. Nobres doaram-lhes terras e construções. Em pouco tempo a ordem enriqueceu o bastante para emprestar dinheiro na forma do primeiro banco da Europa. As principais famílias da Europa empenharam jóias e terras com garantias para empréstimos do banco templário.

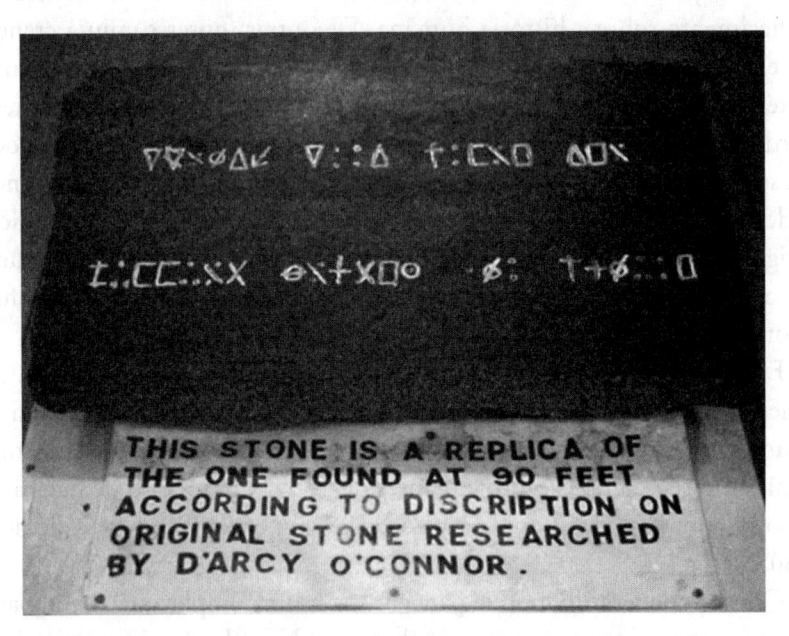

Ilustração 14.2. Uma réplica de uma pedra inscrita em código encontrada no poço subterrâneo da Oak Island, Nova Escócia, alertando aos caçadores de tesouros sobre um possível tesouro enterrado abaixo. A original se perdeu.

Ironicamente, o sucesso templário contribuiria para a derrocada da ordem. Os nobres passaram a invejar a sua riqueza e poder, mas só depois que os exércitos cruzados perderam Jerusalém e os templários entregaram a última posição cristã foi que alguém ousou se opor à ordem templária. E nesse momento a oposição foi tão grande que a ordem acabaria desmoronando.

A dívida do rei Felipe da França junto aos templários era grande, tanto em termos de dinheiro que tomara emprestado quanto porque eles haviam-lhe salvo a vida, protegendo-o das insurreições de Paris. Não havia, porém, nenhuma admiração mútua entre credor e devedor. Quando o rei pediu para ingressar na ordem, teve o pedido recusado. Assim, a sua hostilidade contra a ordem induziu-o a montar falsas acusações contra os templários e levá-las ao conhecimento do papa.

Em uma data fatídica — sexta-feira, 13 de outubro de 1307 — os exércitos da França atacaram a sede dos templários e prenderam centenas de cavaleiros, que foram torturados até confessarem-se culpados de todas as acusações, entre as quais destacavam-se adoração do diabo, homossexualidade, cuspir na Cruz e a veneração de um ídolo na forma de uma cabeça decepada. Muitos cavaleiros morreram durante as sessões de tortura; outros foram queimados na fogueira.

Embora o objetivo de derrotar a ordem fosse bem-sucedido, a verdadeira meta do rei Felipe não foi alcançada. Antes do dia fatídico, o Templo de Paris, a sede do único banco mundial, tinha sido esvaziado. Os seus tesouros foram carregados em carroças e transportados por terra até o porto de La Rochelle. Lá, todos os bens da ordem foram carregados para bordo dos navios templários. Depois disso, a frota templária simplesmente desapareceu.

Desde esse momento até hoje, tem-se discutido sobre qual teria sido o destino dos navios templários.

Pode ser que os templários tenham encontrado refúgio em Portugal, onde a sua organização sobreviveu como os Cavaleiros de Cristo. Pode ser que tenham encontrado refúgio na Inglaterra, garantido pelo rei Eduardo, que acabaria por persegui-los e processá-los. As diversas ilhas ao largo da costa oeste e norte da Escócia devem ter sido um refúgio provável, uma vez que os templários e o rei da Escócia tinham muita coisa em comum. Ambos sofreram o banimento da excomunhão, e ambos logo estariam sob o ataque do rei Eduardo da Inglaterra.

Robert Bruce foi excomungado por apunhalar até a morte o seu rival no altar da capela de Greyfriars. Em seguida, ele reuniu dois bispos importantes e diversos nobres e declarou-se rei sobre a Pedra de Scone. Depois disso, ironicamente, ele se tornou um fora-da-lei e passou anos vivendo em cavernas, perdendo um integrante da família depois do outro para a Inglaterra, para depois surgir vitorioso na batalha de Bannockburn. Embora a história registre muitas guerras e batalhas em que o exército inglês era a força mais bem treinada e mais bem armada ao entrar na batalha contra os escoceses que eram reduzidos a atirar lanças e pedras, em Bannockburn foi diferente.

A princípio, as forças escocesas pareceram bater em retirada, apenas para deslocar o exército inglês. Então uma força nova de cavaleiros surgiu. A surpresa dos ingleses foi devastadora; eles esperavam uma turba fácil de vencer como inimigo apenas para se ver fugindo para salvar a própria pele. A Escócia venceu a sua batalha mais decisiva da guerra pela independência. E o dia era 24 de junho, consagrado na tradição templária como o Dia de São João.

Robert Bruce descendia de uma família normanda que participara da invasão da Inglaterra em 1066. O mesmo acontecera com os Sinclair de Rosslyn. Os Sinclair e os seus parentes franceses, os St. Clairs, foram fundamentais para a criação dos Cavaleiros Templários. Numa época em que as famílias costumavam ser tão poderosas quanto os próprios reis, tanto os St. Clairs franceses quanto os escoceses acumularam muito poder. O ramo escocês logo comandaria uma marinha de guerra tão grande quanto qualquer outra na Europa do século XIV, e o seu lar ancestral tornou-se a sede do refúgio dos templários.

Em 1398, quase um século antes de Colombo, Henry Sinclair de Rosslyn liderou uma expedição a terras no leste do Canadá e Nova Inglaterra que eram visitadas pelos nórdicos havia séculos. O piloto da expedição foi Antonio Zeno, que guardou registros e mapas detalhados da viagem. Aportando na Nova Escócia no segundo dia de junho de 1398, Sinclair enviou um pequeno exército para explorar aquelas terras. Então mandaria de volta o seu navegador italiano enquanto permanecia na Nova Escócia por pelo menos um inverno. De uma base no Canadá, Sinclair comandou uma força armada para o sul. Em Westford, Massachusetts, uma escaramuça com os nativos locais culminou na morte de um integrante da expedição, um tal de *sir* James Gunn.

A força escocesa deixou uma gravação detalhada em pedra da cota de armas do clã Gunn, que ainda é possível visitar nos dias atuais. Outro cavaleiro, não identificado, morreu ou foi morto na rota para o sul; seu esqueleto e a armadura completa foram descobertos em Fall River na época colonial. O mais impressionante monumento da expedição templária foi a construção de uma capela templária octogonal em Newport, Rhode Island. Construída nos moldes da Igreja do Santo Sepulcro, de Jerusalém, obedecia aos mesmos princípios de outras edificações semelhantes deixadas pelos templários em diversos lugares de toda a Europa. O único outro templo semelhante a esse na Escócia localiza-se nas ilhas Órcadas, onde governava a família Sinclair.

Posteriormente, a Torre de Newport iria se tornar o centro de uma grande discussão, uma vez que o primeiro explorador europeu a avistar a costa de Rhode Island tenha sido Verrazano, que assinalou a ilha no seu mapa. Evidências da expedição pré-colombiana também seriam levadas de regresso ao local de origem.

A partir de 1436, a família Sinclair planejou a construção de um capela consideravelmente complexa em Rosslyn, com entalhes de cabeças pagãs e motivos norte-americanos — tais como espigas de milho e folhas de babosa — supostamente desconhecidos na Europa antes de Colombo. Os Sinclair empregaram profissionais construtores — maçons — de todas as partes para erigir a sua capela e construir na rocha um esconderijo enorme que poderia guardar um tesouro tanto quanto um exército. Embora os maçons tenham chegado em 1436, o trabalho de fato na Escócia só começou em 1441. Faria pouco sentido empregar trabalhadores por cinco anos sem lhes dar nenhuma tarefa a cumprir.

Muito provavelmente, eles *estavam* trabalhando. A frota de Sinclair teria levado o seu exército de maçons para o que logo seria descoberto como Novo Mundo. Ali eles construiriam as galerias traiçoeiras da Mina de Dinheiro. Usando conhecimentos de engenharia partilhados tanto pelos templários quanto pelos cistercienses de São Bernardo, as profundas galerias de poços, os compridos túneis aquáticos, a falsa praia e os drenos ocultos foram todos acabados.

Durante um século o tesouro templário permaneceu em segurança na Capela de Rosslyn. Os descendentes dos Cavaleiros Templários mais tarde se organizaram como "franco-maçons" e foram empregados e protegidos pela família Sinclair. Quando Jaime II tornou-se rei, decretou que a família Sinclair compreenderia os guardiães hereditários dos franco-maçons. Essa ligação não foi cortada na Escócia.

Os assuntos de estado e religião, porém, logo levariam o clã Sinclair para a guerra novamente. As insurreições protestantes inspiradas por Calvino varreram a Escócia. Os seus objetivos eram os ícones das igrejas católicas, e a família Sinclair — de católicos fervorosos — reuniu os cálices de ouro e outros bens valiosos das igrejas que apoiavam. A Coroa inglesa, então em mãos protestantes, saiu contra as famílias que controlavam a Escócia.

Ilustração 14.3. Uma ilustração imaginada pelo artista Tom Miller sobre o desembarque de Henry Sinclair na Oak Island, Nova Escócia, no verão de 1398.

Em 1542, a batalha de Solway causou a derrota da Escócia e a perda de Oliver Sinclair, o braço direito do reino de Jaime V, capturado pelos ingleses. Jaime V tinha previsto, no nascimento da sua filha Mary, que a dinastia familiar terminaria. Ele colocou Mary — mais tarde conhecida como a rainha Maria dos escoceses — aos cuidados da família Sinclair. Oliver, licenciado de uma prisão inglesa para uma breve viagem à terra natal em 1545, desapareceu da Escócia e da história.

A premissa do meu livro, *The Lost Treasure of the Knights Templar*, é de que a essa altura o tesouro tenha sido levado à Oak Island e selado. O chefe remanescente do clã Sinclair, William, dividiria o segredo com Marie de Guise, que foi a mulher mais poderosa da França e parte da extensão normanda da família. Ela proclamou um "laço de obrigação" com William. O segredo dele, "o segredo que nos contou, deve ser mantido em segredo".

A existência de um túnel deveria ser conhecida pela família Guise, mas a localização seria um segredo transmitido apenas dentro da família Sinclair. Novas guerras e conflitos religiosos cobraram um preço alto à família: os Sinclair morreram subitamente na guerra e na prisão. A certa altura, o elo da cadeia foi rompido e a localização secreta não passou para a geração seguinte.

Hoje em dia, a investida mais moderna sobre a Mina de Dinheiro terá um novo começo. David Tobias, o atual proprietário, ouviu falar pela primeira vez da Oak Island e da busca ao tesouro quando era um piloto em treinamento na Nova Escócia durante a Segunda Guerra Mundial. Ele regressou à Oak Island e à busca do seu tesouro, primeiro como um investidor, depois como proprietário de metade da ilha. Ele não só aplicou os seus milhões de dólares no negócio, mas também levou a caça ao tesouro aos padrões modernos.

Sob a sua direção, a busca tem empregado e se consultado com corporações e com os talentos do Museu Nacional de Ciência Moderna, de Ottawa, e o prestigioso Woods Hole Oceanographic Institute, de Massachusetts. O grupo de Tobias conseguiu uma nova licença de exploração do tesouro e, assim que algumas obrigações legais importantes sejam superadas, Tobias e o seu grupo — conhecidos como Triton Alliance — novamente desafiarão a engenhosidade dos guardiães do tesouro templário.

15 Os Mistérios da Capela de Rosslyn

TERIAM SIDO REVELADOS A MARIE DE GUISE?

JEFF NISBET

A francesa Maria de Guise gostava de uma boa piada. Quando o rei Henrique VIII da Inglaterra lhe propôs casamento, Maria ironizou que o seu pescoço era fino demais — uma alusão sarcástica à decapitação da segunda esposa de Henrique, Ana Bolena.

Em seu lugar, Maria desposou o escocês Jaime V e, em 1542, deu à luz à monarca mais conhecida do país, Maria, rainha dos escoceses, apenas uma semana antes da morte de Jaime. E em 1546, durante o reinado da filha ainda menor de idade, Maria estabeleceu uma curiosa ligação com *sir* William Sinclair de Rosslyn.

Uma passagem dessa ligação tem sido muito discutida: "Nos ligamos e nos obrigamos ao dito *sir* William, e devemos ser uma senhora leal e verdadeira em relação a ele. Os seus conselhos e segredos que nos foram revelados devem ser mantidos secretos, e em todas as questões dar a ele o conselho melhor e mais verdadeiro que pudermos, assim como requeremos em troca."

No seu livro de 1999, *Rosslyn: Guardians of the Secrets of the Holy Grail*, os autores Tim Wallace-Murphy e Marilyn Hopkins afirmam que o "tom geral da carta é extravagante. É mais como se fosse de uma pessoa subserviente a um senhor superior do que de uma soberana para o seu vassalo".

Que segredo teria sido revelado a Maria em Rosslyn a ponto de produzir uma relação tão estranha?

Entre as muitas especulações destacam-se as referências ao Cálice da Última Ceia, à cabeça mumificada de Cristo, à Pedra do Destino, a um pedaço da Cruz Verdadeira, à Arca da Aliança e/ou aos registros genealógicos da linhagem sagrada estabelecida por um casamento entre Maria Madalena e Jesus. E em uma edição recente da revista *Templar History*, o Grande Mensageiro dos Cavaleiros Templários Escoceses alega que "conheceu um sujeito que estava convencido de que a capela foi construída com base em uma espaçonave extraterrestre, o qual contou uma história impressionante". É assustador.

Mas enquanto Maria pode ter sido informada de algumas dessas coisas, acredito que teve contato com algo mais — algo na constituição arquitetônica da Capela de Rosslyn que tinha uma exclusividade singular em relação à linhagem que ela partilhava com William.

Em primeiro lugar, vamos considerar quem eram eles.

Ilustração 15.1. Maria de Guise, esposa de Jaime V da Escócia e mãe de Maria, Rainha dos Escoceses.

Maria era neta de René II de Anjou e Lore, por sua vez neto de René I — um dos poderosos envolvidos na carreira heróica de Joana d'Arc. Ambos os Renés herdaram o título de rei de Jerusalém, uma designação herdada de Balduíno, irmão de Godfrey de Bouillon, que recebeu o título originalmente. Godfrey liderou a Primeira Cruzada para libertar a Terra Santa dos "infiéis". Foi Balduíno quem conseguiu os alojamentos dos primeiros nove Cavaleiros Templários no monte do Templo de Salomão, o qual, ao longo dos vários anos subseqüentes, escavaram em busca de algo misterioso. Balduíno também outorgou a primeira insígnia da ordem — a cruz de Lorena, com dois braços transversais iguais.

Cristóvão Colombo reconheceu nos seus diários que René I conferiu-lhe o comando do seu primeiro navio, e considera-se que Colombo viajou para oeste com as velas ostentando algum tipo de cruz. Mas essa cruz tinha um braço ou dois? Talvez seja altamente significativo que René II tenha comissionado o primeiro mapa em que aparece o nome América, datado de 1507. Esse mapa, comprado recentemente por 5 milhões de dólares pela Biblioteca do Congresso americano, pode acabar se revelando nada mais do que uma peça espetacularmente cara de propaganda cartográfica.

William era o neto do construtor da Capela de Rosslyn, o qual por sua vez descendia de vários outros St. Clairs notáveis. Uma St. Clair casou-se com

Hughes de Payns (que esteve entre os nove templários originais mencionados anteriormente); um outro St. Clair teve uma participação importante na carreira do grande herói dos escoceses, Robert Bruce; e ainda um outro pode ter liderado uma viagem de descoberta do Mundo Novo em 1398, 94 anos antes de Colombo realizar a sua primeira travessia oficial.

Sem dúvida nenhuma, Maria e William tinham muito em comum antes de ela ter conhecimento do segredo mencionado na sua ligação. As suas respectivas famílias ligavam-se à origem do grande herói nacional, ambas estavam vinculadas a um ou mais dentre os nove templários originais e ambas de alguma maneira relacionavam-se à descoberta da América.

No meu artigo "Desvendadas Novas Anomalias da Capela de Rosslyn", a seguir neste livro, comento sobre mudanças recentes feitas na "carreira de estrelas" do teto de Rosslyn, e sugiro que o revestimento arquitetônico original da capela foi adulterado desde que a carreira de pedra foi estabelecida — uma visão nada popular entre os muitos fãs do "livro de pedra" de Rosslyn.

Aqui comento sobre as cinco carreiras de pedras do teto, e o segredo que acho que William revelou a Maria quando ela visitou a capela em 1546, quando se comemorava o centenário de fundação de Rosslyn.

Vamos acompanhá-los ao interior da capela.

Acredito que William teria pedido a Maria para olhar para cima e pensar sobre o teto da capela, chamando-lhe a atenção para o fato de que, embora duas das cinco carreiras de pedras tenham sido montadas à moda de um tabuleiro de damas, com o mesmo número de elementos arquitetônicos espaçados uniformemente, as outras três carreiras de pedras parecem mais apinhadas!

Tendo em mente que os elementos arquitetônicos de cada uma dessas três carreiras de pedras não só requerem mais entalhes, mas também seriam significativamente mais difíceis de dispor, ele teria então perguntado a opinião dela sobre a razão disso.

A essa altura, caso a mente dinástica quinhentista de Maria não se tivesse apercebido da súbita revelação, William teria lhe dito o que agora vou lhe dizer: o teto abobadado de Rosslyn consiste em cinco carreiras destacadas de pedras, cada uma delas constituída com um elemento arquitetônico de desenho floral exclusivo, a não ser pela carreira principal — que chamaremos de primeira carreira — que consiste principalmente em estrelas, montadas como os quadrados alternados de um tabuleiro de damas. A segunda carreira é um atravancado de elementos arquitetônicos, contendo exatamente o dobro do número de elementos da carreira principal. A terceira carreira tem o mesmo número de elementos que a primeira. A quarta divide a diferença entre a primeira e a segunda e, embora não haja muitos entalhes na segunda carreira, teria sido mais difícil de montá-la, uma vez que o modelo em tabuleiro de damas não foi usado. A quinta carreira tem menos entalhes do que a quarta, mas as dificuldades de desenho teriam sido grandes.

Acredito que William tenha orientado o olhar de Maria pelo teto de Rosslyn, chamando a atenção dela para o acúmulo de determinadas carreiras, e depois teria contado a ela que o avô dele, um século antes, escondera uma imensa cruz de Lorena naquele teto — com os braços nitidamente dispostos!

Conforme mostra o desenho (veja a ilustração 15.2), quando movemos os elementos montados na abóbada do teto, redistribuindo-os harmoniosamente de acordo com o padrão de tabuleiro de damas encontrado na primeira e terceira carreiras de pedras, revelam-se os braços estendidos da cruz de Lorena. Não se trata, porém, da cruz original de braços iguais mencionada acima, mas de uma representação posterior que exibe uma excentricidade adicional que discutiremos mais adiante.

O simbolismo da cruz de Lorena é explicado de várias maneiras. Em um artigo escrito para a revista *Dagobert's Revenge,* Boyd Rice conta que o poeta e ensaísta francês Charles Péguy sustentava que a cruz com dois braços transversais iguais representa "os braços de Cristo, os braços de Satã e, estranhamente, o sangue de ambos".

Entre outros pontos que Rice levanta nesse artigo incluem-se os seguintes: que a cruz representa "a união dos opostos, a interseção das forças criativas e destrutivas, ou a união dos princípios masculino e feminino"; que o braço superior espelha o braço inferior e, como tal, simboliza a máxima hermética: "Assim em cima como embaixo"; que a Casa de Anjou, a que a nossa Maria pertencia, defendia "a Arte Real do Hermetismo — uma tradição que, de acordo com a lenda, foi transmitida aos humanos por uma raça de anjos caídos"; que, ao ser publicado originalmente em francês, o antigo texto Corpus Hermeticum foi dedicado a Maria de Guise, e que Maria "adotou a Cruz de Lorena como um símbolo pessoal".

Os historiadores de Joana d'Arc irritam-se diante da sugestão de que Joana tenha ido para a fogueira com uma cruz de Lorena pendurada no peito. Eles indicam os documentos "oficiais", segundo os quais ela teria recebido uma cruz feita às pressas por um soldado inglês com dois pedaços de madeira e também uma segunda cruz, de um clérigo presente. Mas não é possível que a verdade sobre algo possa ser secretamente oculta pela mentira a seu próprio respeito? Quem sabe a cruz de Lorena não esteja simbolizada pelas duas cruzes que segundo os registros oficiais ela teria recebido? E considerando que os

Ilustração 15.2. Desenho do teto abobadado em cinco carreiras de pedras com os elementos montados tirados da abóbada central, formando os braços invertidos da cruz de Lorena.

burgúndios franceses venderam Joana para os ingleses, e que o rei francês a quem ela levara ao trono ignorou-a naquele momento, não teríamos aqui uma referência oculta à expressão "cruz dupla"?

Voltemos a Rosslyn.

Não foi a cruz de braços idênticos que William pode ter mostrado a Maria de Guise, mas a de um desenho posterior na qual um braço tem a metade do comprimento do outro. A certa altura, talvez como uma maneira de retomar um antigo símbolo hermético original da ortodoxia cristã, o braço superior da cruz foi encurtado. Esse braço é ocasionalmente mencionado como o braço INRI, uma referência à tábua com a inscrição que Pôncio Pilatos ordenou que colocassem acima da cabeça de Cristo na crucificação.

Mas se aceitarmos que a simbologia implícita da cruz de Rosslyn indica que a carreira de estrelas deva logicamente ser a parte "superior", então veremos que os braços da cruz de Rosslyn foram invertidos, o mais curto sendo colocado abaixo do mais comprido.

Qual o motivo disso?

No meu artigo sobre a Capela de Rosslyn, escrevi que um dos templários presos em 13 de outubro de 1307, e posteriormente interrogado, sustentou que durante a sua iniciação na ordem fora-lhe mostrada uma cruz cristã de apenas um braço e que lhe disseram para "não acreditar nela, pois não é antiga o bastante".

A despeito da controvérsia mundial atualmente envolvendo a teoria não tão nova promovida pelo livro de Dan Brown, *O Código Da Vinci,* em que se especula se Jesus Cristo e Maria Madalena foram casados e estabeleceram uma linhagem que sobreviveu até a atualidade, não poderia essa breve declaração de um templário interrogado indicar que esse casamento nada mais fora que uma outra união ao longo da existência de uma linhagem muito mais antiga, e que os nove templários originais tivessem encontrado provas inquestionáveis a respeito, ocultas na Montanha do Templo?

É claro, seria uma tolice correr com essa prova herética ao Vaticano — especialmente quando existiam apenas nove pobres templários no mundo todo. O melhor para aqueles que detinham essa informação recém-descoberta seria esperar o momento certo, refletir sobre as suas opções e desenvolver um plano estratégico viável para o futuro — o que provavelmente foi o que fizeram.

Ao longo dos dois séculos seguintes, os cavaleiros tornaram-se a ordem de cavalaria mais rica do mundo. A história nos diz que a ordem foi barbaramente suprimida no início do século XIV, mas muitos acreditam que o círculo central sobreviveu clandestinamente na Escócia, levando a sua verdade consigo. Eu pessoalmente acredito que o círculo central pode ter articulado a extinção da ordem como parte de uma operação global de "ajuste dimensional" — uma teoria nada popular entre a grande maioria dos admiradores dos templários.

Quando William Sinclair e Maria de Guise encontraram-se em Rosslyn no ano do centenário da capela, a Igreja de Roma vivia um clima de nervosismo. O catolicismo estava sob o cerco de um novo e problemático adversário — a Reforma. De um só golpe, o mundo cristão fora dividido em dois. Roma nunca mais seria capaz de levantar grandes exércitos entre os países vassalo para esmagar heresias aonde quer que o dedo papal apontasse. Não havia un único campeão que a defendesse; um outro se mudara.

A igreja mais poderosa que o mundo jamais conhecera fora dividida e vencida.

Mas a Igreja Reformada não conseguiria permanecer incólume. A vida de neto de Maria, o primeiro rei oficialmente franco-maçônico tanto da Escócia quanto da Inglaterra, seria ameaçada por uma conspiração desencadeada por "feiticeiras" no Dia das Bruxas de 1590. O celebrado mas forjado caso das Bruxas de North Berwick deu a partida com mais de um século de antecedência à caça às bruxas escocesas e provou que o presbiteriano comum pode ser tão vingativo quanto o católico comum quando se trata de lutar contra os aliados de Satã.

Embora se estabelecesse um certo equilíbrio entre os dois grandes poderes cristãos, nenhum dos dois poderia alegar mais santidade e a cada um ainda restava uma pesada cruz de culpa para carregar. Quem sabe não seria essa uma outra cruz dupla perfeita, talvez?

Curiosamente, a atual ramificação americana da antiga Ordem do Templo — que responde pela marca registrada Sovereign Military Order of the Temple of Jerusalem (SMOTJ) — usa a mesma configuração dos braços invertidos a exemplo da insígnia oficial de Rosslyn. O seu distintivo de bolso, "gravado à mão em ouro puro", pode ser adquirido por meio do *website* próprio, onde se afirma que parte do valor da aquisição será doado para uma causa humanitária em nome da ordem.

Em determinados compêndios de heráldica, a cruz de dois braços, com o braço mais curto acima do mais longo, é definida como a Cruz Patriarcal. E se o construtor de Rosslyn, numa espécie de ironia particular, tiver invertido a posição dos braços como um meio de manter uma "Cruz Matriarcal" no teto da capela?

Maria de Guise teria gostado da piada, mas e quanto a nós?

Certamente, o fundador de Rosslyn aplicou cálculos matemáticos cientificamente exatos ao projetar o teto da capela, mas o resultado não se encaixou exatamente. Há quatro elementos arquitetônicos remanescentes na quarta carreira de pedra e um na quinta — um total de cinco. Esse erro, porém, foi planejado com perfeição.

Visitei o museu da Grande Loja da Escócia durante a minha última viagem a Edimburgo e fiquei impressionado com um objeto exposto datado do início do século XIX. Trata-se de um compasso maçônico, uma régua e um

Ilustração 15.3. Da esq. para a dir.: a cruz hermética de braços iguais de Lorena; a cruz cristã da Crucificação; a cruz cristianizada (INRI) de Lorena; a cruz de Rosslyn com os braços invertidos, símbolo da SMOTJ.

nível cercados por uma estrela de cinco pontas. As cinco pontas são indicadas como "os cinco pontos da irmandade". O que é verdadeiramente espantoso, porém, é que a estrela está de cabeça para baixo.

No clássico de Manly P. Hall, *The Secret Teachings of All Ages*, de 1928, o autor disserta longamente sobre a estrela de cinco pontas, ou pentagrama. Ele afirma que a imagem é "o símbolo há muito venerado das artes mágicas" e que "por meio do pentagrama dentro da sua própria alma, o homem não só domina e governa todos os seres inferiores a ele mesmo, mas também exige consideração por parte dos que lhe são superiores". Ele afirma ainda que a estrela com duas pontas para o alto é chamada de o Bode de Mendes porque "a estrela invertida tem a mesma forma que a cabeça do bode". O bode, conforme menciono no meu artigo "Joana d'Arc Revelada", mais adiante neste livro, é um símbolo maçônico recorrente.

A descrição mais apócrifa de Hall sobre o pentagrama invertido é a última frase do capítulo que escreveu sobre ele: "Quando a estrela em pé é virada de modo que a ponta caia para baixo, significa a queda da Estrela da Manhã."

Realmente, esse é um conceito embaraçoso.

Ao observarmos os movimentos dos corpos celestes, não esperamos vê-los caírem. Observando-os quando e onde eles aparecem para nós, situamos a nossa posição entre eles — e o fizemos até aqui por mais tempo do que a história documentada afirma que o fizemos. Mas a "queda da Estrela da Manhã" de Hall ecoa sinistramente os inúmeros mitos existentes no mundo sobre um dia cataclísmico quando o céu cairá. Se ele tornar-se novamente um fenômeno observável, é porque seremos nós, e não ele, que estará em movimento.

Duvido que achemos graça nisso.

16 Desvendadas Novas Anomalias da Capela de Rosslyn

UMA INVESTIGAÇÃO EXAUSTIVA APRESENTA
O ANTIGO ENIGMA SOB UMA NOVA
PERSPECTIVA IMPRESSIONANTE

JEFF NISBET

A Capela de Rosslyn situa-se exatamente a 6 milhas (cerca de 9,7 quilômetros) de Edimburgo, a antiga capital da Escócia. Construída no século XV pelo conde William Sinclair de Rosslyn, a capela tornou-se uma das edificações mais misteriosas e controversas da Terra. Nos últimos anos, a controvérsia atingiu o ponto de febre quando um grupo adversário de pesquisadores de história alternativa, "buscadores da luz" franco-maçons, e outros caçadores de tesouros rivalizaram-se na tentativa de desvendar os segredos, que segundo eles, estariam ocultos entre as paredes da capela.

AS APOSTAS SÃO ALTAS

Na última contagem, esses intrépidos buscadores especularam de várias maneiras que a capela esconde o tesouro há muito perdido dos Cavaleiros Templários, um pedaço da Cruz Verdadeira, a Pedra do Destino escocesa, a cabeça mumificada de Cristo e até mesmo o Santo Graal das relíquias — o próprio Santo Graal.

Uma coleção do mais alto nível em qualquer lugar do mundo, não resta dúvida — mas ninguém ainda a encontrou. Rosslyn sabe guardar bem os seus segredos.

O empresário londrino e descendente de Sinclair, Niven Sinclair, gosta de dizer que William construiu a Capela de Rosslyn "numa época em que os livros poderiam ser queimados ou banidos, então deixou uma mensagem para a posteridade gravada na pedra". O projeto preferido de Niven, ao qual tem dedicado muita energia há anos, é provar que o avô de William fez uma viagem de descoberta para a América quase um século antes de Cristóvão Colombo fazer a viagem que a história sanciona como sendo a primeira.

Niven também acredita que Cristo não morreu na cruz; sobreviveu para criar os filhos com a esposa, Maria Madalena. Esse casamento deu prosseguimento a uma linhagem que continuou por séculos até chegar às maiores e mais poderosas famílias européias, incluindo a do próprio Niven. No entanto, ainda é a história bíblica da ascensão de Cristo que ganha os votos no departamento da credibilidade, então Niven continua trabalhando.

Embora a expressão *esculpida na pedra* tenha se tornado sinônima de "imutável", esse não é o caso de Rosslyn. Algumas mudanças muito significativas foram feitas dentro dos muros da capela e depois ocultadas.

VEJAMOS MAIS DE PERTO

O interior nos surpreende com um tal banquete visual de pedra esculpida que mal se sabe para onde olhar. Folhagens e imagens estranhas pendem por toda a parte das paredes, arcos e teto, como o glacê sobre um bolo. E embora o efeito geral deva claramente aparentar ser cristão, uma averiguação mais detalhada revela que muitas gravações na pedra têm as suas origens simbólicas em ideologias muito diferentes, algumas delas definitivamente pagãs.

Aqui e ali encontra-se a cabeça de um duende, um antigo deus da vegetação celta, sobressaindo da folhagem esculpida; e na mais notável estrutura de Rosslyn, o Pilar do Aprendiz, um cordão de dragões mordisca as raízes do que é interpretado como a Árvore da Vida Nórdica. Acrescente-se ao conjunto histórias esculpidas das escrituras hebraicas e lendas que ressoam com os costumes templários e franco-maçônicos e terá uma receita arquitetônica de eterno sucesso. E a não ser por alguns anos desperdiçados durante a Reforma, quando os zelotes protestantes levaram pelo lado da intolerância o que chamavam de idolatria, a capela tem sido afortunada desde aquela época.

Mas embora determinados detalhes tenham sido acrescidos à capela ao longo dos anos, acredita-se que a linguagem original do "livro de pedra" do conde William permaneça inalterada. Na minha última viagem à Escócia, porém, encontrei diversos guias desinteressantes relativos a Rosslyn que, aqui e ali, contavam histórias diferentes.

Vamos andar até o centro da capela e olhar para cima.

O grande teto cilindricamente abobadado de Rosslyn divide-se em cinco carreiras de pedras. Quatro carreiras seguem o tema floral, cada um com o seu padrão exclusivo, que se repete ao longo da carreira toda. Mas a quinta carreira é diferente das outras. Em vez de flores, ela está cheia de estrelas — e *outras* coisas!

Em um canto da carreira vê-se uma cabeça barbada com a mão aberta estendida na sua extensão. Niven Sinclair considerou-a como a cabeça de Cristo, com a mão de Cristo estendida em uma bênção à viagem de descoberta do ancestral pré-colombiano de Niven. Mas de acordo com um artigo de 1877, que se encontra no volume XII dos *Proceedings of the Society of Antiquaries in Scotland*, Mark Kerr explica esse aspecto como "uma simples mão aberta" e a observação dele é corroborada em um relato de 1892 escrito pelo reverendo John Thompson, capelão de Rosslyn.

Onde estava a cabeça de Cristo e a bênção quando esse livro de pedra foi escrito, e por que encontram-se ali agora?

Duas fileiras acima da cabeça de Cristo encontra-se o "Sol em esplendor" e uma fileira acima do canto adjacente da abóbada estrelada encontra-se a Lua nascente, definida em ambos os relatos como uma Lua "crescente" e uma "pequena estrela". Hoje em dia, a Lua parece estar cheia, plena com os aspectos da superfície que não deviam ser observáveis 159 anos antes que o telescópio de Galileu supostamente lhe permitisse observá-la vinte vezes mais perto do que qualquer um jamais o fizera antes. O que foi esculpido em Rosslyn que o fundador nunca pretendeu?

Na direção da extremidade leste da capela encontram-se dois pilares que juntos constituem a base para o que se tornou a lenda mais duradoura de Rosslyn — o assassinato de um aprendiz de pedreiro pelo seu mestre. Segundo a lenda, o mestre maçom, que acompanhara uma excursão a Roma para estudar a forma de um pilar que pretendia duplicar em Rosslyn, ao retornar descobriu que o aprendiz, inspirado por um sonho, terminara o trabalho antes dele. O mestre, tomado por um acesso de ciúme, executou o aprendiz com um único golpe na cabeça.

Embora ambos os pilares sejam gloriosos, o Pilar do Aprendiz ofusca o do mestre.

Em sua narrativa, Kerr, embora se desmanche em louvores à Lenda do Aprendiz, refere-se ao Pilar do Mestre como o Pilar do Conde e, no *Theatrum*

Ilustração 16.1. O interior da Capela de Rosslyn.

Scotiae de John Slezer, de 1693, o Pilar do Aprendiz é chamado do Pilar do Príncipe. Uma narrativa de 1774 do bispo Forbes de Caithness postula que Slezer referia-se às origens principescas do fundador como o último príncipe das ilhas Órcadas da Escócia.

Confuso, eu sei. Aumentando a confusão, atrás da abóbada estrelada encontra-se uma cabeça esculpida muito estudada pelos franco-maçons. Segundo a tradição, seria a cabeça do aprendiz morto em todos os detalhes, com o ferimento fatal — uma história que coincide com a lenda franco-maçônica da morte de Hiram Abiff, arquiteto do Templo de Salomão, que morreu de maneira semelhante. Observou-se, porém, que o queixo do aprendiz já apresentou uma barba que posteriormente foi eliminada. Realmente estranho, considerando que os aprendizes da época não deixavam crescer a barba.

Mestre, aprendiz, conde ou príncipe — quem é quem? É possível que um esplêndido jogo de ilusionismo tenha sido esculpido no Livro de Pedra de Rosslyn que o fundador nunca pretendeu fazer, obrigando-nos a continuar a busca pela sua verdade fugidia?

Em 1954, o Ministério de Obras da Escócia diagnosticou que a capela era vítima de umidade extrema. Foi decidido cobrir o interior da capela com uma "pasta de cimento", com a finalidade de conter a umidade. Em vez disso, a situação da capela piorou. Mas aconteceu mais do que isso. Considerando que a tinta fresca pode cobrir uma infinidade de defeitos, as mudanças recentes não são mais observáveis, e tenho informações competentes de que o custo da remoção da pasta, se é que venha a ser possível, seria proibitivamente caro. A lendária Verdade Que a Todos Conquista de Rosslyn, ao que parece, deverá esperar por dias melhores. Ou não?

Cada vez mais considerado como sendo o chefe dos Iluminados da sua época, o conde William construiu na sua capela algo que jamais poderia ser mudado — algo que esperava ser notado por muito tempo. E considerando que os Cavaleiros Templários foram notoriamente fundados para proteger os peregrinos cristãos a caminho da Terra Santa, e que os descendentes masculinos do conde tornaram-se hereditariamente os grão-mestres dos franco-maçons até o início do século XVIII, a jogada de William poderia ser um tanto surpreendente.

A Capela de Rosslyn foi fundada no Dia de São Mateus, em 21 de setembro de 1446, e foi oficialmente dedicada a esse santo no mesmo dia em 1450. Considerando que o dia 21 de setembro assinala o equinócio outonal no hemisfério norte, quando o Sol nasce exatamente a leste de Rosslyn, decidi

Ilustração 16.2. Alguns pesquisadores acreditam que a Capela de Rosslyn seja uma réplica do templo de Salomão, em Jerusalém.

ver se o conde escrevera alguma coisa no céu acima que pudesse ter refletido a verdade que vinha cavando na terra embaixo.

Não me decepcionei.

É considerado que um círculo interior dos Cavaleiros Templários escapou da supressão da ordem em 1307, na França, seguindo clandestinamente para a Escócia enquanto continuavam a mandar o que eles acreditavam ser a Verdade na direção de tempos mais esclarecidos em incursões secretas tanto pelas mitologias astrológicas de um passado que acreditavam estar enraizado nos fatos e nas descobertas astronômicas que sabiam que seriam feitas quando chegasse o momento certo.

Considerada a responsável pela introdução tanto do xadrez quanto das cartas do tarô na Europa medieval, a irmandade teceu em silêncio e estrategicamente as verdades havia muito esquecidas na sua trama envolvendo os registros históricos — verdades que seriam percebidas apenas por aqueles "com olhos para ver" e ouvidas por aqueles "com ouvidos para ouvir".

O conde William sabia que até mesmo um livro gravado em pedra poderia ser transformado em poeira, então redigiu o seu testamento no céu inviolável daquela data e o escondem na luz. Em *Rosslyn: Guardian of the Secrets of the Holy Grail*, os autores afirmam que o local onde está Rosslyn fora "reverenciado pelos druidas como o oráculo de Saturno, o supremo Guardião dos Segredos".

De acordo com as minhas pesquisas, parece que eles estavam certos.

Quando Rosslyn foi dedicada em 21 de setembro de 1450, o Sol nasceu exatamente no leste. Ao longo do dia, por trás do Sol e em exato alinhamento com a Terra, encontravam-se os planetas Saturno e Netuno, uma conjunção que ocorre apenas uma vez a cada 36 anos. E eles todos nasceram invisíveis à luz do dia dentro da constelação de Virgem, símbolo de diversas deusas encontradas em várias tradições astrológicas.

Seguindo os paralelos que havia traçado em outros artigos entre os sistemas de crenças do Egito antigo e os da Escócia, porém, é interessante notar que a tradição grega propõe que a Esfinge foi originalmente construída com a cabeça de Virgem e o corpo de Leão. Também é interessante observar que a cabeça da Esfinge que vemos hoje parece desproporcionalmente pequena — *e mais nova* — quando comparada com o corpo muito mais desgastado, como se esculpida sobre uma cabeça anterior. E diante do desgaste do corpo, a cabeça atual teria parecido ainda menor.

Outra tradição identifica Virgem com a deusa egípcia Ísis, segurando o menino Hórus, o último dos reis divinos, nos braços. Desde o advento do cristianismo, porém, Virgem é identificada com a Virgem Maria, com o menino Jesus nos braços. No entanto, considera-se que os templários veneraram uma Madona Negra, não a branca que a estatuária cristã vem promovendo há tanto tempo. Talvez fosse considerado seguro o bastante para deixar entreaberta a porta para os sistemas de crenças do passado.

Muito além do nosso sistema solar, ainda dentro do mesmo alinhamento, encontra-se a estrela Zaniah, conhecida entre os chineses como o Portão Celestial. A estrela mais próxima no alinhamento, Porrima, era chamada Antevorta e às vezes Postvorta — em homenagem a duas antigas deusas da profecia.

Antes de deixarmos Rosslyn, vamos considerar outra vez a abóbada estrelada. As fileiras de estrelas alternam-se como um tabuleiro de xadrez, a não ser por duas. Cada uma das duas se encontram e espelham a outra, dessa maneira invertendo a ordem acima do remanescente da fileira de pedras. Muitos dos "mitos" mundiais indicam um dia em que "o céu caiu" e a ordem celeste mudou, um fenômeno observado muito explicado é se a crosta terrestre resvalou repentinamente ao redor do seu núcleo, movendo partes da Terra para fora (e partes para dentro) das regiões polares e fazendo com que os oceanos do planeta inundasse a Terra em um cataclismo conhecido dos cristãos como o dilúvio bíblico! Faz sentido que não tenha sido o universo como um todo que se moveu — fomos nós. Duas fileiras depois da Lua cheia de Rosslyn encontramos uma pomba com um ramo de oliveira no bico. Será que William quis indicar com a pomba a mensageira da esperança de Noé de que as águas do dilúvio baixariam?

Quando os templários foram extintos na sexta-feira, 13 de outubro de 1307, acredita-se que a frota templária que conseguiu escapar, levando consigo o círculo central da ordem, encaminhou-se para a Escócia com o tesouro e o conhecimento da verdade. Oculto abaixo do horizonte naquela noite escura encontrava-se o mesmo alinhamento raro que surgiu ao amanhecer no dia da dedicatória de Rosslyn, mas nessa ocasião um segundo planeta "não descoberto", Urano, entrara na conjunção. De maneira bem significativa, considerando os acontecimentos daquela sexta-feira 13, o alinhamento estava em Libra, a Balança da Justiça. É uma forte possibilidade, considerando tamanha "coincidência" celestial, que o círculo central tenha decidido que aquele era o momento certo para a extinção da ordem, e escolhido a data coincidindo com o alinhamento. Que coisa! — eles estariam todos mortos e desaparecidos quando a Verdade finalmente chegasse ao conhecimento de Todos!

Em 4 de novembro, quando os templários podem ter chegado a Rosslyn depois de primeiro reunir as provisões de armas escondidas na Irlanda, o Sol e a Lua entraram em alinhamento ao amanhecer — um alinhamento verdadeiramente espetacular de seis corpos celestes. E exatamente quatrocentos anos e dois dias depois da data de fundação de Rosslyn em 21 de setembro de 1446, Netuno foi finalmente descoberto, também durante o mesmo alinhamento! Que belo presente de aniversário para aqueles que tinham conhecimento disso!

Muito se tem especulado sobre o que os templários sabiam sobre a história antiga da Terra que na época consideraram uma imprudência revelar, e sobre quanto desse conhecimento foi transmitido para os franco-maçons mas desde então se perdeu. Os atuais templários escoceses, cuja ligação com os templários originais costuma ser debatida acaloradamente, de repente tornaram-se desagradavelmente proativos nos acontecimentos contemporâneos. Eles foram alçados a uma posição especial de consultoria pelas Nações Unidas e o seu atual projeto mais acalentado é submeter a Cúpula da Rocha de Jerusalém ao controle das Nações Unidas. Enquanto isso, eles continuam mantendo um silêncio distante de tudo o mais que lhes interessa.

Também reconhecidos por proteger a história escocesa, eles não mostraram nenhum reconhecimento pela minha versão dessa história. Fui notificado em termos nada incertos de que, embora tenha direito às minhas opiniões, essas não são opiniões informadas. Quando sugeri que talvez as opiniões informadas sejam opiniões de alguém que se tenha informado a respeito, e assim pode ter pouco a ver com a Verdade, recebi como resposta apenas o silêncio.

Um dos templários presos em 13 de outubro de 1307, e interrogado em seguida, afirmou que durante a sua iniciação na ordem mostraram-lhe a cruz cristã e lhe disseram para "não alimentar a sua fé por ela, pois ela não era antiga o bastante". Será possível que todos os adversários no conflito atual tenham feito papel de bobo ao longo dos últimos milênios ao precipitar a crise da fé tão profetizada que abrirá o caminho para uma nova fé e repentinamente para a perda de toda a fé?

Será possível que, para descobrir as coisas que uma vez nos fizeram amigos, devemos primeiramente descobrir de quem foi a brilhante idéia de nos fazer inimigos — e por quê?

Ou será que já é tarde para isso?

17 Uma Falha em O Código Da Vinci

A CAPELA DE ROSSLYN DE DAN BROWN
ESTARIA ONDE ELE DIZ QUE ESTÁ?

JEFF NISBET

Dan Brown, o autor de *O Código Da Vinci,* fez o que muitos pesquisadores da história alternativa gostariam de ter feito. Escreveu um romance de mistério arrasador apresentando, para um público enorme, teorias que contradizem a história oficial.

Gostei imensamente do livro e não invejo o sucesso de Brown. Entretanto, considerando que um trecho decisivo do livro trata dos franco-maçons e do legado dos Cavaleiros Templários da Capela de Rosslyn na Escócia, um assunto sobre o qual tenho escrito exaustivamente, gostaria de apontar uma falha importante nos dados em que ele se baseou.

À medida que se desenvolve a trama final do livro, Brown escreve que "as coordenadas geográficas [de Rosslyn] coincidem exatamente com o meridiano norte-sul que atravessa Glastonbury" e que essa "Linha da Rosa Longitudinal seria o marcador tradicional da ilha de Avalon do rei Arthur, sendo considerada o pilar central da geometria sagrada britânica. É dessa consagrada Linha da Rosa que se derivou o nome Rosslyn — grafada originalmente como Roslin".

A localização que Brown sugere como sendo de Rosslyn, em um dos momentos decisivos da narrativa, com a mesma longitude da abadia de Glastonbury, é um dos importantes focos de interesse da história — mas está equivocada.

O meridiano norte-sul de Rosslyn não atravessa exatamente Glastonbury. Na verdade, ele passa a mais de 27 quilômetros a oeste dali.

Portanto, exatamente em que lugar se situa o pilar central da geometria sagrada britânica?

No meu artigo sobre as "Pirâmides da Escócia", incluído neste livro, comento sobre uma estranha geometria de alinhamentos precisos de sítios arqueológicos, as linhas *ley*, que descobri na geografia escocesa. Uma dessas linhas, conforme relato, "estendia-se exatamente ao sul de Craigleith Island para a abadia cisterciense de Melrose. Os cistercienses e os templários, fundados contemporaneamente pelo abade Bernardo de Clairvaux, são considerados dois ramos da mesma ordem". Também escrevi que "se a linha continuasse mais para o sul de Melrose, chegaria, infalivelmente, a Glastonbury". No entanto, embora o meridiano de Rosslyn passe 27 quilômetros longe de Glastonbury, a capela não obstante está sobre uma das outras linhas que menciono no meu artigo — e essa é uma linha extremamente interessante.

Voltemos a 5 de agosto de 1999.

Em visita a um amigo na aldeia de Temple, a antiga sede templária, situada a apenas 8 quilômetros a sudoeste de Rosslyn, encontrei uma inscrição embaixo do campanário da igreja local em ruínas. A minha tradução dessa inscrição, que em parte sugere que Jesus teve filhos com Maria Madalena, saiu na edição de maio de 2001 da revista *Fortean Times.*

Eu já havia visitado Rosslyn naquele dia e tinha fotografado uma minúscula estátua na cripta da capela — uma estátua de um personagem barbado, considerada como sendo de São Pedro, segurando um livro e uma chave.

Quando examinei a foto algumas semanas depois, observei que havia uma forma piramidal escavada na barba de Pedro que atravessava o fluxo natural dos pêlos de um modo que nenhum escultor que honre a sua profissão faria a não ser de propósito. Imediatamente abaixo do topo da pirâmide estava a boca de Pedro. Quando notei que a boca era desproporcionalmente pequena, de repente comecei a fazer uma série de observações decididamente assombrosas.

Oculta na face de São Pedro situava-se uma face menor que compartilhava a mesma boca, mas tinha proporções corretas em relação a ela. Os olhos brotavam das narinas de Pedro, com o que parecia ser uma mão levantada ao lado como se ou para dizer "Olá" ou esperando para cochichar.

Então senti um frio na espinha.

Reparei que o queixo da face oculta formava a cabeça de um ser ainda menor e estava ligada a um corpo inteiro.

Ali estava ele — o pé esquerdo sobre o livro de Pedro e os braços fazendo um grande gesto teatral ao lado da haste da chave de Pedro. Situada sobre a parede sul da cripta, a chave de Pedro apontava na direção que se poderia considerar como sendo de Rosslyn, passando por Temple, até a abadia de Melrose.

É altamente irônico que São Pedro aponte o caminho para a inscrição herética em Temple. No livro *Restless Bones: The Story of Relics*, de James Bentley, publicado em 1995, considera-se que foi a custódia dos restos mortais do santo pelo Vaticano, quando a rocha sobre a qual a Igreja Católica foi fundada, que deram voz de comando ao papa. Bentley escreve que "o Papa, sejam quais forem as teorizações sobre ele, na prática deveu a maior parte da sua autoridade ao fato de que era o guardião do corpo de São Pedro".

Também parece não ter havido desafeto entre Maria Madalena e Pedro. Em Pistis Sofia, um dos evangelhos gnósticos, Maria diz: "Tenho medo dele porque ele odeia o sexo feminino." E no Evangelho de Tomé, Pedro diz: "Que Maria nos deixe, pois as mulheres não são merecedoras da vida." Usando a estátua de São Pedro para revelar uma heresia que poderia prejudicar a credibilidade do Vaticano ao enfatizar a importância há muito suprimida de Maria Madalena, o escultor de Pedro teria exigido uma justa medida de vingança em favor de Maria.

Mas talvez isso não fosse tudo o que se pretendesse revelar com a estátua. Dentre as acusações apresentadas contra os templários no seu julgamento, muitas mencionavam a adoração secreta da ordem por cabeças decepadas. A primeira dessas acusações declara: "Em cada província eles tinham ídolos, ou seja, cabeças, dentre as quais algumas tinham três faces." Humm!

No meu artigo "Desvendadas Novas Anomalias da Capela de Rosslyn", entretanto, mostro que há elementos da capela que não fazem parte dos seus componentes arquitetônicos originais. Na realidade, parece que foram acrescentados em um momento relativamente recente — e São Pedro é um desses elementos. O arquiteto Andrew Kerr, mencionado no artigo, não faz menção à escultura na sua exaustiva pesquisa de 1876 publicada nos *Proceedings of the Society of Antiquaries in Scotland.* Então por que ela se encontra ali agora?

Um pesquisador descartou esse problema dos modernos templários escoceses com o seguinte argumento: "Quando se faz um estudo verdadeiramente abrangente de qualquer ângulo ou aspecto com relação à Capela de Rosslyn, é preciso admitir que o assunto não é estático, portanto não é possível concluir nada de verdade."

Imagino que Kerr não acreditou nas evidências testemunhadas pelos seus próprios olhos, nem eu no relato dele.

Visitei Rosslyn várias vezes desde 1999, porém, e devo admitir que não consigo ver em três dimensões o que eu vejo nas minhas fotografias de Pedro. Por que será?

A resposta pode estar no grande interesse demonstrado por Rosslyn pelo pioneiro da fotografia Louis Daguerre, inventor do daguerreótipo. Em 1822, Daguerre inventou o diorama, uma técnica pela qual pinturas bidimensionais poderiam ser iluminadas em um aposento escuro para dar a ilusão de realidade tridimensional. Ele criou um diorama da Capela de Rosslyn, o qual foi alvo de comentários extravagantes.

Poderia Daguerre ter guiado a mão do escultor de Pedro na direção oposta, escondendo um segredo em três dimensões que seria visto apenas em duas, para criar uma minúscula escultura que seria introduzida na cripta de Rosslyn quando chegasse o momento certo? E é possível que Daguerre possa ter escolhido *herdar* o conhecimento que posteriormente inscreveria o seu nome com destaque nos anais da história da fotografia? Pode-se considerar que o Sudário de Turim, recentemente desacreditado como uma fraude medieval, fosse não obstante uma imagem fotograficamente "negativa". No seu livro de 1994 sobre o sudário, Picknett e Prince chegam a ponto de sugerir que a relíquia foi criada fotograficamente por ninguém mais do que Leonardo da Vinci.

Mas voltemos às ruínas da igreja de Temple.

Dentro das ruínas encontramos uma curiosa lápide, gravada de maneira semelhante à descrita no livro de Laurence Gardner, *Bloodline of the Holy Grail* (veja a ilustração 17.1 de uma lápide templária). "No conjunto de imagens relativas ao Graal, assim como no simbolismo visual", escreve Gardner, "a sucessão messiânica é denotada pelo cálice feminino acompanhado pela lâmina masculina. Em Rosslyn e outras partes da Escócia, as gravações nas paredes e túmulos dos cavaleiros do Graal ostentam esse emblema dual. Ele é retratado como um Cálice com haste elevada, com o bojo voltado para a frente. Nesse bojo, a Cruz da Rosa (com o seu desenho de flor-de-lis), significa que o vaso uterino contém o sangue de Jesus."

A lápide da sepultura de Temple, porém, mostra claramente um cálice, *mas nenhuma lâmina*. Por que não? Vamos ler a inscrição. "Beatrix Lucy, esposa de Henry Herbert Philip Dundas de Arniston, terceiro barão, nascida em 14 de maio de 1876, morta em 6 de novembro de 1940". É na realidade a sepultura de uma *mulher* que morreu, mas continua na lembrança de muitos, e, se seguirmos a linha de raciocínio de Gardner, carregava consigo a linhagem de Jesus e Maria Madalena! O pesquisador Tim Wallace-Murphy afirma que é sempre a linhagem *feminina* que é importante, não a masculina. "O bebê é da mamãe, talvez do papai", suponho eu.

Temple foi outorgada aos templários pelo rei Davi I, suposto por Gardner como sendo um integrante da Família do Graal. Com a dissolução da ordem, ela se transferiu para os Cavaleiros Hospitalários, e nessa ordem permaneceu até a Reforma protestante, em cuja época ela voltou à Coroa. Durante o reinado do primeiro rei franco-maçônico da Escócia, Jaime VI, a propriedade se transferiu para a família Dundas, até que recentemente passou para a guarda do Conselho Midlothian, onde ainda permanece.

Beatrix Lucy nasceu como *lady* Beatrix Douglas-Home.

Os Douglas e os Home são duas famílias cujos nomes ressoam com possíveis ligações templárias e franco-maçônicas. *Sir* James Douglas foi o lugar-tenente de confiança de Robert Bruce mencionado no meu artigo sobre Bannockburn. E considera-se que a bandeira de batalha de Joana d'Arc tenha sido pintada por um integrante da família Home. Também se comenta que uma réplica do anel de Joana, onde há a inscrição "Jesus Maria", foi dada à filha de Home. Na abadia de Glastonbury há uma pedra com uma inscrição semelhante, e podemos até imaginar qual Maria deveria ser imortalizada em cada um dos casos — a Virgem ou a Madalena.

A sudeste da ruína de Temple encontra-se uma antiga passagem em arco, abandonada no campo. Ela não parece levar a lugar nenhum, ainda que seja tão orientada que se você atravessá-la, como eu fiz, estará se encaminhando para a mesma direção da linha que liga Rosslyn e Temple até Melrose. Algumas pedras do arco têm um padrão gravado em forma de espinha de peixe repetindo a letra "M" inúmeras vezes, como se estivesse orientado para um ponto esquecido há muito tempo!

Vamos agora até Melrose, cerca de 34 quilômetros de distância em linha reta.

Ilustração 17.1. Um exemplo de uma típica lápide templária com a inscrição tanto de um cálice feminino quanto de uma lâmina masculina.

Ilustração 17.2. Lápide mortuária de *lady* Beatrix Lucy, sem a imagem da lâmina simbólica de um personagem masculino.

O coração do herói escocês Robert Bruce está enterrado na abadia de Melrose. A história nos conta que ao morrer Robert pediu que o seu coração fosse enterrado na Terra Santa. Transportando o coração de Robert numa caixa de prata, James Douglas partiu no devido tempo na companhia de sete cavaleiros, um dos quais era William Sinclair de Rosslyn. Depois de se retardar por tempo demais na Espanha, os cavaleiros acabaram por engajar-se em um confronto com os mouros. Quatro morreram, incluindo Douglas e Sinclair, e o coração de Robert foi levado de volta à Escócia pelos remanescentes da companhia. Se retraçarmos a nossa linha *ley* apenas 71 quilômetros para o noroeste de Melrose, passando outra vez por Temple e de volta a Rosslyn, estaremos a uma distância mínima da abadia de Dunfermline, onde o corpo de Robert está enterrado. A história não nos diz por que o corpo e o coração dele não foram reunidos, mesmo tendo passado tão perto um do outro.

Muito alarde se faz no livro *O Código Da Vinci* em relação ao fato de que a grafia original de Rosslyn era Roslin, criando uma forte ligação com o termo "Linha da Rosa" do livro e ligando Rosslyn com Glastonbury ao longo do mesmo meridiano. No entanto é a abadia de Melrose e Craigleith Island que se encontram exatamente ao norte de Glastonbury, não Rosslyn — e Melrose também contém o *rose* na raiz da palavra.

Uma etimologia aceita de Melrose antepõe o martelo maçom, ou *mel*, ao arenito "róseo" usado na construção da abadia. Embora a abadia às vezes exiba uma tonalidade rósea dependendo da iluminação, o radical *mel* pode derivar de qualquer parte. Os radicais gregos *melas* e *mels* significam "de uma cor escurecida ou preta" e "o limbo", respectivamente. Gostaria de sugerir que Melrose pode significar um ramo escurecido da linhagem da rosa ou sagrada, levada à Escócia em nome da segurança pelos templários e depois transforma-

Ilustração 17.3. Antiga passagem em arco próxima a Temple, na Escócia, ligada aos templários há muito tempo.

da em marca na paisagem ao longo de uma geometria há muito esquecida que precedeu há muito o nascimento de Cristo?

E embora a etimologia esteja em questão, vamos considerar a criptologia. Uma das diversas grafias antigas de Craigleith é Graglieth — um anagrama de Grail Tech!*

Beatrix Douglas-Home era filha do décimo segundo conde de Home e sobrinha do décimo quatro, Alec Douglas-Home. Alec foi secretário do primeiro-ministro Neville Chamberlain quando a política de apaziguamento de Chamberlain acalmou o alarme mundial quanto aos excessos nazistas até que o início da Segunda Guerra Mundial tornou-se inevitável. Alec foi depois indicado secretário do Exterior e armado cavaleiro do Cardo em 1962. No auge da guerra fria, graças ao escândalo da garota de programa de Profumo em 1963, Alec tornou-se o primeiro-ministro britânico e depois presidente

---

* Literalmente, Tecnologia do Graal. (N. do T.)

da ainda existente Bilderbergers, uma associação de elite de negociadores de energia internacional atualmente adquirida por muitos para ter controlado o estado do mundo que vivemos atualmente — tal como ele está.

A julgar pelo que pode implicar a lápide do século XX de Beatrix, a linhagem sagrada ainda segue em frente — e, mais importante ainda, continua sendo mantida por alguns — com que intenções esse conhecimento tem sido aplicado ao longo dos séculos, um conhecimento de que nós, mortais menores, não privamos? Quantos santos e heróis têm sido produzidos às pressas para manter a multidão satisfeita com a sua sorte, sempre ansiosos para fazer a sua parte por Deus e o país? E quantas cabeças de soberanos rolaram para nos trazer a esse mundo sombrio e incerto em que nos encontramos hoje?

No entanto, o pensamento convencional determina que Jesus não teve filhos e que aquele que pensar o contrário é um tolo.

Não obstante, novamente afirmo que determinados mitos do mundo foram manipulados ao longo dos milênios e secretamente distorcidos e enredados nos documentos de origem que os historiadores usam para redigir os nossos livros didáticos. Descobri no meu campo de pesquisa, por exemplo, que os livros *The Bruce,* de John Barbour, e o *Scotichronicon,* de Walter Bower, ambos totalmente criticados pelos acadêmicos como nacionalisticamente tendenciosos, não obstante são veículos pelos quais as verdades subjacentes daqueles mitos são apresentadas nas entrelinhas — verdades que ganharam cada vez maior popularidade nos últimos anos.

Espero que essas verdades não sejam marginalizadas novamente pelo silêncio ou o desdém, as duas armas infalíveis que com tanta freqüência ajudaram a moldar a versão aprovada da história que nos ensinam na escola.

Mas embora brote eternamente no peito humano, a esperança se desvanece rapidamente. Temo que esse traço humano particular há muito tempo seja reconhecido como sinal de fraqueza, e tenha sido usado como um instrumento familiar ao longo dos milênios por aqueles poucos privilegiados que mexem os pauzinhos e arrastam as nossas cadeias — aqueles que empurram em segurança os navios de brinquedo e se congratulam mutuamente nos grandes salões de estratégia de guerra em todo o mundo.

Muitas controvérsias têm envolvido o livro de Dan Brown, *O Código Da Vinci,* assim como o filme de Mel Gibson, *A Paixão de Cristo.* Embora a *Paixão* de Gibson aponte um dedo acusatório pela crucificação de um Cristo divino, o

Código de Brown questiona a divindade de Cristo, sugerindo que ele teve uma filha mortal que o sucedeu. Uma vez mais, cristãos e judeus vêem-se diante de assuntos que a história oficial se recusa a analisar adequadamente e que a fé continua a explicar inadequadamente.

"A verdade não é difícil de eliminar", dizia Mark Twain, "e uma mentira bem contada é imortal."

18 A Verdadeira Sociedade Secreta por Trás de *O Código Da Vinci*

OS SURPREENDENTES ROSA-CRUZES

MARK AMARU PINKHAM

Como sabem todos os que leram *O Código Da Vinci*, de Dan Brown, a trama do romance gira em torno das atividades clandestinas de uma antiga sociedade secreta conhecida como Priorado de Sião. A existência real dessa sociedade, afirma Brown, é uma das poucas verdades irrefutáveis envolvidas nessa obra ficcional. Essa informação pode ter sido considerada verdadeira quando ele escreveu o livro, mas recentemente os autores de *Holy Blood, Holy Grail* — a obra não-ficcional pela qual Brown tomou conhecimento do Priorado — declararam publicamente que grande parte das informações relativas à organização, conforme publicado no seu livro, aparentemente baseia-se em uma mentira ardilosa.

Eles confessaram ter sido enganados por alguns "documentos de um tal *Prieuré*" que descobriram na Biblioteca Nacional de Paris, uma admissão que por um tempo impediu a maioria dos pesquisadores de continuar investigando a legitimidade do Priorado. Então os pesquisadores Lynn Picknett e Clive Prince publicaram *The Sion Revelation*, no qual analisam todos os argumentos a favor e contra o Priorado. A sua surpreendente conclusão foi que existiu realmente uma organização européia secreta com objetivos semelhantes aos do Priorado, e que o Priorado de Sião pode ter sido inventado para funcionar como disfarce dessa organização legítima.

Picknett e Prince nunca foram capazes de identificar conclusivamente aquela ordem dissimulada, talvez porque a sociedade secreta que identificaram não seja mais secreta. A ordem que encontraram é normalmente conhecida como Ordem Rosa-cruz, embora também tenha sido conhecida por outros títulos correlatos, incluindo Ordem da Rosa ou Rosa-cruz e Irmandade da Rosa Vermelha e da Cruz Dourada. Embora aparentemente inócua hoje em dia, no passado essa organização preservou muitos ritos secretos e circulou entre os seus associados muitos segredos heréticos que são tão explosivos quanto qualquer informação relativa à linhagem sagrada de Jesus e Maria Madalena.

A Ordem Rosa-cruz, que agora podemos chamar de *o verdadeiro* Priorado de Sião, marcou presença inicialmente no século XVII por meio de documentos públicos conhecidos como a *Fama* e o *Confessio*. Esses manifestos afirmavam que a Ordem Rosa-cruz entrava em um novo ciclo público, embora já tivesse existido como uma sociedade secreta por centenas de anos. Então, em 1785, um dos representantes da ordem em Paris, o barão de Gleichen, num pronunciamento em uma conferência de franco-maçons e rosa-cruzes, afirmou que os integrantes da Ordem Rosa-cruz tinham sido os "Superiores e Fundadores da Franco-maçonaria", ao mesmo tempo declarando que os seus grão-mestres "foram designados pelos títulos de João I, II, III, e assim sucessivamente", equiparando-se ostensivamente, desse modo, com João Batista, João, o Apóstolo, ou ambos.

Essas características reveladas da Rosa-cruz posteriormente acabaram entrelaçadas ao seu *alter ego*, o Priorado de Sião, pelos autores dos "documentos do *Prieuré*" e de *Holy Blood, Holy Grail*, que afirmaram que o Priorado também consagrava os seus grão-mestres com a designação "João" em ordem seqüencial.

Talvez a evidência mais conclusiva em favor do Priorado de Sião como um nome disfarçado da Ordem Rosa-cruz seja simplesmente que o Priorado é considerado como tendo chamado a si mesmo de L'Order de la Rose-Croix Veritas, ou seja, "A Verdadeira Ordem Rosa-cruz". Supostamente, o Priorado adotou tanto esse epíteto quanto o de Ormus, um nome que também liga irrefutavelmente o Priorado à Rosa-cruz — Ormus é o nome do fundador de uma seita Rosa-cruz que existiu na Alexandria no século I. As informações sobre Ormus e a sua seita originaram-se no século XVIII com o historiador rosa-cruz barão von Westerode, que afirmava que Ormus, um discípulo de São Marcos e um padre gnóstico da divindade alexandrina de Serápis, foi o fundador de uma seita original Rosa-cruz que ele denominou os Sábios da Luz.

A ORDEM DO SANTO GRAAL

Existe uma diferença crucial, porém, entre a Ordem Rosa-cruz e o Priorado de Sião. A Ordem Rosa-cruz nunca se intitulou como guardiã da linhagem de

Jesus e Maria Madalena, o que foi a única razão de ser atribuída ao Priorado de Sião (essa foi, entretanto, a razão de ser designada ao Priorado pelos autores de *Holy Blood, Holy Grail*, não os "documentos do *Prieuré*" que primeiramente informaram-nos da sua existência). Uma investigação mais atenta, porém, revela que as duas ordens realmente espelham-se mutuamente na sua missão fundamental, o que para ambas é a busca e proteção de *alguma(s) forma(s)* do Santo Graal. De acordo com *Holy Blood, Holy Grail*, o Priorado de Sião sempre reconheceu o Santo Graal como unicamente o corpo de Maria Madalena, ao passo que os rosa-cruzes têm uma visão muito mais abrangente. Para eles, o Santo Graal é um poder sutil que todo ser humano ou objeto pode possuir. Esse poder é conhecido por muitos nomes ao redor do mundo, incluindo Espírito Santo, Shekinah, Baraka e Kundalini. Um buscador deve simplesmente encontrar o cálice, a espada, a lança, a rocha, a pessoa, etc., certos, que sejam dotados desse poder e então absorvê-lo em si mesmo, iniciando assim um processo de transformação alquímica que leve à iluminação e até mesmo à imortalidade.

Esses tipos de Santo Graal humanos que possuem a maior abundância desse poder são mais comumente os mestres plenamente iluminados e os objetos aos quais são atribuídos o poder desses tipos de Santo Graal — assim como o Cálice de Cristo e a Lança de Longino — são normalmente objetos que estiveram em contato direto com tais mestres ou que guardaram parte deles, tal como o seu sangue, e dessa maneira absorveram o seu poder. Esse poder posteriormente encontrado do Santo Graal pode também ser adquirido por meio de relíquias de um santo falecido, tal como no caso de João Batista, cuja cabeça foi descoberta em Constantinopla durante a Quarta Cruzada e tornou-se um dos tipos de Santo Graal mais valorizados pelos Cavaleiros Templários.

Os Cavaleiros Templários também estavam ligados à Ordem Rosa-cruz. De acordo com o barão von Westerode, os cavaleiros são conhecidos na história do rosacrucianismo como "Discípulos da Rosa-Cruz". A sua definitiva cruz vermelha de oito pontas foi um antigo símbolo alquímico da Ordem Rosa-cruz. E semelhante a outros ramos da Rosa-cruz, os templários também designavam os seus grãos-mestres como João I, II, III, e assim por diante.

DE VOLTA AO JARDIM

Considerando que os rosa-cruzes têm uma visão mais ampla do que é o Santo Graal, o seu serviço de guardá-lo é também mais abrangente do que o famoso Priorado de Sião. Embora a meta do Priorado fosse confessadamente a guarda de Maria Madalena e dos seus descendentes, o dos rosa-cruzes era o de proteger a linhagem dos mestres do Santo Graal e dos seus ensinamentos alquímicos que remontam até o Jardim do Éden. De acordo com o historiador Arthur Edward Waite, no livro *The Brotherhood of the Rosy Cross*, determinados ramos europeus antigos da Ordem Rosa-cruz sustentavam que o seu conhecimento do rosacrucianismo fora ensinado inicialmente por Deus a Adão no fantástico Jardim do Éden. Essa sabedoria secreta foi então transmitida por uma linhagem de "Filhos do Conhecimento" iluminados que incluía Moisés e Salomão, assim como o alquimista Hermes Trismegisto.

Será que a Ordem Rosa-cruz nasceu literalmente no Jardim do Éden, conforme sustentam os historiadores do rosacrucianismo? Um conjunto de surpreendentes evidências sustentando essa idéia pode ser encontrado nos arquivos da Ordem da Jarreteira, a mais prestigiosa ordem cavaleiresca britânica, fundada pelo rei Eduardo III, sintetizando elementos dos templários, dos Cavaleiros da Távola Redonda e da ordem sufi de Al-Khadir, para criar a sua organização cavaleiresca do século XIV.

De acordo com Frances Yates, em *The Rosicrucian Enlightenment*, a Ordem da Jarreteira e os seus símbolos, que incluem uma rosa e uma cruz vermelha, estiveram inicialmente ligados aos rosa-cruzes. São Jorge, o santo padroeiro da Jarreteira, cujo símbolo é uma cruz vermelha incrustada em uma estrela de oito pontas, também liga a Ordem da Jarreteira à Rosa-cruz. Ainda mais, São Jorge oferece uma ligação entre ambas as ordens e o Jardim do Éden. Atualmente, São Jorge é conhecido como Al-Khadir pelos sufis do Oriente Médio, que sustentam que o verdadeiro lar dele é Kataragama, no Sri Lanka — a paradisíaca ilha atualmente reconhecida pelos muçulmanos de todo o mundo como o local original do Jardim do Éden.

São Jorge vincula a Rosa-cruz ao Éden dessa maneira, mas também oferece uma ligação mais direta. De acordo com os hindus — que veneram São Jorge em Kataragama, ainda que na forma da sua deidade Skanda-Murugan — em tempos muito antigos São Jorge era fisicamente encarnado como um grande líder espiritual que originalmente ensinou o conhecimento da alquimia à humanidade. Ele foi imbuído com o poder alquímico da transformação, que transmitiu aos seus discípulos, daí fundando as linhagens de adeptos na posse do poder do Santo Graal. Uma dessas linhagens foi trazida ao Ocidente pelos nasurai mandeanos, que acabaram se fundindo com os essênios judeus para produzir a seita dos nasoreanos ou nazarenos, a seita na qual nasceram João Batista e Jesus.

João recebeu o poder e a sabedoria do Santo Graal dos seus mestres nasoreanos antes de transmiti-los a Jesus e outros mestres que fundaram seitas gnósticas, incluindo os fundadores da seita alexandrina que produziu Ormus. Jesus acabou transmitindo o poder e a sabedoria aos seus sucessores, João, o Apóstolo, e Maria Madalena, que por sua vez os transmitiram para uma linha de mestres do Santo Graal que culminou nos Cavaleiros Templários. Assim, no final, o poder e os ensinamentos secretos do Santo Graal tornaram-se uma possessão de muitas ramificações da Ordem Rosa-cruz, o *verdadeiro* Priorado do Sião.

QUARTA PARTE

O PODER E O ALCANCE DA ALTA HIERARQUIA MAÇOM

19 As Origens do Hino Nacional Americano e dos Estados Unidos

SERIAM OS FUNDADORES DO PAÍS GUIADOS
POR UM MANDATO ANTIGO?

JEFF NISBET

O meu artigo intitulado "O Mistério da Batalha de Bannockburn", também incluído neste livro, sugere que a grande batalha de 1314 pela independência da Escócia foi produzida e dirigida por uma irmandade clandestina que participou de ambos os lados da linha de batalha, estando fixada eternamente no tempo como um acontecimento de grande importância simbólica por espelhar de maneira fantástica um encontro simultâneo no céu acima.

Bannockburn, eu propus, foi um ajuste épico entre inimigos de conveniência, escrito na tinta invisível das estrelas à luz do dia e selado com o sangue da batalha. Segue-se que muitos dos soldados que lutaram naquele dia pensavam que estava lutando apenas pela Liberdade, mas na realidade estavam também lutando para que determinadas verdades ocultas pudessem ser enviadas imperceptivelmente para uma época mais esclarecida. A irmandade sabia que os livros podiam ser queimados e as mensagens gravadas na pedra podiam ser apagadas pela destruição do material, mas a configuração do céu estaria salva para sempre de interferências. E assim foi que ali, com o apoio de algumas indicações observadas nos registros oficiais, que eles esconderam os seus segredos!

Quinhentos anos depois da batalha de Bannockburn, aquela irmandade se reuniria outra vez para fixar ainda uma outra data no tempo e reafirmar o seu antigo ajuste. Uma vez mais eles fingiriam ser inimigos e uma vez mais esconderiam os seus segredos no céu.

Vamos voltar no tempo.

Muito cedo na manhã de 14 de setembro de 1812, um jovem advogado americano chamado Francis Scott Key permanecia no convés de um navio de armistício britânico, esperando pelo amanhecer. Em carta a um amigo, Key depois descreveria o amanhecer como um "veio brilhante de ouro mesclado a um traço carmesim enviesado no céu oriental, seguido de outro e mais outro, enquanto o sol da manhã nascia na plenitude da sua glória, elevando 'as brumas das profundezas', coroando uma 'terra abençoada pelo Céu?' com uma nova vitória e grandeza".

Ele acabara de testemunhar o fim das 25 horas de bombardeio naval sobre o Forte McHenry, em Maryland, que guardava a entrada para o porto de Baltimore.

A visão de uma imensa bandeira americana, tremulando acima das muralhas do forte, o inspiraria a compor os versos de "The Star-Spangled Banner", o hino nacional dos Estados Unidos. O hino seria o apelo singelo de Key para a fama e comemoraria o acontecimento mais memorável da guerra travada pelos Estados Unidos, que de outra maneira seria a mais esquecida.

Geralmente mencionada como a segunda guerra da independência dos Estados Unidos, houve diversas razões para a guerra de 1812, mas o motivo imediato foi o insolente hábito da Marinha britânica de abordar os navios americanos e "pressionar" alguns dos tripulantes para engrossar as suas próprias fileiras com o pretexto de que eram desertores britânicos. A ação irritou a tal ponto os americanos que eles foram à guerra pela primeira vez como uma nação soberana.

Muito se tem especulado sobre as fundações originais dos Estados Unidos. Tem sido proposto que o país começou como um grande experimento da irmandade dos franco-maçons, uma fraternidade considerada por muitos como tendo se desenvolvido a partir dos Cavaleiros Templários, a ordem misteriosa de monges guerreiros barbaramente extinta na França a pretexto de heresia, entre outras acusações, em 1307.

Também tem sido sugerido, porém, que muitos templários conseguiram fugir para a Escócia e desfecharam o golpe decisivo contra a Inglaterra em Bannockburn. Na clandestinidade, a ordem se juntou para formar uma outra irmandade dentro do setor civil que sobreviveria à Reforma Protestante — o grande cisma da igreja que deu ao Vaticano uma nova força com que ajustar as contas. Embora a ligação com os templários seja até hoje debatida acaloradamente, essa nova irmandade é considerada como sendo a dos franco-maçons.

Ilustração 19.1. Francis Scott Key observa as conseqüências do ataque britânico sobre o Forte McHenry, em Maryland, na manhã de 14 de setembro de 1812.

Quase trezentos anos depois de Bannockburn, em 1603, as Coroas da Inglaterra e da Escócia foram finalmente unidas sob o primeiro rei oficialmente maçom, Jaime·VI da Escócia. Pouco tempo depois disso, começaria para valer a migração para o Novo Mundo.

No livro de Michael Baigent e Richard Leigh, *Temple and the Lodge*, os autores sustentam que muitos dos pais fundadores dos Estados Unidos eram franco-maçons, e que os atos que precipitaram a Revolução Americana foram planejados por essa irmandade. Muitos franco-maçons, afirmam eles, tiveram participação importante na famosa Festa do Chá de Boston. Um deles foi Paul Revere — famoso pela sua cavalgada noturna até Lexington, onde foi feito "o disparo ouvido em todo o mundo".

Ilustração 19.2. Uma bandeira americana semelhante a esta achava-se hasteada acima do Forte McHenry, em Maryland, depois do ataque britânico, inspirando Francis Scott Key a escrever o seu famoso hino.

É interessante notar que de George Washington em diante, um número desproporcional de franco-maçons participava do alto comando americano, incluindo um general, Arthur Sinclair, um descendente de *sir* William Sinclair, que construiu a Capela de Rosslyn na Escócia, o mais reverenciado repositório de conhecimentos franco-maçons do mundo. William, por sua vez, era um descendente do homem considerado como tendo liderado o ataque templário em Bannockburn, que era ele próprio descendente de Henry Sinclair, que controvertidamente pode ter organizado uma viagem de descoberta ao Novo Mundo em 1398, muito tempo antes de Colombo ao menos ter sido uma centelha aos olhos do próprio pai.

Baigent e Leigh sugerem ainda, entretanto, que os mais altos comandantes britânicos também eram franco-maçons e que mostraram pouco zelo em vencer a guerra. Foi talvez considerado mais prudente deixar que a nova terra se governasse sozinha, ao mesmo tempo que as pessoas mais atuantes de ambos os países permaneciam ligados pelos laços da irmandade. Estabeleceu-se, então, discretamente, um diálogo mutuamente benéfico, enquanto enormes contingentes altamente motivados de imigrantes europeus prosseguiam para ocupar o lugar dos índios, repelindo-os de lugar em lugar, na grande marcha para o oeste.

Mas eles precisavam de uma bandeira para anteceder a sua marcha.

É bem sabido que a primeira bandeira americana foi designada por George Washington e foi costurada por Betsy Ross. Mas é menos conhecido que o marido de Betsy era franco-maçom, e que Washington caracterizou o círculo de estrelas da bandeira como "uma nova constelação".

Embora se diga que o círculo simboliza os treze estados originais, será que Washington não teria mais alguma coisa em mente? Poderia ter invocado em segredo o dito hermético "Assim em cima como embaixo", uma frase muito comentada sempre que templários, franco-maçons e "correntes de conhecimento oculto" são discutidos ao mesmo tempo? Poderia o círculo estelar também simbolizar a letra "O", de Órion, a constelação que desempenhou um papel tão importante em Bannockburn?

A Declaração de Independência americana, assinada por Washington e muitos outros franco-maçons, é considerada como tendo sido inspirada na Declaração de Arbroath escocesa, que foi assinada logo após Bannockburn por muitas pessoas ligadas aos ideais sobreviventes dos templários e franco-maçons. Esse documento inspirador ainda pode ser interpretado como um testamento à igualdade dos homens e como uma forte advertência a todo governante civil insensato o bastante para sufocar a vontade do povo.

Durante os anos que se seguiram à Revolução Americana, porém, a jovem nação de alguma forma não conseguiu desenvolver uma unidade de espírito que as maiores potências mundiais respeitassem. A guerra de 1812 mudaria tudo e o bombardeio do Forte McHenry forçaria o mundo a ver a *Stars and Strips*, a nova bandeira, com outros olhos, e daria ao povo americano uma canção para entoar.

O ataque britânico a Baltimore foi, assim como o ataque britânico em Bannockburn, uma investida com faca de dois gumes. O general britânico Robert Ross, que demonstrara um comedimento notável ao incendiar apenas os prédios do governo durante o primeiro saque da capital nacional, conduziu os seus homens por terra até Baltimore. O ataque fracassou quando Ross tornou-se uma das primeiras baixas e, com um efeito rememorativo impressionante de um acontecimento semelhante em Bannockburn, os seus homens perderam o moral.

Enquanto isso, a frota britânica ancorara ao largo do Forte McHenry.

Às 7 horas da manhã em ponto de 13 de setembro, e continuando por 25 horas com apenas um único intervalo de várias horas, os navios de guerra britânicos bombardearam o forte. Os versos de Key, porém, contam-nos que as bombas "estouravam no ar" antes de atingir os alvos. Os fusos tinham sido armados inexplicavelmente muito curtos para que fosse percorrido todo o percurso. Mas a luz das bombas e "o clarão vermelho dos foguetes" conseguiram dar "provas ao longo da noite de que a nossa bandeira continuava lá!"

Foi um belo espetáculo, além de relativamente barato. Sabe-se que apenas quatro americanos pereceram durante o ataque.

Mas um outro espetáculo ainda maior acontecia no céu — o qual sobreviveria à história que é contada hoje.

Ilustração 19.3. As forças navais britânicas atacam o Forte McHenry, em Baltimore.

Às 3h41, a estrela da manhã, Vênus, ascendeu no horizonte oriental a meio caminho entre as pernas dianteiras de Leão, poucos minutos antes do surgimento de Régulo, uma estrela importante na tradição maçônica. Se a noite estivesse escura, com todas as estrelas visíveis e nada acontecesse, elas teriam formado um lindo par. Mas chovia, o ar estava impregnado de fumaça e todos os olhares eram atraídos para o espetáculo pirotécnico na Terra.

Mercúrio surgiu às 5h16, quando Leão apareceu sobre o horizonte em uma posição que lembrava muito à da bandeira levada em Bannockburn — a bandeira dos escoceses ainda tremula hoje — seguido rapidamente pelo planeta da guerra, Marte. Mesmo que o bombardeio não fosse o principal foco da atenção, esses acontecimentos já teriam esmaecido na luz do amanhecer que se avizinhava.

Exatamente 20 minutos depois, o gigante Júpiter subiria atrás do Sol, seguido de perto pela Lua.

Na direção do leste, se incluirmos o Sol e a Lua, seis integrantes do sistema solar posicionavam-se num raio de apenas 30 graus do céu — todos menos um deles situados a 7 graus — uma alinhamento surpreendentemente raro.

O planeta Plutão surpreendeu-me ainda mais.

Plutão é o planeta mais distante do sistema solar — a tal ponto que ele demora aproximadamente 249 anos terrestres para orbitar o Sol. Só descoberto em 1930, muitos anos depois do cerco ao Forte McHenry, Plutão demora muito tempo para passar de um lado do sistema solar para o outro — e ainda assim lá estava ele, bem a oeste da batalha, mas participando do mesmo alinhamento.

No entanto, a maior surpresa foi o planeta Netuno, só descoberto em 1846, com um tempo orbital de 165 anos. Traçando-se uma linha entre Netuno e Plutão e outra entre Netuno e o ponto médio mais oriental da órbita de Plutão, formava-se um compasso. Ligando-se os dois pontos finais por outra linha, formava-se uma pirâmide. E ao se traçar uma linha entre Netuno e o Sol, tudo se duplicava extraordinariamente. Os astrólogos chamam isso de configuração especial em "esquadro em T", e sou informado de que normalmente pressagia acontecimentos de natureza sinistra. (Mas falarei mais adiante sobre astrologia.)

Conforme relatado, o ataque cessara ao anoitecer de 13 de setembro e recomeçara à 1h00 da madrugada, quando a primeira estrela do cinturão de Órion aparecera no horizonte. A cerca de 5 quilômetros na direção leste, o amanhecer rompia o céu acima de Bannockburn, e Leão permanecia desafiadoramente sobre o horizonte escocês quando as bombas recomeçaram a "explodir no ar" acima de Forte McHenry.

Aquela foi uma longa e ruidosa noite, mas os britânicos acabaram por armar as velas ao amanhecer, deixando o *grand finale* para os americanos. Enquanto isso, nos céus a leste de Bannockburn, Hércules matava a Serpente Aquática, a serpente marinha de muitas cabeças. Qual o significado de tanta sincronicidade?

A batalha de Baltimore foi travada em muitas frentes, sem dúvida nenhuma!

É comum o mal-entendido, não corrigido na maioria dos livros de história, de que a imensa bandeira de Forte McHenry, medindo 9 por 12,6 metros, no momento submetida a um trabalho de restauração na Smithsonian Institution, em Washington, D.C., tenha sido a bandeira que tremulava sob o bombardeio. Não foi.

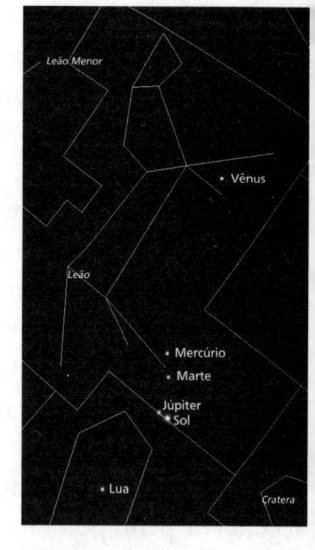

Ilustração 19.4. A posição das estrelas e dos planetas logo após o amanhecer de 14 de setembro de 1812.

O comandante do Forte McHenry, o major George Armistead, ordenara que se fizessem duas bandeiras, e determinara que uma delas fosse grande o bastante para que "os britânicos não tenham dificuldade de vê-la a distância". Foi a bandeira menor que esteve tremulando durante o bombardeio. Foi a bandeira maior, hasteada ao amanhecer, que inspirou a canção de Key.

O que se pode dizer a mais sobre a bandeira, e sobre o eterno mistério do bombardeio em si, pode merecer um exame mais minucioso? Eis uma breve lista:

- Costurado com destaque em vermelho sobre a terceira barra branca a contar de baixo encontra-se o que é designado como um remendo, formando a letra "A" de Armistead, ou um "V" invertido. Podemos nos perguntar o seguinte: Por que alguém remendaria uma barra branca com um remendo vermelho, deixando de fora o traço horizontal que fecha a letra "A", ou formando um "V" de cabeça para baixo? Poderia sugerir que esse elemento simboliza o compasso maçônico sempre enigmático? Também é altamente provocador que a letra "B" esteja quase invisível bordada próximo ao alto desse compasso, quem sabe em comemoração a Bannockburn.

- Arquitetonicamente, o Forte McHenry fora construído no formato de uma estrela e o seu nome era uma homenagem ao franco-maçom James McHenry, Secretário da Guerra americano durante a presidência de Washington.
- Existe uma lenda de que, assim que a frota britânica se retirou, um galo cantou desafiadoramente do alto do mastro da bandeira. Esse "arauto do amanhecer" tem um lugar de destaque no selo do clã Sinclair, com o lema *"Commit thy work to God"* ["Trabalhe em nome de Deus"].
- A ponte Francis Scott Key atravessa o rio Potomac de Washington, D.C., a Rosslyn, Virgínia, talvez outro símbolo discreto do acordo transatlântico secreto feito tantos anos atrás.
- O próprio nome "Scott Key" ressoa com a sugestão de que uma das chaves para desvendar esse grande mistério seria encontrada na Escócia.

Embora tenha comentado sobre a disposição astronômica no céu acima do Forte McHenry e de Bannockburn, e tirado o chapéu para os antigos paralelismos mitológicos, passei meio por alto pelas considerações astrológicas porque a astrologia não é um campo que eu tenha estudado a fundo para me sentir à vontade o bastante sobre o assunto. A astronomia e a astrologia antigamente formavam uma única disciplina, praticamente inseparáveis uma da outra — o que já não acontece atualmente. Enquanto a astronomia adquiriu um verniz de respeitabilidade científica, a astrologia não chegou assim tão longe.

Assim sendo, pedi a Rab Wilkie e Ed Kohout, dois reconhecidos estudiosos do campo escassamente conhecido da astrologia maçônica, para embasar as minhas com as suas reflexões em umas "100 palavras ou menos". Uma provocação, eu sei! Eles já o fizeram com milhares de palavras, e merecem um fórum — maior do que este artigo tem a oferecer — para apresentar adequadamente os seus pontos de vista com a devida argumentação. Agradeço a ambos por me ajudar a preparar o gráfico heliocêntrico apresentado adiante com a clareza visual suficiente para a compreensão de um leitor médio. Eles também me convenceram vivamente que o que vimos até aqui "nada mais é do que a ponta de um *iceberg* bem maior".

Vivemos numa época interessante, não resta dúvida!

Algumas reflexões finais sobre o assunto em questão:

Considere que a canção mais famosa inspirada pela batalha de Bannockburn foi "*Scots Wha Hae*", escrita pelo bardo escocês e franco-maçom Robert

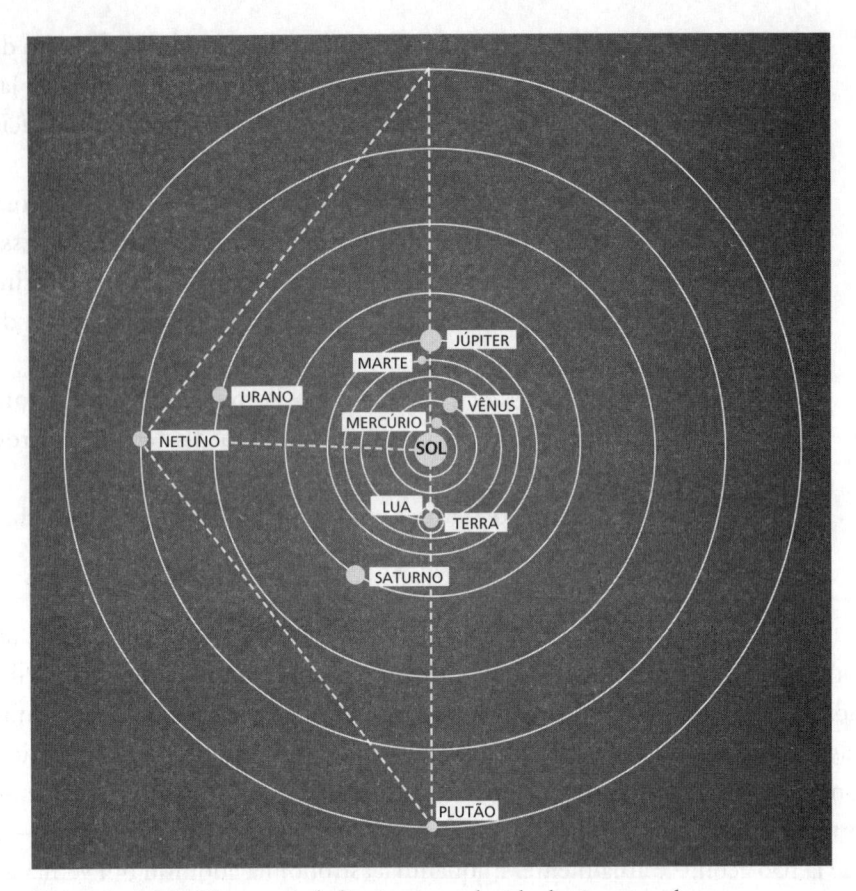

Ilustração 19.5. Observação heliocêntrica reduzida do sistema solar ao amanhecer do dia 14 de setembro de 1812.

Burns. Considere que o franco-maçom Francis Scott Key escreveu *"The Star-Spangled Banner"* durante a guerra de 1812. Considere que a última apresentação do franco-maçom John Philip Sousa foi a condução da sua *"Stars and Strips Forever"*, em 1932. E finalmente, considere a possibilidade de que uma irmandade clandestina pequena, ainda que influente, marchava em segredo ao som do seu próprio tambor desde 1314, se não antes.

Considerando tudo isso em conjunto, podemos muito bem imaginar o que o franco-maçom George M. Cohan tinha em mente quando redigiu os últimos versos de *"You're a Grand Old Flag"*, usando uma expressão do mega-sucesso de Robert Burns, *"Auld Lang Syne"*. Poderia Cohan ter escrito aqueles versos para os irmãos "com ouvidos para ouvir"?

Every heart beats true 'neat the Red, White and Blue,
Where there's never a boast or brag.
But should auld acquaintance be forgot,
*Keep your eye on that grand old flag!**

Assim como na religião, as bandeiras sempre tiveram a incrível capacidade de unir grandes grupos de pessoas, prontas para lutar por uma causa comum ante uma ameaça. Infelizmente, as bandeiras e a religião também têm sido úteis para separar grupos ainda maiores de pessoas e, na maioria das vezes, é por isso que nunca faltaram peões para o grande jogo de xadrez chamado Guerra.

Mas quem joga o jogo, e quem são as peças?

---

* Em tradução livre: *"Todo coração bate sincero ante o Vermelho, Branco e Azul,/ Em que não há nunca vaidade ou arrogância./ Mesmo que os velhos conhecidos sejam esquecidos,/ Não deixe de admirar aquela grande bandeira antiga!"* (N. do T.)

20 O Antigo Arquiteto Americano

OS FUNDADORES DOS ESTADOS UNIDOS
TERIAM INTENÇÕES OCULTAS?

STEVEN SORA

A história dos Estados Unidos foi obliterada pelo poder de sociedades secretas — geralmente de elite. George Washington, John Hancock e Benjamin Franklin eram todos integrantes de lojas maçônicas. As ligações feitas por meio da franco-maçonaria permitiram-lhes oferecer a centelha que incitou os Estados Unidos a trilhar o caminho da liberdade, e forneceu-lhes os suprimentos, munições e aliados para enfrentar a batalha e, ao longo de anos de derrota, erguer-se para dar o golpe decisivo da vitória.

Hancock era um contrabandista. Como armador de navio e herdeiro do império mercante do tio, recorreu ao contrabando porque a Grã-Bretanha tornara ilegal praticamente toda a importação que não fosse proveniente da Inglaterra. Ao todo, um terço das famílias de Boston dependiam de Hancock para ganhar a vida. A cidade dependia dele para o fornecimento de alimentos e outras mercadorias. Ele, por sua vez, precisava depender de pessoas em quem pudesse confiar.

Embora pertencesse a uma loja de elite onde os companheiros mercantes e comandantes marítimos constituíssem os poucos privilegiados, ele também pertencia à loja popular de St. Andrews, onde podia reunir-se e familiarizar-se com os homens que contrataria. Que melhor lugar poderia ele encontrar para recrutar aqueles de quem precisaria para navegar, construir, aparelhar e carregar e descarregar os seus navios? Fiel a juramentos secretos, reconhecido por apertos de mão secretos e empenhado em ajudar os companheiros maçons, um irmão de loja representava alguém com quem era possível contar como um funcionário de confiança. Ao considerar um possível funcionário, a consideração básica era sempre se o homem era ou não "sincero" ou "honesto", segundo a loja. Isso era o bastante para assegurar a confiança.

Em 1767, um navio de propriedade de Hancock, oportunamente batizado de *Liberty* [Liberdade], foi abordado por agentes alfandegários. Transportava vinho da Madeira, uma mercadoria cuja importação não era permitida em navios coloniais. Enquanto alguns dos homens de Hancock trancavam os agentes alfandegários em um compartimento, outros descarregaram o navio. Os funcionários

Ilustração 20.1. O símbolo maçônico do compasso e do esquadro.

do rei não acharam graça naquilo e confiscaram o navio de qualquer maneira. Isso deu início a uma série de medidas e reações que culminaram na Festa do Chá de Boston.

Naquela noite, trinta homens vestidos como índios mohawks atiraram 5 toneladas de chá do rei no porto de Boston às escuras. Doze homens eram da loja de St. Andrews, que se reuniam na taverna Green Dragon. Os homens restantes eram de duas células revolucionárias, a Filhos da Liberdade e a Loyall Nine (sic)*. As suas ações fecharam o porto e atraíram os outros Estados para a causa.

Washington era fazendeiro, agrimensor e militar. Para melhorar os seus negócios, o irmão falou-lhe da importância de participar de uma loja. Isso significava relacionamentos, ajuda e — como no caso de Hancock — ser capaz de confiar nas pessoas que levasse para o negócio ou subir na hierarquia. O futuro presidente levou a mesma lição para a guerra. Washington atuava por meio da "loja de campo", uma nova criação da franco-maçonaria que se iniciou na França e na guerra contra os índios, quando também começou a carreira de Washington.

À medida que o exército avançava, uma loja estacionária não era conveniente. A loja de campo era uma barraca onde os maçons se reuniam. Era

---

* Algo como os "Nove Leais", em que a grafia vernácula em inglês seria outra, daí a observação do autor. (N. do T.)

um refúgio onde os soldados podiam falar livremente com os oficiais e onde Washington podia reunir-se com os seus generais, uma vez que muitos deles também eram maçons.

Washington adotou os ideais maçônicos de liberdade e fraternidade, e pôs em risco as suas propriedades e a própria vida em nome desses princípios. Um homem mais religioso do que Hancock, Washington freqüentava a igreja, mas sempre se retirava do culto antes da comunhão. Considera-se que o seu tipo de religião fosse o deísmo. Ele acreditava em um Deus, um Deus que criou o universo. Evitava o dogma que levara o sofrimento e a guerra à Europa durante séculos. A crença de Washington era a mesma compartilhada com diversos outros Pais Fundadores.

Para os maçons, o Deus criador era o Grande Arquiteto. Os seus poderes eram representados pelas ciências, das quais a mais importante era a geometria. Essa é a base das outras ciências, principalmente a construção. Os instrumentos de pesquisa constituíam o simbolismo dessa crença e a prática do início da carreira de Washington.

Franklin era um milionário que fizera fortuna à custa do próprio trabalho. Reconheceu logo o valor da franco-maçonaria assim que se mudou para a Filadélfia. Dono de uma indústria gráfica, os irmãos da loja indicavam o seu trabalho para os outros irmãos. Tendo feito fortuna aos 40 anos de idade, Franklin fundou companhias de bombeiros, bibliotecas e a agência de correio da qual ele se tornou o agente do correio. Ser o agente do correio naquela época significava ser um agente de espionagem, uma vez que nesse cargo era possível controlar a circulação das informações.

Os colegas europeus de Franklin, muitos simpatizantes da causa americana, trocavam informações com freqüência e espalhavam a desinformação quando fosse do interesse da causa.

Sendo um maçom e um homem de ciência, Franklin transitava sem dificuldade pela sociedade européia. Na Inglaterra, foi convidado a se hospedar nas instalações da Medmenham Estate, em cujas terras o Hellfire Club oferecia festas que se estendiam por todo o fim de semana, as quais abalariam as sensibilidades modernas. A figura central desse grupo hedonista era *sir* Francis Dashwood, que se iniciara na maçonaria na Itália e cujas inclinações pessoais o conduziam para o ocultismo. Dashwood pode ter tido uma característica que o equiparava a Franklin, uma vez que era o agente de correio da Inglaterra. Juntos, Franklin e Dashwood eram capazes de controlar e disseminar as informações com maior eficácia do que os militares.

O círculo de Dashwood congregaria numerosas pessoas na Inglaterra que, embora súditos reais importantes, ainda assim promoviam a causa dos colonos. Um era John Wilkes, que chamava aqueles que desafiavam o rei da Inglaterra como os "Filhos da Liberdade". O título vingou e em pouco tempo os grupos de resistência em diversas cidades coloniais passaram a atuar como Filhos da Liberdade. A Inglaterra logo tornou-se perigosa demais para Franklin, uma vez que muitos sugeriram que fosse preso, então ele se mudou para a França.

Uma loja muito importante, a Loja das Nove Irmãs, concordou em acolher Franklin como irmão. Alguns dos seus integrantes eram comerciantes de destaque, cuja importância para a obtenção de suprimentos e munição para as colônias era decisiva. Outros eram pensadores ilustres, que influenciariam a opinião pública. (Franklin estava presente na iniciação de Voltaire à franco-maçonaria.) E um era o maior espião da Inglaterra na França, o dr. Edward Bancroft. Franklin freqüentava círculos nos quais, não fosse pela participação na franco-maçonaria, teria levado a vida inteira tentando ingressar.

A importância do papel desempenhado nos bastidores por Franklin e um pequeno número de outros americanos tem ocupado uma posição marginal na história. Entretanto, esse papel foi no mínimo tão importante quanto a participação militar. Abraçaram a causa não só os contatos da organização da franco-maçonaria estabelecida na França, mas também e até mesmo aqueles em desavença com a franco-maçonaria.

Os Cavaleiros de Malta — católicos ardentes leais ao papa — não estavam em bons termos de amizade com a Maçonaria. Os católicos consideravam a Maçonaria uma instituição que, na época, era contra a Igreja. De um ponto de vista prático, porém, tanto os Cavaleiros de Malta quanto os Maçons consideravam a Inglaterra como um inimigo que merecia um castigo. Vinte cavaleiros juntaram-se aos esforços de guerra e milhares de soldados rasos os acompanharam, incluindo a original Legião Estrangeira francesa. A Marinha francesa encontrava-se sob o comando do almirante de Grasse, um Cavaleiro de Malta, que entregou suprimentos ansiosamente necessitados a Yorktown.

Observando a guerra que se tornou a Revolução Americana do ponto de vista militar, é difícil de admitir que o exército de Washington tenha saído vitorioso. Derrotado em praticamente todas as batalhas, inferiorizado numericamente, mal equipado e despreparado, o exército Continental era perseguido de um Estado para outro. À beira da desnutrição, carente de uniformes e até mesmo de calçados, o exército conseguiu desferir um golpe após outro de tal modo a tirar o apetite inglês de manter um conflito duradouro. O próprio Washington sobreviveu a tentativas de assassinato por parte dos ingleses e a um ataque de conspiradores americanos que queriam destituí-lo do comando. Numa época em que os oficiais comandantes eram os alvos prediletos dos atiradores, Washington sobreviveu a um combate após outro, ainda que cavalgasse pelo campo de batalha em um majestoso cavalo branco.

Enquanto as batalhas de Saratoga, Monmouth e Yorktown são conhecidas de quem estuda a história americana, a história da "guerra secreta" continua sendo um mistério. De todos os episódios que se destacaram nos campos de batalha, talvez o maior de todos seja o do almirante George Rodney. Designado para comandar a Marinha inglesa, Rodney teve um grave problema. As suas dívidas de jogo forçaram-no a fugir da Inglaterra para a França. Na França, ele incorreu em mais dívidas ainda e não o deixaram partir.

Comandar uma frota na guerra era uma oportunidade lucrativa, uma vez que o comandante tinha a permissão de ficar com um terço dos espólios da batalha. Rodney viu nisso um meio de livrar-se das dívidas, mas não podia deixar a França. Em seu socorro saiu o marechal e duque de Biron, o comandante militar da Guarda Francesa. Embora os dois países estivessem a poucos dias de uma declaração de guerra formal, o oficial da mais alta patente da França emprestou uma enorme soma de dinheiro àquele que estava prestes a ser o oficial de maior patente da Marinha inglesa.

As circunstâncias suscitam duas perguntas. Por que Biron emprestaria a sua fortuna a um inimigo? A resposta pode estar no fato de que o seu sobrinho, o duque de Lauzon, comandava a Legião Estrangeira Francesa na batalha. Biron achava que os esforços revolucionários americanos fossem, na melhor das hipóteses, uma aventura romântica. Os americanos, em inferioridade numérica em face das forças britânicas em número consideravelmente maior, certamente se encaminhavam para a derrota e ele temia pelo jovem sobrinho.

O sentimento era compartilhado pelo tio do marquês de Lafayette. Lafayette e o cunhado, o visconde de Noailles, e também conde de Ségur, mal haviam saído da adolescência quando Silas Deane, um americano, os recrutou para a causa. O tio de Lafayette riu e chamou-os de os Três Mosqueteiros, até que, para o seu horror, constatou que falavam sério. Nada desde as Cruzadas impelia os jovens nobres com tanto denodo para a guerra.

A segunda pergunta é: o que o duque de Biron esperaria de Rodney em retribuição? A resposta torna-se evidente. Rodney precisava abastecer as forças britânicas sob o comando de Cornwallis antes que de Grasse abastecesse as forças americanas e francesas na Virgínia. O confronto era inevitável. A corrida era entre as duas Marinhas. Rodney entendia a importância de bater de Grasse no mar, ou na corrida para a Virgínia, e indicou isso nas cartas aos seus comandantes e até mesmo para a esposa. Então, inexplicavelmente, ele não conseguiu o confronto com os franceses em três ocasiões, dividiu a sua frota e regressou à Inglaterra, queixando-se de problemas na próstata. O almirante francês de Grasse chegou para abastecer com novos soldados e munição ao cerco de Yorktown e o mundo virou de cabeça para baixo. Cornwallis rendeu-se.

Os comandantes do almirante ficaram boquiabertos e queixaram-se ao lorde Montagu que Rodney era o único responsável por deixarem de abastecer as tropas. O habilidoso almirante foi mais esperto do que eles e retornou ao Caribe para derrotar a Marinha francesa na Batalha dos Santos, em 1782. Ele perdeu a guerra e só venceu a última batalha mas, a despeito das críticas na imprensa inglesa, regressou como um herói.

À derrota de Cornwallis seguiu-se logo o tratado que reconhecia a liberdade dos Estados Unidos. Aqueles que ganharam a guerra saíram-se vencedores na paz. O lançamento de Washington como o primeiro presidente americano foi uma comemoração maçônica. O mestre-de-cerimônias dos acontecimentos do dia foi o franco-maçom e general Jacob Morton. O juramento de posse foi administrado pelo grão-mestre do Estado de Nova York, Robert Livingston. O acompanhante de Washington foi o franco-maçom e general Morgan Lewis. A Bíblia usada foi a Bíblia da loja de St. John, de Nova York.

Outra comemoração seguiu-se pouco depois quando foi dedicada a nova capital, Washington, projetada pelo maçom Pierre Charles L'Enfant. Essa cerimônia também foi encerrada com o batismo por milho, óleo e vinho, mais conhecida entre as religiões de mistérios antigas do que no cristianismo ou entre os americanos. Os novos símbolos do país eram o olho que tudo vê, pirâmides truncadas e obeliscos. Embora não tendo nenhuma importância para a maioria dos americanos, o seu significado era totalmente compreendido entre os franco-maçons. Conforme ainda é escrito na nota de 1 dólar, acima e abaixo da pirâmide: *Annuit Coeptis and Novus Ordo Seclorum*. A primeira expressão é uma prece ao deus Júpiter, a segunda expressão significa: "Uma Nova Ordem das Eras."

Washington pode ter entendido que, a despeito de fundar uma nação baseada na fraternidade e na igualdade, havia o perigo de permitir que uma força secreta, até mesmo a Maçonaria, se tornasse poderosa demais. O adágio: "O poder corrompe e o poder absoluto corrompe absolutamente" parecia indicar que não se deveria confiar nem permitir o conceito europeu de reis e nobreza herdada.

Depois da Revolução, criou-se uma sociedade de oficiais que lutaram juntos. A Society of the Cincinnati consistia em oficiais americanos e praticamente todos os Cavaleiros de Malta franceses. Quando Washington descobriu que eles planejavam limitar a filiação futura aos seus descendentes, declarou a postura como elitista e ameaçou fechar a associação. A ordem mudou a sua política. Também ofereceram a Washington a presidência vitalícia da ordem, o que ele recusou.

À Revolução Americana seguiu-se mais de um século de revoluções na França, nos estados da Itália, na América Latina e finalmente na Rússia. As sociedades e conspirações secretas ameaçariam as classes governantes arraigadas e governos que existiam havia séculos. As revoluções russa e francesa se converteriam em banhos de sangue que viram oportunistas e ditadores repressores tomarem as rédeas do poder. Apenas nos Estados Unidos forjou-se a democracia.

Antes que a nova ordem dos tempos completassem cem anos de idade, as sociedades secretas mostrariam um lado sombrio. Dentro da Maçonaria, um assassinato encoberto pelos maçons de Nova York representou um movimento de autodestruição quando o clamor público reduziu à metade as filiações e fechou lojas. Nacionalmente, o poder e o egoísmo estimularam a oportunidade para corromper a nova democracia. Fizeram-se conspirações para um retorno à Inglaterra, para dividir o novo país e para assassinar os presidentes Harrison, Taylor e Lincoln. Quando não se podia obter a vitória pelo Congresso, eram empregados meios escusos.

Num momento em que o país entra no seu terceiro século de existência, as sociedades secretas e de elite estão vivas e bem — e prosperando. Elas têm a capacidade de controlar o governo, de desestabilizá-lo, de se enriquecer, ou de salvaguardar os princípios sobre os quais a nação foi fundada. A sobrevivência de ideais como a liberdade e a igualdade pode estar no equilíbrio entre a multidão e a elite, os poderosos e as massas. Pode depender da vigilância daqueles cujos princípios são impostos a qualquer custo ou das intenções do Grande Arquiteto de Washington.

21 Segredos Nacionais

A VERDADE PODE SER MAIS ESTRANHA DO
QUE QUALQUER FICÇÃO

STEVEN SORA

As críticas são sobre *National Treasure* [A Lenda do Tesouro Perdido], a produção de Hollywood sobre as origens esotéricas dos Estados Unidos, estrelado por Nicolas Cage. Os críticos detestaram, mas a boa notícia é que o público adorou.

A história se concentra em Ben Gates (Cage), um descendente de um dos signatários da Declaração de Independência. Os signatários, ao que parece, podem ter deixado mais do que um projeto para a democracia na Declaração. Os fundadores dos Estados Unidos, liderados pelos franco-maçons, tinham escondido — conforme sugere o filme — um verdadeiro tesouro, na realidade, o lendário tesouro dos misteriosos Cavaleiros Templários.

Até os nossos dias, os franco-maçons se consideram como os herdeiros dos templários. O tesouro, no entanto, de acordo com registros históricos, teve a sua origem até mesmo antes que os templários o tivessem transportado para a França partindo de Jerusalém depois das Cruzadas. Considera-se que apenas um pequeno número de homens (o filme sustenta que entre esses incluíam-se os Pais Fundadores) chegou a saber do tesouro e apenas pela interpretação correta de muitos sinais e símbolos misteriosos poderia ser descoberta a sua localização. No filme, a dica mais importante é um mapa no verso do documento americano mais sagrado e protegido, a Declaração de Independência original.

O fato de a reação dos críticos do filme contra a opinião popular não seria de causar surpresa, mas é interessante analisar exatamente por que eles decidiram criticar tanto um filme tão esmagadoramente popular.

Um crítico argumentou que nenhum historiador sério jamais acreditaria que tenha havido um tesouro templário. Nós ousamos discordar.

O tesouro templário não é um mito. Durante a perseguição aos templários no século XIV, fortes evidências da existência do tesouro fizeram parte dos testemunhos reais no tribunal no último julgamento dos templários. Em contraste com os seus colegas franceses, os procedimentos britânicos contra os templários nunca chegou à histeria. Os julgamentos ingleses, na realidade, foram bem organizados e sem os relatos fantásticos de adoração do diabo e profanação da Cruz que se tornaram acontecimentos corriqueiros nos julgamentos no continente europeu. Até mesmo o uso da tortura foi mínimo e então apenas como resultado da pressão da Igreja e do rei francês.

Na Inglaterra, os registros revelam que personagens reconhecidas e influentes testemunharam que, pouco antes da sexta-feira, 13, de 1307, as diligências policiais que destruíram a sua organização, os templários foram advertidos pelos mandados do rei. Não é segredo de que, antes das diligências, os templários funcionavam como verdadeiros banqueiros mundiais — recebendo depósitos de tesouros dos ricos em muitos locais e emitindo pagamentos contra a apresentação, derivados daqueles em outros locais. Embora os pesquisadores possam questionar a existência do tesouro templário, está claro que os executores das diligências nas suas fortalezas não conseguiram encontrá-lo.

Isso suscita uma pergunta: o que realmente aconteceu com os enormes depósitos que os templários certamente mantinham? De acordo com as testemunhas, ao receber a advertência sobre as iminentes diligências, os cavaleiros carregaram febrilmente todos os bens aos seus cuidados em uma série de carroções e rápida e silenciosamente transportaram o imenso pecúlio — os bens do que até então era o único banco do mundo — para a cidade portuária francesa de La Rochelle. Ali o tesouro foi carregado em navios da frota dos templários — a maior do mundo.

De La Rochelle, acreditam muitos, a frota navegou para um lugar em que a ordem fugitiva encontraria proteção — o país livre da Escócia, onde o recém-empossado rei Robert Bruce fora excomungado por declarar a independência do seu país.

A ordem fora-da-lei buscando proteção e a nação posta fora da lei em aflitiva necessidade de navios e cavaleiros estabeleceram um relacionamento mutuamente compensador. Muito em breve, na maior batalha da história da Escócia, Bannockburn, os templários fugitivos mostraram o seu valor. Assim que as forças inglesas pareciam estar varrendo o campo de batalha, um esquadrão em peso de cavaleiros atacou vindo da floresta e desbaratou o inimigo. Era o dia festivo de São João, o santo padroeiro dos templários, destinado a permanecer a data da sua última grande batalha em campo aberto. Eles logo passaram à clandestinidade, ocultando a sua verdadeira identidade por trás da máscara maçônica.

Quando Jaime VI da Escócia foi coroado como o rei James II da Inglaterra, a família escocesa do coração dos templários, os Sinclairs, foi recompensada com o título e a responsabilidade de guardiães hereditários da franco-maçonaria. A honra seria confirmada novamente em 1601. Os Sinclairs tinham protegido o tesouro desde que ele fora trazido à sua propriedade em Rosslyn, além de proteger também a ordem.

No século XIV, quando o sentimento anticatólico levou a ataques às igrejas e à destruição de relíquias antigas, acredita-se que os Sinclairs preocuparam-se com possíveis ameaças ao imenso porém secreto tesouro em seu poder. Uma vez mais — quase um século antes de Colombo atravessar o Atlântico — o imenso depósito secreto foi mudado, dessa vez, aparentemente, para a Nova Escócia.

Na maior parte dos Estados Unidos, a história da primeira viagem de Sinclair para o Novo Mundo em 1398 é praticamente ignorada. Não tanto na Nova Escócia, onde, em Guysborough, há uma estátua de Henry Sinclair que permanece como um testamento para que se acredite na viagem. Mais confirmações surgem de mapas e cartas náuticas dessa primeira travessia do Atlântico, os quais foram usados por Gerardus Mercator na preparação dos seus mapas e por Martin Behaim na produção do seu globo.

A segunda crítica ao filme *Tesouro Perdido* afirma que não há evidências de nenhum tesouro sendo indicado por símbolos secretos colocados estrategicamente para que outros os seguissem. Errado novamente.

Depois que o tesouro templário foi estocado em segurança em um imenso complexo de túneis subterrâneos em uma ilhota da baía de Mahone, na Nova Escócia, os Sinclair construíram a Capela de Rosslyn. Esculpida em pedra sobre pilares maçônicos, na igreja há representações de produtos americanos, como espigas de milho e folhas de babosa. Uma cripta oculta embaixo da capela há muito tempo guarda secretamente o túmulo dos Sinclairs que lutaram como templários. Crânios e ossos, marcando os túmulos, significam que apenas os ossos eram necessários para a ressurreição. As pernas cruzadas significam que os mortos foram templários.

Do outro lado do oceano, na Nova Escócia, ainda há mais pistas. Mudas de carvalho foram plantadas naquela que passaria a ser conhecida como Oak

Island [ilha dos Carvalhos] para distingui-la de outras ilhotas da baía. Atualmente, a ilha tornou-se o centro de uma sensacional especulação da mídia mundial sobre o propósito de um gigantesco e ainda inexplicado poço de mina, cujo conteúdo como um todo permanece um mistério.

O "POÇO DO DINHEIRO"

Há cinqüenta anos a Oak Island é de propriedade de dois homens que não se vêem pessoalmente. Fred Nolan, um agrimensor, descobriu numerosos símbolos, incluindo um triângulo eqüilátero de 3 metros com uma cruz no meio. Antes que alguém pudesse decifrar o seu significado, Nolan percebeu que ele fazia parte de um triângulo ainda maior. Dentro da área, ele encontrou rochas perfuradas com porcas de parafusos e uma rocha no formato de um coração dentro de outro triângulo menor. Outra formação era constituída de grandes pedras de granito de 10 toneladas, de novo formando uma cruz, a sua interseção sendo uma rocha com formato de crânio mostrando evidências de construção artificial.

O outro lado da ilha — onde se localiza o famoso Poço do Dinheiro — é de propriedade de David Tobias. As escavações do poço começaram antes de 1800 com a descoberta de lajes a cerca de um metro de profundidade e depois, a cada 3 metros, uma camada de pranchas de carvalho. A 27 metros abaixo da superfície, uma armadilha de mina tem permitido que o poço inunde continuamente e, por mais de um século, vem frustrando os sonhos de caçadores de tesouros de continuar cavando mais fundo. Até mesmo depois que foi determinado exatamente quanto do poço estava inundado, os conhecimentos de hidráulica dos construtores antigos continuam a desafiar os escavadores modernos.

Será que existe uma caixa forte repleta de tesouros abaixo da ilhota? Esses dois homens ainda acreditam que existe, e apesar da idade avançada, eles continuam a trabalhar para trazê-lo à superfície. Tobias está considerando uma nova proposta para um imenso poço que não deixará de considerar nada ao expandir a galeria original do Poço do Dinheiro. O preço disso seria de 15 milhões de dólares, aumentando consideravelmente a quantia de 5 milhões de dólares que se diz que ele já teria gasto. Nolan convidou o genro e recentemente comprou uma ilha vizinha e os seus direitos a tesouros.

O Poço do Dinheiro da Oak Island, no entanto, não é o único depósito potencial de tesouros e segredos nas Américas.

A CAVERNA DE BRUTON DA VIRGÍNIA

Na Williamsburg colonial, em Virgínia, fica a caverna de Bruton. Ela também está ligada a um grupo secreto com ligações com o legado templário-maçônico. A caverna em si é um dos pontos turísticos mais visitados pelas famílias americanas.

Ali, o núcleo original foi restaurado e aumentado para formar um grande parque. Para muitos, essa é uma ótima alternativa ao movimento do parque vizinho da cadeia Six Flags, e uma oportunidade para americanos jovens e idosos compreenderem melhor a sua história. Poucos sabem que ela guarda um segredo incomum, o qual nenhum visitante jamais vê.

O segredo é que mais do que um dentre os artigos mais importantes considerados como pertencentes ao tesouro templário podem ter sido escondidos embaixo da igreja original de Jamestown. Acredita-se que entre esses artigos incluem-se obras de *sir* Francis Bacon, assim como da Arca da Aliança, que se diz ter sido levada à França pelos primeiros templários que voltaram de Jerusalém. O que esses famosos artefatos estariam fazendo embaixo da igreja de Jamestown?

O fato é que a história das origens coloniais inglesas dos Estados Unidos foi modificada, em grande parte para se encaixar em uma estrutura ortodoxa aceitável. A verdadeira história beira o fantástico.

Talvez a maior influência secreta por trás da persuasão da rainha Elizabeth para unir-se à França e à Espanha na corrida para o Novo Mundo tenha sido um homem misterioso conhecido como dr. John Dee. O misterioso dr. Dee era um mago e astrólogo, além de um cientista ao nível do grande Copérnico. Os seus truques de levitação, experimentos com alquimia e o seu espelho mágico atraíram-lhe a desconfiança. Ele foi expulso da escola por fazer levitar objetos no palco durante uma peça escolar. Por algum tempo chegou até mesmo a ser forçado a sair da Inglaterra. Mas acabou conseguindo ter a rainha da Inglaterra como a sua protetora.

Quando Elizabeth assumiu o trono, ela confiou na capacidade de Dee para interpretar as estrelas e predizer o futuro, convocando-o para escolher a data e a hora da sua coroação. A influência dele sobre a rainha e sobre a história da Inglaterra é ao mesmo tempo incalculável e raramente mencionada. Ele cunhou o termo "Britânia", planejou a Marinha Real e convenceu Elizabeth de que a Inglaterra sagrada era a dona dos mares.

Também a convenceu de que ela era uma descendente direta de Arthur, que fora para o oeste quando sofrera os seus ferimentos mortais. Como resultado da viagem do rei Arthur para o Oeste, sustentava Dee, a Inglaterra e a rainha tinham o direito sobre a América. Ela lhe garantiu uma patente sobre todas as terras ao norte de 50 graus de latitude.

Se fosse apenas um "monge louco" da Inglaterra influenciando Elizabeth, o país poderia não ter tomado o caminho que tomou na história do Novo Mundo, mas Dee tinha *sir* Francis Bacon como adversário. Bacon escreveu *The New Atlantis* [*A Nova Atlântida*] e apressou o interesse de Elizabeth.

A nova colônia era para ser fundada pela Companhia da Virgínia. Ostensivamente denominada em homenagem à Rainha Virgem da Inglaterra, ela tinha menos a ver com ela do que com uma deusa virgem mais velha do que o cristianismo. A bandeira do estado da Virgínia mostra a deusa Atena (conhecida como Minerva entre os romanos) segurando uma espada e uma lança e com um pé pousado sobre o inimigo derrotado. Atena, a deusa da Sabedoria, era apelidada de "Sacudidora da Lança", uma deusa da guerra assim como Posêidon, o "Sacudidor da Terra".*

Mesmo agindo com a permissão da rainha, Bacon e outros imaginavam um mundo em que a monarquia e a religião não tivessem poder. Embora outros aventureiros e comerciantes participassem da empresa, a colonização para Dee e Bacon era uma missão divina. Os textos de Bacon sobre o assunto de um paraíso arcadiano foram assunto muito discutido na Europa dividida pela guerra. Para manter a rainha como sua patroa, ele escreveu sob o nome de um aprendiz de açougueiro, William Shakespeare.

Embora isso possa soar como novidade para muitos, a controvérsia sobre Bacon como Shakespeare se desenrola há séculos. O mistério de como um aprendiz de açougueiro iletrado pôde ter escrito sobre tantos assuntos — do direito à ciência, medicina e história — sem a vantagem de ter lido pelo menos um livro levou muitos a desconfiarem de que ele servia como um "disfarce" para outra pessoa.

Dentro dos limites de um artigo breve, é impossível abranger plenamente o assunto, mas o suficiente para dizer que foram escritos quatrocentos livros sobre o assunto; entre os seus autores destacam-se Benjamin Disraeli e Walt Whitman.

Os manuscritos originais shakespearianos, conforme se diz, assim como alguns textos de Bacon, foram trazidos para a América. Francis Bacon não viveu o bastante para desfrutar das terras que lhe foram prometidas, mas a sua família foi bem representada. Entretanto, em 1676, a família Bacon viu-se em

---

* No original, Atena é a *Spear-Shaker,* ao passo que Posêidon é o *Earth-Shaker.* (N. do T.)

desacordo com o governo da Virgínia. A Virgínia era, acima de tudo, uma colônia real e Bacon representava uma filosofia contra o governo.

No ano da Rebelião de Bacon, conforme apontam os livros de história, o material contido embaixo da igreja de Jamestown foi mudado e colocado em uma cripta de 3 por 3 metros a 6 metros abaixo da torre da igreja paroquial de Bruton, em Williamsburg. Não obstante, a despeito dos esforços — legais e quase ilegais — de pesquisadores modernos e outros grupos, os segredos da cripta permanecem guardados. Pelo menos até o momento.

OS CAVALEIROS DO CÍRCULO DOURADO

Faz mais de um século que um padre de uma paróquia pobre em Rennes-le-Château, na França, seguiu as pistas para uma impressionante quantia de dinheiro (um caso celebrizado pelos livros *Holy Blood, Holy Grail* e *O Código Da Vinci*). Porém, muito mais recentemente, caçadores de tesouros americanos seguiram os sinais e símbolos para cofres de dinheiro ocultos no Sul e até mesmo no Oeste do país. O tesouro nacional? Não exatamente, uma vez que as reservas eram parte de um plano para sustentar os confederados durante, e até mesmo depois, da rendição de Lee em Appomattox.

Os pesquisadores Warren Getler e Bob Brewer mencionam uma série de grafites esotéricos que incluem referências a passagens bíblicas, datas e letras em código, todos usados para assinalar o caminho para as reservas secretas. Os pequenos tesouros foram enterrados por grupos de maçons e pelos Cavaleiros do Círculo Dourado, um grupo cujos integrantes costumavam ser recrutados em lojas maçônicas.

ESCONDIDO EM PLENA VISTA

Embora *Tesouro Perdido* limite-se a duas horas, o filme consegue fazer referências a alguns segredos mais bem guardados. Sobre a mesa de uma de suas personagens, Abigail Chase, encontra-se o livro de David Ovason, *The Secret Architecture of Our Nation's Capital*. Embora seja conhecido que a cidade de Washington foi planejada de acordo com a geometria maçônica, Ovason observa que há numerosos zodíacos embutidos tanto no planejamento da cidade quanto em muitos dos seus prédios.

Uma das pistas mais intrigantes em *Tesouro Perdido* encontra-se no verso da nota de 100 dólares. A torre do relógio indica uma determinada hora do dia, significando que a sua sombra dá a próxima direção a seguir. Nesse ponto, o filme comete um erro. Os caçadores do tesouro pensaram a princípio que tinham perdido o momento decisivo, e depois imaginaram que o horário de verão significava que tinham perdido a hora. O horário de verão, contudo, foi proposto por Franklin, mas ainda não tinha entrado em vigor quando o Independence Hall foi construído.

O significado daquele momento decisivo continua sendo um segredo.

22 Bacon, Shakespeare e a Lança de Atena

AS ORIGENS OCULTAS DO PAPEL DA INGLATERRA NO NOVO MUNDO

STEVEN SORA

William Shakespeare, segundo dizem, nasceu de pais iletrados, recebeu apenas o ensino fundamental e era um aprendiz de açougueiro. Com cinco anos de casado, pai de três filhos, decidiu deixar a família e trocar a cidade natal por Londres. Depois de chegar à cidade grande, começou a escrever peças de teatro e entrou para uma companhia de teatro local que representaria as suas obras. As suas peças refletem um conhecimento da história inglesa, francesa, grega e romana, de princípios legais e medicinais, expressões militares e navais, falcoaria, equitação e termos usados apenas no *campus* de Cambridge. Em resumo, as peças exibiam tudo menos o alcance do seu conhecimento.

Depois de uma longa carreira, ele regressou ao lar, onde pôs a sexta e última assinatura da vida no seu testamento. O seu testamento mencionava artigos domésticos, incluindo uma cama, mas não livros e — admiravelmente — nenhum fólio das suas obras. A sua morte só foi conhecida em Stratford e em Londres muitos anos depois.

Os escritores geralmente são leitores vorazes, adoram livros, escrevem diários e arquivam toda a correspondência; a verdadeira pessoa conhecida como William Shakespeare, contudo, era o oposto. Ele provavelmente mal sabia ler ou escrever, nunca comprou um livro e jamais escreveu um diário, e só muito tempo depois da sua morte foi que alguém teve a idéia de festejar "o dramaturgo". Foi também muito tempo depois da sua morte que um fólio com uma obra sua foi encadernado. Não se tratava de um fólio original, uma vez que não se tem conhecimento da existência de nenhum deles.

Certamente, as peças originais foram escritas, e reproduzidas, ainda que nenhuma jamais tenha aparecido. Considerando-se a dimensão da obra, isso é suspeito, para dizer o mínimo.

Tentar colocar William Shakespeare no papel do autor das suas peças foi e é impossível, e logo o esforço atraiu detratores — Walt Whitman, Mark Twain, John Greenleaf Whittier, Benjamin Disraeli e Ralph Waldo Emerson dentre eles — que acreditavam que Shakespeare em pessoa *não* poderia ter sido o autor.

O homem considerado como sendo o bardo nasceu em 1564. A rainha Elizabeth I ocupava o trono desde 15 de janeiro de 1559, e governava com uma mão caprichosa porém férrea. Por um capricho ela poderia prender ou executar qualquer um, desde a sua corte até qualquer lugar do interior. Da sua corte participava *sir* Francis Bacon, nascido em 1561; Christopher Marlowe, nascido em 1564; Edward de Vere, o conde de Oxford, nascido em 1550; e Henry Wriothesley, o conde de Southampton, nascido em 1573. Era um trabalho de tempo integral manter Elizabeth contente. *Sir* Walter Raleigh foi mandado à Torre por engravidar uma das suas damas de honra. O conde de Essex foi punido por casar-se pela segunda vez e, pela ousadia de mandar representar a peça *Ricardo II,* foi decapitado. O médico da rainha, Ruy López, foi suspeito de conspiração contra ela e foi afogado e esquartejado.

Falar livremente tinha o seu preço.

Nenhuma das peças de William Shakespeare trazia o seu nome até 1598 e depois disso. Se produzir *Ricardo II* era traição, então por que o autor pôde seguir compondo sem ser punido? Pode ser que Essex tenha sido realmente considerado o autor. Edward de Vere, conde de Oxford, também foi um candidato. Ele escrevia peças, era dono de um teatro e estivera na Itália. Oxford, acreditam alguns, simulou a própria morte em 24 de junho de 1604. Era o dia da festa a São João Batista, uma espécie de santo padroeiro do conhecimento esotérico. Jaime I produziu oito peças shakespearianas em homenagem a Oxford.

Embora tanto Essex quanto Oxford sejam candidatos prováveis a autores das peças atribuídas a Shakespeare, com instrução e conhecimento do mundo, o candidato mais comum para as obras do Bardo é *sir* Francis Bacon.

Embora o prolífico Bacon não possa ter escrito *Ricardo II* sem temer o cepo do patíbulo, ele tinha o conhecimento exigido atribuído ao jovem aprendiz de açougueiro. Bacon estudara em Cambridge, formara-se em direito em Grey's Inn e era fluente em vários idiomas. Adorava criptologia e inventou o seu próprio código bastante sofisticado. Também era, segundo muitos acreditam, um homossexual discreto que vivia cercado de jovens bem-dotados. Um desses foi Henry Wriothesley.

Em 1592, a primeira peça de Shakespeare de que se tem notícia foi dedicada a Henry. Os sonetos, em que o poeta fala do seu amor pela juventude, também foram dedicados a Wriothesley. Coincidentemente, foi em 1592 que Henry Wriothesley tornou-se o patrono de William Shakespeare. Muito provavelmente esse foi o ano em que Shakespeare e Bacon fizeram um acordo. Em 1592, Shakespeare recebeu uma grande soma de dinheiro e comprou a segunda maior casa de Stratford. Também comprou outras propriedades, negociou mercadorias, participou de ações judiciais e recolheu impostos.

Um acordo, se firmado entre Shakespeare e Bacon, servia bem a ambos. *Sir* Francis Bacon evita-

Ilustração 22.1. Durante o reinado da rainha Elizabeth I, que governou de 1558 a 1603, a Inglaterra tornou-se a maior potência européia.

va o machado do verdugo e William Shakespeare tornava-se um proprietário de imóveis. Os dois homens não poderiam ser mais diferentes. Bacon era instruído, um homem do mundo, sensível e genuinamente interessado em mudar o mundo. Shakespeare mal sabia assinar o próprio nome, era petulante e ganancioso, e tinha poucos escrúpulos quanto a abandonar a esposa e filhos. Um homem típico de Stratford teria um vocabulário em uso de umas 400 palavras, ao passo que um graduado de Cambridge seria capaz de recorrer a umas 4.000 palavras. O autor das obras atribuídas a Shakespeare tinha um vocabulário de 20.000 palavras.

UM POETA POR QUALQUER OUTRO NOME

Por que Bacon escolheu Shakespeare para "servir de fachada" à sua obra?

Quando Bacon estudou em Grey's Inn, foi a força motriz por trás de uma classe de cavaleiros chamada a Ordem do Elmo. Os integrantes se dedicavam a uma antiga deusa, a Palas Atena, que era retratada com elmo e lança. Seu

Ilustração 22.2. O Teatro Globe, em Londres, onde muitas das obras de Shakespeare foram encenadas.

epíteto era *Shaker-of-the-Spear* [a Sacudidora da Lança]. Encontrar um aldeão ignorante com o nome de Shake-spear pode ter parecido quase como uma intervenção divina. O lema de Bacon era *Occulta Veritas Tempore Patet,* ou seja, "A verdade oculta vem à luz no devido tempo". Nos últimos cinco anos de vida, notavelmente depois da morte da rainha Elizabeth, ele pôde expressar-se com mais franqueza nos seus textos.

Curiosamente, ele escreveu o seu *Nova Atlântida,* pensando em um mundo pacífico em que a realeza governasse com base na sabedoria. Sob o rei James, ele também traduziu aquela que seria chamada a versão da Bíblia do rei James. No Salmo 46, a quadragésima sexta palavra a contar do primeiro verso é "Shake"; a quadragésima sexta palavra de trás para diante é "Spear". Ele também foi o autor de *Sylva Sylvarum*, em que discute inúmeros experimentos científicos, incluindo um para preservar documentos em mercúrio e outro sobre criar fontes artificiais.

ENCONTRANDO AVALON

A Inglaterra foi um dos retardatários na corrida para colonizar as Américas. Foi o astrólogo de Elizabeth, o dr. John Dee, que a convenceu de que tinha direitos no Novo Mundo. Embora o ilustre John Dee pudesse ser um bom modelo para um personagem de *The Hobbit* [*O Hobbit*, de J.R.R. Tolkien], ele convenceu Elizabeth da necessidade de uma marinha poderosa, assim como do "fato" de que a Avalon de Arthur encontrava-se na realidade na América. Intelectualmente,

Ilustração 22.3. Monumento a *sir* Francis Bacon sobre o seu túmulo na igreja de St. Michael, em St. Albans, Inglaterra.

ela vivia na dependência total do seu mago. Dee, um mágico e alquimista, escrevia sobre rosacrucianismo e navegação. Em casa possuía 4.000 livros e um "espelho mágico" para prever o futuro.

O lado aventureiro da rainha era vivido pelos feitos de *sir* Francis Drake e *sir* Walter Raleigh. Ela os enviava para conquistar terras, roubar tesouros e explorar os sete mares.

Quando a vida e o reinado de Elizabeth chegaram ao fim, Bacon encontrava-se em alta posição. Ele era capaz de convencer o rei James a intensificar os seus esforços além do oceano. Bacon assegurou-se de que ele e o seu círculo tivessem terras prometidas no Novo Mundo. Eles dividiam propriedades em Newfoundland e Nova Escócia, ganhando poderes adicionais como parte da Companhia da Virgínia. Com Bacon como o lorde chanceler, o povoado de Jamestown foi estabelecido na Virgínia. Denominado em homenagem à rainha "Virgem", Elizabeth, o selo da Virgínia que sobreviveu aos tempos modernos retrata Atena. Ela é quem governa a terra, com o elmo e a lança, onde a sua sabedoria deve prevalecer.

A NOVA ATLÂNTIDA DE BACON?

Houve uma grande dose de segredo no estabelecimento das colônias, as quais também serviriam como repositório de conhecimento para aquelas sociedades secretas que se desenvolviam ao redor de Bacon. Em uma época em que Copérnico receava publicar a sua teoria de que o Sol era o centro do Universo, Bacon e o seu círculo guardavam quase tudo em segredo. Os textos originais das peças atribuídas a Shakespeare podem ter sido apenas uma pequena parte de uma biblioteca secreta maçônica-rosacruciana.

Em 1911, o dr. Orville W. Owen, que passara muitos anos decodificando as cifras de Bacon, organizou uma expedição à Inglaterra. A jusante do rio Wye ele esperava encontrar uma biblioteca secreta maçônica-rosacruciana. Uma galeria secreta foi encontrada. Infelizmente, estava vazia. Obviamente, alguém detivera o fluxo do rio por tempo suficiente para construir a galeria, e provavelmente a enchera e esvaziara outra vez. Empregar tais conhecimentos hidráulicos não era nada novo. O corpo do rei Lear fora igualmente colocado em uma cripta sob o rio Soar. O corpo de Átila foi guardado em segurança embaixo do rio Busento, na Itália.

Nove anos depois, Burrell Ruth, que acompanhara a obra do dr. Owen, acreditou que o fólio das obras shakespearianas de Bacon tinha sido transladado para a Nova Escócia no Novo Mundo. Na baía Mahone, armadilhas de minas submersas foram armadas por construtores com conhecimentos científicos de hidráulica. Frascos de mercúrio foram encontrados na Oak Island, onde está em andamento a mais longa busca a um tesouro da história.

Uma busca que atualmente já conta com duzentos anos de atividade.

Mais recentemente, os donos de metade de Oak Island alargaram a sua busca a outras ilhas da baía. Acredita-se que haja túneis interligando duas ou mais ilhas, e diz-se que há uma escada em espiral levando ao subterrâneo em uma ilha próxima à Oak Island.

TESOURO NACIONAL

A Companhia da Virgínia, fundada em 1606, foi constituída por Bacon e o seu círculo mais próximo. Muito curiosamente, ela incluía tanto a Virgína quanto uma nova colônia chamada Bermudas. A primeira menção às Bermudas está em *A Tempestade,* uma peça de Shakespeare sobre um naufrágio em uma ilhota.

A Companhia da Virgínia também desenvolveria um lugar para abrigar os seus próprios segredos. Entre os primeiros trabalhos concluídos em Jamestown foi a construção de um depósito subterrâneo e, acima da sua cripta, a primeira igreja de Jamestown. A cripta foi usada para guardar documentos trazidos em 1635.

Em 1676, os documentos foram transferidos para uma nova cripta localizada na paróquia de Bruton. A região era conhecida como a Middletown Plantation e depois tornar-se-ia Williamsburg. Construiu-se uma igreja de tijolos e 6 metros abaixo foi escavada a cripta. Essa igreja não sobreviveu, e a nova igreja, que existe ainda hoje, fica na Duke of Gloucester Street; é tanto uma atração turística quanto uma igreja episcopal. Em algum lugar abaixo do terreno da igreja encontra-se uma escada em espiral levando à cripta.

Na década de 1920, a Rockefeller Foundation comprou grande parte de Williamsburg para criar um ponto turístico. Estranhamente, porém, também adquiriu Stratford-on-Avon, que já se tornara um ponto turístico. O local atual da caverna de Bruton era de propriedade da Igreja Anglicana e não podia ser negociado; em vez disso, ele foi doado ao governo americano.

Nos últimos anos, um grupo chamado Sir Francis Bacon's Sages of the Seventh Seal pediu permissão para escavar o local, especialmente sob uma estrutura em forma de pirâmide conhecida como o monumento Bray. Fletcher Richman, um estudioso baconiano, acredita que por baixo do monumento, a que se chega pela escada em espiral subterrânea, há uma cripta contendo os textos de Bacon e de outros, textos que podem ter importantes implicações no futuro. A permissão ainda não foi dada. Richman diz que essa é apenas uma das muitas bibliotecas escondidas.

Por enquanto, elas continuam escondidas.

23 Desvendando o Enigma de Shakespeare

UMA NOVA LUZ SOBRE UM ETERNO MISTÉRIO
— SERIA O BARDO REALMENTE O ATOR
BÊBADO DE STRATFORD-ON-AVON OU OUTRA
PESSOA?

VIRGINIA FELLOWS

Em fevereiro de 1999, bem a tempo de ir receber um pequeno número de Oscars, um filme surpreendente apareceu nas telas de cinema por toda a parte. O *Shakespeare Apaixonado* da Miramax fez o que o mundo literário não fora capaz de fazer por algum tempo — trouxe de volta para diante dos refletores o culto a Shakespeare. Embora certamente nunca tenha diminuído, a popularidade do maior dramaturgo do mundo encontrava-se em uma espiral descendente desde o início do século XX.

A juventude atual, até certo ponto, relegou as peças maravilhosas à categoria do "não vale a pena ler" dos clássicos. Eles sabiam pouco sobre o gênio que as escreveu e importavam-se menos ainda com ele até que Joseph Fiennes, jovem e bonito, apareceu no meio de comunicação sempre poderoso encarnando um personagem que reunia a um só tempo as características do dramaturgo jovem e da sua mais apreciada criação, *Hamlet*. Os roteiristas Tom Stoppard e Marc Norman fizeram o inimaginável — trouxeram Shakespeare ao centro das atenções novamente. No processo, ganharam o prêmio de Melhor Roteiro Original do Writers Guild dos Estados Unidos. De um momento para outro, "o bardo está de volta" tornou-se o assunto do dia!

O que o autor das peças teria pensado sobre isso? Aqueles que consideram Shakespeare um homem de mistério em razão da escassez de fatos sobre a sua vida só podem imaginar uma resposta. Aqueles que se acham mais familiarizados com a verdadeira identidade do autor podem dizer com convicção: "Teria sentido um grande prazer!" Obviamente, as peças foram escritas para entreter o público, e, com o lançamento do filme, isso aconteceria em maior escala. Mas também fora a intenção do dramaturgo instilar fortes representações visuais de toda a gama dos erros psicológicos humanos em mentes preguiçosas.

A esperança ao fazer isso era de que o reconhecimento das atitudes erradas ajudaria a elevar um pouco a consciência. "Shakespeare é capaz de analisar em profundidade a nossa alma e trazer à tona problemas que, em certo nível, devemos enfrentar", afirma um comentarista perspicaz moderno. Um terceiro mas pouco reconhecido propósito do autor era "ocultar ao mesmo tempo que revelava" uma das histórias mais pungentes e trágicas jamais contadas, a história da sua própria vida pessoal.

Que as obras de Shakespeare tivessem a pretensão de um texto de capa para uma escrita cifrada sob a qual a história secreta do autor pudesse permanecer oculta há muito é sabido por uns poucos pesquisadores. Atualmente, nessa época milenar de revelações inesperadas, a verdadeira história pode ser contada sem temer o ridículo.

Será que esse autor misterioso teria aprovado a escolha de Joseph Fiennes como o protagonista? O filme usa o artifício inteligente de permitir que o personagem refira-se a si mesmo como Shakespeare/Hamlet. Quando se aceita a verdadeira história do dramaturgo, é possível imaginar um jovem Fiennes muito bem identificado com Hamlet, o protótipo do próprio autor quando jovem — bonito, sensível, ligeiramente extravagante, aristocrático e problemático. É dessa maneira que a história secreta o revela — um verdadeiro príncipe da Inglaterra, não da Dinamarca.

Não se trata de presunção identificar as intenções e os motivos do famoso autor quando se toma conhecimento dos detalhes reais da sua vida pessoal — detalhes que certamente não são conhecidos sobre o aldeão ignorante de uma obscura e monótona aldeia do interior: Stratford-on-Avon. Os pesquisadores acadêmicos esforçam-se para produzir uma biografia verossímil do rapaz do interior, filho de uma família iletrada com o nome de Shaksper (ou Shakstpur, ou Shagster — há uma variedade de grafias para esse nome). Mas eles estão tentando o impossível.

Não existe nenhuma indicação de que o seu candidato jamais tenha recebido mais do que um ano ou dois de instrução em uma escola com uma sala e um professor. Nem é possível mostrar que ele jamais tivesse conhecimentos de literatura francesa, latina ou italiana ainda não traduzidas para o inglês, nem um conhecimento dos recém-descobertos clássicos latinos e gregos, nem mesmo um conhecimento expressivo de direito, medicina, poesia, da aristocracia, dos assuntos das cortes britânica e francesa, nem de nenhum dos outros inúmeros assuntos que são expostos nas peças.

Reconhecendo a dicotomia entre as obras e o suposto autor, determinados pesquisadores se convenceram de que o verso solto imortal não poderia ter sido escrito por um Will Shaksper interiorano. Ralph Waldo Emerson escreveu: "Shakespeare é meramente uma voz; quem ele era e a que cantava, não sabemos." Henry James disse: "Sou obcecado pela convicção de que Shakespeare é a maior fraude jamais praticada em um mundo tolerante." Samuel Coleridge indagou: "Deus escolhe idiotas para revelar verdades divinas?" E mais recentemente, a Yale Research Society concordou unanimemente que as peças não poderiam ter sido escritas pelo homem de Stratford.

Então, onde encontrar uma alternativa? Cento e cinqüenta anos depois da publicação do primeiro fólio, em 1623, um clérigo de uma aldeia vizinha a Stratford, James Wilmot, passou muitas horas em Stratford e ao redor do lugar no que se revelou uma busca infrutífera de informações sobre o grande dramaturgo. Relutantemente, ele teve de admitir que nenhum único artigo pôde ser encontrado para indicar que um gênio poético de qualquer espécie jamais teria vivido na aldeia. Poucos aldeões seriam capazes de até mesmo escrever o próprio nome (a esposa e as duas filhas de Shaksper entre eles); não havia livros que pudessem ter sido usados pelo autor; e nenhum morador lembrava-se até de um único detalhe ou episódio envolvendo a vida de um nome tão famoso. O vigário concluiu que o único homem na Inglaterra da época que estaria qualificado para redigir tais obras era o filósofo, psicólogo e jurista brilhante, extremamente instruído, *sir* Francis Bacon. Wilmot confessou o seu segredo apenas para a Ipswich Literary Society, exigindo que fosse guardado silêncio a respeito. Assim, o segredo foi fervorosamente mantido até ser descoberto no início do século XX entre os seus arquivos pessoais.

Desde essa época, diversos pretendentes têm sido indicados para a honra da autoria — Christopher Marlowe, Herbert Spencer, vários lordes britânicos tais como Derby, Essex, Pembroke, Rutland e Oxford — até mesmo a própria rainha Elizabeth. Francis Bacon há muito tempo tem sido o favorito imbatível, promovido veementemente pela Baconian Society, um grupo londrino fundado em 1876. A associação publicou mais de 150 periódicos contendo centenas de artigos recheados com as suas meticulosas pesquisas.

Atualmente, entretanto, é Edward De Vere, o décimo sétimo lorde Oxford, que tem recebido muita atenção como um provável candidato. Pesquisadores recentes e respeitáveis tais como Charleton Ogburn e Charles Vere lorde Burford, um descendente de Oxford, procuram alçar o conde para o topo da lista.

Lorde Oxford não é uma escolha improvável; era um aristocrata altamente instruído, conhecia os detalhes dos assuntos da corte elisabetana, além de ser um erudito multilíngüe e clássico versado em obras que ainda não haviam sido traduzidas para o inglês. Também era um esportista bem familiarizado com a falcoaria, a equitação e outras atividades dificilmente praticadas pelos camponeses, mas tratadas nas peças. Oxford viajava pela Europa, era especialista em atividades militares e participava de todos os privilégios culturais da nata da aristocracia britânica. Era até mesmo um protegido do ilustre secretário de Elizabeth, lorde Burghley, geralmente identificado como o protótipo do pedante Polônio de *Hamlet*.

Ilustração 23.1. Gravura de William Shakespeare feita por Martin Droeshout, que adorna a primeira edição em fólio de suas obras (1623).

Francis Bacon, entretanto, assim como lorde Oxford, qualifica-se em todos esses quesitos com credenciais ainda mais impressionantes, conforme se pode ver. A sua suposta mãe, *lady* Ann Bacon, era nada menos que a cunhada de Burghley.

Há alguns obstáculos para os oxfordianos — o conde morreu em 1604, vinte anos antes que o grosso dos dramas shakespearianos fosse publicado ou pudesse até mesmo ser escrito. A sua única defesa é que ele deve ter começado algumas das peças e as deixou para serem terminadas por outra pessoa. Inevitavelmente, eles negam que a grande peça *A Tempestade* faça parte do cânon, uma vez que não poderia ter sido escrita com tal antecedência. Outro problema importante é que a poesia conhecida como de autoria de Oxford é insípida e carente de inspiração, de maneira nenhuma comparável com os versos admiráveis dos dramas.

Depois há a consideração de que a personalidade do jovem senhor — manifestamente violenta, instável, belicosa e irresponsável — não combina com a filosofia e a estatura moral que é tão obviamente retratada nas peças. Sobre Bacon, os contemporâneos dizem coisas mais gentis. "Todos os que tinham

grandeza e eram bons o adoravam", afirmou o capelão dele, Rawley. "Eu (
adorava a ponto da idolatria", confessou Ben Jonson. "Ele era o ornamento da
sua geração", comentaram outros.

Tais complicações são prontamente ignoradas pelos oxfordianos e é importante entender que Oxford foi um dos jovens dândis com inclinações poéticas que se associaram a Bacon, que era muito mais jovem, no exclusivo
e prestigioso grupo literário conhecido como a Aeropagus Society. A vida
dos dois homens estiveram interligadas com freqüência. Há, contudo, uma
circunstância importante que confere a Bacon uma liderança inegável sobre
Oxford, a única prova concreta de autoria que não pode ser questionada.
Trata-se da descoberta de uma história secreta escondida no próprio corpo
das peças — um suposto código ou sistema cifrado que o dramaturgo original
ocultou diligentemente em meio ao texto das peças — para revelar verdades
que ele não ousava expressar em voz alta.

Por mais fantástico que pareça, toda uma biografia secreta do verdadeiro
autor, Francis Bacon, foi inserida no momento da redação original das peças.
Não há possibilidade de que isso possa ter sido feito por mais ninguém a não
ser pelo próprio autor original.

No final do século XIX, um médico de Detroit, chamado Orville Owen,
fez um achado surpreendente. Um grande admirador de Shakespeare, ele me-
morizara todas as palavras das suas peças. Depois de inteiramente familiarizado com os dramas, ele encontrou algumas discrepâncias muito estranhas que
não conseguia explicar.

Anos de estudo e experimentações apuradas revelaram um coisa incrível
— todas as peças de Shakespeare continham uma peça oculta, uma verdadeira
peça dentro da peça, um artifício que o autor também gostava de praticar nas
suas outras obras. Determinadas expressões dos originais eram marcadas com
palavras-chave especiais para serem destacadas e arranjadas em um contexto
diferente que contava uma história completamente diferente.

Depois de uma investigação e um estudo tediosos, Owen descobriu que
a peça oculta, ou a história cifrada, era na verdade uma biografia pessoal e
totalmente inesperada do verdadeiro autor das peças, *sir* Francis Bacon. O
enigma era: por que Bacon usou esse método para deixar para a posteridade
a história inacreditável da sua vida? A resposta era que a vida dele dependia
desse segredo. A verdade do seu nascimento era um grande segredo de Estado.
O seu nome verdadeiro não era Francis Bacon, mas, sim, Francis Tudor — o
verdadeiro filho de Elizabeth, a rainha da Inglaterra, com o seu amante, o
impetuoso Robert Dudley, lorde Leicester!

Os dois mantiveram um romance apaixonado, que foi bem documentado historicamente. Nem tão bem conhecido era que um casamento bígamo fora realizado por um monge enquanto ambos estiveram prisioneiros na Torre de Londres. (Leicester já era casado, mas a esposa foi convenientemente e pouco depois morta por uma queda misteriosa da sua varanda.) Elizabeth depois disso recusou todos os pretendentes à sua mão, ao mesmo tempo que gostava de se retratar como a casta Rainha Virgem casada apenas com o seu amado país.

Uma investigação a fundo nos registros históricos da época revelam muitas indicações quanto à possibilidade dessa situação, embora fosse considerado uma ameaça punível com a morte divulgá-las. O primeiro filho dessa união foi dado em criação para a matrona de honra da rainha — a submissa *lady* Ann Bacon e o seu honorável marido, *sir* Nicholas Bacon. Selou-se um pacto entre *lady* Ann e a rainha prometendo que a verdade nunca fosse revelada. A própria Elizabeth rompeu impetuosamente o pacto na época em que Francis completara 16 anos de idade, conforme é revelado no relato secreto.

O estranho casal ainda teve um segundo filho, que foi entregue à família Devereux para a sua criação. Esse era o fascinante jovem lorde Essex, cuja história considera como tendo sido um estranho jovem amante de Elizabeth. Grande parte da história é esclarecida quando se compreende que o relacionamento estranho era o de uma mãe com o seu filho adorado mas rebelde, e não o de uma rainha idosa e um glamouroso cortesão mais jovem.

Houve muitos acontecimentos trágicos concernentes à história de Elizabeth e o seu jogo de gato e rato com os dois filhos, inicialmente prometendo reconhecê-los, depois ameaçando-lhes a própria vida. Essex não agüentou a pressão, tentou apossar-se do trono para si mesmo e acabou decapitado na Torre. Francis aliviou a quase insuportável tensão ao decidir-se por deixar um relato verdadeiro para o mundo. Ele sabia, contudo, que revelar a verdade significaria a sentença de morte. Inspirado por uma visão em um sonho, concebeu o artifício dos textos cifrados para contar a sua história.

Prosseguindo na decodificação da Cifra de Palavras, conforme Bacon a chamava, Owen contratou duas mulheres para ajudá-lo no tedioso trabalho. Uma das assistentes, Elizabeth Wells Gallup, uma supervisora de ensino de Detroit, descobriu no seu trabalho que havia ainda um segundo texto cifrado. O segundo texto cifrado baseava-se no assim chamado sistema biliteral, que Bacon explicara e demonstrara detalhadamente na obra reconhecidamente sua *The Advancement of Learning*. Trata-se de um alfabeto baseado em diversas disposições de cinco letras ou unidades, muito semelhante ao código Morse. Gallup filtrou todas as obras até ficar quase cega, mas o que ela descobriu era impressionante. O que estava lendo, em prosa, era exatamente a mesma história que Owen descobrira escrito nos versos soltos shakespearianos da Cifra de Palavras. Um confirmava o outro com exatidão.

O dr. Owen, seguindo instruções dadas no próprio texto cifrado, construiu o que chamou de a sua Roda de Cifras. Essa nada mais era que uma estranha e enorme engenhoca composta de duas grandes rodas de madeira e mais de 60 metros de tecido estendido no espaço entre elas, de tal maneira que pudessem ser enroladas de um lado para o outro segundo o princípio de um moderno gravador de rolo ou um antigo rolo de pergaminho.

Sobre esse tecido iam coladas as páginas cortadas dos livros das peças — o rolo podendo ser enrolado para a frente e para trás, para facilitar a leitura. De acordo com determinadas indicações e palavras-chave, Owen ia marcando as passagens relevantes e as lia para as assistentes, que as anotavam em tiras de papel. Por fim, Owen as dispôs na ordem certa, revelando assim a história secreta.

Tanto Owen quanto Gallup publicaram as suas descobertas com as cifras em livro e ambos, é desnecessário dizer, foram impiedosamente ridicularizados. Embora atualmente esgotados, os livros ainda podem ser encontrados em diversas bibliotecas públicas e universitárias e em sebos.

Por meio de um conjunto de coincidências notáveis, talvez o que Jung chamaria de "sincronicidade", essa máquina esquisita acabou em meu poder pelas mãos da sua mais recente proprietária, Elizabeth Hovhannes, uma musicista americana bem conhecida. No momento ela está guardada em lugar seguro e vem sendo analisada por jovens estudantes aplicados que estão tentando com todo o entusiasmo duplicar as descobertas cifradas com o uso do computador.

Como não seria de surpreender, a história do texto cifrado não recebeu uma aceitação generalizada; os acadêmicos formais pensam que isso simplesmente não pode ser verdade — logo, não é verdade. Eles vêem os livros e concluem que foram excogitados pelos próprios Owen e Gallup.

Antes de morrer, o dr. Owen publicou um anúncio oferecendo-se para demonstrar o seu método de decifração a quem quer que estivesse disposto a presenciar. Poucas pessoas compareceram, mas no início da década de 1900 o influente jornal *The Tribune* enviou um repórter para assistir a uma das palestras de Owen. Em seguida, o jornal publicou uma crítica mordaz ridicularizando o processo. Imediatamente, Owen conseguiu em juízo que o jornal fosse multado em 10.000 dólares e fosse interditado, sendo impossibilitado de publicar novas edições. Ele se ofereceu para demonstrar as suas descobertas a quem quer que fosse que o jornal escolhesse para examiná-las. Uma srta. Sherman, a melhor crítica literária de *The Tribune,* foi enviada e Owen a recebeu. Demonstrou-lhe o seu método de decifração, deu-lhe os materiais necessários e deixou-a no seu gabinete para que experimentasse à vontade. Quando voltou, ela seguira as suas instruções e conseguira encontrar as mesmas passagens que ele encontrara.

O jornal publicou um pedido de desculpas na primeira página e a interdição foi suspensa. Outros foram capazes de repetir as descobertas do dr. Owen, mas outros ainda se recusam a aceitá-las, tendo como único argumento que devem ser uma farsa. Entretanto, se Owen e Gallup fossem tão criativos a ponto de inserir as cifras dentro das peças, seria preciso que tivessem uma mente mais admirável do que a do próprio autor — dois novos rivais para o gênio de Shakespeare!

Está na hora de corrigir algumas anomalias dos séculos passados. Uma dessas anomalias deve ser a solução do mistério de Shakespeare, revelando a verdadeira história do excepcional Francis Bacon e garantindo-lhe todo o crédito pelo trabalho que realizou.

Como um dos signatários fundadores da Virginia Company e um colonizador dos Estados Unidos, como um promotor efetivo da franco-maçonaria e do rosacrucianismo, como um defensor da ciência experimental e como um autor publicado sob o pseudônimo de William Shakespeare, ele foi da maior importância na preparação da entrada na era do esclarecimento. No entanto, conforme costuma escrever sobre si mesmo: "Mihi silentio" — "Sobre mim mesmo guardo silêncio". "Ousar; fazer; manter silêncio." Só que não há mais necessidade de guardar silêncio. Chegou a hora de a verdade ser conhecida.

Por mais incrível que pareça, rejeitado por uma mãe ciumenta e egoísta que lhe negou o reconhecimento, Bacon foi forçado a manter em segredo a sua obra excepcional. Deixou a impressionante história da sua vida para o acaso espontâneo de que algum estudante atento um dia descobrisse o segredo e revelasse a verdade de um homem cujo crédito há muito tempo é devido. Conforme ele mesmo disse várias vezes de maneira cifrada: "A verdade não morreu; está apenas adormecida."

24 Francis Bacon e o Sinal do Duplo "A"

O GRANDE ERUDITO E ESTADISTA DEIXOU
PISTAS CRIPTOGRAFADAS A SEREM
DESCOBERTAS PELAS FUTURAS GERAÇÕES?

WILLIAM HENRY

O maior bardo de todos, William Shakespeare, está intimamente ligado a um mistério esotérico que é tão obscuro quanto a sua solução é profundamente esclarecedora: o simbolismo enigmático "AA".

Reproduções publicadas durante a época de Shakespeare dos *Sonetos, Hamlet* e *Ricardo III* apresentam sempre um "A" claro e um "**A**" escuro nas suas folhas de rosto. Por quê? O que isso significa? No papel de buscadores de mistérios, o que acharemos nelas se desviarmos o rio da nossa preciosa consciência para examinar profundamente esse simbolismo? A resposta provavelmente irá surpreendê-lo. Ela também liga os pontos entre algumas das maiores obras literárias da história.

Por exemplo, o "AA" também aparece na Bíblia do rei James (1611). Alguns simbolistas observam que o A é intimamente associado a Deus, à Trindade. O "**AA**" segundo esse ponto de vista representa as letras gregas alfa (A) e ômega (Ω), significando o primeiro e o último.

Uma razão para que tanto as obras de Shakespeare quanto a Bíblia do rei James ostentem o simbolismo "AA" é que, argumenta-se em meio a uma persistente controvérsia, *sir* Francis Bacon (1561–1626) foi o responsável secreto pela criação e publicação dessas obras. Alguns acreditam que o nobre, cavalheiro e gênio Bacon, o criador da moderna franco-maçonaria e o autor de *New Atlantis,* entre outras obras, seja o autor das obras atribuídas a Shakespeare.

Ilustração 24.1. O "Duplo "A" de Bacon": os dois "AA", um claro e outro escuro.

William Henry Smith, cujo livro *Bacon and Shakespeare* foi publicado em 1856, lançou a teoria de que Bacon é Shakespeare. Seja ou não o autor das obras de Shakespeare, Bacon é considerado uma mente iluminada, dotada de uma visão profética. Ele parecia ser capaz de ver através do tempo, apresentando invenções de grande imaginação, tais como um pilar de luz no centro da Nova Atlântida. Um verdadeiro iniciado, ele ocultou os seus segredos em criptogramas inseridos em obras que a sua editora produziu — muitas apresentando o cabeçalho com o "AA" — incluindo livros escritos por outros autores sob a sua direção. Cinco editores rivais produziram de maneira independente as obras de Shakespeare ostentando esse cabeçalho, alimentando a crença na idéia de que esse cabeçalho seja, na realidade, a assinatura de um autor oculto: Francis Bacon.

Bacon tinha os seus próprios blocos de madeira com os artifícios ou emblemas — alguns do quais eram de sua própria autoria — e todos os livros produzidos sob a sua direção, fossem ou não escritos por ele, saíam marcados com um ou mais desses logotipos. Entre os autores que ele publicou destacam-se Edmund Spenser, Christopher Marlowe, Shakespeare e Walter Raleigh.

Por ser um mestre das cifras e dos símbolos, os baconianos dizem que ele usava as obras que imprimia para enviar mensagens ou transmitir ensinamentos. Muitos leriam essas obras, assim esperava Bacon, e o conhecimento aumentaria, cumprindo a profecia de Daniel sobre o Fim dos Tempos.

Ilustração 24.2. Um retrato da época de *sir* Francis Bacon (1561–1626).

BACON E O INGLÊS

Acima de tudo, o maior código de todos de Bacon pode ser o idioma inglês. Quando Bacon nasceu, o inglês como um língua literária não existia. Mas durante a sua vida, ele conseguiu transformar a língua inglesa no maior programa de computador que a humanidade já teve à sua disposição. Ela é o mais maravilhoso instrumento do cérebro humano.

Quando garoto, Bacon testemunhou o progresso do francês — pelos esforços de um grupo de poetas intitulados "La Pléiade" (os Sete) de Paris — transformado de uma língua bárbara, para florescer como uma linguagem literária. Bacon foi assim inspirado a criar uma língua capaz de expressar os seus pensamentos mais elevados.

A língua inglesa, conforme é amplamente reconhecida, tem uma enorme dívida com a tradução inglesa da Bíblia do rei James (a qual, acreditam alguns, Deus permitiu e Bacon conduziu) e com as peças de Shakespeare. Existem cerca de 22.000 palavras inglesas diferentes nas peças, das quais 7.000 são *palavras novas,* introduzidas — conforme nos informa o Oxford Dictionary de Murray — nesse idioma pela primeira vez.

Na realidade, é preciso declarar, "Deus fala *inglês!* (não francês, alemão, italiano, grego, hebraico)", uma das mensagens triunfantes de Bacon na Bíblia do rei James e da torrente literária inglesa que brotou impetuosamente do Renascimento elisabetano.

Conforme discuti no meu livro, *The Language of the Birds,* de acordo com o alquimista francês "Fulcanelli", a interpretação de nomes antigos e de topônimos da língua inglesa revela significados originais e ocultos. Esse código equipara palavras que soam de maneira semelhante em diferentes línguas, ligando conceitos verbais pelo som *em inglês.* Esses paralelismos lingüísticos revelam impressionantes sincronicidades literárias e históricas, ou coincidências significativas, que apontam para a interconectividade de toda a criação, a qual as obras de Bacon parecem querer nos mostrar.

Um bom exemplo de como Bacon usou essa técnica literária para transmitir informações é o seu pseudônimo literário: Shake-Speare.

A "SPEAR-SHAKER"

O nome "Shake-Spear" é uma referência à deusa grega da guerra e da sabedoria, Palas Atena, a Spear-Shaker [a "Sacudidora da Lança"]. A mãe dos atenienses, ela era adorada como a Virgem Santa no Partenon, onde se destacava com a sua fálica lança ou bastão Palas com uma serpente enrolada nos pés. Os atenienses se intitulavam "filhos da serpente".

De acordo com Peter Dawkins, uma autoridade em Bacon, A-tena e A-polo (o deus do Sol) emprestam o significado para o sinal do Duplo "A", ou o Duplo "A".

Com esse conhecimento, começamos a penetrar no código de Bacon. Se persistirmos, afirma Harold Bayley, um simbolista do início do século XX e autor de *The Tragedy of Sir Francis Bacon*, vamos descobrir um Eldorado de informações esperando ser descobertas na literatura do Renascimento elisabetano [...] e talvez em toda parte.

Pois o uso do "AA" e o seu possível significado, acabei descobrindo, remonta bem além do mito grego até a antiga Suméria e ao Egito, onde era usado como uma assinatura cabalística. Atena é uma recriação da Ísis egípcia e da Ishtar sumérica-babilônica, a deusa do amor, ambas as quais agitam lanças ou bastões sobre os quais se eleva uma serpente enrolada para cima — à Moisés erguendo a serpente da cura. Como na história de Moisés, a serpente simboliza a sabedoria, o canal para a Luz e o Messias.

BACON E OS CÁTAROS

Outro nó na teia do simbolismo "AA" é encontrado mais próximo da terra e da época de Bacon. Enquanto morou na Europa, Bacon foi iniciado nos mistérios da Ordem dos Cavaleiros Templários e nos verdadeiros segredos das origens maçônicas. A ligação dele com essas ordens pode ser localizada por meio do seu pai, *sir* Nicholas Bacon, um descendente, de acordo com S. Baring Gould, de Jacques de Molay — "o último templário" — que foi martirizado pela sua fé por Felipe da França em 1314.

O texto a seguir é de autoria de Mather Walker sobre o assunto.

Enquanto Francis (= *Free* [livre], de pri, *puro*) esteve na França durante o período de 1576 até 1579, numerosas obras foram publicadas com o seu característico "AA". O "AA" também apareceu no livro *Emblems*, de Alciato, "o livrinho" sobre enigmas de autoria do gênio italiano Andrae Alciato (1492–1520), publicado originalmente em 1531. Classificado como uma coleção de emblemas ou símbolos de amor religioso, os emblemas de Alciato contam a história da religião do amor. Essa foi a religião do AMOR dos cátaros do sul da França, que eram ligados aos templários e foram as vítimas do primeiro genocídio europeu.

Os cátaros chamavam a si mesmos de Seres Puros. Curiosamente, a palavra inglesa *free* (livre) deriva da raiz sânscrita *pri*, significando "amar", daí o significado original de *free* = amor. A igreja cátara do amor reivindicava a posse dos segredos de Jesus para transformar um ser humano comum (a quem os cátaros consideram como prisioneiros do Rex Mundi e de Roma) em um Ser Puro ou um Homem Livre. Livre, isto é, do alcance da Igreja de Roma.

Harold Bayley também investigou esses sinais. Ele legou para o futuro o seu estudo enormemente intrigante, *The Lost Language of Symbolism*, uma das mais eruditas coleções de monogramas religiosos jamais reunidos.

Bayley relacionava os ensinamentos secretos dos cátaros de Jesus a um sistema simbólico que remonta à época pré-cristã. Os cátaros acreditavam que "Jesus Cristo" — chamado Alfa e Ômega pelos cristãos — não teve existência humana, mas sim foi a personificação dos atributos abstratos da Verdade, as quais não eram perceptíveis pelas massas. Os seus emblemas codificavam os ensinamentos sagrados — a ciência abstrata — do Cristo místico, "AA".

Enciumada, a Igreja Católica tentou exterminar os inocentes cátaros, erradicar os seus ensinamentos secretos revolucionários durante a horripilante Cruzada Albigensiana de 1200–1244, e fortalecer a sua marca adversária de cristologia.

Depois da tentativa de genocídio desses "heréticos", os cátaros sobreviventes voltaram-se para a fabricação de papel. Temendo perseguições posteriores — estavam apenas a alguns assassinatos de distância da extinção —, os cátaros recorreram a símbolos codificados como um meio de transmitir os seus ensinamentos religiosos secretos. Eles incluíam esses símbolos de "cristianismo puro" como filigranas no papel que fabricavam.

Voltando a Bayley, descobrimos que os dois "AA" das obras de Bacon são as respostas para os emblemas cátaros do pilar sagrado (ou *cruz sagrada)* na montanha sagrada. Observamos que os simbolistas cátaros punham dois "AA" juntos para formar a montanha sagrada de picos gêmeos ou o "M" sagrado. A cruz ou Escada para Deus surge entre os dois "AA". Dessa maneira, os mistérios das letras "A" e "M" unem-se aos mistérios da crucificação.

Consegui identificar a fonte desse simbolismo do Duplo "A" = "M" no deus sol babilônico Shem ou Shamash (significando "celestial"), que era retratado em selos cilíndricos subindo de um portão em forma de "M" do mundo subterrâneo com o seu bastão na mão. O deus sol Shamash entra na Terra através de uma passagem composta de dois cones com a forma de "A" com um ramo, vara ou raio de luz na mão. Observe que dois querubins guardam o portão, como na história do portão do Éden.

Segundo o meu ponto de vista, o emblema cátaro e o antigo selo querem dizer a mesma coisa: o Filho de Deus surge através de um portão em forma de "AA" ou "M".

Os primeiros cristãos, em especial os gnósticos de Alexandria, no Egito, eram altamente influenciados pela mitologia de Shem. O livro *The Paraphrase of Shem* faz parte da Biblioteca de Nag Hammadi perdida, escondida pelos gnósticos quando foram barbaramente perseguidos por Roma. Ele trata da ascensão de Shem para os reinos celestiais e baseia-se na história suméria do salvador, também chamado Shem, que surgiu e cruzou os céus através de um portão com a forma de "AA" ou "M".

A partir dessas informações, é fácil ver que o uso de Bacon do "AA" indicava uma cadeia contínua desde os sistemas de símbolos cátaros, cristãos gnósticos, egípcios e sumérios.

Conforme investigaremos agora, o simbolismo "AA" significa ligar as obras que têm essa marca a mitos antigos do portão dos deuses e os meios para atravessar em segurança o submundo dos deuses.

BACON E A SUA SOCIEDADE SECRETA

Dados essenciais com relação à ligação de Bacon com o portão dos deuses, perante o simbolismo do cabeçalho "AA", são encontrados no livro da sra. Henry Pott, *Francis Bacon and His Secret Society*, de 1911. Ela comenta que Bacon e a sua associação, os rosa-cruzes (Rosa ✠), ampliaram e diversificaram as filigranas cátaras.

Três filigranas que a sra. Pott encontrou eram especialmente associadas a Francis Bacon e ao irmão dele, Anthony. Era para serem vistas inseridas em todos os livros impressos atribuídos a Francis. Essas marcas são o duplo castiçal; o cacho de uvas; e o pote ou jarra.

A sra. Pott observa que poucas das cartas de Bacon, e nenhum dos seus livros reconhecidos, estão livres dessas marcas. Elas são incluídas porque, a exemplo do cabeçalho "AA", indicam-no como o autor ou reconhecem o toque da sua mão como revisor ou editor do livro.

Acredito que os castiçais duplos podem muito bem ser o "AA", os picos gêmeos (torres ou pilares) sobre os quais o Filho ou o Sol surge.

O cacho de uvas, diz a sra. Pott, significava para Bacon e a sua associação a "fruta do verdadeiro conhecimento" — ou Gnose — que se reunia em grupos. Bacon, diz a sra. Pott, fazia funcionar uma prensa de uvas, recolhendo os seus cachos (a exemplo de Josué, Números 13:23) e guardando o precioso suco das uvas de modo que na estação adequada, pudessem eles ser vertidos nos vasos dos homens.

O pote ou vaso continha o "suco celestial" ou "licor do conhecimento". Nas filigranas cátaras, os potes e jarras são mostrados extravasando cachos de uvas — as frutas do conhecimento — e pérolas — o orvalho do céu — ou *maná*, o alimento puro dos deuses.

O maná, dizem as escrituras hebraicas, foi coletado ao nascer do Sol e guardado na Arca da Aliança juntamente com o pote dourado e o bastão de Aarão que germinava.

Agora, os egípcios, diz *sir* Laurence Gardner, chamavam o maná de *mfkt*. Era uma substância misteriosa com características fenomenais que provinham do reino hiperdimensional.

Em Abidos — o mais velho oráculo egípcio — encontramos uma representação de um bastão seguro por dois anjos cujos corpos formam um "M". Uma "cabeça" — Gerald Massey afirma que os egípcios a chamavam de mfkt — "flutua" no bastão. Ela pertence à deusa Hator, com cabeça de vaca, a qual, podemos notar mais facilmente aqui, desponta e se expressa no meio de um "M", os picos gêmeos, ou o "AA". Aproximando a definição de Massey da de Gardner obtemos que a parte da cabeça mfkt pode fazer parte de um utensílio pelo qual a deusa se eleva ou fala: quer dizer, pronuncia oráculos.

Para os egípcios, diz Gardner, Hator representava a deusa babilônica Ishtar. O símbolo usado no seu cabelo ou capacete tinha a forma de um ômega (Ω). Hator usa o mesmo capacete. Hator, Atena e Ishtar são todas a mesma deusa.

A razão pela qual essas deusas são tão intimamente ligadas ao Ômega é que elas são uma metade do Alfa e Ômega. O bastão de Abido, que possui uma serpente no alto, é uma variação mais antiga do bastão de Moisés e Ishtar e a lança brandida por Atena.

Esse é o segredo por trás do cabeçalho "AA": o Emblema de Abidos com o cabeçalho *mfkt*.

De acordo com o *Livro Egípcio dos Mortos*, Abidos é a entrada para o Tuat ou Duat, ou mundo subterrâneo. É de imaginar se essa não seria outra expressão para a esfera hiperdimensional, daí o surgimento de mfkt.

A mitóloga Barbara Walker observa que Apolo, a outra metade do "AA", é o nome grego para a Apep egípcia, a serpente das trevas que guarda o Tuat subterrâneo e, na realidade, a personificação do próprio mundo subterrâneo. Na alquimia medieval, diz Walker, a serpente Apep confundia-se com a serpente Ouroboros. Ouroboros podia revelar o segredo da Pedra Filosofal, que segundo Gardner observa era outro termo para *mfkt*. Essa é a pedra da luz, guardada pelo dragão que defende a entrada do portão dos deuses.

Não estou convencido de que os alquimistas estiveram errados. Estranhamente — ou quem sabe não — em inglês (a língua do Bardo) o "A**A**" é um trocadilho sobre *Two "A" (Dois "AA")* ou Tu "A", a raiz de Tuat ou Am-Tuat, a palavra egípcia para o mundo subterrâneo.

O significado do simbolismo "A**A**" no cabeçalho das obras de Bacon agora está esclarecido. Ele representa um utensílio com a forma de um bastão que abre o portão para o mundo subterrâneo. Esse é provavelmente o pilar de luz no centro da *Nova Atlântida* de Bacon. A partir desses paralelismos, é razoável propor que Bacon (Shakespeare) foi o oráculo da época elisabetana. Ele foi o detentor do bastão mágico que abriu o mundo subterrâneo, ou o Sacudidor do Bastão (*Spear Shaker*).

QUINTA PARTE

VISIONÁRIOS E ALQUIMISTAS

25 A Perspectiva de Nostradamus

UM MÍSTICO FRANCÊS DO SÉCULO XV TERIA
ALGO A DIZER ÀS PESSOAS DE HOJE?

J. DOUGLAS KENYON

Em meados do último milênio, a peste bubônica ainda assolava a Europa. Antes de partir, a Peste Negra mataria praticamente um quarto dos habitantes do continente. No entanto, mesmo nos tempos mais sombrios, nem toda a esperança estava perdida.

Na França, um médico ilustre reagia, salvando muitas vidas com o que o escritor John Hogue chamou "um misto de limpeza e vitamina C (pílulas de rosa)". Ironicamente, entretanto, a posteridade mostraria pouco interesse nas heróicas contribuições de cura feitas por Michel de Nostradamus naquela época. Ao contrário, ele é lembrado principalmente pelas suas muito obscuras e complexas profecias sobre as épocas futuras. Em *As Centúrias,* iniciadas em 1554, Nostradamus apresentou o que era para ser uma série em dez volumes, cada um deles consistindo em 104 estrofes chamadas de quadras, em que se propunha a oferecer detalhes das épocas ainda por acontecer.

Contrariamente à crença popular, Nostradamus não foi um profeta do juízo final (ao menos para o nosso tempo). Embora muitas das suas profecias fossem funestas, ele não previa o fim do mundo antes do século 86. As quadras têm atraído a atenção de milhões de pessoas, especialmente quando grandes acontecimentos aparentemente brotaram direto das suas páginas. Alguns sustentam que ele previu a Revolução Francesa, o nascimento e a ascensão ao poder de Hitler e o assassinato de John F. Kennedy. A mais recente revalidação de Nostradamus aconteceu por causa dos ataques ao World Trade Center em Nova York, em 11 de setembro de 2001. A ampla circulação de "quadras" altamente questionáveis atribuídas a Nostradamus e aparentemente descrevendo o desastre criaram uma grande sensação.

De acordo com um artigo do jornal americano *USA Today*, escrito noventa dias depois do ataque, "Todas as previsões de Nostradamus de repente entraram na moda". Livros e vídeos voaram das prateleiras. Mecanismos de buscas da Internet indicam mais pesquisas sobre "Nostradamus" do que por qualquer outra palavra nos últimos dois anos. A agência de notícias Reuters até mesmo apresentou uma reportagem em que afirmava que o "sexo" caíra do primeiro lugar em interesse.

O fenômeno, afirma o *London Sunday Times*, é bastante simples — "assim como uma religião, você pode acreditar ou não" — e de acordo com Curtis Hsia, psicólogo do Centro de Ansiedade e Transtornos Correlatos da Boston University, não é de surpreender. "As pessoas estão procurando uma explicação", declarou ele ao *USA Today*, "e estão tentando encontrar um sentido para o que acontece e como podemos prever o que vai acontecer depois disso".

Também não é de surpreender que o sistema intelectual — representando, como sempre, um paradigma materialista secular — classificaria desdenhosamente o fenômeno como superficial, se não supersticioso. É pouco provável que esses pensadores se deixem impressionar pela insistência do público em busca de explicações mais remotas e aprofundadas para os acontecimentos atuais do que as oferecidas pelos guardiães supremos da verdade atuais.

As mudanças consideráveis e imediatas na sociedade que se seguiram aos acontecimentos do 11 de Setembro de 2001 parecem bastante numerosas e largamente positivas. Não só um novo espírito de união substituiu a política fútil e competitiva a que estávamos acostumados, mas também a vigilância se transformou da "paranóia" para o "senso comum", e o patriotismo tornou-se politicamente correto. Muitos também notaram, simultaneamente, uma mudança sutil — que em última análise pode se mostrar a mudança mais importante de todas. A busca por respostas mais profundas para os mistérios da vida se intensificou — veja-se o interesse cada vez maior por Nostradamus.

Entretanto, onde há um grande apetite, haverá sempre alguns preparados para satisfazê-lo — legitimamente ou não. No que se refere às "quadras de Nostradamus" amplamente veiculadas, a última opção, infelizmente, foi o caso. Uma estrofe que circulou rapidamente foi:

> *Na Cidade de Deus soará um grande trovão,*
> *Dois irmãos separados violentamente pelo Caos,*
> *embora a fortaleza resista,*

o grande líder sucumbirá,
A terceira grande guerra começará quando a cidade
grande arder em chamas.

Os versos, acabou sendo revelado, não foram escritos por Nostradamus, mas tirados de uma página na Internet produzida por um interessado em desmascarar a impostura de Nostradamus, chamado Neil Marshall, numa tentativa de mostrar até que ponto uma coleção de imagens vagas poderia criar uma estrofe com aparência pomposa.

O problema tem se agravado pelo acréscimo de quadras ainda mais duvidosas:

No ano do novo século e nove meses,
Do céu virá um grande Rei do Terror.
O céu queimará em 45 graus.
O fogo chegará à grande cidade nova.
Na cidade de York haverá um grande colapso,
Dois irmãos gêmeos separados pelo caos
quando a fortaleza cair; o grande líder sucumbirá;
a terceira grande guerra começará quando a cidade
grande arder em chamas.

Novamente, no caso, parece que os falsificadores estiveram ocupados. A segunda quadra é uma total invenção. Na primeira quadra, foram tirados versos de duas profecias diferentes e reunidos aqui para dar mais efeito. O primeiro verso no caso na realidade está vinculado a uma referência a julho de 1999 (ou possivelmente 2000) e anteriormente associado a muitos outros acontecimentos. (Um é uma alusão à prática comum de citar a Bíblia fora de contexto, como em: "E Judas saiu e se enforcou... Vá e faça o mesmo".)

O autor John Hogue escreveu extensamente sobre o vidente francês. Ele diz que se pode sempre farejar um rato quando Nostradamus é citado sem uma referência. "Até mesmo na sua própria época, [ele] precisava impedir a publicação de livros falsos de profecias atribuídas como de sua autoria. Ele se protegia e a nós mesmos ao indexar cada previsão para verificação."

Deveríamos descartar Nostradamus como um profeta sobre a nossa época? Hogue acredita que podemos fazê-lo por nossa própria conta e risco. "[Nostradamus] falava de um novo tipo de guerra mundial por acontecer", comenta Hogue, "em que se usaria a surpresa e a emboscada. Um líder astucioso do Oriente Médio a provocará. Ele é um terrorista, denominado em código nas profecias como "Mabus" ou o "Terceiro Anticristo" (Napoleão e Hitler são considerados como tendo sido os dois primeiros). Esse homem será um dos primeiros a cair nessa guerra. Ele se tornará um mártir simbólico de terroristas que inundarão o mundo com sangue por 27 anos. Nostradamus falou da grande cidade nova feita de altas "montanhas ocas" próxima ao jardim do mundo.

"O estado de Nova Jersey, de cuja costa se pode ver as grandes montanhas ocas de Nova York, é conhecido como 'o Estado Jardim'. Em duas das profecias de Nostradamus, uma coisa a sua mente quinhentista só consegue chamar de 'isso' abre um caminho para essas montanhas ocas. Elas são então aprisionadas e fervidas em um caldeirão. Mais de quatro séculos atrás, Nostradamus pode ter visto essas grandes montanhas ocas atingidas por uma imensa 'chama espalhada'. Ele queria dizer que a chama não podia ser apagada e a fumaça e os escombros subiriam e fermentariam em nuvens ferventes, como se fossem 'mergulhadas em um tonel'."

Na Centúria 6, quadra 97, lê-se:

Em 45 graus, o céu arde,
O fogo se aproxima da grande cidade nova,
Imediatamente uma enorme chama espalhada se eleva,
Enquanto eles querem ter confirmação dos normandos.

Conforme Hogue explica, "Nova York está próxima da latitude de 45 graus. É uma cidade relativamente nova em comparação com outras, e não existem cidades exatamente nessa latitude que se pudesse chamar de 'novas' e significativas o bastante para atrair a atenção de Nostradamus. Os versos dois e três podem descrever os motores em chamas dos dois jatos se aproximando da grande cidade nova. Eles caem sobre as torres do World Trade Center. Imensas bolas de fogo de 'chama espalhada' se eleva enquanto as fontes de informações dos Estados Unidos procuram verificar com os seus colegas franceses sobre rumores de um ataque iminente ao país".

"Uma outra possibilidade (diferente de 'latitude')", observa Patricia Spadaro, co-autora de *Saint Germain's Prophecy for the New Millennium*, que analisa Nostradamus e outros profetas importantes, "é que Nostradamus está 'vendo' o incidente do andar térreo, então olha para cima a um ângulo de 45 graus quando os aviões mergulham sobre as torres."

Uma interpretação alternativa inteiramente nova da palavra "normandos" é oferecida por Elizabeth Clare Prophet. "Normandos significa literalmente 'homens do norte'", escreve ela. "Se fosse para escrever em código, você po-

Ilustração. 25.1. Nostradamus previu a destruição das torres gêmeas em Manhattan em 2001?

deria descrever o mundo celestial como o 'norte' e os seus habitantes como os 'homens do norte' — quer dizer, os anjos, mestres e santos que chegam até nós vindo do mundo celestial. Talvez nos voltemos para esses seres iluminados na ocasião do cumprimento dessa profecia para compreender o significado espiritual do que estiver acontecendo."

Na Centúria 10, quadra 49, lê-se:

O jardim do mundo próximo à nova cidade,
No caminho das montanhas ocas:
Isso será tomado e afundará em um caldeirão fervente,
Bebendo à força as águas envenenadas por enxofre.

Hogue observa: "Se você estivesse na costa oeste do rio Hudson, em Nova Jersey ('o Estado Jardim'), e olhasse dali para a ilha de Manhattan, veria as 'montanhas' fabricadas de Nova York. Até mesmo os nova-yorquinos chamam os seus bulevares de 'cânions' entre as montanhas de arranha-céus.

"'No caminho' daquelas 'montanhas ocas' voavam terroristas em jatos seqüestrados, prontos para desfechar os seus golpes fatais. As montanhas ocas são 'tomadas e afundam' em um 'barril' ou *cuue* fervente, conforme Nostradamus descreve no seu francês renascentista [...]" Hogue acredita que o uso da palavra *cuue* é uma tentativa poética de captar a visão das imensas estruturas montanhosas desmoronando pela ação da gravidade: "Essa palavra representa as montanhas ocas quando desmoronam e se desmancham na efervescência de nuvens escaldantes produzidas pelos seus próprios escombros pulverizados. O último verso talvez tente explicar a toxicidade da nuvem de escombros que cobriu Nova York com o mau cheiro da poeira impregnada de asbesto."

Hogue também acredita que o verso final dessa quadra possa augurar um futuro e muito mais catastrófico ataque sobre Nova York. Sobre "Mabus, o Terceiro Anticristo" e a sua guerra terrorista de 27 anos, Hogue menciona a Centúria 2, quadra 62:

Mabus morrerá logo, depois virá,
Uma horrível desgraça para pessoas e animais,
De um só golpe se verá a vingança,
Uma centena de potências [países], sedentas, famintas,
quando o cometa passará.

A Centúria 8, quadra 77 dá seguimento ao assunto:

O Terceiro Anticristo muito em breve aniquilado,
Vinte e sete anos a sua guerra sangrenta durará.
Os heréticos são mortos, os cativos exilados,

Corpos humanos encharcados de sangue, e uma camada
de granizo avermelhado cobrindo a Terra.

Hogue há muito tempo interpretou o aparecimento do cometa Hale-Bopp, em 1997, como a indicação do aparecimento de Mabus num futuro próximo. Nostradamus aponta para Mabus (ao menos em parte), diz Hogue, em uma correlata quadra 72 da Centúria 10 como o "rei do terror, descendo dos céus" ou em "1999 e sete meses" (julho de 1999) ou em "1999 mais sete meses" (julho de 2000).

Embora poucos possam ignorar a comparação válida de jatos civis caindo sobre o Pentágono e sobre as torres do World Trade Center como um "terror descendo dos céus", Hogue acredita que o advento de Mabus já aconteceu, ainda que ligeiramente depois do esperado por Nostradamus. "Da minha parte", comenta ele, "eu não culpo um homem que prevê acontecimentos 450 anos no futuro que erra a data que escreveu por dois anos e quatro meses ou catorze meses, dependendo de a qual mês de julho Nostradamus se referia."

De maneira geral, esclarecer o verdadeiro significado de Nostradamus parece ser algo muito semelhante à interpretação da Bíblia, especialmente do Livro do Apocalipse. Grande parte permanece nos olhos de quem vê, mas isso não é motivo para descartar o processo. Na realidade, essa poderia ser a questão.

Joseph Jochmans, outra autoridade em Nostradamus, afirmou em recente artigo em *Atlantis Rising:* "Quanto mais se estuda o que [Nostradamus] realmente escreveu nas suas estrofes originais em francês antigo, mais se compreende que pode haver diversos significados para as suas profecias, o que pode levar a diversos sentidos possíveis que as profecias podem dar. Basicamente, o que Nostradamus fez com as suas mensagens proféticas foi colocar um espelho à nossa frente, mostrando-nos os diferentes caminhos a seguir que já existem dentro de nós. Qual das suas profecias escolhemos para cumprir é sempre por nossa conta." De acordo com Spadaro, os profetas nos dizem que uma profecia não é algo imutável. Trata-se de uma advertência, afirma ela, e as mudanças que fazemos na nossa vida irão influenciar os resultados.

Mesmo nas antigas guerras entre o bem e o mal, todas as *mudanças,* tanto interiores quanto exteriores, acontecem de acordo com as regras — as "leis" do episódio dramático. Em forma teatral clássica, emprestada de antigos rituais nos templos — conforme entendido por eruditos desde Aristóteles a Goethe — o público vivencia a catarse: purgação, alívio ou mudança — depois de ser conduzido no lugar do outro ao longo de um número de passos definidos (inspiração, desenlace, clímax, e assim por diante). Nas tragédias de Shakespeare, o conflito presente no primeiro ato acaba sendo resolvido depois que o protagonista e o antagonista passaram por todas as etapas da fórmula ou receita dramática até chegar ao clímax pré-ordenado. Isso é chamado metamorfose e pode ser considerado como o caminho pelo qual uma lagarta se transforma em uma borboleta ou um botão se transforma em uma rosa. Para os alquimistas, essa mudança, que era para ser vista, era a grande obra da transmutação do metal básico da alma primitiva no ouro refinado do ser superior — às vezes chamado de mudança da água em vinho.

Para essa escola de pensamento, o mundo exterior nada mais é do que um reflexo de um mundo interior, espiritual, preexistente — "Assim em cima como embaixo". Poderia o muito temido "fim do mundo", conforme é apresentado na literatura apocalíptica, na realidade representar um grande episódio de mudança que deve ocorrer dentro de nós, e não fora? A catástrofe externa fora de nós (no mundo material) sucede quando as mudanças necessárias não aconteceram internamente. Ao atravessarmos internamente os episódios prescritos, somos libertados de tiranos espirituais como o materialismo e a idolatria que nos prende a estados inferiores de consciência.

No seu livro de 1998, *Hidden Millennium, the Doomsday Fallacy*, o autor Steven Koke trata dessas questões. Koke acredita que o Livro do Apocalipse, ou da Revelação, e o Juízo Final estão totalmente relacionados a questões psicológicas. "O apocalipse bíblico", escreve Koke, "não é uma afirmação sobre o mundo material, mas indica grandes mudanças na consciência e nas atitudes humanas. O mundo da psique ou alma é o assunto do Apocalipse."

Conforme o pesquisador acadêmico de psicologia Joseph Ray explica: "A linguagem oculta da Bíblia é a alegoria e a metáfora. O que se compreende depende do grau de consciência espiritual que cada um cultivou e conseguiu desenvolver." E continua: "A metáfora do continente perdido, Atlântida, surgindo poderia significar o retorno do conhecimento perdido de uma pessoa." E, como Koke acrescenta, "O que as profecias sobre o milênio (ou dia do juízo) podem revelar é um renascimento, não uma catástrofe".

"Vivemos uma época de desafios e oportunidades excepcionais", afirma Spadaro. Os profetas — desde Nostradamus a João, o Revelador, de Edgar Cayce a Saint Germain — previram o futuro rito de passagem para os Estados Unidos, com os mesmos desafios que afundaram a Atlântida.

"Os profetas e os sábios do Oriente e do Ocidente", continua Spadaro, "nos dizem que a guerra é um reflexo do antagonismo espiritual dentro dos habitantes da Terra. E eles dizem que podemos influenciar as condições exteriores quando nos envolvemos em um processo de transformação interior, espiritual. O que é importante não é tanto ligar os incidentes às profecias, mas aprender e crescer com os acontecimentos que testemunhamos — e mudar o cumprimento da profecia mudando a nossa consciência."

Isso não quer dizer que gostemos da transformação. "Normalmente, a mente não quer ser transformada", lembra Koke, "porque a mudança se parece com a entrada no caos e no desconhecido." O psicanalista Carl Jung, nos seus esforços para compreender o comportamento humano, identificou o medo do desconhecido — *misoneísmo,* conforme ele chamou — como uma determinante poderosa do comportamento.

Certamente, o espetáculo das aeronaves gigantescas pilotadas por assassinos loucos se chocando com as enormes torres de Nova York e matando centenas de pessoas diante do público televisivo do mundo todo constitui um acontecimento de proporções verdadeiramente bíblicas — do qual se espera a capacidade de provocar pensamentos de morte e de dia do juízo. Assim sendo, ele poderia se constituir no catalisador para uma espécie de pensamento acelerado, que provavelmente não aconteceria em tempos tranqüilos. Mas seja isso o resultado de uma grande mudança pré-ordenada ou a causa não vem ao caso. O fato inescapável — conforme muitos observaram — é que jamais seremos os mesmos depois.

Portanto, vamos aproveitar disso o máximo que pudermos.

26 Giordano Bruno

POR QUE ELE FOI QUEIMADO NA FOGUEIRA?

JOHN CHAMBERS

Até recentemente, a maioria das pessoas conhecia Giordano Bruno apenas como um notável padre dominicano que foi queimado publicamente na fogueira em Roma, em 17 de fevereiro de 1600, por proclamar não só que a Terra gira ao redor do Sol, mas também que o universo é infinito e contém um número infinito de mundos. Ao longo do último meio século, surgiu um Bruno de um conhecimento ainda mais abrangente. Descobriu-se que o alcance do seu pensamento e da sua capacidade de previsão era verdadeiramente excepcional, estendendo-se a quase toda a atividade humana.

Pelo menos um comentarista moderno, Ramón Mendoza, não hesita em chamar Bruno de fundador da moderna cosmologia. Há muito tempo é sabido que as descrições precisas do padre italiano sobre o nosso universo material anteciparam por séculos as descobertas da astronomia moderna. Bruno chegou a escrever no final dos anos 1500 que "no espaço existem incontáveis constelações, sóis e planetas; vemos apenas os sóis porque eles emitem luz; os planetas permanecem invisíveis, pois são menores e escuros".

A presciência de Bruno foi mais impressionantemente maior do que isso. Mendoza e outros comentaristas esclarecem que esse pensador, formado pelos austeros seminários católicos, chegou a ser não-dualista — alguém que acredita que a mente e a matéria não são separadas mas, sim, aspectos de uma realidade única subjacente —, uma crença que só foi admitida no nosso século.

Mendoza escreve em *The Acentric Labyrinth*, de 1997, que "a pedra angular da ontologia de Bruno é a sua percepção: a matéria é inteligente e a inteligência é material". Faz parte da essência da matéria ser autopropulsora, evoluir e tirar de dentro de si todas as formas que ela é capaz de adotar. A matéria se organiza e se metamorfoseia por si mesma.

Ilustração 26.1. Giordano Bruno, um visionário do século XVII executado pelas suas crenças.

Com tais concepções, Bruno parece ter previsto a teoria do caos, cujos proponentes sustentam que a matéria tende a se organizar espontaneamente em combinações mais complexas. Ele parece se colocar do lado daqueles que acreditam no "estado zero" do universo, em que por trás de todo o espaço e o tempo a realidade obedece a uma ordem energética implicada. Na verdade, com essa concepção (derivada do mundo antigo) do *anima mundi*, uma alma universal ou "Deus-consciência" — um aspecto dessa realidade total de que a matéria é um outro aspecto —, Bruno não está longe da posição dos novos profetas da holografia quântica, segundo os quais cada parte do universo é contida em todas as outras partes.

O gênio de Bruno não era apenas cosmológico. Julia Jones, uma escritora de Los Angeles atualmente pesquisando o filósofo herético, comenta que Bruno foi um incansável promotor da causa do ecumenismo, que em uma época de batalhas sectárias sangrentas defendeu, previu e efetivamente buscou a reconciliação de todos os sistemas religiosos, católicos com protestantes, cristãos com pagãos.

"'Unidade' era o lema dele", afirma Jones, que acredita que Bruno teria se alegrado e não se surpreendido ao saber que, em meados de junho de 1998, o Vaticano concordou em pôr fim a um conflito de 500 anos com os luteranos ao assinar uma declaração conjunta em que ambas as partes "compartilham uma compreensão básica de como os seres humanos recebem o perdão e a salvação de Deus". Jones observa que o *New York Times* publicou essa reportagem na primeira página, lado a lado com outra reportagem sobre um planeta recém-descoberto orbitando uma estrela anã vermelha a apenas 15 anos-luz do nosso Sol. Bruno igualmente não se surpreenderia com essa reportagem, observa ela, e veria as duas histórias — e até mesmo a sua proximidade! — como afirmações da sua crença na unidade fundamental de todas as coisas.

Há ainda uma outra área, que os pesquisadores estão apenas começando a examinar, em que Bruno pode ter estado não somente 400 anos adiantado em relação à sua época, mas até mesmo adiante da nossa época também. Essa área tem a ver com o conceito — a que os modernos adeptos do movimento Nova Era se aferram fervorosamente — de que a mente humana tem um poder infinito para moldar, criar, penetrar e compreender a realidade. "Os nossos pensamentos criam a realidade" tornou-se uma divisa.

Bruno foi bem além dessa compreensão ao defender — em uma época que desencorajava até mesmo a mais ligeira forma de livre-pensamento — que todos poderíamos, e deveríamos, aspirar a nos tornarmos como Deus, de modo a podermos compreendê-lo a fundo e portanto ter um poder pessoal sobre o nosso mundo. "Procure crescer a uma grandeza além da medida", escreveu ele, "no sentido de se libertar do corpo; eleve-se acima de todo o tempo, torne-se a Eternidade; então você compreenderá Deus. Acredite que nada é impossível para você, considere-se imortal e capaz de compreender tudo, todas as artes, todas as ciências, a natureza de todos os seres vivos."

Os atuais simpatizantes da Nova Era são criticados pela natureza arbitrária das suas crenças nesse poder da mente de criar a realidade; eles são acusados de entregar-se "só a simples desejos" indisciplinados e irresponsáveis. O que nem sempre é conhecido sobre Bruno — porque não é enfatizado pelos pesquisadores que cada vez mais se preocupam com os seus feitos como teórico da ciência — é que em toda a sua vida, sendo um padre-filósofo italiano de nascença, que também morou na França, na Inglaterra e na Alemanha, ele se esforçou em descobrir um conjunto de elementos que o capacitasse a controlar, de maneira disciplinada, os poderes da própria mente.

Ele descobriu esses elementos — e os desenvolveu pessoalmente com aperfeiçoamentos impressionantemente originais — na quase-ciência da magia astral que, um século antes, prendeu a imaginação dos maiores pensadores do Renascimento italiano.

Na nossa época, pensadores e escritores como Schwaller de Lubicz e — mais recentemente — Robert Bauval sustentam que a civilização do Egito antigo tem uma origem muito mais remota do que pensamos e que, nas brumas da antiguidade perdida, houve um possuidor do conhecimento arcano que outorgou um grande poder espiritual e material àquele povo. Muitos partidários modernos da Nova Era costumam pensar que conseguiram alcançar esse conhecimento — normalmente no setor do controle da mente — seja por meio da canalização, seja pela leitura de fontes antigas.

De alguma forma, parece que nos esquecemos de que, na Europa dos séculos XV e XVI, pensadores como Marsilio Ficino e Pico della Mirandola mantinham exatamente as mesmas crenças. O mesmo aconteceu com Giordano Bruno, que, na realidade, mostrou-se perante a Igreja como um filósofo 'egípcio" que retomara o conhecimento daquelas crenças perdidas e pretendia apresentá-las, em toda a Europa, como sendo imensamente superiores às crenças do catolicismo romano. Foi a pressa dele em adotar aquele conhecimento que acabaria, mais do que tudo, conduzindo Bruno para as chamas da Inquisição.

Bruno viria a acreditar que podíamos nos comunicar diretamente (usando a palavra dele, "copular") com o *anima mundi,* a alma do universo, ao nos dirigirmos a ela na sua própria língua — os símbolos da magia quando animados pela imaginação humana. Foi a sabedoria dos antigos egípcios que lhe forneceu os conhecimentos para fazer o que os próprios egípcios antigos fizeram. Esse conjunto de conhecimentos pretensamente antigos era totalmente irresistível na novidade que representava na época; chegou à Europa através do Oriente Médio apenas em meados do século XV.

Frances Yates, uma erudita em Bruno, escreve que "o Deus egípcio, Thot, o escriba dos deuses e a divindade da sabedoria, era identificado pelos gregos com o seu Hermes e às vezes recebia o epíteto de 'O Três Vezes Grande'. Os latinos apossaram-se dessa identificação de Hermes ou Mercúrio com Thot". Por volta de 1460, um monge trouxe da Macedônia para a corte de Cosimo de Médici em Florença um manuscrito grego contendo uma cópia do *Corpus Hermeticum.* Essa obra era considerada como tendo sido escrita na mais remota antiguidade, possivelmente antes da época de Noé, por um sacerdote egípcio sapientíssimo — possivelmente o próprio Thot, que lhe atribuiu o seu próprio nome, Hermeticum.

De Médici ordenou que o grande erudito-pensador Marsilio Ficino traduzisse o documento imediatamente; Ficino o fez, apaixonando-se pela sua abundância de conhecimentos em especial com relação à magia astral. A tradução causou uma sensação; ao lado de outras obras pretensamente egípcias antigas que chegavam à Europa na época — e juntamente com as traduções da Cabala que apareciam pela primeira vez em toda a Espanha — a obra de Ficino deflagrou o início de uma revolução intelectual que, um século depois, ainda tinha força suficiente para prender a imaginação de Bruno.

A magia astral ensinava que é possível retirar das estrelas e dos planetas poderes que são benéficos àquele que a pratica — "retirar a vida do céu", conforme se expressou Ficino. Isso pode ser feito por meio da manipulação de um complexo conjunto de imagens precisas, algumas tiradas dos signos do zodíaco. E ainda assim, ressalta Yates, a magia astral escapou do determinismo astrológico ao obter poder sobre os astros — em parte dos signos dos decanos, as 36 partes nas quais os antigos egípcios dividiram o céu.

Era essencial ter essas imagens diante de si, ou contemplá-las o tempo todo na mente. Era igualmente importante reforçá-las com a presença de objetos correspondentes, tais como cores, ou pedras preciosas, ou vegetais. Esses magos do Renascimento italiano sustentavam que, se as pirâmides do antigo Egito foram dispostas de modo a corresponder à forma de uma constelação, isso tinha como finalidade atrair o poder daqueles astros e não o resultado da visita primordial de seres de outros mundos. Eles teriam chegado a afirmar que o modelo do céu que se diz compor o teto da câmara funerária do primeiro imperador chinês, Qin Shi Huangdi, foi feito assim para atrair sobre o corpo do imperador o poder daqueles corpos celestiais.

Ficino e os seus colegas pensadores acreditavam que os egípcios foram capazes de manipular essas energias cósmicas de tal maneira a conseguir que espíritos entrassem em estátuas e as animassem. Eles acreditaram sem questionar na declaração no Picatrix — o primeiro livro do *Corpus Hermeticum* — de que "Hermes foi o primeiro a construir imagens por meio das quais era capaz de controlar o Nilo contra o movimento". Uma vez que a Igreja não via com bons olhos os componentes pagãos de origem egípcia na magia astral, pensadores como Ficino e della Mirandola a praticavam apenas brandamente, embora com muito entusiasmo.

Com Bruno era bem diferente. Conforme observa Yates, ele "adotou a postura de sustentar que a religião mágica do Egito era não só a mais antiga como também a verdadeira religião do mundo, a qual tanto o judaísmo quanto o cristianismo distorceram e corromperam".

Para os pensadores do Renascimento, as imagens precisas ainda que complexas de estrelas, planetas e decanos essenciais para a magia astral estavam muito longe de serem apenas imagens: elas representavam a interface entre as realidades concretas da Terra e o mundo divino da *anima mundi*. Bruno, porém, levou as coisas um passo adiante. Ele acreditava que não havia nada no universo a não ser a matéria — ou, para ser mais preciso, dois tipos de matéria, a matéria corpórea e a matéria incorpórea. Entretanto, embora a matéria possa ser fundamental, a matéria incorpórea é animada pela *anima mundi* — a alma do mundo. Mais que isso, toda matéria é imortal e divina por obra da presença da *anima mundi*.

Bruno acreditava que a alma do mundo tinha uma faculdade primordial, a que chamou de "intelecto universal" *(intelletto universale)*, e que "governa e transforma diretamente a matéria nas suas vicissitudes eternas". É dele uma frase maravilhosa sobre essa matéria que considerava ser a base de todos os seres, tendo escrito em *De l'infinito* que "cansada da velha manifestação [*espécie*], [ela] fica à espera, produzindo uma outra nova, pois deseja tornar-se todas as coisas e, de acordo com as suas próprias forças, ser semelhante a todos os seres".

Atuando sobre a matéria, o *intelletto universale* tinha de levar em conta essa tendência; não poderia atuar sobre a matéria de modo totalmente arbitrário. Bruno explica: "De acordo com a diversidade de disposições da matéria e de acordo com a capacidade dos princípios materiais ativos e passivos, [ela] procura produzir diversas configurações e causar diversas possibilidades, mostrando às vezes seres vivos sem sensação, outras vezes seres vivos e sencientes sem inteligência [...]"

Para Bruno, então, matéria e espírito eram essencialmente uma coisa só, mas a matéria era primordial. Isso tornou da máxima força a sua afirmação de que, pela manipulação das suas próprias imagens da magia astral, ele poderia se comunicar com a *anima mundi* de tal maneira que era capaz de mudar a realidade material (incluindo, ou assim ele sugeria, as estrelas no céu e os planetas nas suas órbitas!); ele criava as suas imagens na suposição de que a *anima mundi* e a realidade material era uma coisa só. Terá sido isso que assustou tanto os inquisidores venezianos? Será que eles sabiam mais que nós — ou seja, que Bruno descobrira um meio de interferir no próprio universo material? Foi por isso que o condenaram a uma morte horrível na fogueira ao mesmo tempo que desapareceram com a maioria dos registros do seu julgamento e execução?

Só um relato de uma testemunha ocular da execução de Giordano Bruno chegou até nós; até o início do século XIX, a Igreja Católica Romana negou reiteradamente que tivesse chegado pelo menos a cometer esse ato horroroso contra o seu padre dominicano que se expressava sem rodeios.

Foi rezada uma missa comemorativa em nome de Bruno em 1889, no mesmo lugar de Roma onde ele encontrou a morte. Por causa desse acontecimento, afirma Julia Jones, cerca de 30.000 pessoas manifestaram-se publicamente em toda a Europa, algumas indignadas com a missa, outras felizes com ela. O papa entrou em retiro e jejuou, esperando afastar todas as conseqüências malignas resultantes do acontecimento.

Um pouco mais de um século depois, em 17 de fevereiro de 2000, uma missa comemorativa a que compareceram milhares de pessoas foi rezada no Campo di Fiori, em Roma — o lugar da execução dele — em honra do quarto centenário da morte de Giordano Bruno. Apesar da Igreja Católica, que ignorou as comemorações, a reabilitação de Bruno prossegue devagar e aparentemente com um certo grau de convicção. Restam poucas dúvidas de que a sua heróica e notável existência é extremamente necessária no mundo atual.

O Palácio de Leh do século XVI no Tibete foi uma escala importante nas rotas do comércio ao longo do vale do Indo entre o Tibete ao leste e Caxemira a oeste, e em última análise entre a Índia e a China. Em 1887, o viajante russo, o dr. Nicolas Notovitch, afirmou ter descoberto, em um mosteiro no Himalaia, textos antigos sobre a vida de Jesus sugerindo que Jesus descobriu a sua divindade depois de receber instrução espiritual dos sábios orientais.

O nascer do sol sobre a Cúpula da Rocha em Jerusalém. Jerusalém foi invadida durante as Cruzadas e quando finalmente foi capturada em 1099, a Cúpula da Rocha foi convertida de um santuário islâmico em cristão e renomeada como *Templum Domini* (Templo do Senhor).

A exemplo da representação de Mel Gibson sobre Jesus no filme *A Paixão de Cristo*, o quadro *O Sepultamento de Jesus* (de Rafael) reforça a doutrina da Igreja.

Este cálice baseia-se em uma criação de Benvenuto Cellini (1500-1571), o notável ourives italiano. Alguns pesquisadores eruditos argumentam que a famosa taça da Última Ceia (o Cálice do Graal) pode ter sido levada pela frota dos templários que partiu secretamente de La Rochelle, na França, em 1307, fugindo à perseguição do rei da França e da Igreja.

Muitas semelhanças entre Jesus e o antigo deus egípcio Osíris — mostrado aqui com Ísis na sua imagem do *Livro Egípcio dos Mortos* — levaram alguns a acreditar que grande parte da tradição cristã inspirou-se antigas fontes egípcias.

A distância encontra-se a fortaleza de Massada às margens do mar Morto, onde, em 70 d.C., os zelotes judeus cometeram suicídio em massa para não se render aos invasores romanos. Cópias antigas dos Manuscritos do Mar Morto encontrados em Massada ligam essa comunidade à Revolta dos Macabeus do século I d.C., contradizendo a noção tradicional de uma comunidade essênia pacifista em Qumran.

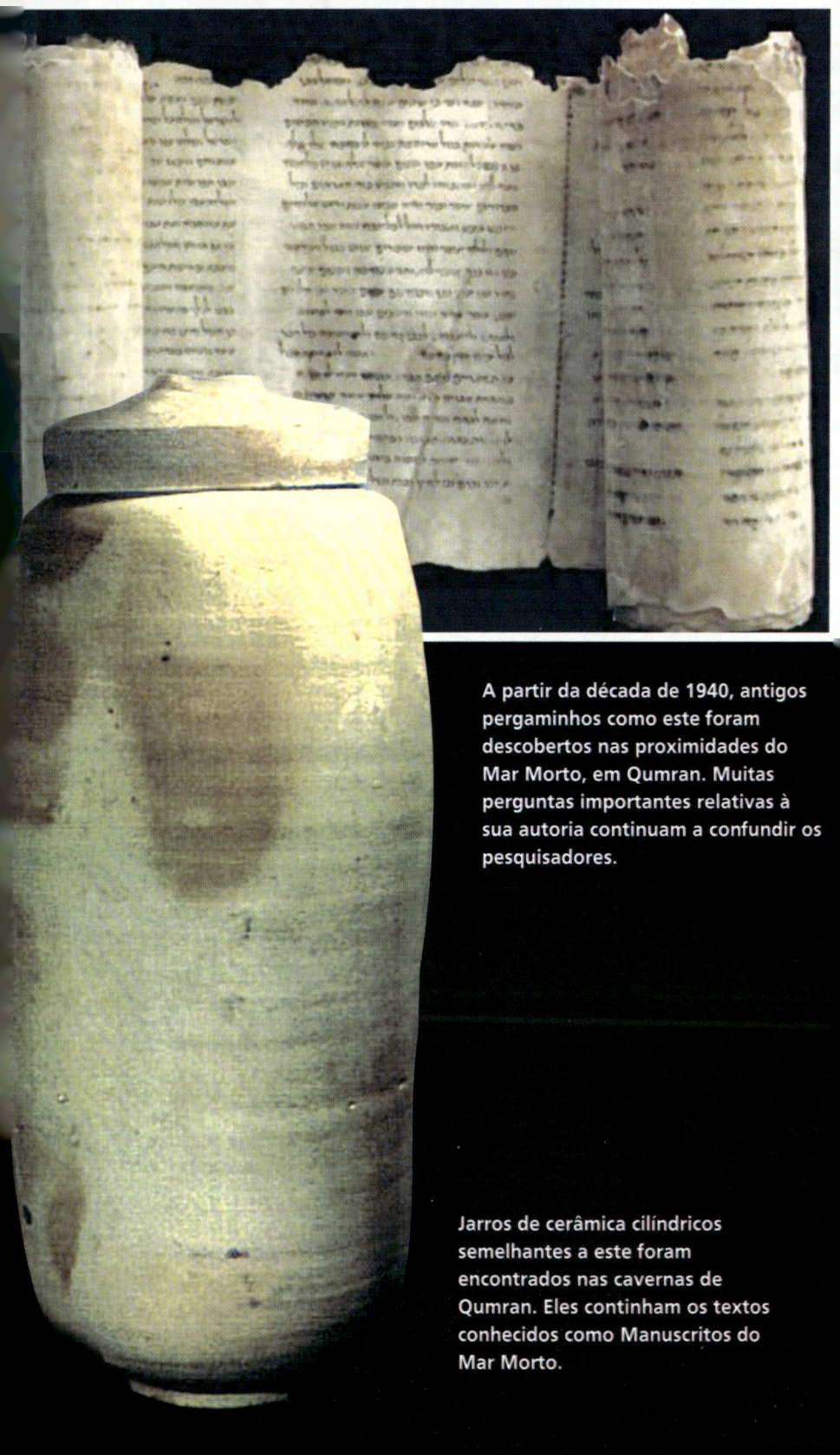

A partir da década de 1940, antigos pergaminhos como este foram descobertos nas proximidades do Mar Morto, em Qumran. Muitas perguntas importantes relativas à sua autoria continuam a confundir os pesquisadores.

Jarros de cerâmica cilíndricos semelhantes a este foram encontrados nas cavernas de Qumran. Eles continham os textos conhecidos como Manuscritos do Mar Morto.

Uma antiga representação da famosa batalha de Bannockburn, travada entre os escoceses e os ingleses, em 1314. Há muito tempo se suspeitava de que as tropas escocesas foram reforçadas por cavaleiros templários aliados que haviam fugido do continente, a quem Ro... Bruce, líder dos escoceses, dera guarida.

Robert Bruce (1274-1329) liderou a independência da Escócia. A sua coragem e determinação tornaram o seu nome sinônimo do nacionalismo escocês.

Jacques De Molay, o 23º e último grão-mestre dos Cavaleiros Templários, foi torturado durante anos antes de ser queimado na fogueira em 18 de março de 1314. No seu último suspiro, De Molay amaldiçoou os seus algozes, o papa Clemente V e o rei Felipe IV: ambos morreram naquele mesmo ano.

Imagem de um Cavaleiro Templário em cruzada à Terra Santa.

O teto da abóbada de Rosslyn consiste em cinco partes compreendendo motivos florais e estrelas. Este teto pode ocultar uma cruz de Lorena no seu desenho em código. A cruz de Lorena foi carregada durante as Cruzadas pelos primeiros Cavaleiros Templários, cujo uso lhes foi concedido pelo patriarca de Jerusalém.

O fantasma de um cavaleiro templário persegue um sonho antigo através das ruínas do castelo de Edimburgo. (Pintura de Tom Miller.)

Uma pintura da porta da Capela de Rosslyn.

A Capela de Rosslyn é uma capela medieval do século XV repleta de entalhes incomuns e simbolismo maçônico. Ela foi fundada em 1446 por Sir William St. Clair, terceiro e último príncipe de St. Clair das Ilhas Órcadas.

Uma pedra em Westford, Massachusetts, comemora a viagem de Henry Sinclair à América do Norte em 1398. Evidências dessa viagem são encontradas em muitos artefatos estranhos e inexplicáveis ao norte e ao sul da linha costeira da Nova Inglaterra.

Príncipe Henry, Primeiro Sinclair das Ilhas Órcadas. Nascido na Escócia, fez uma viagem de descoberta à América do Norte em 1398. Depois de invernar na Nova Escócia, viajou a Massachusetts e, em uma expedição ao interior em 1399 a Prospect Hill para conhecer a zona rural circundante, um dos integrantes do grupo morreu. A efígie do brasão de armas que adorna esta lápide é um memorial a esse cavaleiro.

Um busto de Henry Sinclair, o cavaleiro templário escocês cujas viagens à América do Norte um século antes de Colombo podem ter incluído a Nova Escócia e Newport, Rhode Island.

CARTA DE ÓRION E SÍRIUS, AMPLIADA E CENTRADA SOBRE A ILHA DE CRAIGLEITH

(DETALHE: ÓRION E SÍRIUS COM O CINTURÃO DE ESTRELAS EXATAMENTE SOBRE FIDRA, LAMB E CRAIGLEITH)

Uma carta de Órion e Sírius, ampliada e centrada sobre a ilha de Craigleith. Em destaque, Órion e Sírius com as estrelas do cinturão de Órion exatamente sobre as ilhas de Fidra, Lamb e Craigleith, na baía de Firth of Forth, Escócia.

Francis Bacon (1561-1626) o grande ensaísta, jurista, ...adista e filósofo que ...uitos suspeitam tenha sido ... verdadeiro autor das peças ...ibuídas a William Shakespeare.

...guns historiadores acreditam que navios como este foram ...mandados pelos templários disfarçados de piratas, em uma ...ngança contra a Igreja Católica Romana. Argumenta-se que a ...andeira dos piratas, denominada "Jolly Roger", na verdade seria ...disfarce para a bandeira dos templários.

Benjamin Franklin

John Hancock

O Grande Selo dos Estados Unidos, um símbolo maçônico bem conheci representando uma pirâmide e o olho que tudo vê da divindade, foi colocado na nota de 1 dólar por Franklin Roosevelt.

Os ideais americanos de liberdade, justiça e democracia foram influenciados pelo pensamento maçônico. Fundadores como George Washington (mostrado aqui), John Hancock e Benjamin Franklin eram todos franco-maçons.

Um retrato antigo de Joana d'Arc (1412-1431). Joana liderou o exército francês contra o inglês durante a Guerra dos Cem Anos. Muitos dos companheiros de Joana eram integrantes da Guarda Escocesa — um grupo que teria fortes laços com os Cavaleiros Templários.

O grande matemático e cientista Sir Isaac Newton (1642-1727) estudou a alquimia e os mistérios ocultos por quase toda a vida.

27 Joana D'Arc Revelada

O QUE RESTOU DA HISTÓRIA DA SUA
ESTRANHA SAGA?

JEFF NISBET

Em 30 de maio de 1431, uma jovem foi queimada viva por heresia e bruxaria em Rouen, França.

De acordo com um relato daquele dia, quando ela sucumbiu às chamas, o fogo "foi afastado com a ajuda de um ancinho e o seu corpo nu mostrado a todas as pessoas, assim como todos os segredos que poderiam ou deveriam pertencer a uma mulher, para que não restassem dúvidas na mente das pessoas. Depois que todos tinham olhado por tempo suficiente o cadáver pendurado no poste, o carrasco tornou a atear um fogo alto ao redor da pobre carcaça, que logo se queimou, tanto a carne quanto os ossos reduzidos a cinzas".

Embora a história nos conte que a vítima era Joana d'Arc, uma simples pastora conhecida então como Joana, a Donzela, o relato da sua execução mostra que até mesmo o sexo dela estava em dúvida na época — uma dúvida eliminada talvez com uma clareza um pouco exagerada no registro histórico.

Joana merece uma análise mais aprofundada.

Nascida em 6 de janeiro de 1412, Joana é uma das personagens mais bem documentadas da história — dificilmente surpreendente considerando que os registros dos seus vários julgamentos ainda sobrevivem.

Aos 13 anos de idade, uma voz disse a Joana que ela fora escolhida pelo "Rei do Céu" para levar "a reparação ao reino da França e ajudar e proteger o rei Carlos".

Com grande parte da França sob o domínio inglês, a soberania francesa estava em grandes dificuldades. As forças de Henrique V da Inglaterra tinham invadido a França em 1415, impondo ao país uma derrota esmagadora em Agincourt. Quando Henrique morreu, em 1422, os ingleses controlavam todo o território francês ao norte do rio Loire, e em 1428 montaram o cerco à ultima fortaleza da França na região — Orléans.

Para piorar as coisas, o trono francês achava-se em disputa.

O rei Henrique desposara a filha de Carlos VI da França e, segundo os termos do Tratado de Troyes, de 1420, o filho de Henrique foi nomeado o herdeiro do trono e acima do delfim Carlos, filho do rei francês. Piorando as relações entre ambos com uma ofensa ainda maior, espalhou-se a história de que Carlos era ilegítimo — uma história que a própria mãe viúva, Isabeau, endossava. Isabeau desfrutava da proteção dos burgúndios franceses, aliados da Inglaterra, portanto o que poderia uma mãe fazer? Embora os burgúndios mantivessem Paris, o delfim mantinha uma corte deploravelmente inócua em Chinon.

Então, em 4 de março de 1429, apareceu Joana.

Foi-lhe consentida uma audiência com o delfim em 6 de março e, com a ajuda divina, reconheceu-o muito embora ele se apresentasse disfarçado. Ela o impressionou relatando-lhe um segredo que apenas ele poderia saber. Em seguida ela foi examinada por um tribunal, o qual recomendou que Carlos pusesse Joana à frente dos seus exércitos. O restante é uma história que é conhecida o bastante para ser tratada apenas brevemente aqui. Joana levantou o cerco a Orléans e expulsou os ingleses.

Em seguida, ela conduziu o delfim à coroação como o rei Carlos VII e, depois de uma breve ainda que gloriosa carreira militar, foi capturada pelos burgúndios, vendida aos ingleses, julgada e então queimada na fogueira, enquanto o novo rei da França olhava em outra direção.

Vinte e quatro anos depois, Joana foi julgada de novo — postumamente — e, em 1456, o veredicto original foi anulado. Mais de quinhentos anos depois do seu nascimento, Joana d'Arc foi canonizada como Santa Joana em 1920 — pouca diferença fazendo para Joana, a Donzela.

Mas o "testemunho sob juramento" que pinta o quadro de Joana que agora espera-se que aceitemos é uma estranha mistura do acreditável com o inacreditável, o lugar-comum e o milagroso. Embora muitos jurassem sobre o testemunho dado, apenas algumas poucas mãos privilegiadas o registraram — então por que devemos acreditar no que elas escreveram? Talvez em vez de aceitar o que elas escreveram, devêssemos procurar em outra parte.

Em artigos anteriores, sugeri a existência de uma irmandade secreta tanto com o conhecimento quanto com o poder de orquestrar determinados acontecimentos historicamente de grande importância na Terra, que simultaneamente espelham a disposição do céu acima. Os artigos sugerem que esses acontecimentos são montados não só porque da fumaça e do trovão resultantes nascem heróis e símbolos que garantem a direção dos ventos da época, mas também porque eles são tramados para dar forma ao sentido de identidade de um país por séculos afora.

A Escócia tem Robert Bruce.

Os Estados Unidos têm a sua bandeira.

A França tem Joana d'Arc.

Só é preciso observar a comitiva de Joana durante os seus dias de glória para ver uma trupe agora reconhecida como de jogadores na corrente subterrânea do jogo do conhecimento. Segundo os termos da Aliança de Auld entre a Escócia e a França, muitos dos companheiros de armas de Joana eram integrantes da Guarda Escocesa. Esse era um grupo considerado como tendo fortes laços com os Cavaleiros Templários, cujo círculo interno pode ter escapado da França para a Escócia perante a supressão da ordem em 1307 por heresia, um momento em que eles escolheram desaparecer rapidamente. Embora o razoavelmente grande fã-clube dos templários dos nossos dias concorde com essa teoria, a minha opinião é de que o círculo interno dos cavaleiros assumiu o ponto de vista avançado de que era o momento de "enxugar" a corporação, e foi feito exatamente isso.

E então há René d'Anjou, um dos companheiros de Joana na viagem que ela fez para se encontrar com o delfim. Um dos muitos títulos de René era rei de Jerusalém. Puramente nominal, a designação não obstante descendia de Godfrey de Bouillon, que, conforme Michael Baigent e Richard Leigh afirmam em seu livro, *Holy Blood, Holy Grail*, havia fundado o nebuloso Priorado de Sião, o qual, por sua vez, fundou os Cavaleiros Templários. René é conhecido por ter sido um amigo íntimo do jovem Leonardo da Vinci, que, posteriormente durante a vida, é considerado como tendo sido grão-mestre do Priorado. "Muitos fizeram um comércio de engodos e falsos milagres, enganando a multidão estúpida", escreveu Leonardo. Ele também mantinha uma crença altamente herética de que Jesus era um gêmeo! No entanto, tratarei desse assunto mais adiante.

Um dos detalhes duvidosamente precisos que conhecemos sobre Joana é a hora precisa do seu nascimento — uma hora depois do pôr-do-sol de 6 de janeiro, um dia geralmente conhecido com o da Festa da Epifania, o Dia dos Reis Magos e o Décimo Segundo Dia do Natal. Curiosamente, nem a mãe de Joana nem nenhuma das outras testemunhas no julgamento de anulação menciona que a data de nascimento de Joana era um feriado oficial. Considerando que o julgamento era para mostrar que a missão de Joana fora realmente o

Ilustração 27.1. *Joana d'Arc Beija a Espada da Libertação*, um famoso quadro do século XIX de Dante Gabriel Rosetti.

resultado de uma inspiração divina, considerei esse silêncio curioso. E, assim, decidi consultar um registro que descobri durante uma pesquisa anterior — o da disposição do céu no dia em questão.

Pouco antes do amanhecer daquele dia 6 de janeiro de 1412, o planeta Mercúrio, mensageiro dos deuses, elevava-se acima do arco da constelação de Sagitário, o Arqueiro, ao passo que Vênus, a estrela da manhã e símbolo da deusa em muitas tradições pré-cristãs, situava-se no bíceps do braço que retesa o arco. Então surgiu o Sol, escondendo o céu à luz do dia.

No *Henrique VI* de Shakespeare, escrito 179 anos depois, o delfim desafia Joana para um combate simulado com espadas. Totalmente derrotado, Carlos chama Joana de "estrela brilhante de Vênus, caída sobre a Terra".

Agora vamos considerar o nome Arc, que em francês significa "arco" e também veio a significar o salto da eletricidade entre dois pontos desconectados. É intrigante que, no dia do nascimento de Joana, Vênus se aproximasse do arco, talvez para indicar que uma mulher fora escolhida para disparar uma flecha da verdade oculta na direção do futuro, ao passo que Mercúrio, também conhecido como Hermes, a acelerasse no seu caminho. E embora a referência shakespeariana do delfim a Joana como Vênus se encaixe perfeitamente na cena, uma profecia que prendeu a imaginação da época produz calafrios justamente com as imagens que evoca. Atribuída a Merlin, a profecia previa que uma virgem cavalgando Sagitário salvaria a França!

Urano seguia o Sol no dia do nascimento de Joana. O mais velho dos deuses, Urano senta-se sobre a cabeça de Capricórnio, o bode — uma figura que segundo alguns especulam é de enorme importância entre os templários. Uma representação comum mostra uma criatura alada com a cabeça de um bode-macho sobre um torso humano, com seios femininos e uma estrela na testa. Ela apresenta uma Lua brilhante acima e uma Lua escura abaixo, uma imagem hermética muito eloqüente. Considerada por alguns como sendo Baphomet, a entidade que os templários foram acusados de adorar, ela espera dezoito anos para aparecer de novo na vida de Joana.

Quando Joana é recebida pelo delfim, em 6 de março, Vênus cavalga sobre o dorso de Capricórnio, e em *Henrique VI* um mensageiro traz notícias de Joana como "uma nova santa profetiza *surgiu*". Em um rito iniciático dos franco-maçons, uma fraternidade considerada como sendo a continuação do legado dos templários, os iniciados são elevados para dentro da ordem a partir de uma morte simbólica, e uma das mais repetidas histórias contadas sobre o rito é que os iniciados também devem cavalgar o dorso de um bode.

Mas voltemos ao nascimento de Joana.

Quando o Sol se pôs no oeste, a constelação de Órion subia no leste. Considerando que discuti a importância de Órion em artigos anteriores, não vou fazê-lo agora — a não ser para acrescentar que o minúsculo e distante Plutão situava-se acima da cabeça de Órion como uma coroa invisível.

À esquerda de Órion, o planeta Netuno, deus dos oceanos, separava os dois Gêmeos, e o Décimo Segundo Dia de Natal tornou-se a Décima Segunda Noite — a noite em que Joana nasceu. Uma hora depois do pôr-do-sol, o tempo permitindo, Órion e Gêmeos estariam cintilando no céu oriental.

Há muito tempo os pesquisadores discutem a importância do título de Shakespeare, *Noite de Reis, ou Como Gostais,* uma vez que a peça não apresenta nenhuma explicação. É a história de gêmeos, homem e mulher, que são separados por uma tempestade no mar, cada um pensando que o outro se afogou. A mulher se mascara de homem e, até o fim da peça, há muita confusão de sexo, com um pouco de roupas trocadas no meio por via das dúvidas.

Considerando que o registro histórico convenientemente nos diz que Joana nasceu na Décima Segunda Noite, é interessante que Netuno, cujo nome é uma referência ao deus dos oceanos, separasse os dois Gêmeos na noite do nascimento dela, exatamente como os gêmeos de Shakespeare foram separados por uma tempestade no mar.

Ouso pensar que talvez o Bardo quisesse escrever duas histórias — uma oculta na outra!

À parte a Bíblia do rei James, encomendada pelo primeiro rei franco-maçom britânico, nenhum outro livro desfrutou de maiores índices de vendas do que os das peças de William Shakespeare. E, ainda assim, a sua autoria continua sendo alvo de um acalorado debate. Um dos mais importantes candidatos a autor/editor de ambas as obras é Francis Bacon, o filósofo inglês que foi contemporâneo de Shakespeare. Com um papel considerado fundamental para o nascimento dos rosa-cruzes — uma irmandade esotérica com laços templários e franco-maçons — Bacon pode ter articulado em segredo para preparar um sistema pelo qual o conhecimento perdido pudesse um dia ser redescoberto. Ele também compartilha um paralelismo inspirador com os Gêmeos.

A cota de armas de Bacon mostra dois soldados — provavelmente Castor e Pólux, os dois Gêmeos. O seu lema, "*Mediocria firma*", costuma ser interpretado como "o terreno do meio é mais seguro". Em uma época em que a heresia poderia causar a execução na fogueira, talvez Bacon estivesse meramente se protegendo ao não levar o crédito por dizer demais tão cedo — preferindo deixar que o seu lema aparentemente inofensivo falasse coisas mais sérias no devido tempo.

Nos 572 anos desde a morte de Joana, os historiadores têm sido infestados por dois grupos detestáveis de revisionistas — os "bastardizantes" e os "sobreviventistas". Os bastardizantes alegam que Joana não era uma simples pastora, mas na verdade a filha ilegítima da rainha Isabeau com o cunhado, Louis de Orléans, o que tornava Joana a meia-irmã do delfim e também, conseqüentemente, a sobrinha de Henrique VI da Inglaterra pelo casamento da irmã do delfim com Henrique V. Os sobreviventistas alegam que Joana escapou da execução graças aos esforços secretos do seu principal juiz, Pierre Cauchon, e outros no lado inglês.

Nos 25 anos que sucederam a execução de Joana, diversas almas intrépidas alegaram ser Joana d'Arc. É interessante que uma dessas "impostoras" foi perdoada em 1457 por nada menos que o próprio personagem René d'Anjou, companheiro de armas de Joana e rei nominal de Jerusalém.

É altamente improvável que Joana tenha nascido no dia em que a história registra — um dia em que o céu estava tão convenientemente disposto. É mais provável que ela tenha nascido antes e depois entregue para pais de criação naquele dia astronomicamente auspicioso — para os registros. Também é mais provável que a carreira milagrosa de Joana d'Arc tenha sido orquestrada pela vontade de um *cognoscenti* que seguia uma agenda secreta mutuamente combinada entre os lados opostos do campo de batalha — uma irmandade que contava os muitos milhares de casualidades bélicas seguidas como perda colateral aceitável e que continuaria a promover discretamente um espírito de competição nacionalista e competitivo que se tornaria muito útil quando chegasse o momento de dividir e colonizar o Mundo Novo a ser brevemente "descoberto" no oeste.

O primeiro aparecimento cartográfico do nome América aconteceu no mapa de Martin Waldseemüller, de 1507, produzido sob o patrocínio do duque René d'Anjou II, que herdara o título de rei de Jerusalém do avô. O mapa foi recentemente adquirido pela Biblioteca do Congresso dos Estados Unidos por 5 milhões de dólares e será a jóia da coroa da sua coleção de mapas. *Caveat emptor!**

Finalmente, embora as posições dos seis antigos planetas no dia de nascimento oficial de Joana possam ter sido facilmente previstas na época, as posições dos três "planetas modernos" teriam sido problemáticas. Urano, convenientemente sobre a cabeça do bode, só seria descoberto em 1781; Netuno, entre os Gêmeos, em 1850; e Plutão, acima da cabeça de Órion, em 1933. Humm!

Quem sabe, prudentemente, apenas permitiu-se que eles fossem descobertos quando chegasse o momento certo!

Francis Bacon escreveu: "Começo a me cansar do Sol. Tenho apertado mãos com prazer, e sei que tudo é vaidade, e acho que nenhum homem pode viver bem uma vez a não ser que pudesse viver duas. Da minha parte, não reviveria as horas que passei, nem começaria de novo os minutos dos meus dias; não porque não tenha vivido bem, mas por medo de vivê-los pior. Não invejo nenhum homem que saiba mais do que eu, mas me apiedo dos que sabem menos. Agora, no meio de todos os meus esforços não há um só pensamento que me deprima, a não ser de que tudo o que consegui deva perecer comigo, nem possa ser legado entre os meus entes queridos e amigos honrados."

---

* Em latim no original. O princípio segundo o qual quem compra algo é responsável por encontrar erros naquilo que comprou. (N. do T.)

Embora a jovem cujo corpo subiu ao céu em uma nuvem de fumaça sobre Rouen em 30 de maio de 1431 possa nunca ter sido conhecida por quem verdadeiramente era, talvez algum dia venha a ser conhecida por quem não foi. Francis Bacon, à sua maneira, assegurou-se disso.

"O mundo todo é um palco, e todos os homens e mulheres meramente atores." Deveras!

28 A Ressurreição do Alquimista

AS ANTIGAS ARTES DA TRANSMUTAÇÃO
FINDARAM COM A IDADE MÉDIA OU AINDA
SOBREVIVEM SOB DIFERENTES DISFARCES?

MARK STAVISH

Mencione a alquimia a alguém e o que essa pessoa normalmente pensa? Na Idade Média, com homens idosos em algum sótão esquecido, trabalhando em meio a frascos borbulhantes contendo líquidos desconhecidos, ou em frente a um forno, tentando converter chumbo derretido em ouro. Essas são as imagens do alquimista que o tempo, a mitologia e a história nos legaram.

É verdade que muitos dos primeiros alquimistas foram os precursores dos cientistas modernos. A física e a química devem muito a esses primeiros "inaladores", conforme eram chamados depreciativamente. Das suas horas de suor e trabalho, surgiram incontáveis avanços modernos — a porcelana, a destilação do álcool, ácidos, sais e uma variedade de compostos metálicos; todos são os resultados dos primeiros experimentos alquímicos. No entanto, se a alquimia não era simplesmente um tolo desperdício de tempo na busca de meios para converter metais básicos em ouro, o que era então?

O PARALELISMO EGÍPCIO

Considera-se que a palavra *alquimia*, ou *al-kemi*, tenha as suas origens entre os árabes ou egípcios, significando tanto "química divina" quanto possivelmente "terra preta", em referência aos depósitos de lodo das inundações anuais do rio Nilo. Entretanto, independentemente de onde surgiu a palavra *alquimia*, ela passou a significar um forma muito especial de crescimento espiritual.

Ilustração 28.1. Um alquimista em busca da Pedra Filosofal descobre o fósforo.

Ilustração 28.2. *L'alchimiste,* de David Tenier, o Jovem.

Desde a Grécia de Platão até o Renascimento europeu, o antigo Egito era tido como a terra, se não a origem, de tudo o que pudesse ser considerado como místico. O deus egípcio Thot, chamado Hermes pelos gregos, era considerado o pai de todas as artes e ciências mágicas, com numerosos livros sobre as leis que governam a criação sendo atribuídos a ele. Esses livros tornaram-se a base da maioria dos ensinamentos ocultos ocidentais e são conhecidos como o Corpus Hermeticum ou o Corpo de Hermes, os quais se referem à coleção integral das obras atribuídas ao "escriba dos deuses".

Os ensinamentos e a prática contidos nesses textos são chamados de hermetismo e, no Renascimento, vieram a incluir aspectos do misticismo judeu (cabala), alquimia, o uso de rituais e a comunicação com os seres supercelestiais, ou anjos. É importante lembrar que no mundo antigo e até o fim do Renascimento (século XVI), a magia era considerada não como superstição, mas como um meio lógico e coerente de compreender o universo e controlar o destino das pessoas. Magia, imaginação e magnetismo relacionam-se intimamente, tanto por meio da sua raiz *mag* quanto pela maneira como são compreendidos pelo mágico ou alquimista.

Para o mágico, ou até mesmo para o alquimista, o universo é percebido como um reflexo da imaginação da Divindade. As suas leis são coerentes e lógicas, e se somos criados à imagem do Criador, então também podemos criar como o Criador — pelo poder da imaginação. A imaginação intensa cria uma tensão no tecido do universo, atraindo para si o poder magnético, trazendo assim as nossas imagens à fruição.

As idéias fundamentais da magia e da alquimia renascentistas também são encontradas no Yoga oriental, e constituem a base do movimento da Nova Era, assim como da hipnoterapia, das visualizações orientadas para o tratamento da mente ou do câncer, das afirmações e de um vasto sortimento de outras práticas psicoespirituais.

Até a última metade do século XX, a maior parte dessas práticas espirituais eram mantidas em segredo ou ocultas, na maioria das vezes por medo de perseguição política ou religiosa. Daí por que se tornaram conhecidas como ocultas, ou de mistérios. Uma vez que muitas delas usavam os mesmos sinais, símbolos e a literatura das religiões contemporâneas — tais como o cristianismo, o judaísmo e o islamismo — as artes e as ciências de mistérios, ocultas ou herméticas tornaram-se conhecidas como esotéricas, ou o significado secreto por trás do *exotérico* ou das práticas ou dogmas religiosos cotidianos.

Esse medo da perseguição, da prisão ou morte, limitou a instrução nas práticas esotéricas a umas poucas pessoas de confiança, e era realizado apenas por meio de um processo de demorados e meticulosos rituais simbólicos e ensinamentos enigmáticos conhecidos como iniciações. Cada uma dessas iniciações simbolizava um passo, ou grau, na jornada interior, ou espiritual, do aluno ou discípulo na direção da iluminação.

Durante os séculos XVII, XVIII e XIX, dezenas de ordens e sociedades iniciáticas estabeleceram-se em toda a Europa com a disseminação de ensinamentos espirituais, a mais destacada delas sendo as dos rosa-cruzes, franco-maçons e cavaleiros templários. Algumas delas ensinavam aos seus integrantes por meio da instrução moral, tais como os franco-maçons. Outras, a exemplo dos rosa-cruzes, ensinavam o misticismo prático, o uso de rituais, a estrutura do universo por meio da Cabala, além de alquimia em laboratório. Muitas dessas organizações existem na Europa e nos Estados Unidos em formas variadas nos nossos dias.

Na alquimia, contudo, cada um dos seus passos ou fases representa não só um despertar interior (iniciação), mas também uma técnica prática, material, executada no laboratório. O trabalho concreto no laboratório torna-se um meio de verificar as expansões espirituais e psíquicas da consciência.

A alquimia, conforme se considera, é um sistema iniciático no qual não há como se iludir. É o único caminho iniciático em que há um controle do objetivo no laboratório: se um experimento mostrar que a pessoa ultrapassou as leis materiais comuns do universo, isso mostra que essa pessoa é um alquimista que teve um despertar interior. Esse despertar corresponde à regra segundo a qual "Você não transmutará nada se não tiver se transmutado primeiro", no dizer do Jean Dubuis, fundador e primeiro presidente da organização alquímica francesa dos Filósofos da Natureza.

Dubuis praticou intensamente a alquimia e artes esotéricas correlatas por quase 65 anos. Por causa da sua extensa carreira profissional na engenharia elétrica em uma importante empresa eletrônica internacional da França, e seu trabalho no campo da física nuclear com o laureado com o Prêmio Nobel Joliot-Curie, ele é classificado pelos colegas alquimistas como uma das poucas pessoas que se sentem inteiramente à vontade tanto com a tabela periódica dos elementos quanto com o diagrama cabalístico.

O seu caminho espiritual, segundo ele, começou quando teve um despertar espiritual aos 12 anos de idade na ilha da Abadia de Mont-Saint-Michel, na costa da Normandia. Esse despertar levou Dubuis a uma vida inteira de atividades e profundo envolvimento com os círculos esotéricos europeus. Ele tem ocupado cargos na ramificação francesa da Antiga e Mística Ordem Rosa-

Cruz (AMORC) — presidindo a sua seção de Iluminados de estudantes de grau superior — assim como em numerosas ordens e sociedades esotéricas.

Depois de se cansar dos diferentes níveis de sigilo e geralmente do uso do enaltecimento próprio do poder como no caso da obrigação de juramentos, ele renunciou às participações e fundou a Philosophers of Nature (PON) para abrir os caminhos da alquimia e da cabala a todas as pessoas de bom coração e de boa-fé. Isso é expresso no seu ponto de vista sobre a filosofia básica por trás da alquimia: "A alquimia é a Ciência da Vida, da Consciência. O alquimista sabe que existe uma ligação muito concreta entre a matéria, a vida e a consciência. A alquimia é a arte de manipular a vida e a consciência na matéria para ajudá-la a evoluir, ou resolver os problemas da desarmonia interior, espiritual. A matéria existe apenas porque é criada pela semente humana. A semente humana, o homem original, criou a matéria para involuir e evoluir. Veja, se formos além do que eu disse, o ser absoluto é um ser que cria a si mesmo, e devemos nos tornar seres que criam a si mesmos à imagem dele", afirmou Dubuis durante uma entrevista recente em uma conferência anual dos Philosophers of Nature.

Uma declaração semelhante foi feita por um colega francês e alquimista, François Trojani, durante uma entrevista a Joseph Rowe, em uma edição de julho de 1966 da revista *Gnosis:* "Ela [a alquimia] é a dimensão da interioridade e do significado em sentido profundo: o significado da vida, o significado da minha vida, as perguntas sobre o relacionamento do espírito com a matéria, do propósito e valor das minhas ações pessoais — as perguntas 'de onde eu vim?', 'por que estou aqui?', 'quem eu sou?' Não estou dizendo que a alquimia ofereça respostas exatas a essas perguntas, mas que ela atua na dimensão em que essas perguntas surgem."

PSICOLOGIA MODERNA

Assim como a iniciação esotérica busca reparar os danos psíquicos na humanidade, a sua enteada, a psicologia moderna, também o faz. Em conseqüência disso, a maioria das pessoas hoje em dia tem alguma familiaridade com a alquimia por intermédio dos textos abrangentes do psicólogo suíço Carl Gustav Jung. Jung foi atraído para a alquimia por uma série de sonhos que teve, assim como pelos dos seus pacientes, e a sua semelhança com os símbolos alquímicos representando as etapas do crescimento pessoal, ou individuação. Entretanto, para Jung, toda a obra alquímica em conjunto, ou *opus*, era considerada de uma perspectiva estritamente psicanalítica. A transmutação era a mudança não da matéria concreta, mas da matéria psicológica, de problemas destrutivos em atributos benéficos à vida, que tornam as pessoas mais felizes e a vida mais agradável.

Algumas das obras seminais de Jung descrevendo o processo da individuação humana, ou o ato ou efeito de tornar-se consciente da própria individualidade, são encontradas no seu *Alchemical Studies,* em que ele interpreta o significado das etapas fundamentais e os símbolos da alquimia para explicar as etapas espirituais da evolução, ou o que os alquimistas chamam de "iniciação espiritual".

Os alquimistas de laboratório observam cautelosamente que, apesar das suas contribuições, e do aspecto decisivo do trabalho psicológico na alquimia, Jung não é considerado um verdadeiro alquimista.

De acordo com Dubuis e outros, para que a alquimia seja autêntica, deve atuar em todos os níveis da criação — espiritual, mental, emocional e físico ou material. Se um ou mais desses níveis ficarem de fora e a transmutação for afetada de alguma forma, os resultados não poderão ser considerados alquímicos.

É verdade que Jung fez alguns acréscimos ao simbolismo e deu às pessoas um meio de observar a sua vida interior. "No que se refere à alquimia, a psicologia junguiana mostra que a alquimia é uma arte e uma ciência universal, e pode se prestar a tudo, mas reduzir a alquimia a uma alegoria terapêutica é um erro", afirmou Russell House, de Winfield, Illinois. House é o atual presidente da Philosophers of Nature e estuda alquimia com Jean Dubuis, Orval Graves, "Frater Albertus" e Manfred Junius, alguns do mais importantes alquimistas de laboratório deste século. De 1989 a 1993, House também ministrou aulas de alquimia na Rose-Croix University, mantida pela Antiga e Mística Ordem Rosa-Cruz (AMORC), em San Jose, Califórnia.

MEDICINA ALTERNATIVA

Juntamente com o crescimento psicoespiritual e a transmutação física, a alquimia há muito tempo é ligada à criação da semi-imortalidade material além de curas para doenças "incuráveis". Dubuis sugere que uma tintura cuidadosamente preparada, ou um medicamento preparado alquimicamente, extraído com álcool purificado, feito de frutos do carvalho, mostrou-se indicado no combate ao câncer e algumas doenças auto-imunes.

Entretanto, ao menos uma das principais contribuições da alquimia para a medicina alternativa é um pouco mais acessível do que quaisquer uma dessas:

ou seja, a homeopatia. Disponível na maioria de farmácias e supermercados, os medicamentos homeopáticos baseiam-se nas técnicas alquímicas do alquimista suíço do século XVI, Paracelso. No entanto, não foi Paracelso quem criou a homeopatia; ele apenas forneceu a teoria de que "semelhante cura semelhante" e que doses menores de medicamentos poderiam curar mais fácil e rapidamente do que doses maiores. As tinturas alquímicas, a exemplo dos medicamentos homeopáticos, são criadas a partir de plantas, minerais e metais. O tratamento homeopático foi formulado em 1796 e introduzido nos Estados Unidos em 1825. Na Europa, os preparados alquímicos e os medicamentos homeopáticos estão disponíveis ao público em geral.

De acordo com House, "Para os genuínos alquimistas, a cura, assim como a alquimia, deve acontecer em todos os níveis e tratar como um todo o ser ou a pessoa, e dentro do contexto da natureza e da evolução. A intenção do agente de cura deve ser oferecer encorajamento no mundo interior, espiritual, do paciente e não atuar contra o plano evolutivo da natureza. Assim como a homeopatia, os Remédios Florais de Bach, ou a aromaterapia, os medicamentos alquímicos atuam sobre o nível sutil e o grosseiro ao mesmo tempo".

FÍSICA QUÂNTICA

Desde o começo, a alquimia tem sido associada à idéia da transmutação, ou da mudança fundamental de uma coisa, normalmente um metal básico tal como o chumbo, em alguma outra coisa, nesse caso, o ouro.

Mas a transmutação é possível?

Para os alquimistas do passado e do presente, a resposta é um ressonante sim!

Trojani é citado como tendo afirmado que a transmutação aconteceu e continua a acontecer. A razão apresentada é que as operações alquímicas não acontecem no nível da tabela periódica dos elementos, mas, sim, no tecido do próprio tempo e espaço. Esse trabalho sobre os elementos do espaço e do tempo constitui trabalhar diretamente sobre si mesmo.

Na verdade, Dubuis, Trojani e o predecessor de ambos, François Jollivet-Castelot, todos concordam que não só a transmutação é possível, como também que ela pode não exigir muita tecnologia de ponta, equipamentos de alta energia que passamos a vincular à física subatômica.

Jollivet-Castelot escreveu um livro para o aspirante a alquimista, *Comment on devient alchimiste* (Como Tornar-se um Alquimista, 1897), comentando sobre a série de disciplinas herméticas necessárias e oferecendo orientações práticas na compra de equipamento de laboratório, assim como sobre os requisitos morais em relação ao alquimista.

Harvey Spencer Lewis, o fundador e chefe da AMORC americana, estava bem familiarizado com Jollivet-Castelot e a sua obra.

Em 1915, o próprio Lewis afirmou ter transmutado um pedaço de zinco em ouro usando pouco mais do que uma chama acesa e um cadinho. Os relatos dessa demonstração pública foram publicados várias vezes na revista da organização, *The Rosicrucian Digest*. Além disso, na edição de agosto de 1926 de *The Mystic Triangle*, a AMORC publicou o relato de Jollivet-Castelot da transmutação que ele realizou de um metal básico em ouro, assim como a receita para fazê-lo.

Em épocas mais recentes, a alquimia tem sido investigada como um meio de fornecer energia barata para a potencial criação de "supermetais". Em conferência na Palladian Academy, em janeiro de 1997, próximo a Vichenze, Itália, o professor Christopher McIntosh, autor de *The Rosicrucians* e integrante da Agência para a Educação da UNESCO, em Hamburgo, Alemanha, mencionou que as Nações Unidas haviam patrocinado recentemente uma conferência própria em que a alquimia era considerada como um possível instrumento para a criação de novas ligas.

Em sentido semelhante, Dubuis apresentou algumas idéias sobre o fenômeno dos ÓVNIS. "Antes de mais nada, existem duas hipóteses sobre os extraterrestres. A primeira hipótese considera que na Terra, próximo ao pólo Norte, existe uma espécie de fraternidade de pessoas avançadas que verifica o andamento da humanidade em âmbito mundial, e que os discos voadores são dessa fraternidade. A segunda hipótese é que não se pode vir de sistemas distantes para a Terra nas condições materiais comuns, portanto, acho que as coisas acontecem assim. No sistema de onde eles partem, embarcam pessoas avançadas nas naves, e a velocidade da energia é multiplicada por uma centena de milhares ou um milhão. Eles podem vir até aqui rapidamente, e quando entram na aura da Terra, eles vão retornando de nível em nível e se rematerializam.

"Não sei, e não quero saber, se a história de Roswell [Novo México] é verdadeira, mas os detalhes que recebi me levam a acreditar que seja verdadeira, porque eles encontraram materiais que se tornavam invisíveis quando deveriam ser vistos. Disseram que o cérebro da pessoa não tinha barreiras; isso significa que são pessoas que não têm barreiras entre os mundos visível e invisível. Não sei nada sobre outros órgãos. Se for uma fraude, então as pessoas que a produziram tem um conhecimento muito grande do ocultismo", concluiu Dubuis.

29 Fulcanelli e o Mistério das Catedrais

QUAL É A LIGAÇÃO ENTRE A CRUZ DE
HENDAYE E UM DOS MAIS ENIGMÁTICOS
PERSONAGENS DO SÉCULO XX?

VINCENT BRIDGES

Em 1926, um volume misterioso, publicado em edição de luxo de 3.000 exemplares por uma pequena editora de Paris, mais conhecida por reimpressões artísticas, agitou o submundo ocultista parisiense. Seu título era *Le Mystère des Cathédrales* [O Mistério das Catedrais]. O autor, "Fulcanelli", afirmava que o grande segredo da alquimia, a rainha das ciências ocultistas ocidentais, encontrava-se mundanamente exposto nas paredes da própria catedral de Paris, a Notre-Dame de Paris.

A alquimia, segundo as nossas luzes pós-modernas uma exótica e desacreditada pseudociência renascentista, passava pelo processo de ser reivindicada e recondicionada em 1926 por dois dos movimentos mais influentes do século. O surrealismo e a psicologia se depararam com a alquimia praticamente ao mesmo tempo, e cada um vinculou as suas próprias noções do seu significado em relação à antiga ciência. Carl Jung passou a década de 1920 tecendo uma teoria do inconsciente arquetípico a partir da tapeçaria simbólica das imagens alquímicas e estudando como esses símbolos estão expressos no estado do sono. O poeta-filósofo André Breton e os surrealistas deram um salto de fé intuitivo e proclamaram que o processo alquímico poderia ser expresso artisticamente. Breton, no seu *Manifesto Surrealista,* de 1924, anunciava que o surrealismo nada mais era do que arte alquímica.

O livro de Fulcanelli teria um efeito indireto sobre esses dois movimentos intelectuais: indireto porque o livro conseguiu um importante milagre literário — tornou-se influente ao mesmo tempo que permanecia, aparentemente, desconhecido por completo fora dos círculos ocultistas e alquímicos franceses. Esse é talvez o mais estranho de todos os mistérios envolvendo *O Mistério das Catedrais.*

No final de 1925, o editor Jean Schémit recebeu a visita de um homenzinho vestido como um boêmio de antes da guerra, com um comprido bigode ao estilo do personagem Asterix, o Gaulês. O homem queria conversar sobre arquitetura gótica, o "jargão verde" dos seus símbolos esculturais e como a gíria era uma espécie de código de trocadilhos, a que ele chamava de "linguagem dos pássaros". Algumas semanas depois, ele se apresentou novamente a Schémit como Jean-Julien Champagne, o ilustrador de um livro proposto por um misterioso alquimista denominado Fulcanelli.

Schémit pensou que todos os três, o visitante, o autor e o ilustrador fossem a mesma pessoa. Talvez fossem.

Isso, tal como é, resulta na visão mais acreditável de Fulcanelli. Assim sendo, resume todo o problema proposto pela pergunta: quem foi Fulcanelli? Além desse encontro ambíguo, ele existe como palavras sobre uma página e, em alguns círculos ocultistas, como um imortal alquímico mítico com o nível, ou identidade, de um St. Germain. Em relação a dois aspectos distintos todos concordaram com relação a Fulcanelli — ele foi definitivamente uma mente a ser levada em conta e ao mesmo tempo um verdadeiro enigma.

Só nos resta, portanto, o mistério do mestre alquimista ausente. Parece que o homem não existiu e ainda assim é recriado constantemente na imaginação de todo buscador — um perfeito modelo de inspiração em que se projetar. Podemos até mesmo pensar que tudo não passou de uma piada, uma espécie de fraude elaborada, a não ser pelo material em si. Quando nos voltamos para *Le Mystère,* descobrimos uma inteligência inspirada que parece bastante segura da natureza e importância das suas informações.

Esse Fulcanelli sabe das coisas e tenta comunicar os seus conhecimentos; quanto a isso não resta a menor dúvida. A mensagem de Fulcanelli, de que há um segredo nas catedrais, e de que esse segredo foi posto ali por um grupo de iniciados — entre os quais Fulcanelli obviamente se incluía —, depende da quantidade de capacidade de imaginação e associação do intelecto em contato com ela, que envolve a pessoa em um estado de aceitação intuitiva. Sem dúvida nenhuma, Fulcanelli é brilhante, mas ficamos imaginando se esse brilhantismo dele seria de revelação ou de dissimulação.

A premissa básica do livro — de que as catedrais góticas são livros herméticos impressos em pedra — foi uma idéia originalmente publicada no século XIX na obra de Victor Hugo. Em *O Corcunda de Notre-Dame,* Hugo passa

Ilustração 29.1. Fulcanelli afirmou que as catedrais como a de Notre-Dame eram livros herméticos em pedra, com os mistérios e glórias da humanidade codificados na sua arquitetura.

um capítulo inteiro desenvolvendo a idéia de que a arquitetura é um grande livro da humanidade e que a invenção da imprensa e a proliferação de livros comuns prenunciava o fim do livro sagrado da arquitetura. Ele relata que o gótico era a maior conquista do arquiteto sacro, que as catedrais eram expressões de liberdade e o advento de um novo sentido de liberdade.

"Essa liberdade vai longe", Hugo nos informa. "Ora num portal, ora numa fachada, toda uma igreja é apresentada num sentido simbólico inteiramente estranho ao seu credo, e até mesmo hostil à igreja. No século XIII, Guillaume de Paris, no XV, Nicolas Flamel; ambos são culpados dessas páginas sediciosas."

Essencialmente, *Le Mystère* é uma análise em profundidade daquelas páginas sediciosas na pedra. Fulcanelli estende-se sobre o simbolismo de determinadas imagens encontradas sobre as paredes e pórticos da obra-prima do arquiteto Guillaume de Paris, a catedral de Notre-Dame, e da sua contemporânea mais próxima, a Notre-Dame de Amiens. A isso ele acrescenta imagens de duas casas construídas no estilo gótico na Bourges do século XV. Esse passeio turístico guiado pelo simbolismo hermético é densamente obscuro, recheado de trocadilhos em linguagem cifrada e numerosas alusões. Para o leitor comum, e até mesmo para um estudioso aplicado, essa teia intrincada de erudição é assustadora.

Entretanto, para os sábios ocultistas de Paris no final da década de 1920, o livro de Fulcanelli foi quase embriagador. Finalmente, ali estava a palavra de um homem que sabia, a voz do mais refinado iniciado. O seu estudioso Eugène Canseliet nos informa no prefácio à primeira edição de *Le Mystère* que Fulcanelli realizara a Grande Obra e depois desaparecera do mundo. "Faz muito tempo já que o autor deste livro não se encontra entre nós", escreveu Canseliet, e a sua ausência era lamentada por um grupo de "irmãos desconhecidos que esperavam obter dele a solução para o misterioso *Verbum dimissum* [palavra perdida]".

A mistificação sobre a verdadeira identidade do alquimista obscureceu o fato de que pessoas idôneas tinham visto o seu cartão de visita, adornado com uma assinatura aristocrática. Era possível encontrar pessoas na boate Chat Noir em Paris que afirmavam ter conhecido Fulcanelli logo após a Segunda Guerra Mundial. Entre 1926 e 1929, a sua lenda cresceu, alimentada pelas conversas de bar e alguns artigos e críticas em obscuras publicações ocultistas

Ilustração 29.2. Do transepto norte da catedral de Notre-Dame, um sermão na pedra.

parisienses. Canseliet contribuiu com mais informações: o mestre conseguira realmente fazer a transmutação; Fulcanelli na realidade não desaparecera; outro livro ou dois estavam em projeto; e assim por diante.

Depois da guerra, a lenda de Fulcanelli, e a carreira de Canseliet, lucraram com o súbito interesse por todas as coisas metafísicas. Em meados da década de 1950, as circunstâncias eram propícias para a reimpressão tanto de *Le Mystère des Cathédrales* quanto de *Dwellings of the Philosophers*. Simplesmente por ter sido aluno do misterioso Fulcanelli, Canseliet tornou-se o grande senhor da alquimia e do esoterismo francês. Mas os anos cinqüenta não eram os vinte, e muitas coisas tinham mudado. Uma dessas coisas era o texto do próprio *Le Mystère*.

O caso Fulcanelli seria de interesse apenas para especialistas na história do ocultismo e psicologia anormal, a não ser pelo singular mistério do capítulo adicional acrescentado à edição de 1957 de *Le Mystère*. Essa segunda edição incluía um novo capítulo intitulado "A Cruz Cíclica de Hendaye", e mais

Ilustração 29.3. Esq.: As estranhas inscrições simbólicas esculpidas na base da cruz de Hendaye conteriam uma profecia alquímica do Apocalipse? Acima: As imagens dos quatro lados da base do pedestal são o desenho em forma de escudo voltado para o sul, a estrela voltada para o leste, o Sol voltado para o oeste e a Lua voltada para o norte.

algumas mudanças nas ilustrações. No seu prefácio a essa segunda edição, Canseliet não fazia menção a essas mudanças.

Com o uso por parte de Canseliet de tudo o que pertencia a Fulcanelli, como podemos explicar a completa ausência de menção a Hendaye nas obras de Canseliet antes de meados dos anos 1950? Se o capítulo é obra do ilustrador Champagne, então Canseliet deveria sabê-lo. Essa não é uma questão trivial. O capítulo sobre Hendaye talvez seja a única obra esotérica mais impressionante da história ocidental. Ele apresenta a prova de que a alquimia é algo ligado à escatologia, ou à ocasião do fim do mundo. E apresenta a conclusão de que uma "catástrofe dupla" é iminente. Se Canseliet soubesse disso, com certeza teria usado, ou pelo menos mencionado. Ainda assim o silêncio é completo e intrigante.

"A Cruz Cíclica de Hendaye" é o penúltimo capítulo da obra-prima de Fulcanelli. Depois de vagar por carradas de erudição e gíria especializada pelo resto de *Le Mystère,* esse capítulo parece boiar à mercê das ondas com a brilhante luz do sol do seu cenário basco. A descrição do monumento e da sua localização é aparentemente clara e direta. Até mesmo a explicação do aparente significado do monumento é simples e praticamente sem o jargão em código usado ao longo do resto do livro. Ou pelo menos é o que parece superficialmente...

Podemos datar a viagem de Fulcanelli a Hendaye como sendo do início da década de 1920, por causa do seu comentário sobre a "atração especial de uma nova praia, ouriçada com casarões orgulhosos". H. G. Wells, Aldous Huxley e a juventude exigente de Londres descobriram as vizinhanças de St. Jean de Luz em 1920, e por volta de 1926 as casas de veraneio tinham se espalhado até o sul próximo a Hendaye. Hoje em dia, Hendaye Plage, a orla marítima de Hendaye, está repleta de butiques, lojas de equipamento de mergulho e de pranchas de surf, tendo se tornado um ponto de parada para a multidão de jovens viajantes do mundo todo.

Embora Fulcanelli declare, um tanto canhestramente: "Hendaye não tem nada que prenda o interesse do turista, do arqueólogo ou do artista", a região de fato tem uma história curiosa. Luís XIV quando jovem conheceu a noiva em uma ilha da baía vizinha a Hendaye, próximo à fronteira entre a Espanha e a França. Welllington passou por ali, tornando os arredores de St. Jean de Luz a sua base de operações contra Toulouse no final das Guerras Napoleônicas. Hitler também visitou a região, durante a Segunda Guerra Mundial; em 1940, estacionou a sua limusine a pouca distância da cruz de Hendaye.

"Seja qual for a sua idade, a cruz de Hendaye mostra pela decoração do seu pedestal que é o monumento mais estranho do milenarismo primitivo, a transição simbólica mais rara do quiliasmo, que conheci na vida." Vindo de Fulcanelli, esse é na verdade um grande elogio. Ele ainda nos informa que "o trabalhador desconhecido que produziu essas imagens possuía um verdadeiro e profundo conhecimento do universo".

A cruz situa-se atualmente em um pátio minúsculo ao sul da igreja. Há um jardinzinho com um banco de praça ao lado. Com uns 3,5 metros de altura, a Cruz Cíclica de Hendaye agiganta-se sobre a pequena praça, uma aparição misteriosa à luz clara do dia da região basca. O monumento encontra-se escurecido e desbotado pelos seus mais de 300 anos de idade. A pedra começa a se desmanchar e é óbvio que a poluição do ar — a cruz situa-se a poucos metros de uma rua movimentada da praça principal — acelera a sua deterioração. As imagens e a inscrição latina sobre a cruz não têm mais do que uma geração pela frente antes que a poluição desgaste de vez as imagens e a mensagem desapareça para sempre.

A base de granito local repousa sobre uma plataforma larga mas irregular de um metro e é grosseiramente cúbica. Uma medição revela que é um pouco mais alta do que larga. Em cada face vêem-se símbolos curiosos: uma face solar resplandecente como algum deus solar americano; uma estranha disposição em forma de escudo com letras "A" sobre os braços de uma cruz; o clarão de uma estrela com oito raios; e, o mais curioso de tudo, uma Lua à moda antiga com face humana e um olho em destaque. Erguendo-se desse pedestal está uma coluna cilíndrica, com uma sugestão de classicismo grego, no alto da qual repousa uma cruz grega grosseira com inscrições latinas. Acima da face solar no lado oeste pode ser visto uma imagem em duplo "X" na parte mais alta da cruz. Abaixo dessa, sobre o braço transversal, encontra a inscrição comum: *O Crux Aves/Pes Unica*, "Salve, Ó Cruz, a Única Esperança". No lado oposto da cruz no alto, acima da estrela, encontra-se o símbolo cristão "INRI".

Em "A Cruz Cíclica de Hendaye", Fulcanelli nos oferece um passeio turístico guiado desse monumento para a alquimia da época. Ele começa com a inscrição latina, que interpreta em francês (traduzido aqui para o português), das letras latinas do original, como: "Está escrito que a vida busca refúgio em um espaço único." Seguindo-se a essa transposição, ele sugere casualmente que a frase significa que "existe um país onde a morte não pode alcançar o homem na época terrível do duplo cataclismo". Mais que isso, apenas a elite será capaz de encontrar "essa terra prometida".

Fulcanelli passa a seguir para o INRI, concluindo: "[...] temos duas cruzes simbólicas, ambas instrumentos da mesma tortura. Acima acha-se a cruz divina, exemplificando os meios escolhidos de expiação; abaixo se encontra a cruz mundial, fixando o pólo do *hemisfério norte* e localizando no tempo o período fatal dessa expiação." A interpretação esotérica que ele faz de INRI, "pelo fogo a natureza como um todo se renova", vai diretamente ao problema do quiliasmo e uma destruição purificadora como um prelúdio para um mundo recriado e edênico. A alquimia, de acordo com Fulcanelli, é o próprio cerne da escatologia. Assim como o ouro é refinado, também a nossa época será refinada — pelo fogo.

Fulcanelli conclui o capítulo com uma série de metáforas: "A *era do ferro* não tem outro selo a não ser a *Morte*. O seu hieróglifo é o esqueleto, que guarda as características de Saturno: a ampulheta vazia, símbolo do tempo passando, e a foice, reproduzida no número sete, que é o número da transformação, da destruição, da aniquilação", orienta-nos Fulcanelli. "O evangelho dessa época fatal é aquele escrito sob a inspiração de São Mateus. [...] É o evangelho de acordo com a ciência, o último de todos mas para nós o primeiro, porque ele nos ensina que, salvo por um pequeno número da elite, devemos todos perecer. Por essa razão, o anjo fez o atributo de São Mateus, porque a ciência, que sozinha é capaz de penetrar o mistério das coisas, dos seres e do seu destino, pode dar asas ao homem para elevá-lo ao conhecimento das mais altas verdades, e finalmente até Deus."

Uma vez que Fulcanelli ligou a alquimia tão diretamente ao Apocalipse, a verdadeira natureza de um comportamento transmissível muito específico astroquímico gnóstico surgiu na consciência comum. Isso significa que o segredo não estaria mais contido entre as sociedades eleitas. Pela primeira vez desde a época das catedrais góticas, o comportamento transmitido rompera com as suas estruturas incubadoras.

Num certo sentido, a cruz e a sua mensagem servem como prova de que existem coisas como sociedades secretas. Encontradas ao longo de toda a história, essas sociedades preservam e apresentam o segredo da cruz de várias maneiras. A Cabala no judaísmo, o sufismo no islã, o esoterismo no cristianismo, o gnosticismo e a tradição hermética foram os guardiães dessas idéias. A mensagem central das três principais religiões ocidentais, o de um momento escatológico no tempo, é o segredo que também se encontra no centro da cruz de Hendaye. O comportamento transmissível, a capacidade de compreender o mito e as suas metáforas, parece ter sobrevivido apenas por meio das ações desses grupos secretos e insulares.

A cruz de Hendaye atualmente fica na face sudoeste da igreja de Saint Vincent, na esquina mais movimentada da cidade. Ninguém repara em um monumento aparentemente tão comum, com a sua mensagem catastrófica; talvez a intenção fosse mesmo essa. O segredo escondido em plena vista...

30 Isaac Newton e o Ocultismo

ATÉ QUE PONTO FOI IMPORTANTE O LADO
OCULTISTA DO GRANDE CIENTISTA?

JOHN CHAMBERS

O grande matemático-cientista *sir* Isaac Newton viveu de 1642 a 1727, e o seu imponente *Principia Mathematica* abriu o caminho para a Revolução Industrial. Essa obra, juntamente com outras obras seminais de sua autoria, parece ser a própria antítese das bases culturais da Nova Era. O poeta visionário William Blake, que afirmava ver e conversar com os anjos diariamente, foi apenas um de uma longa fileira de místicos — que chega até o presente — que desprezavam Newton como o símbolo de todos os tipos de maldades, superstições e tiranias. Em outra expressão da nossa época, o movimento Wicca/deusa/feminista há muito tempo considerou o inglês que inventou o cálculo e descobriu a gravidade como a encarnação do cientista patriarcal masculino que pretende controlar a natureza da mesma maneira que um senhor controla um escravo.

No entanto, torna-se cada vez mais claro que Isaac Newton, cujas formulações ainda oferecem as bases para praticamente todas as ciências técnicas atuais, regularmente bebia em algumas das mesmas fontes arcanas que os atuais teóricos mais avançados da Nova Era. A principal entre essas fontes era a antiga arte da alquimia. Hoje é sabido por todos que Newton, com Galileu sendo o verdadeiro fundador e modelo da ciência exata moderna, era um estudioso profundamente interessado na alquimia e trabalhou intensamente no laboratório por uma grande parte da sua vida, tendo deixado uma imensa quantidade de manuscritos sobre o assunto, que continua corrente mas ainda não totalmente explicado.

Joseph Needham, ao discutir a alquimia chinesa no seu monumental *Science and Civilization in China*, resume o envolvimento de Newton com a alquimia da seguinte maneira: "Já em 1667, antes da sua eleição como um membro da diretoria do Trinity College, e logo depois da época em que do alto dos seus conhecimentos concebeu a teoria da gravitação universal, ele já fazia experimentos químicos particularmente; e entre 1678 e 1696, depois de tornar-se (ainda bem jovem) professor na cadeira lucasiana de matemática (1669), ele passava uma grande quantidade de tempo no seu próprio laboratório da faculdade. Esse foi o período em que ele compôs a sua obra abrangente sobre o movimento dos corpos (*De Motu Corporum*, 1685); e o próprio *Principia* apareceu em 1687."

Needham cita o testemunho de um parente distante e assistente de Newton, Humphrey Newton, para mostrar que o cientista raramente se deitava antes das 2 ou 3 horas da madrugada, às vezes demorando-se até às 5 ou 6:

> [...] a primavera e o outono eram períodos que ele costumava aproveitar para passar cerca de seis semanas no laboratório, dia e noite, a lareira quase se apagando, sentado numa noite, em pé noutra, até terminar os seus experimentos químicos, em cuja execução era muito preciso, estrito e exato. Às vezes, ainda que muito raramente, ele consultava um velho livro mofado que havia no laboratório, acho que intitulado *Agricola de Metallis*, cujo objeto principal era a transmutação de metais, para o que o antimônio era um ótimo ingrediente.

Os pesquisadores têm até mesmo sugerido que o interesse obsessivo de Newton pela alquimia (ele não era necessariamente verdadeiro crente na eficácia dessa antiga arte, mas vivia em uma época em que essa arte ainda não fora desacreditada) tenha sido a causa do seu desequilíbrio mental, chegando próximo à loucura, que se tornou mais sombria até o seu assim chamado Ano Negro de 1693. Realizando testes no final da década de 1970 com amostras do cabelo de Newton, dois pesquisadores, P. E. Spargo e C. A. Pounds, concluíram que de maneira incomum altos níveis de chumbo e mercúrio — os materiais mais usados pelos alquimistas — podem ter sido responsáveis pelo seu colapso mental. Pode muito bem ser que as pesquisas alquímicas de Newton tivessem uma influência muito mais benéfica — até mesmo indispensável — sobre o seu trabalho científico do que as conclusões de Spargo e Pounds sugerem.

Em um novo livro de interesse incomum, *Isaac Newton: The Last Sorcerer*, o escritor inglês especializado em ciência Michael White — embora não

Ilustração 30.1. Uma estátua de Isaac Newton, de Roubiliac, no Trinity College, Cambridge, Inglaterra.

se restringindo aos detalhes mais ortodoxos da vida de Newton — procura juntar muitas das pontas soltas das mais novas descobertas com relação às buscas menos ortodoxas que foram parte integrante da carreira multifacetada de Newton. Não a menor das afirmações sempre chamativas de White é que o imenso conhecimento do cientista e a extensa prática da alquimia podem ter plantado na sua imaginação as sementes de uma nova maneira de observar o universo que, aumentando com a maturidade, ajudaram-no a dar o salto revolucionário para a nova idéia da gravitação universal como um todo.

White sustenta que a noção alquímica de "'princípios ativos', [que está] enraizada na tradição hermética" pode ter tido essa influência decisiva sobre os pensamentos de Newton. Tais idéias, escreve White — por exemplo, postulando que "a matéria e o espírito eram intercambiáveis e [possuindo o que os primeiros alquimistas] chamavam de 'Espírito Universal'" — pode ter sutilmente condicionado o cientista a acabar sendo capaz de "perceber a gravidade como atuando pela ação a distância, tornada possível por uma forma de princípio ativo".

White observa em particular os longos anos de trabalho de Newton no seu procedimento alquímico preferido, a purificação do metal antimônio com o ferro para produzir um amálgama — ou régulo — chamado de Régulo Estelar de Antimônio. White afirma que esse régulo específico "se parece com uma estrela, e os seus cristais radiantes como cacos de vidro podem ser imaginados como linhas de luz irradiando-se de um centro como numa estrela. Mas o cristal pode tão facilmente ser visualizado como representando cacos de vidro ou traços de luz apontando para dentro — uma estrela no centro com linhas de luz, ou de força, deslocando-se para o seu centro". O escritor sobre ciência britânico sustenta que a longa contemplação por parte de Newton da forma do Régulo Estelar de Antimônio atuou sobre a mente do cientista, guiando-o para a visualização de uma força gravitacional de que até então não se ouvira falar.

A alquimia não foi o único caso em que o grande cientista mergulhou profundamente em algum aspecto dos costumes antigos, ou no que então era chamado de ocultismo. A exemplo dos neoplatônicos renascentistas Marsilo Ficino e Pico della Mirandola (e, um século depois, Giordano Bruno), Newton acreditava que todo o conhecimento do momento era a derivação corrompida de um conhecimento superior, até mesmo perfeito, que remontava aos tempos dos antigos egípcios e além — a *prisca sapientia* ("sabedoria primordial") que os sábios e profetas como Pitágoras, Demócrito, Salomão, Moisés e Moschus, o Fenício, possuíam mas ocultaram em parábolas e símbolos. Remanescentes desse conhecimento perfeito (ou pelo menos era em que se acreditava) tinham chegado à corte de Cosimo de Médici, na Itália, em 1460, na forma do Corpus Hermeticum, uma obra considerada como de autoria do deus/vidente e inventor da escrita, Hermes Trismegisto, e datada de muitos milênios antes de Cristo.

Só por volta da época do nascimento de Newton foi que os sábios começaram a entender que esse suposto texto sagrado fora composto não antes do que o segundo e terceiro séculos d.C. Mas o autor de *Principia* acreditou durante toda a vida que a primeira religião do mundo — ele pensava que fosse o judaísmo — fora "a mais racional de todas as outras até que as nações a corromperam. Por isso não há como a revelação chegar ao conhecimento de uma divindade a não ser pelo arcabouço da natureza".

Newton procurava descobrir exatamente o que vinha a ser esse primitivo imaculado "arcabouço da natureza". Com essa finalidade, ele se ocupou ao longo da maior parte da vida com profundos e nada ortodoxos estudos de teologia, a interpretação dos livros proféticos hebraicos, arqueologia bíblica e cronologia antiga. Fundamental para os seus estudos era a crença de que, nas palavras de White, os antigos tinham "construído templos e monumentos como representações terrenas do universo (exemplos desses monumentos ainda existentes incluem círculos de pedra encontrados em toda a Europa e a Grande Pirâmide de Gizé)".

Essa crença levou Newton a um empreendimento não diferente ao de Robert Bauval na época moderna, que busca demonstrar que a disposição e localização de determinadas pirâmides egípcias tinham como propósito espelhar a localização de determinadas estrelas. Acreditando que o rei Salomão foi "o maior filósofo do mundo", ao longo dos anos e recorrendo a todas as fontes à sua disposição, Newton procurou recriar a planta baixa do templo de Salomão, originalmente construído por volta do ano 1000 a.C.

De acordo com White, o grande matemático e cientista inglês "descreveu a parte central do antigo templo como 'uma pira para o oferecimento de sacrifícios [que] ardia perpetuamente no meio de um salão sagrado'". Newton imaginou a pira como um local em volta do qual os crentes se reuniam, chamando esse conjunto de *prytaneum*, e explicando a maneira pela qual o *prytaneum* espelhava o cosmos nas seguintes palavras: "O céu todo eles reconheciam como sendo o verdadeiro e real templo de Deus e portanto [para] que o *prytaneum* pudesse merecer o nome do seu templo eles o cercaram de tal modo que representasse da maneira mais adequada o sistema celeste como um todo."

White acredita que a contemplação de Newton da forma recriada do *prytaneum* possa ter alimentado os poderes da sua imaginação criativa de maneira muito semelhante à sua absorção no padrão oculto do Régulo Estelar do Antimônio. O autor britânico afirma que, ao estudar a imagem de uma pira no centro do *prytaneum*, com discípulos dispostos ao redor das chamas, "em vez de simplesmente ver os raios de luz irradiando-se para fora do fogo, Newton pode tê-los visualizado como uma força atraindo os discípulos para o centro".

Nesse caso, então, incrivelmente, *sir* Isaac Newton realmente conseguiu discernir o padrão do verdadeiro céu conforme espelhado pelos antigos, de maneira velada, no projeto arquitetônico sagrado do Templo de Salomão.

Essa imensa preocupação em descobrir a verdadeira forma do universo codificada nas obras dos antigos pode não ter sido a expressão final das pesquisas obsessivas de Newton sobre o ocultismo. White afirma que há uma ligeira razão para acreditar que o cientista também dedicou-se amadoristicamente por um breve período na assim chamada magia negra.

White baseia essa afirmação na incineração suspeita de um manuscrito que fora realizado por Newton, pelo seu dedicado sobrinho John Conduitt, e um ajudante chamado Crell apenas alguns meses antes da morte do cientista em 20 de março de 1727.

O autor relaciona esse acontecimento com o relacionamento altamente emocional, talvez sexual e certamente misterioso, entre 1690 e 1693, de Newton com o cientista muito mais jovem Nicolas Fatio de Duillier. A correspondência entre Newton e de Duillier durante esse período sugere que Newton e o cientista mais jovem podem ter estado envolvidos em pesquisas alquímicas de uma natureza tão proibida que eles dificilmente ousariam comentar a respeito com quem quer que fosse.

Embora não acreditasse em espíritos malignos ou demônios, Newton provavelmente compreendia muito bem o lado sombrio da mente humana. Conforme o autor White observa, "Ele pode até mesmo ter compreendido o potencial do ritual — não porque pudesse conjurar diabos ou demônios, mas porque poderia concentrar energias de uma maneira não diferente do componente ritualístico da alquimia". Considerando que "o conceito de concentração ritualística da energia psíquica" fosse provavelmente conhecido dos alquimistas anteriores a Newton, lembra White, é "bem possível que Fatio tentasse persuadir Newton a experimentar simplesmente para aprender o que aconteceria, para explorar outro caminho de redescoberta em uma época em que Newton estava desesperado para elucidar a teoria unificada [do *Principia Mathematica* e do *Opticks]*".

Se esses experimentos deram ou não frutos, de quem sabe uma natureza distorcida, é provável que eles — e não meramente a exposição diária de Newton ao chumbo e ao mercúrio — tenham contribuído significativamente para o seu colapso nervoso de 1693. O rompimento do seu relacionamento com de Duillier, que aconteceu naquele mesmo ano, provavelmente desempenhou também um papel importante.

Havia causas mais profundas: quando criança, Newton fora traumatizado pela morte do pai antes do seu nascimento (no Dia de Natal!) e a necessidade da mãe de entregá-lo, quando ele tinha apenas 3 anos de idade, para ser criado pelos avós. Em 1693, como sempre hipersensível, havia muito tempo sob intensa pressão para produzir, Newton pode ter começado a sofrer os efeitos emocionais há muito reprimidos, e portanto explosivos ao máximo, da pobreza na infância. A sua incursão pela magia negra, se é que aconteceu realmente, pode ter sito tanto uma conseqüência havia muito retardada quanto uma tentativa de lidar com lembranças ressurgentes daqueles anos distantes e difíceis.

Há outras maneiras pelas quais Newton parece ter chegado perto de romper as ligações do seu próprio universo newtoniano. Espantosamente — talvez levado em parte pelo ditado hermético "Assim em cima como embaixo" — ele imaginou se poderia existir um reino de partículas subatômicas, obedecendo às mesmas leis da atração universal dos macrocorpos da esfera celestial. Considerando que o cientista não tinha como provar essa teoria — tais métodos só apareceram em meados do nosso século! — ele se limitou a meramente sugerir a existência de tais partículas na lista de Dúvidas incluídas no final do seu *Opticks*.

Conforme explica Joseph Needham, Newton sustentou as possibilidades explanatórias da sua teoria da luz como "corpúsculos" invisíveis de modo que "chegou bem próximo de afirmar o que hoje chamamos os níveis de partículas subatômicas (prótons, elétrons, etc.), os próprios átomos e as moléculas que eles formam. O objetivo dele era certamente encompassar os extremos do tamanho do universo, da mais diminuta partícula até a escala galáctica, muito embora não fosse possível para ele alcançá-lo".

Na época em que Newton produziu o seu grande *Principia Mathematica*, o cientista chegara à solene conclusão de que a gravidade era a força que parecia agir a distância por algum mecanismo desconhecido, e que a gravitação universal resultava de toda a matéria do universo ser atraída por todas as outras matérias do universo. Mas uma questão continuava a perturbá-lo: ele havia determinado que, se houvesse um éter para facilitar a gravitação, então esse éter deveria ser quase um vácuo por natureza, e incorpóreo na forma. Mas então, ponderou, qual era a exata natureza desse éter incorpóreo? E como ele era capaz de facilitar a gravitação?

Newton foi cristão durante toda a vida, acreditando às vezes (dependendo do regime no poder) na perigosamente herética doutrina do arianismo, a qual sustentava que não existia a Santíssima Trindade — que Deus e Jesus Cristo eram separados, com Jesus permanecendo na sua essência a meio caminho entre Deus e o homem. Baseado nessa crença, Newton chegou à conclusão — dificilmente aceitável entre a maioria dos pensadores modernos — de que o éter incorpóreo que facilitava o fenômeno da gravitação (e talvez outras

Ilustração 30.2. Isaac Newton faz um experimento com as características da luz.

forças) fosse na realidade constituído do corpo ou forma espiritual de Jesus Cristo.

A teoria de Einstein da relatividade geral representa, juntamente com muitas outras coisas, uma completa revisualização da noção da gravidade, e torna totalmente irrelevante a questão da existência e a natureza do éter. Mas quando combinamos a idéia do espírito de Newton como tanto permeando e permitindo as funções do tempo e do espaço com as suas provas sobre as possibilidades da matéria subatômica, começamos a nos aproximar da noção contemporânea de um campo do ponto zero de energia subjacente a toda realidade física — e muito mais.

O que Newton conquistou, portanto, tanto ao tocar os reinos do oculto quanto parecendo antecipar a teoria quântica, parece não apenas colossal; to quanto parecendo antecipar a teoria quântica, parece não apenas colossal;

parece incomensurável. E o que talvez o resuma melhor sejam as palavras do grande economista britânico, John Maynard Keynes, que foi uma dos primeiros pesquisadores a analisar os registros das buscas alquímicas de Newton, e que, em uma palestra em que apresentou essas descobertas ao público em 1942, afirmou:

> Newton não foi o primeiro da era da razão. Ele foi o último dos mágicos, o último dos babilônios e sumérios, a última grande mente que contemplou o mundo visível e intelectual com os mesmos olhos daqueles que começaram a construir a nossa herança intelectual no mínimo 10.000 anos atrás. Isaac Newton, uma criança póstuma nascida sem pai, no Dia de Natal de 1642, foi o último menino prodígio a quem os Magos poderiam render uma sincera e adequada homenagem.

31 Newton, Alquimia e a Ascensão do Império Britânico

OS FUNDAMENTOS BÁSICOS DA CIÊNCIA EMPÍRICA

PETER BROS

Os observadores apressados localizam a origem do Império Britânico no período elisabetano da Inglaterra, pela sua aparente riqueza e distinção militar, as marcas gêmeas do império. O apogeu elisabetano, contudo, teve vida curta. A riqueza veio de corsários — que a exemplo de *sir* Francis Drake atacavam os galeões espanhóis carregados de ouro — e da vitória sobre a vingativa Armada Espanhola em 1588, resultante muito mais do clima da Inglaterra que do seu gênio militar.

O ouro foi rapidamente dilapidado pelo sucessor de Elizabeth, Jaime I, o qual, recorrendo a uma tributação impiedosa para manter o esplendor da Coroa, preparou o cenário para uma revolta que cobrou a cabeça do seu filho, Carlos I. Carlos II, com o cuidado para não seguir as pegadas do pai, tomou dinheiro com os ourives, os banqueiros da época, para satisfazer as suas regalias, mas logo deixou de pagar.

Guilherme de Orange desembarcou em 1688 para reivindicar o trono em nome da esposa, Maria, ao filho do deposto Jaime II, irmão mais novo de Carlos. O Parlamento restringiu o poder de tributação da Coroa, deixando Guilherme sem fundos para defender a Inglaterra contra Jaime, que se alinhara com a França católica. Esses acontecimentos não prenunciavam um império. Guilherme precisava de dinheiro para defender a sua coroa; não podia levantar fundos por meio de impostos e o crédito era algo inexistente para a Coroa. A única esperança de Guilherme repousava em persuadir o Parlamento inglês

Ilustração 31.1. O epicentro do Império Britânico, a Casa do Parlamento, em Londres (gravura de Thomas Hosmer Shepherd).

a adotar um sistema bancário semelhante ao da sua nativa Holanda, um império em decadência que herdara o manto do banco de reservas de Veneza.

O banco de reservas é a prática de fazer empréstimos em múltiplos dos depósitos em ouro em mão na esperança de que os depositantes não acorram todos ao banco, reclamando os depósitos ao mesmo tempo. William Patterson, um escocês, estudara o funcionamento dessa modalidade bancária e engendrou uma proposta engenhosa para um banco de reservas inglês.

Observando que a moeda circulava como parte integrante do comércio, Patterson raciocinou que o pânico — resultante da perda de confiança que conduzia os depositantes a exigir o seu ouro — não infectaria os detentores da moeda. Ele propôs criar um banco que emprestasse dinheiro à Coroa em troca de uma nota. A nota da Coroa então seria usada para sustentar o papel-moeda que o banco emprestaria a todos, com o banco recebendo juros tanto da Coroa quanto dos empréstimos criados pela sua emissão de moeda. Os detentores da moeda não poderiam correr ao banco porque a moeda estaria em circulação perpétua.

Os ourives ingleses aceitavam depósitos em ouro, ganhando dinheiro sobre a diferença entre o que pagavam pelo ouro e o que poderiam obter com os empréstimos aos seus devedores. O banco proposto competiria com as suas

perações e, se recebesse o poder de negociar em ouro em nome da Coroa, eli-
ninaria a sua profissão completamente. Os ourives eram compreensivelmente
·postos a financiar as guerras de Guilherme com moeda gerada por dívidas.
Aliando-se aos *tories* que controlavam o Parlamento, eles representavam um
·bstáculo formidável ao estabelecimento do banco.

A sobrevivência da soberania de Guilherme, portanto, dependia de uma
arefa formidável, a implementação do Banco da Inglaterra proposto por Pat-
erson por cima da oposição efetiva do Parlamento e o estabelecimento ban-
·ário existente. Charles Montagu, um integrante da comitiva desembarcada
:om Guilherme, assumiu a tarefa.

Montagu, durante o período que freqüentara Cambridge na década de
1680, tornara-se amigo de Isaac Newton, acabando por tomar a sobrinha de
Newton como amante.

Newton, o segundo professor da cadeira lucasiana de matemática, causa-
:a uma certa sensação perante a recente Royal Society com uma engenhosa
invenção óptica, o telescópio refletor. Sua proposição de que a luz branca era
:onstituída de todas as cores do espectro foi recebida com ceticismo pelos in-
·tegrantes da sociedade, mas em 1684, uma discussão sobre a gravidade pelos
·membros Edmund Halley, Christopher Wren e Robert Hooke colaborou para
que as idéias de Newton constituíssem as fundações sobre as quais repousa
todo o pensamento científico.

A discussão envolvia as leis recém-publicadas de Kepler, especificamente
que um planeta varre superfícies iguais em tempos iguais à medida que se
desloca ao redor do Sol.* Hooke imaginou se a lei, o produto do quadrado da
distância de um planeta do Sol, podia ser correlata da descoberta de Galileu de
que os corpos aceleram com o quadrado da distância sobre a qual eles caem.
Se as duas pudessem ser relacionadas matematicamente, raciocinou Hooke,
a mesma gravidade que fazia os corpos caírem poderia afetar as órbitas dos
planetas, demonstrando que a gravidade era uma propriedade da matéria que
constituía os planetas.

Os três decidiram oferecer um prêmio modesto em nome da Royal Society a quem conseguisse demonstrar matematicamente a relação entre o movimento de um planeta e a taxa de aceleração de um corpo em queda. Halley
comunicou a oferta a Newton da próxima vez que foi a Cambridge. Notoriamente frio, arrogante e intolerante a críticas, Newton disse que já havia

---

* Mais especificamente, "A linha que liga o planeta ao Sol varre áreas iguais em tempos iguais".
(N. do T.)

demonstrado essa relação com a aplicação do seu cálculo recém-inventado para a órbita da Lua.

Os cálculos de Newton, porém, não funcionaram. Como era do seu feitio, ele se precipitara e — embora as suas equações nunca se resolvessem com sucesso — desafiando Halley a apresentar medidas mais precisas da órbita da Lua, ele foi capaz, em 1687, de expressar a essência das suas idéias no *Principia*, um tratado que foi obrigado a revisar pelo resto da vida.

Montagu interessava-se pelas tentativas de Newton de demonstrar que a gravidade era uma propriedade da matéria, mas as suas razões não se relacionavam ao movimento da Lua. Ele estava interessado em Newton pela sua prática da alquimia. A alquimia era a física da época e produzia o mesmo fascínio que as histórias sobre o bombardeio de átomos provocam hoje. O público acompanhava assombrado as notícias de conquistas da alquimia, a exemplo do que acontece diante das atuais declarações sobre *quarks* e "buracos de minhoca"*.

A alquimia envolvia o uso de três substâncias, um metal impuro como o minério de ferro, um metal puro como o chumbo ou o mercúrio, e um ácido orgânico, misturados em um pilão. A mistura poderia levar meses. O composto final era aquecido lentamente em um cadinho e depois dissolvida em um ácido sob luz polarizada, a causa do interesse de Newton pela óptica e pelo espectro. O solvente era evaporado em um processo que levava anos, o seu término assinalado por um sinal oculto conhecido apenas pelo iniciado.

O destilado era oxicidado com o uso de nitrato de potássio, produzindo uma forma grosseira de pólvora. A prática da alquimia era um crime punível com a morte, e o perigo de explosão limitava o número de alquimistas que chegavam aos estágios finais. Os que sobreviviam selavam hermeticamente o destilado em um recipiente especial, a etapa de selagem dando origem à prática de referir-se ao "conjunto de antigos conhecimentos alquímicos" como "a tradição hermética".

O recipiente selado era aquecido e quando esfriava, segundo os relatos, produzia um pó conhecido como Pedra Branca. A Pedra Branca podia ser usada para transmutar metais básicos em prata, permitindo que os alquimistas estocassem a sua despensa com prataria feita de ferro. Aplicando o seu conhecimento de segredos ocultos do universo, os alquimistas podiam então destilar

---

* Em física, "buraco de minhoca" é uma característica topológica hipotética do *continuum* espaço-tempo, a qual é em essência um "atalho" através do espaço e do tempo. (N. do T.)

a Pedra Branca na Pedra Filosofal, que permitia transmutar metais básicos em ouro puro.

Charles Montagu estava interessado na Pedra Filosofal por causa do seu famoso poder de converter metais básicos em ouro. Ele sabia que o sucesso de um banco de reservas dependia dessa capacidade de conter uma corrida aos fundos bancários. Ele estava ciente de que a capacidade de deter uma corrida dependeria da confiança que os depositantes do banco tivessem em que os seus depósitos estariam seguros. Ele compreendia que essa confiança na segurança dos depósitos do banco dependia unicamente dessa percepção, de que os depositantes não correriam ao banco se os seus depósitos parecessem seguros.

Montagu decidiu explorar a crença generalizada em que a alquimia e a sua afirmação de que a Pedra Filosofal permitiam converter metais básicos em ouro para fundar o Banco da Inglaterra, cujo papel-moeda — implicitamente representando uma quantidade igual de prata em depósito — seria garantido por nada. Ele queria Newton por perto caso sua reputação alquímica fosse necessária para dar ao banco a aparência de ter suprimentos ilimitados de prata para garantir o seu papel-moeda.

Para Montagu não importava se Newton era capaz de converter metais básicos em ouro e prata desde que o público acreditasse que sim. O primeiro passo para fazer o público acreditar que Newton era, de fato, capaz de tal façanha era promover a gravitação universal de Newton como a descoberta dos segredos até então ocultos do universo, os segredos de que o alquimista necessitava para produzir a Pedra Filosofal.

Montagu tornou-se o presidente da Royal Society e usou a sua influência para promover o *Principia,* com as idéias de Newton sobre a gravitação universal tornando-se o assunto mais comentado nos salões de Londres. Montagu também enfrentou o controle dos *tories* sobre o Parlamento, destituindo com sucesso os *tories* em favor dos *whigs* de Guilherme em 1694. Montagu imediatamente incluiu uma provisão no orçamento anual, assegurando uma autorização legislativa para o Banco da Inglaterra. O banco foi organizado com um empréstimo de 1,2 milhão de libras a Guilherme — equivalentes a 120 milhões (aproximadamente 220 milhões de dólares americanos) em valores atuais. Guilherme reverteu uma nota para o banco, que então disponibilizou notas de libras esterlinas para a circulação pública.

Os ourives, porém, contra-atacaram com uma cláusula no Recoinage Act, a lei obrigando a recunhar as moedas, requerendo que as moedas antigas fossem convertidas pelo seu valor nominal em vez de pelo valor da prata remanescente depois da apara. A Inglaterra introduzira as moedas serrilhadas inventadas por Pierre Blondeau em 1662, mas deixara de fazer uma provisão para retirar de circulação as moedas cortadas.

A legislação que criou o Banco da Inglaterra autorizava-o a fazer transações com ouro e prata em barras em nome da Inglaterra. Uma vez que o banco passara a ser responsável pela recunhagem, seria forçado a pagar pela retirada de todas as cunhagens adulteradas da Inglaterra pelo valor nominal.

Foi ordenado que a recunhagem entrasse em vigor em 1º de fevereiro de 1697. Em meados de 1695, Montagu descobriu que os ourives estavam coletando moedas cortadas e trocando-as em dinheiro pelo seu valor integral nas notas de libras esterlinas que o banco vinha emitindo. Ele entendeu que quando tivessem em seu poder o bastante de notas de libras esterlinas, os ourives exigiriam o seu valor integral em prata, provocando o pânico na população e uma corrida geral ao banco para trocar todas as suas notas de papel por uma prata que o banco não tinha.

Montagu imediatamente criou rumores de que Newton seria nomeado o diretor da casa da moeda responsável pela recunhagem. Com o mestre alquimista, o homem que demonstrara conhecimento profundo dos segredos do universo, servindo como diretor da casa da moeda, o banco daria a aparência de guardar montantes ilimitados de prata em barra. A aparência de riqueza ilimitada eliminaria o temor público de um colapso e deteria a corrida aos ativos do banco.

Montagu, contudo, descobriu que Thomas Neale, colocado como diretor da casa da moeda para toda a vida, não tinha intenção de abrir mão do cargo. O sinal dado em 1695 converte-se em uma corrida de cavalos. Conseguiria Montagu colocar Newton na casa da moeda antes que os ourives corressem ao banco?

Montagu desistiu de colocar Newton como diretor, e em vez disso mudou a administração da casa da moeda para a Alfândega e colocou Newton como o novo administrador da Alfândega em 19 de março de 1696 — nem um instante cedo demais. Os ourives, tendo acumulado 30 mil libras (mais de 500 mil dólares americanos em moeda atual) em notas de papel, correram ao banco na semana de 4 de maio.

Sir John Houblon era o prefeito de Londres, um grande acionista do banco e o presidente do banco. Em 1994, o Banco da Inglaterra homenageou Houblon imprimindo a sua efígie na nota de 50 libras. Circularam perguntas sobre o motivo de o banco escolher um total desconhecido para homenagear o seu aniversário de 300 anos. O banco o fez porque *sir* John foi o funcionário que, naquela manhã de maio de 1696, enfrentou as multidões iradas exigindo que as suas notas de libras de papel fossem trocadas por prata.

A história não registra o que *sir* John falou à multidão enraivecida nos degraus do banco naquele dia, mas podemos supor que teve algo a ver com o novo homem da casa da moeda cujo gênio colocara a Pedra Filosofal à disposição do banco, ou então o que mais seria capaz de mandar para casa aquelas pessoas iradas, que nunca mais questionaram a liquidez do Banco da Inglaterra?

Os inimigos da Inglaterra nunca mais questionaram a sua habilidade nas guerras financeiras no cenário mundial.

A alegada posse da Pedra Filosofal pelo banco tornou-se irrelevante quando o mundo veio a compreender que o banco de reservas é a máquina de dinheiro que compra o império. Ao adotar um sistema flexível de banco de reservas às vésperas da Primeira Guerra Mundial, os Estados Unidos usaram o Sistema Federal de Reservas para financiar a Segunda Guerra Mundial, a mais cara, e discutivelmente a mais bem-sucedida, guerra da história.

Newton assumiu como diretor do Banco da Inglaterra quando Neale finalmente morreu vários anos depois da corrida ao banco. O seu novo cargo deu-lhe o poder de vida e morte sobre os falsificadores. Exercendo as suas funções com vigor, Newton gostava de se disfarçar em roupas grosseiras para embebedar-se em bares imundos em busca de falsificadores. Acompanhado de homens armados, os desafortunados delinqüentes que tentassem passar moedas falsas eram levados presos. Com Newton ao mesmo tempo como juiz e tribunal, esses homens eram esticados lentamente e esquartejados, uma prática que Newton se permitiu pelo resto da vida.

Montagu manteve o controle da moribunda Royal Society até que a sucessão da rainha Ana diminuiu temporariamente o seu favorecimento político. Juntamente com o seu sucessor ardilosamente escolhido, lorde Somers, ele presidiu apenas quatro reuniões da sociedade em oito anos. Newton ingressou e se fez eleger presidente em 1703, ocupando o posto até a morte, um quarto de século depois.

Durante os seus anos de intervenção, ele elevou a sociedade à posição de árbitro do que era e do que não era ciência. Assim como Montagu promovera a teoria da gravitação universal de Newton para dar ao Banco da Inglaterra a aparência de infalibilidade, Newton promoveu a Royal Society como a única fonte de todo o conhecimento para dar à ciência britânica a aparência de infalibilidade.

Ao longo do caminho, Newton institucionalizou as suas próprias idéias como fundamentais para a ciência britânica. Quando chegou o momento das aplicações práticas, porém, a infalibilidade de Newton ruiu em face da realidade. As suas alegações quanto ao cálculo, o assunto de uma batalha amarga com Leibniz sobre precedência durante toda a vida de Newton, foram decididas pela prática em favor de Leibniz, cuja notação é hoje universalmente usada.

Com relação ao reino das idéias, no entanto, a infalibilidade de Newton permanece inquestionável. Hooke, que foi para o leito de morte alegando precedência pelas idéias dos *Pincipia* de Newton, foi figurativamente torturado e esquartejado pelo bando de sicofantas intelectuais com que Newton abastecia a Royal Society. Newton chegou a ponto de exibir uma maça "cerimonial" sobre a mesa na sua frente nas reuniões da Royal Society para ressaltar a sua autoridade. As implicações de uma moeda falsificada escorregada sub-repticiamente no colete de alguém não passariam despercebidas pelos potenciais dissidentes.

Newton nunca conseguiu provar a gravitação universal. Tentativas subseqüentes por parte dos seus herdeiros intelectuais precisaram ser abandonadas quando se descobriu que as órbitas dos planetas apresentavam grandes discrepâncias em relação às existentes com o uso da órbita da Lua por Newton.

O fracasso deixou uma proposição em aberto no coração da ciência moderna. Em vez de abandonar uma hipótese fracassada, porém, a ciência agora assume a gravitação universal de Newton como um fato. A ciência então usa isso para prever a massa de planetas e estrelas, fatos previsíveis que não são verificáveis independentemente, perpetuando uma proposição que nunca foi, nem nunca pode ser, testada. As idéias de Newton de que a luz branca é constituída de todas as cores e que as cores são comprimentos de onda específicos que emergem do prisma em ordem descendente são proposições — assim como a de massa/gravidade — tão incapazes de provar hoje em dia como era na época dele.

O Império Britânico que Newton ajudou a criar entrou em colapso no século XX, mas as idéias de Newton — que Montagu promoveu como infalíveis para estabelecer a base monetária do império, e as quais Newton viciosamente perpetuou, espancando todos os dissidentes, permanecem tanto onipresentes como desprovidas de base — os pilares invisíveis, inquestionáveis e em última análise inexistentes sobre os quais todo o pensamento científico se sustenta.

32 Newton e a Bíblia

O QUE O GRANDE CIENTISTA PREVIU PARA O
ANO 2060?

JOHN CHAMBERS

Em 22 de fevereiro de 2003, o jornal *Daily Telegraph*, de Londres, Inglaterra, publicou uma reportagem de primeira página que começava com as seguintes palavras: "*Sir* Isaac Newton, o maior cientista britânico, previu a data do fim do mundo — e ela é daqui a apenas 57 anos."

O *Telegraph* de alguma forma atenuou o seu terrível primeiro parágrafo — de que Newton previra o fim do mundo para 2060 — declarando no quarto parágrafo: "Newton, que foi também um teólogo e alquimista, previu que o Segundo Advento de Cristo seria depois de pragas e guerras e que precederia um reinado de 1.000 anos de santos sobre a Terra — e que ele poderia ser um deles."

No entanto, o dano estava feito. Ao longo dos dias subseqüentes, a notícia se espalhou a todos os cantos do planeta, ganhando muito espaço em jornais, no rádio, na TV e em um vasto número de páginas na Internet — muitas das quais faziam troça da história, mostrando, por exemplo, um desenho de uma nuvem com o formato de um cogumelo acompanhada da mensagem: "Divirta-se, é 2060!"

Embora a data 2060 tenha sido um choque para o público em geral, que nem ao menos fazia idéia dos interesses teológicos de Newton, ela não era nova para o pequeno grupo de eruditos que estudam regularmente a teologia de *sir* Isaac Newton. Um desses eruditos, o professor-assistente Stephen D. Snobelen, da University of King's College em Halifax, Nova Escócia, tocara no assunto durante uma entrevista para o *Daily Telegraph,* alguns dias antes de ir ao ar na Grã-Bretanha um documentário da BBC 2 intitulado: *Newton: The Dark Heretic.* Um dos consultores históricos para o documentário da BBC, o professor Snobelen é mostrado em uma seqüência de imagens ampliadas segurando e comentando um manuscrito trazendo a data de 2060 na Jewish National and University Library em Jerusalém.

A data explosiva de 2060 d.C. era conhecida dos pesquisadores de Newton desde o início da década de 1970. Os documentos teológicos e alquímicos do cientista permaneceram guardados na casa do conde de Portsmouth (um descendente da sobrinha de Newton) por 250 anos até que, em 1936, o excêntrico pesquisador judeu Abraham Shalom Ezekiel Yahuda adquiriu a maior coleção reunida dos documentos teológicos em um leilão na casa Sotheby's, em Londres. Yahuda legou os documentos para o Estado de Israel, mas só em 1967 foi que eles finalmente foram parar na Jewish Library, em Jerusalém. Assim mesmo, o acesso a eles continuou sendo difícil para os pesquisadores até 1991, quando a maioria dos manuscritos científicos, administrativos, teológicos e alquímicos de Newton foram disponibilizados em microfilme.

Sir Isaac Newton (1642–1727) foi um dos dois ou três cientistas mais influentes que já viveram. Ele descobriu as três leis do movimento; os conceitos de massa, força e gravitação universal; e a verdadeira natureza da luz. Além disso, inventou independentemente (ao mesmo tempo que Gottfried Leibniz) o cálculo diferencial.

Entretanto, ele também foi um dos pesquisadores mais completos e perspicazes em teologia e alquimia que o mundo já conheceu. Esse renomado matemático-cientista acreditava que a Palavra de Deus foi escrita amplamente tanto no mundo natural — ele fizera muito esforço para descobrir aquelas palavras — quanto na Bíblia, e Newton estava ansioso para descobrir a Palavra tanto nessa última como na primeira. Depois de seguir essa motivação para mergulhar nas profundezas das escrituras, e de todos os outros textos clássicos importantes, estava convencido de que os antigos tinham descoberto as mesmas leis do universo que ele próprio descobrira. Ao transmiti-las nos três volumes do seu *Principia Mathematica,* ele estava meramente vestindo — em trajes modernos — verdades que grandes pensadores do passado já conheciam desde o princípio dos tempos, verdades a que eles chamaram *prisca sapientia* ("sabedoria primordial").

O anúncio de Newton, desenterrado três séculos depois da publicação do *Principia,* de que o mundo acabaria — ou, mais precisamente, faria uma transição para um estado muito diferente — em 2060 foi um anúncio unicamente destinado a provocar um interesse apaixonado e uma ansiedade no ano de 2003. Antes de mais nada, 2003 foi o ano em que os Estados Unidos invadiram o Iraque (a terra da antiga Babilônia), mexendo sem um fim previsível no vespeiro internacional do terrorismo muçulmano radical. Foi o ano em que a Coréia do Norte, o Paquistão e a Índia retiniram os seus sabres nucleares. Foi o ano em que a AIDS, uma praga de proporções bíblicas, continuava a devastar o mundo — e quando a epidemia de SARS* surgiu do nada como se para nos dar a todos um sabor amargo do juízo apocalíptico por vir.

Para culminar, 2060 era a data perigosamente próxima de 2012 — o ano em que, de acordo com muitos profetas e textos proféticos tanto antigos quanto modernos, a humanidade será engolfada em um holocausto final que convulsionará o mundo. Um documentário de 2002 do History Channel sobre "o código da Bíblia" erroneamente chama Newton como um dos primeiros investigadores sobre o misterioso código, só acessível por meio de computadores, popularizado por Michael Drosnin nos seus livros *The Bible Code* e *The Bible Code II* (respectivamente, de 1997 e 2003).**

Newton, porém, não acreditava que as palavras proféticas de Deus estivessem incluídas em um subtexto eternamente dinâmico por trás do texto literal da Bíblia. Profundamente religioso, o cientista era membro da Igreja da Inglaterra muito embora aderisse, em segredo, à crença do herege do quarto século, Ário, segundo a qual a doutrina da Trindade (na qual Deus, o Espírito Santo e Cristo são um só) fosse uma falsidade diabólica imposta pela Igreja dos primeiros dias. Newton acreditava que, embora o Filho e o Espírito Santo fossem divinos, apenas Deus era Deus.

O cientista desenvolvera essa crença depois de um estudo exaustivo das escrituras e de outros textos contemporâneos. Embora acreditasse que a Bíblia fosse a expressão da palavra de Deus, era de opinião de que havia muitas versões deturpadas e imperfeitas da Bíblia. Newton assumira como uma tarefa para toda a vida a análise minuciosa e rigorosa dos textos para determinar exatamente o que Deus dissera.

Ele tratava do assunto da mesma maneira que o moderno pesquisador bíblico, reunindo todas as diferentes versões de um determinado texto em que pusesse as mãos, em latim, grego e hebraico — o seu interesse principal sendo pelo livro de Daniel e do Apocalipse — e submetendo-o a uma minuciosa análise comparativa lingüística; a partir do que ele determinaria o verdadeiro significado das palavras. As interpretações de Newton são então dificilmente fantasiosas, e nem mesmo místicas (ele passava ao largo daqueles profetas,

---

* Síndrome respiratória aguda grave, das iniciais em inglês de *severe acute respiratory syndrome*. (N. do T.)

** *O Código da Bíblia* e *O Código da Bíblia II*, ambos publicados pela Editora Cultrix, São Paulo (respectivamente em 1997 e 2003).

como Ezequiel, que lhe pareciam falar em termos exageradamente emocionais). Por exemplo, a sua interpretação da provocativa palavra *besta* no Livro do Apocalipse, baseada em uma meticulosa análise lingüística, é simplesmente "grupos de pessoas ou organizações" (notavelmente, as igrejas).

Em um livro ainda por ser lançado, *Isaac Newton, Heretic*, o professor Snobelen escreve que, para Newton, "as santas Profecias" das escrituras não eram mais do que "histórias de coisas por acontecer" (Yahuda MS 1.1, fólio 16 retro). Decisiva para a interpretação de Newton desses textos altamente simbólicos era a sua crença em que os períodos de tempo proféticos de 1.260, 1.290, 1.335 e 2.300 dias na realidade representam 1.260, 1.290, 1.335 e 2.300 anos, usando o princípio de um ano por um dia.

Como Newton chegou a essa estranha crença? Em um comunicado especial à *Atlantis Rising*, o professor Snobelen escreve: "[Newton...] seguia a tradição de Joseph Mede, o polímato e profético exegeta de Cambridge que morreu em 1638. Mas o princípio de um ano por um dia baseia-se em outros textos sagrados, tais como: [Números 14:34] 'Segundo o número dos dias em que espiastes a terra, quarenta dias, cada dia representando um ano, levareis sobre vós as vossas iniqüidades quarenta anos e tereis experiência do meu desagrado', e [Ezequiel 4:6] 'Quando tiveres cumprido estes dias, deitar-te-ás sobre o teu lado direito e levarás sobre ti a iniqüidade da casa de Judá. Quarenta dias te dei, cada dia por um ano'."

O professor Snobelen estabelece os períodos de tempo proféticos da seguinte maneira: "O período de tempo de 1.260 dias aparece em Daniel 7:25 (como 'por um tempo, dois tempos e metade dum tempo' [equivalente a 'um ano, dois anos e meio ano']), Daniel 12:7 (como 'depois de um tempo, dois tempos e metade de um tempo' [equivalente a "um ano, dois anos e meio ano']), Apocalipse 11:3 (1.260 dias), Apocalipse 12:6 (1.260 dias) e Apocalipse 13:5 (42 meses). O período de tempo de 1.290 dias aparece em Daniel 12:11. O período de tempo de 1.335 dias aparece em Daniel 12:12. O período de tempo de 2.300 dias aparece em Daniel 8:14."

Para Newton, esses períodos de tempo — especialmente o de 1.260 anos — representa o período durante o qual a Igreja corrupta (sendo essa, para Newton, a Igreja Trinitarianista, principalmente a católica) entrou em lento declínio: quer dizer, o período da sua "apostasia", ou abandono das crenças verdadeiras. O problema está em localizar a data exata do começo do período da apostasia. A essa data seria acrescentado o índice de 1.260 anos, daí portanto chegando ao ano exato em que a Igreja finalmente desmoronará, trazendo na esteira da sua extinção a erupção de guerras e pragas, seguindo-se então o Segundo Advento de Cristo, estaria no começo do Novo Milênio.

Newton escolheu e descartou muitas datas iniciais, até finalmente, quase no fim da vida, definir o ano em que a igreja papal de uma vez por todas reuniu todo o poder temporal. Essa data para a "instituição formal da Igreja imperial, apóstata" — o início do período da "supremacia do papa" — foi 800 d.C., "o ano em que Carlos Magno foi coroado imperador de Roma no Ocidente pelo papa Leão III". Acrescentando 1.260 anos a 800 nos leva ao ano de 2060, quando "Babilônia cairá", a Igreja apóstata terminará e Cristo retornará à Terra para estabelecer um reino mundial de Deus de 1.000 anos.

Na página 144 do seu *Observations* (1733), Newton cita Daniel 7:26-27 como evidência: "Mas, depois, se assentará o tribunal para lhe tirar o domínio, para o destruir e para o consumir até o fim. O reino, e o domínio, e a majestade dos reinos debaixo de todo o céu serão dados ao povo dos santos do Altíssimo; o seu reino será reino eterno, e todos os domínios o servirão e lhe obedecerão."

O professor de Halifax não perde tempo em afirmar que Newton não acreditava que o mundo literalmente acabaria em 2060. Ao contrário, haveria todo um novo começo. "Antes do Segundo Advento, os judeus retornariam a Israel de acordo com as previsões feitas nas profecias bíblicas", observa ele. "Além disso, o Templo seria reconstruído. Um pouco antes, ou por volta da época do retorno de Cristo, a grande batalha do Armagedom acontecerá quando uma série de países (a confederação de 'Gog e Magog' da profecia de Ezequiel) invadir Israel." Cristo e os santos então irão intervir para estabelecer um reino mundial de Deus de 1.000 anos. Essa será uma época de paz e prosperidade; em *Observations*, Newton cita Miquéias 4:3: "[As pessoas] converterão as suas espadas em relhas de arados e, as suas lanças, em podadeiras" e "uma nação não levantará a espada contra outra nação, nem aprenderão mais a guerra".

Um dos aspectos mais apaixonantes da data de 2060 prevista por Newton é quão distante no futuro, comparativamente falando, ele estabelece o momento para o "fim do mundo". Uma pequeníssima minoria de exegetas proféticos mais ou menos da época de Newton localizou o tempo do fim no século XXI, mas a tendência era colocar o fim dentro ou não muito tempo depois do próprio tempo de vida. Joseph Mede, estabelecendo a data inicial em 476 d.C. — o momento da queda do Império Romano —, concluiu que o fim viria em 1736; William Lloyd, bispo de Worcester, anunciou em pessoa para a rainha Ana, em 1712, que a Cidade do Vaticano seria consumida pelas chamas do fogo do céu no ano de 1716; e "o próprio discípulo profético de Newton, William Whiston, estabeleceu 1736 como o fim dos 1.260 anos e o ano de 1766 como o início do Milênio".

A data em meados do século XXI de Newton resulta, é claro, da sua escolha da data inicial o momento em que a Igreja Católica Romana alcançou a total hegemonia sobre os assuntos mundanos — 800 d.C. Mas podemos nos perguntar: Será que Newton sabia de mais alguma coisa? Será que um dos maiores pensadores de todos os tempos — e o homem que leu as mais antigas obras da literatura arcana que alguém antes ou depois dele — saberia alguma coisa que ninguém mais sabia?

O professor Snobelen imagina se Newton, que odiava os que estabeleciam datas proféticas, se enfureceria se soubesse que o mundo inteiro agora conhece a sua data de 2060. Ou será que ele simplesmente "ficaria satisfeito porque agora, quando nos encaminhamos para a época em que o verdadeiro evangelho está para ser pregado, é chegado o momento de pregar abertamente?" Conclui o professor de Halifax: "Precisaremos esperar até 2060 para perguntar."

33 A Vida Notável de G. I. Gurdjieff

EMBORA A SUA SAGA PERMANEÇA UM
MISTÉRIO, A SUA INFLUÊNCIA É DIFÍCIL DE
DETERMINAR

JOHN CHAMBERS

O filme de Peter Brook, *Encontros com Homens Notáveis*, de 1979, ainda é uma introdução admirável à vida do buscador e professor russo de verdades esotéricas G. I. Gurdjieff (1866?–1949), que ensinava a ascensão ao Quarto Caminho da consciência superior — com métodos que eram brilhantes, brutais e radicalmente controvertidos. Gurdjieff nasceu em Alexandropol, na Armênia. O filme (baseado na autobiografia epônima de Gurdjieff) foi rodado no Afeganistão, e inicia-se com a cena de um vale de terreno rochoso com pessoas transcaspianas que vão assistir a uma incomum competição musical. Os músicos, alguns tocando instrumentos extremamente antigos, concorrem para produzir um som que evoque uma resposta das montanhas ao redor — um eco, talvez, ou a queda de uma pedra. Finalmente, é a exultação exótica de uma única voz humana que obtém uma resposta ecoada dos picos rochosos. A competição termina, mas a vida de Gurdjieff, que é visto ali como um menino que fora assistir ao espetáculo, apenas começou a cantar a sua canção exótica — da redenção pelo Quarto Caminho — para uma humanidade em dificuldades.

O menino volta para casa e para o relacionamento incomum com o pai, um *astrokh,* pertencente a uma linhagem em extinção de bardos épicos. À medida que o filme se desenrola, vemos o homem idoso acordar o filho com banhos frios, introduzir serpentes na sua cama e mãos, dividindo um estranho conhecimento com ele. Gurdjieff pergunta: "Existe vida depois da morte?" O pai responde: "Só para os poucos cuja vida excepcional criou neles uma determinada substância que sobrevive à morte." A crença do pai idoso torna-se a fonte da convicção do Gurdjieff maduro de que devemos "fazer" energicamente a nossa própria alma para assegurar uma vida no outro mundo — e da sua crença na nossa produção de uma substância concomitante, Askokin, com a qual "alimentamos a Lua".

O filme de Brook mostra o jovem Gurdjieff por meio de uma série de encontros com o oculto. Um homem surge, semelhante a um morto-vivo, da sepultura; um demônio deve ser responsável, e um idoso da aldeia corta o pescoço do morto. Colocado em transe por dervixes, um menino se esforça inutilmente para romper o círculo mágico desenhado no chão; o próprio Gurdjieff se adianta para trazer o menino à segurança. O futuro professor-guru testemunha a invocação de espíritos ao redor de uma mesa, vê simples poções curarem doenças violentas e letais. Seu apetite pelo esotérico aumenta.

O filme de Brook continua para enfocar o desejo ardente do Gurdjieff adulto de descobrir a secreta Irmandade do Sarmoung, a qual se diz possuir o conhecimento esotérico primordial. Gurdjieff progride através de uma sucessão de encontros com "homens notáveis". Na culminação desses encontros, encontramos Gurdjieff, com um companheiro, viajando de olhos vendados no lombo de um cavalo, guiado por quatro homens da tribo Kara-Kirghiz através das planícies rochosas do Turquistão. O seu destino é o mosteiro secreto da Irmandade do Sarmoung.

Chegando ao mosteiro depois de doze dias, Gurdjieff logo assiste a danças sagradas que, preservadas através dos milênios, codificam os movimentos dos planetas e as formas básicas do conhecimento arcano nos seus movimentos. Essas danças, executadas de maneira adequada, servem para evocar esse conhecimento na alma dos dançarinos. Logo em seguida, o jovem Gurdjieff, ainda no mosteiro secreto da Irmandade do Sarmoung, tristemente dá adeus ao seu querido amigo, que está de partida para o Himalaia e para outro mosteiro. Nesse ponto, o filme de Peter Brook termina.

A vida de Gurdjieff ainda tinha um longo e espetacular caminho pela frente. Depois de inumeráveis e não registradas viagens através do Oriente Médio e do Extremo Oriente em busca do conhecimento oculto, o aventureiro-esotérico armênio retorna à Rússia e começa a ministrar aulas sobre a Dança Sagrada e o Quarto Caminho que P. D. Ouspensky descreve tão meticulosa e inteligentemente em *In Search of the Miraculous*. O ano era 1915. Logo, a Primeira Guerra Mundial e a Revolução Russa forçaram Gurdjieff a fugir em direção ao Oriente, em circunstâncias extraordinariamente difíceis, com o seu minúsculo grupo de alunos (alguns deles eminentes). O andrajoso grupo de buscadores cruza o Cáucaso, estabelece-se temporariamente em Tiflis, Geórgia, depois vai para Constantinopla, Berlim e, finalmente, Paris.

Em 1922, Gurdjieff alugou o Prieuré des Basses Loges, próximo a Fontainebleau. Assim começou seriamente o imensamente controvertido (e bem-documentado) Instituto para o Desenvolvimento Harmonioso do Homem de Gurdjieff, que poderia ter continuado indefinidamente não fosse um desastroso acidente de automóvel em 1924 que obrigou Gurdjieff a fechá-lo. O professor, então debilitado, começou a escrever. *Encontros com Homens Notáveis* * (o primeiro dos seus três livros) só viria a ser publicado em 1960. De 1934 até a sua morte, em 1949, Gurdjieff morou em Paris, continuando a receber e ensinar um aluno ocasional. A sua obra, é claro, não morre com ele; ela continua ainda, em diversas escolas e países.

Os ensinamentos e a metodologia de Gurdjieff — que se acredita originários da Irmandade do Sarmoung em que o mestre esteve mergulhado durante as primeiras décadas da sua vida — não são apenas efetivamente ensinados atualmente, mas também fazem vibrar uma nota sutil na consciência cultural do nosso tempo. Simplificando grosseiramente: Gurdjieff ensinava que a humanidade atravessa quatro estados de consciência, com a imensa maioria ocupando o primeiro, um animal embrutecido, inconsciente, "adormecido". No segundo, "o despertar da consciência", o homem está esporadicamente consciente de que está dormindo. No terceiro, "autoconsciência" ou "lembrança de si mesmo", o homem efetivamente procura abrir caminho para uma consciência superior ao tentar alinhar os seus três centros — o físico, o emocional e o intelectual. O quarto estado é a ascensão para a consciência objetiva — estabelecida no Quarto Caminho.

As técnicas pedagógicas de Gurdjieff, visando alcançar a consciência objetiva, costumam parecer brutais; certamente, não deve mais haver dúvida de que ele foi o progenitor do "amor rude". Gurdjieff acreditava que estamos tão congelados no nosso condicionamento — os nossos três centros encontram-se tão irremediavelmente, mecanicamente, incontrolavelmente desconjuntados um do outro — que precisamos ser chocados, surpreendidos e/ou praticamente sofrer maus-tratos para abandonar essas configurações habituais.

Ao ensinar os exercícios de Parada, pedia a um aluno para imobilizar-se completamente não importa o que estivesse fazendo. Frustrado assim em terminar o que estava fazendo com o seu condicionamento normal, o aluno seria obrigado a fazer um esforço para encontrar novas reações. O Sofrimento Vo-

---

* Publicado pela Editora Pensamento, São Paulo, 1980.

Ilustração 33.1. O incomparável G. I. Gurdjieff, cujos ensinamentos abriram novos caminhos no campo dos estudos da consciência.

luntário mantinha o aluno envolvido em atividades que deveria continuar por mais tempo quando teria parado se começasse a sentir dor; assim seria forçado a forjar novas e não programadas — e talvez promissoras — ligações entre os três centros. As Danças e Movimentos Sagrados, que apresentavam o aluno a novos (ou, conforme diria o próprio Gurdjieff, antigos e esquecidos), difíceis padrões de comportamento físicos e conseqüentemente emocionais e intelectuais acabariam por desfazer a cristalização de velhos hábitos e abrir o caminho para uma harmonia renovada entre os centros.

Ele aplicava muitos outros exercícios. Pairando acima deles, o conceito magistral de Gurdjieff da lembrança de si mesmo. Tentemos explicá-lo (quem sabe sem lhe fazer justiça): devemos a todo momento esforçar-nos com toda a concentração possível a não deixar o corpo reagir meramente de acordo com os velhos e estabelecidos padrões de comportamento. O tempo todo, devemos dividir a nossa atenção entre o ato de fazer uma coisa e o de nos observar fazendo-a. Dessa maneira, podemos acompanhar o que fazemos, talvez mudá-lo — e, por nunca cessar de manter distância entre a nossa consciência objetiva e as ações que foram realizadas em seu nome, podemos esperar escapar ao Terror do Momento e dar mais um passo na direção do Quarto Caminho.

Nas últimas décadas, não houve um aumento significativo no número de praticantes do Caminho de Gurdjieff. Mesmo nos seus melhores dias — na época do Prieuré — os críticos não perdiam tempo em observar que os seus alunos não pareciam mudar muito rápido e muitos pareciam viciados no Trabalho e no próprio Gurdjieff. Isso levou não poucos críticos a concluir que os diversos exercícios para a lembrança de si mesmo realmente não conduziam a um estado de consciência objetiva. Ou que a consciência objetiva, o que quer que fosse, teria pouco a ver com a aniquilação do ego, o nirvana, ou o "estabelecimento do Eu" do Siddha Yoga (para designar esse estado tão ansiado em termos um tanto mais clássicos).

A lembrança de si mesmo de Gurdjieff, embora também pretendesse destacar a dessemelhança entre o eu e as suas ações, requeria a atenção contínua a cada um dos atos mundanos da pessoa de tal maneira a também chamar a atenção continuamente para o ego; a meditação clássica do yogue vinculava, mais exatamente, uma contínua atenção sobre o Eu superior interior. Na inauguração do Prieuré em meados de 1926 ou 1927, Gurdjieff criticou, em termos raciais, a escolha de uma nova esposa pelo famoso ensaísta-filósofo Waldo Frank. Frank nunca perdoou o professor de esoterismo, e os seus comentários em uma obra muito posterior, *Rediscovery*, a muitos parecem concentrar as deficiências da lembrança de si mesmo.

Admitindo a necessidade de nos desincumbir do entrave da verdade que o ego constitui, Frank sem embargo sustenta que "os axiomas mais importantes do método original nunca foram discutidos. [...] Um método destinado a libertar o eu do seu ego central torna-se um instrumento para desenvolver o ego. [...] O 'eu' que observa o corpo e o mundo permanece inquestionavelmente como ego", Frank teve mesmo a ousadia de associar o "ego poderoso" de Gurdjieff ao de Mussolini.

Alguns imaginam se o comportamento pessoal escandaloso de Gurdjieff capacitava-o a exigir dos seus alunos o grau de lealdade pessoal e obediência cega que era o seu hábito. Em *Gurdjieff: A Biography*, James Moore cita uma frase espirituosa atribuída a T. S. Mattews: "'As mulheres que eram as seguidoras dele obviamente o adoravam, e algumas que conseguiam cair nas suas graças têm recordações palpáveis: filhos trigueiros de olhos claros'."

Mas Paul Beekman Taylor — cuja meia irmã era filha ilegítima de Gurdjieff — mostra em *Gurdjieff and Orage* a indiferença às vezes cruel com que o mestre tratava algumas das suas amantes e os seus (dele) rebentos ilegítimos. Uma amante que com certeza não fora descartada era Jeanne de Salzmann, que se tornou a sucessora de Gurdjieff na Fundação Gurdjieff em Paris depois da morte dele em 1949, mantendo-se no cargo até a própria morte, em 1990, aos 101 anos de idade. De Salzmann deu a Gurdjieff um filho, Michel, em 1926; esse filho, "trigueiro e de olhos claros", é agora o chefe do instituto em Paris.

Os críticos imaginam se os muitos casos de Gurdjieff com as suas alunas (às vezes) casadas fazem dele algo diferente de Osho, o notório guru que, residindo nos Estados Unidos, dormia regularmente com as alunas e tinha 99 Cadillacs (Gurdjieff também tinha uma enorme predileção por automóveis).

Os gurdjieffianos replicam que, realmente, "que importa uma fraqueza ou duas para alguém que detém a consciência objetiva?" Mas isso pode ser uma questão, não de moralidade, mas de Ser (uma palavra querida de Gurdjieff, e que ocupa um lugar elevado na sua escatologia): será possível o namoradeiro estar realmente tão completamente separado do professor-filósofo, especialmente no caso de um homem como Gurdjieff, que se considerava como "detentor" da consciência objetiva, e totalmente integrado? Com integrado queremos dizer que ele não se considerava como sendo uma "coleção de eus" como a maioria da raça humana, ma um único "eu".

Uma área não afeta profundamente a outra?

Nos últimos anos, tem-se renovado o interesse pelo extravagante romance de 1.238 páginas, *Beelzebub's Tales to His Grandson* [Relatos de Belzebu ao Seu Neto], especialmente por meio das conferências *All and Everything* International Humanities coordenadas por Seymour B. Ginsburg em Miami e Chicago. Essas pesquisas têm sugerido que o romance — assim como o seu autor — pode ser mais complexamente profundo do que anteriormente se pensava. Gurdjieff escreveu o romance ao longo de muitos anos, geralmente empregando gratuitamente os talentos dos seus alunos multilíngües. A deliberada indefinição do seu estilo (o que ele fazia, conforme afirmou, para impedir que o leitor captasse o significado muito rapidamente — chamando esse estratagema de "enterrar o cachorro") mascara o que as antigas revistas baratas de ficção científica chamavam de "ópera espacial". Contudo, é uma ópera espacial com duas diferenças muito surpreendentes: o personagem principal é Belzebu, ou Satã; e o livro visa ser nada menos do que um relato alegórico de toda a história da humanidade, desde o nascimento do planeta, da queda da humanidade até a sua possível redenção.

Contudo, até mesmo alguns eruditos acadêmicos reconhecem que *Beelzebub's Tales to His Grandson* se encaixa na grande tradição de relatos épicos sobre a Queda do Homem, incluindo *Paraíso Perdido,* os poemas da maturidade de William Blake (por exemplo, *The Four Zoas)* e o *Finnegan's Wake* de James Joyce.

Indagados sobre por que o romance de Gurdjieff precisa ser assim tão estranho e impenetrável, os gurdjieffianos respondem que é porque *Beelzebub's Tales* é entremeado com o conhecimento exclusivo e abrangente do aprendizado perdido, esotérico e antigo. Ante a pergunta sobre por que, se a dificuldade é assim tão visceral, então, Gurdjieff precisou ir além e deliberadamente ofuscar o estilo, eles dizem que essa estratégia é condizente com a estratégia global de Gurdjieff do sofrimento voluntário. Eles citam as palavras do mestre sobre a própria vida dele: "Eu queria criar ao meu redor condições em que o homem fosse continuamente lembrado do sentido e do objetivo da sua existência, por uma evitável fricção entre a sua consciência e as manifestações automáticas da sua natureza."

Sy Ginsburg acrescenta: "Gurdjieff queria que o livro fosse lido silenciosamente duas vezes e uma terceira vez em voz alta. Especula-se se essa leitura em voz alta permite que o conteúdo engane o intelecto e cause um impacto muito mais forte sobre as emoções. Para isso, é decisiva a leitura em voz alta das mais de 500 palavras especiais que Gurdjieff criou a partir de uma ampla variedade de idiomas, cujos sons 'universais' supostamente têm um efeito mais amplo sobre o centro emocional."

Ginsburg, que escreve prolixamente sobre *Beelzebub's Tales,* acredita que o livro possa ser uma recapitulação das verdadeiras seis últimas reencarnações de Gurdjieff. Ele também acredita que Gurdjieff possa ser o "mestre dançarino" previsto pela fundadora da Sociedade Teosófica, Helena Bravatsky, para ser o grande mestre do esoterismo do início do século XX.

Por mais estranhas que as doutrinas intelectuais de G. I. Gurdjieff possam parecer, e mais desagradáveis o seu comportamento pessoal e alguns dos seus métodos de ensino, restam poucas dúvidas de que as técnicas de pensamento e ensino desse notável esotérico e primeiro proponente do amor rude continuam a exercer uma influência sutil. Talvez, com o aumento da atenção voltada ao seu *Beelzebub's Tales to His Grandson* por parte de grupos tal como o das conferências *All and Everything* — e crescentemente nas universidades — a influência possa tornar-se consideravelmente maior do que essa.

SEXTA PARTE

O ESPÍRITO E A ALMA

34 A Expulsão de Espíritos Malignos

UMA PSICOTERAPEUTA PIONEIRA INDICA AS
RAÍZES DA SUA PROFISSÃO

CYNTHIA LOGAN

Lembra-se de *O Exorcista* e as suas cenas arrepiantes que causaram as mais diversas reações entre os espectadores? Embora alguns apreciem os efeitos intensos e reduzam o filme a mero entretenimento, muitos vivenciaram um encontro desagradável com energias que gostaríamos de relegar à fértil imaginação de Hollywood, mas não podemos. Na verdade, há amplas evidências de que o mal se manifesta sobre a Terra, atuando sobre seres humanos, animais e na própria natureza. Desde um porco encarnado no corpo de um demente (expulso por Jesus) até um homicídio absurdo e impiedoso, ao lado de torturas deformantes por todo o mundo, Satã mostra a sua face. E não são apenas os desvios grosseiros que constituem o mal.

Um número crescente de pessoas afirmam ter experimentado possessões demoníacas de maneiras sutis que se manifestam como vários sintomas e condições físicas, mentais e emocionais. Para elas, frases como: "O diabo me levou a fazer isso", "Ele está lutando com os seus demônios" e "O que o possuiu a ponto de fazer uma coisa dessas?" são mais do que meros adágios. Essas pessoas têm certeza de que são influenciadas por demônios e, depois de tentar recursos convencionais, muitas se voltam para alguém como a dra. Shakuntala Modi para a "liberação do espírito".

Modi, uma psiquiatra oficialmente credenciada que clinica em Wheeling, Virgínia Ocidental, observa que, embora a liberação do espírito aparentemente tenha uma história importante na Nova Era, "as mais antigas evidências da necessidade de lidar com os espíritos é obra de curandeiros primitivos, ou xamãs. [...] Posteriormente, os curandeiros se firmaram, usando preces, ervas, beberagens e música para induzir a consciência espiritual necessária para afastar os espíritos malignos. Os gregos e romanos acreditavam que as manias fossem possessões por espíritos malignos que representavam 'o culto dos mortos'". (Curiosamente, ao contrário, os árabes acreditavam que os loucos fossem enviados por Deus para dizer a verdade e os veneravam como santos.)

De acordo com Modi, a história da psiquiatria registra um movimento retrospectivo. "Ao longo dos anos, os psiquiatras percorreram incontáveis caminhos sem saída, procurando respostas alternativas, "mais científicas", para a doença mental do que as propostas pelos antigos", afirma ela. "Hoje, a comunidade de saúde mental está fechando o círculo, de volta aos conhecimentos dos seus equivalentes mais antigos, tais como Platão, que explicava a loucura como um estado em que 'a alma desejosa perde a alma pensante', fazendo a pessoa agir contra a sua natureza racional."

A própria história da dra. Modi começou na Índia central. Quando criança, ela perdeu o pai e foi criada por um tio, juntamente com os seus irmãos e primos. Ela sempre quis ser médica até onde consegue se lembrar. Como as finanças da família fossem tais que apenas um dos filhos, ou ela ou o irmão, poderia estudar medicina, o irmão sacrificou a própria ambição para que ela pudesse realizar a dela, um gesto muito impressionante considerando o preconceito sexual do país.

Modi formou-se obstetra-ginecologista e casou-se com um cirurgião geral. Seu filho, Raju, nasceu na Índia. Quando eles se mudaram para os Estados Unidos, Modi percebeu que, sem o sistema da grande família que existe na Índia, ou ela ou o marido precisariam fazer uma mudança na carreira. "Eu me interessava pela psiquiatria e pensei que poderia ser uma maneira de manter o meu trabalho e ser mãe ao mesmo tempo", recorda ela. Depois da faculdade, ela passou a praticar a psiquiatria tradicional; usando a hipnoterapia como um acessório, ela conquistou uma excelente reputação entre os seus pares e desfrutou de privilégios no acesso a hospitais.

Em 1988, o seu método de trabalho ingressou em uma evolução radical. Ela tomou consciência do conceito da regressão a vidas passadas quando uma paciente sofrendo de claustrofobia instantaneamente regressou a outra vida em que fora enterrada viva. Depois da sessão, a paciente libertou-se dessa condição que havia muito limitava a sua vida.

Esses resultados foram o que mantiveram a dra. Modi na busca do que ela costuma chamar de Obra de Deus, que constitui a coleção de estudos de casos do seu famoso livro, *Remarkable Healings*. Recheado de históricos de casos, o livro detalha as histórias de paciente após paciente, descrevendo fenômenos semelhantes. "O resultado fala por si mesmo", explica ela. "As pessoas se sentem bem, os sintomas desaparecem e elas são capazes de retomar a vida normal." De acordo com Modi, o alívio costuma ser imediato e radical, com os pacientes relatando que se sentem mais bem-dispostos e dinâmicos do que jamais se sentiram na vida, ou leves e aliviados, como se lhes tirassem um grande peso das costas. Outros dizem que têm mais facilidade de respirar, e que os seus relacionamentos melhoraram.

Ilustração 34.1. A autora e psicanalista dra. Shakuntala Modi, cujo trabalho terapêutico ajuda a exorcizar energias negativas dos pacientes.

Modi enfatiza que o hipnotismo não é o estado espantoso induzido como o consideramos estereotipadamente. Ao contrário, é uma "consciência paralela" alcançada como quando nos concentramos intensamente e nos entregamos à fantasia, ou nos absorvemos tanto numa conversa que desligamos o que acontece ao nosso redor. "O subconsciente contém as lembranças da alma em todas as outras vidas", observa Modi, acrescentando: "Tudo o que um dia tocamos, experimentamos, cheiramos, sentimos, ouvimos, vivemos e fizemos é registrado — não só da nossa vida atual, mas de todas as outras vidas, o tempo entre as encarnações e até mesmo do tempo da criação da nossa alma e da criação do Universo."

Embora o subconsciente seja capaz de despertar essas lembranças, Modi acha essencial incluir também o consciente. Deliberadamente, ela evita usar as técnicas de relaxamento clássicas associadas ao hipnotismo (tais como contar ao contrário e sugestões de que o paciente está se tornando sonolento). "O aprendizado acontece conscientemente", afirma ela enfaticamente. "Precisamos estar perfeitamente conscientes do que está se passando, não devolver as lembranças para o subconsciente!"

De acordo com os pacientes hipnotizados, algumas pessoas têm limites rígidos em torno do seu campo energético, ou aura, como se usassem uma armadura grossa. Esses limites impedem que os espíritos exteriores tenham acesso a elas. Outras pessoas têm limites difusos, porosos, leves, o que facilita aos outros espíritos atravessarem o seu campo protetor e o seu corpo. Diversas condições, comportamentos e situações físicas e emocionais podem abrir a pessoa à possessão psíquica. "Ficamos mais vulneráveis quando estamos doentes, feridos, inconscientes, sedados ou anestesiados", explica Modi. A prática de jogos invocativos, do tipo *Dungeons and Dragons*, o uso da Tábua Ouija, mesa com as letras do alfabeto e outros símbolos, destinada a manter contatos mediúnicos, praticar a escrita automática ou a canalização também podem atrair "convidados" indesejáveis.

É uma coisa assustadora. E como se não tivéssemos muito com o que nos preocupar durante o nascimento e os traumas da vida atual, Modi diz que a nossa alma pode se fragmentar, deixando o eu central privado de diversas partes que se ausentaram durante traumas das vidas, atual ou passadas, ou que partiram para ajudar ou fazer companhia a um ente querido falecido. Também podemos ser possuídos por espíritos ligados à Terra, ou por entidades demoníacas que podem plantar falsas recordações de vidas passadas em nós.

Pior ainda, elas chegam a implantar dispositivos mecânicos que interferem na orientação celestial e nos influenciam negativamente, conforme aconteceu com uma paciente de Modi, Josephine, que sofria de bulimia grave. De acordo com ela, seres das trevas projetavam um comercial alimentício por meio de aparelhos implantados na mente dela, o que fazia com que ela pensasse naqueles alimentos e depois os consumisse até vomitar.

Outros pacientes comentaram sobre dispositivos que apertavam, puxavam ou pressionavam diversos órgãos e tecidos do corpo. Eles disseram que esses dispositivos eram como aparelhos de "deslocamento físico" que ligavam ou desligavam, feitos sob medida especificamente para alcançar um determinado fim, como deslocar ligeiramente uma articulação, pressionar um nervo ou esfregar dois ossos intensamente até rangerem de tanto se raspar. Outros dispositivos descobertos eram "aparelhos de concentração e amplificação", como um prato de antena para focalizar ondas ou uma máquina de criação de ondas ou como "absorventes de energia negra" que, em vez de causar dor efetivamente, induziam a um estado de fadiga crônica.

Embora os demônios sejam deliberados e diabólicos, Modi sustenta que se deve praticar a sua liberação com compaixão — "Eu realmente trato a entidade como um paciente secundário", comenta ela. De acordo com ela, até mesmo o espírito mais sombrio pode ser transformado e liberado na luz. Ela observa uma distinção entre exorcismo e liberação: "O exorcismo é um ritual religioso marcado pela expulsão forçada de uma entidade demoníaca. Produz um confronto, uma separação dolorosa e é física e emocionalmente exaustivo, tanto para o exorcista quanto para quem é submetido. Ele direciona um julgamento sobre a entidade propriamente dita, condenando-a e expulsando-a. Ela pode ser tomada por Satã e brutalmente punida, pode ir para outra hoste, ou pode retornar à pessoa de quem foi expulsa."

Modi adverte que, antes de considerar a liberação espiritual, os possíveis pacientes devem tratar os transtornos cerebrais orgânicos ou de causas bioquímicas, tais como as que estão claramente implicadas na esquizofrenia.

É para essa voz suave, calma, que as pessoas estão se voltando para ajudá-la a expulsar demônios. O sotaque indiano de Modi acrescenta uma característica melodiosa à sua entonação baixa, reverente. Uma sessão típica envolvendo a regressão a vidas passadas inclui as seguintes etapas: aterramento e identificação — em que se pede aos pacientes para olhar para os pés e descrever o que estão usando, o que os leva a reconhecerem quem são nessa vida; processamento do acontecimento traumático proveniente dessa vida — em que a dra. Modi guia o paciente ao longo do acontecimento, encorajando-o a se recordar, aliviar-se e liberar o trauma completamente; passagem pelo processo da morte, a transição para o céu e as vivências na luz.

Essas vivências costumam ser relatadas como uma recepção por seres de luz, "ventilação" (em que a pessoa sob terapia pode ser convidada a dar passagem para as emoções represadas), limpeza da alma, uma revisão da vida, uma oportunidade para reconhecer outras pessoas e fazer ligações entre o passado e a vida atual, e uma oportunidade para perdoar os outros e a si mesmo. "Perdoar-se por magoar os outros é a etapa mais difícil do perdão", diz Modi. "Quando peço ao paciente para olhar para trás e ver quando feriu alguém, quase sempre ele diz que vê entidades demoníacas dizendo-lhe ou impelindo-o a fazer as coisas erradas."

Depois de terminadas essas vivências, Modi passa para a localização, restauração e integração das partes da alma, integrando a personalidade das vidas passadas. Modi conta que os seus pacientes costumam descrever o céu como uma esfera com duas partes: "A parte exterior é como o pórtico de uma casa, onde as coisas têm a forma terrestre. Depois da limpeza, revisão e repouso, a alma segue por um caminho até o portão para uma parte interna, onde tudo tem uma forma espiritual." A essa altura, os pacientes dizem que aprendem, têm discussões com os outros e planejam a próxima vida. Esse planejamento inclui as metas pessoais e do grupo.

Depois de libertos do trauma das vidas passadas ou da possessão pela entidade-demônio, o paciente é aconselhado a permanecer na luz por meio da proteção de orações feitas duas vezes ao dia. Modi sugere que os seus pacientes peçam aos seus anjos para "eliminar tudo o que for ligado à Terra, demônios e outras entidades, escudos malignos, energias demoníacas, dispositivos malévolos e ligações perniciosas do meu corpo, aura, alma e cordão prateado, e também da minha casa, local de trabalho, automóvel e lugares de recreação;

então peça a eles para preencher você e protegê-lo em uma bolha de luz e com 'espelhos espirituais' refletores. Você, e apenas você, tem o direito de viver no seu corpo-mente!"

Embora ache que tem uma alma livre de entidades e plenamente integrada, Modi se recusa a assumir o papel de agente de cura, insistindo que é uma pesquisadora, simplesmente relatando o que os pacientes lhe contam. Ela tem o cuidado de fazer essa distinção de modo que a obra seja apresentada objetivamente e resista aos rigores da avaliação científica. Até agora, a sua obra não chegou a passar pelo microscópio. "Aqueles que estão prontos para ver aprovam essa obra", observa ela, "ao passo que aqueles que não estão prontos, não a compreendem." Ela diz que o marido e o filho, ambos médicos, "compreendem até certo ponto".

O trabalho é uma paixão que a consome e Modi, que não tem um computador, levou centenas de horas redigindo *Remarkable Healings* à mão, como ela faz com os seus estudos de casos. "Não quero confiar esse material para que outra pessoa transcreva", confessa ela. Apesar do que chama de "grave bloqueio de escritor", ela está trabalhando no segundo livro, a ser lançado em breve, no qual tratará da "natureza de Deus e da própria Criação. Será muito interessante", promete. Modi adverte que o seu livro atual não é um manual prático para pessoas leigas; ela sugere entrar em contato com uma associação oficial de terapias e pesquisas sobre vidas passadas. O livro, no entanto, está se tornando uma bíblia no gênero; passado de mão em mão, é responsável por telefonemas que Modi recebe do mundo inteiro. "As pessoas vêm aqui para um tratamento de terapia intensiva de uma semana mais ou menos", informa.

Libertar-se de entidades espirituais não é barato; Modi cobra atualmente a taxa de 150 dólares por hora e as sessões normalmente duram de três a seis horas. Multiplique o valor por dez ou doze sessões de que você provavelmente precisará e terá uma conta de uns 4.000 a 5.000 dólares. No entanto, observa Modi, isso costuma ser muito menos do que as pessoas gastam em tratamentos médicos por um período mais longo sem o benefício da cura completa em tão pouco tempo, como o tratamento dela parece oferecer.

Embora não tenha conduzido estudos formais de curas a longo prazo, Modi tem compilado tabelas comparando sintomas emocionais e físicos primários e secundários dos pacientes. Depois de centenas de "curas formidáveis", Modi conclui: "Cada doença é uma doença da alma e, com a ajuda de Deus, podemos curar tudo."

35 A Autobiografia Paranormal de Benvenuto Cellini

AS FORÇAS CÓSMICAS SALVARAM O GRANDE
OURIVES DO RENASCIMENTO?

JOHN CHAMBERS

Em um dia sombrio de meados de maio de 1539, Benvenuto Cellini, o maior ourives da Itália, deitado em um catre úmido em um calabouço do castelo de Sant' Angelo, em Roma, decidiu cometer suicídio.

Ele já havia escapado de um calabouço daqueles uma vez, descendo pela muralha do castelo pendurado em uma corda feita de tiras de lençóis, acabando por quebrar a perna no final. Conseguira se arrastar até a casa de um amigo eminente, mas quase imediatamente foi traído e arrastado de volta à prisão.

Dessa vez, foi atirado a um calabouço pior do que o anterior, tão profundo e mergulhado na escuridão que o colchão já estava ensopado com a água que gotejava do teto, onde a luz do sol filtrava-se de uma fenda que servia de janela por apenas uma hora e meia por dia. Por toda a parte, aranhas enormes e vermes peçonhentos. Por causa da perna quebrada, ele precisava se arrastar para um canto da cela para se aliviar.

Para um homem com o temperamento ativo, exuberante e até mesmo ardente como Cellini, aquele era o inferno em vida. Ele decidiu pôr fim à vida. Mas naquele cubículo desoladamente vazio, era difícil descobrir como. Ele olhou ao redor; então, conforme escreveu depois na sua *Autobiografia:*

> Peguei e escorei uma estaca de madeira que encontrei ali, em posição como de uma armadilha. Pensava em bater com aquilo na cabeça, e certamente teria esmagado o meu cérebro; mas quando tinha acabado de me preparar

para executar o plano, e estava prestes a iniciar o primeiro movimento, exatamente no momento em que estendi a minha mão para agir, fui levantado por uma força invisível e flutuei a quatro cúbitos [1,8 metro] do chão, tão aterrorizado que desfaleci quase morto. Continuei assim até de manhã, lá pela nona hora, quando levaram a minha comida.

Quando Cellini acordou, havia padres ao seu redor; ele tinha sido dado como morto. O diretor da prisão, ou castelão, apiedando-se de Cellini, mandou-lhe um novo colchão. Ele nos conta que, deitado sobre o colchão naquela noite, "enquanto eu puxava pela memória para descobrir o que me distraíra do projeto do suicídio, cheguei à conclusão de que devia ter sido obra do poder divino e do meu bom anjo guardião".

Naquela noite, um sonho incrível parecia apoiar a sua conclusão. Ele encontrava "um ser maravilhoso na forma da mais adorável juventude, que gritava, como se quisesse me reprovar: 'Sabes tu quem te emprestou esse corpo, que terias devastado antes da hora?' Cellini replicava que 'reconhecia todas as coisas que lhe pertenciam como dons do Deus da natureza'. O jovem maravilhoso insistia: 'Tu desprezas a Sua obra, por isso pretendes destruí-la? Submete-te à orientação d'Ele, e não percas a esperança na Sua grande bondade!'" Ele falou muito mais do que isso, diz-nos Cellini, "em palavras da maior eficácia, de cuja milésima parte não me recordo mais".

Esse encontro onírico galvanizou Cellini em uma atividade criativa frenética. Ele misturava pedra moída com a própria urina para fazer tinta. E chegou a mastigar uma lasca da porta da cela para fabricar uma caneta. Ele escreveu um longo poema nas margens da sua Bíblia, descrevendo o seu corpo castigando a alma por querer partir antes da hora.

Essa situação acabou levando-o a ler a Bíblia de que dispunha ali. Cellini tornou-se fascinado pelo que leu. "Com profundo espanto", escreveu ele, "admirei a força do Espírito de Deus sobre aqueles homens de grande simplicidade, que acreditavam tão fervorosamente que Ele satisfaria os desejos dos seus corações." O ourives aprisionado decidiu imitar aqueles homens. Então, escreveu ele, "fluiu pela minha alma uma alegria tão poderosa por aquelas reflexões sobre Deus, que não pensei mais em toda a angústia do meu sofrimento, mas passei o dia cantando salmos e muitas outras composições sobre o tema da Sua divindade".

O cativeiro de Cellini no castelo de Sant' Angelo estava longe de findar. Haveria outras situações desesperadas — mas, para cada uma, haveria outra intervenção aparentemente milagrosa. Finalmente, debilitado mas ferozmente exultante, Cellini viu-se fora da prisão, um homem livre e ao mesmo tempo um artesão famoso nas turbulentas e brilhantes décadas finais do grande Renascimento italiano.

A presença da proteção divina na sua vida parece ter sido anunciada desde o início para Benvenuto Cellini, que nasceu em Florença, em 1500, e morreu lá mesmo em 1571. Aos 3 anos de idade, ele pegou um escorpião mortal e, inconsciente do perigo, segurou-o entre as mãos. Só depois que o pai arrancou-o das suas mãos foi que o menino, sem ter sofrido nenhum ferimento, acabou por soltá-lo. Posteriormente, a família "considerou o acontecimento um sinal de bom agouro". Quando Cellini tinha 5 anos, o pai encontrou uma salamandra "caminhando pelos carvões mais em brasa" na lareira, e chamou Cellini para ver. Naquela época, acreditava-se que as salamandras vivessem no fogo, e era considerado um raro milagre ver uma nessa situação. É provável que Cellini tenha considerado para sempre esse encontro como um símbolo da sua própria capacidade excepcional de atravessar o fogo dos desastres da vida sem se queimar.

Tendo aprendido a sua arte com os ourives mais ilustres da época, Cellini adquiriu a reputação de ser um artesão talentoso e original. Ao mesmo tempo, beligerante, o ourives também ganhou outra reputação, de encrenqueiro. Ele nunca parou de se indispor com os ricos, os poderosos e quem quer que se interpusesse no seu caminho. Ele até mesmo cometeu (por uma boa razão, admitiu para si mesmo) um ocasional assassinato. A sua natureza rebelde, intempestiva, orgulhosa e difícil o levou a freqüentes banimentos de cidade em cidade; ao longo de toda a vida, ele cruzou a Itália inteira (até mesmo passando algum tempo na França) como um requisitado e excepcionalmente produtivo artesão, criando objetos de arte — cunhagens, medalhas, medalhões e esculturas ocasionais — para patrões nas áreas tanto civil quanto religiosa.

Sempre, o sobrenatural nunca pareceu distante. No Coliseu romano deserto à meia-noite de 1532, ele incitou insistentemente o sobrenatural. Com um necromante profissional, dois assistentes e um garoto virginal de 12 anos de idade para seduzir os defuntos, o audacioso ourives tentou invocar os espíritos dos mortos. Cellini queria apenas indagar se voltaria a ver a namorada — a prostituta Angelina — outra vez (foi-lhe dito que a veria, dentro de um mês, e isso se realizou). Para a sua perplexidade, os caçadores de fantasmas foram recompensados com a visão de um milhão de demônios ululantes e o Coliseu em chamas. Alucinação ou não, os aventureiros voltaram para casa gritando — ou pelo menos é o que Cellini nos conta na sua *Autobiografia*.

Em 1535, o artesão-autor cai mortalmente doente, pairando entre a vida e a morte durante semanas. Nesse período, pareceu-lhe que lutava toda noite

Ilustração 35.1. Um famoso saleiro de mesa de Cellini, feito de ouro, ébano e esmalte, representando Netuno e uma mulher reclinada.

com o verdadeiro Caronte, o barqueiro do mito grego que se diz que atravessava as almas pelo rio Estige até o outro mundo. Cellini escreve: "O velho terrível costumava vir até a minha cama e agir como se quisesse me arrastar à força para o imenso barco que trazia junto de si." De maneira semelhante, Cellini contou sobre a aparição a um amigo, "aquele velho me pegou pelo braço e me arrastou violentamente. Isso me fez gritar por ajuda, porque ele queria me enfiar por uma das escotilhas do seu barco hediondo". Cellini finalmente começou a recobrar a saúde e foi somente então que "o velho parou de me incomodar, ainda que às vezes me aparecesse nos sonhos".

Cellini não recuou ante uma oportunidade de se desentender com o homem mais poderoso da Itália e o empregador do ourives por uns tempos, o papa Clemente VII. É bem possível que tenha sido por isso que, em 1538 — muito provavelmente com base em acusações forjadas —, ele foi levado prisioneiro para o castelo de Sant' Angelo. O seu resgate milagroso do suicídio pela intercessão de um anjo guardião não assinalou o fim das suas vicissitudes. O castelão, furioso por Cellini parecer mais alegre do que ele próprio, ordenou que o prisioneiro fosse atirado a um calabouço ainda mais confinado. Com tanta violência Cellini foi arrastado para o próximo calabouço (a perna quebrada já curada, ele nos conta, porque "sonhava freqüentemente que os anjos vinham e me tratavam") que temeu ser atirado à infamante masmorra de Sammabo, cuja entrada era pouco mais que um alçapão, onde os homens despencavam "para o fundo de um poço profundo até os alicerces do castelo". Acabando simplesmente em outro calabouço, Cellini ficou tão alegre que "durante todo o primeiro dia, fiquei em festa com Deus, o meu coração se regozijando sempre na força da esperança e da fé".

O castelão não se controlou mais. Fez com que Cellini fosse levado de volta para a cela anterior e emitiu a ordem da sua execução — fazendo questão de que a notícia chegasse aos ouvidos do preso. A informação foi demais até mesmo para um espírito

Ilustração 35.2. Um retrato do ourives renascentista Benvenuto Cellini.

denodado como o de Cellini; assim, ele decidiu pela segunda vez dar cabo da própria vida. "Nessas circunstâncias", escreveu ele, "o ser invisível que me desviara da intenção de suicídio me procurou, mantendo-se ainda invisível, mas com uma voz clara, e me sacudiu, fazendo-me levantar, e disse: 'Ai, ai, meu Benvenuto, depressa, depressa, recorre a Deus com as preces de costume, e chora bem alto, bem alto'." Em repentina consternação, escreveu Cellini, "caí de joelhos e recitei em voz alta diversas preces que costumava orar; depois disso, disse: *Qui habitat in adjutorio;* então compartilhei um momento com Deus; e em um instante a mesma voz clara e franca me declarou: 'Vai descansar, e não temas mais nada!'"

No dia seguinte, inexplicavelmente até para o próprio castelão, este resolveu cancelar a ordem para a execução de Cellini.

Cellini rejubilou-se com um novo fervor ainda maior, passando a viver num estado ainda mais exaltado de consciência alterada. O cenário estava posto para outro encontro com o sobrenatural. Ele vinha implorando ao seu anjo guardião, a quem considerava sempre presente, para lhe permitir apenas mais um vislumbre do sol. Caminhando uma manhã para outro calabouço ainda mais escuro, Cellini implorou ao próprio Deus para lhe conceder tal favor.

Imediatamente, o seu anjo invisível, "como um redemoinho, arrebatou-me e transportou para um aposento maior, onde se fez visível aos meus olhos em forma humana, parecendo-se com um homem jovem cuja barba começasse a nascer, com uma face de indescritível beleza, mas austero, não brincalhão". Cellini foi conduzido por uma "portinha baixa" para uma rua estreita e o anjo lhe ordenou para subir por uma imensa escada em espiral. À medida que subia, o ourives se via aproximando-se "da região da luz solar [...] até que descobri toda a esfera do Sol. A força dos seus raios, como de hábito, em princípio me fez fechar os olhos; mas tomando consciência do meu erro, abri-os completamente e, olhando intensamente para o Sol, exclamei: 'Oh, meu Sol, pelo qual tenho ansiado tão apaixonadamente! Ainda que os seus raios me ceguem, não desejo olhar para mais nada outra vez além disto!'"

Os raios se espalharam por um lado e, quando Cellini viu, "um Cristo sobre a cruz se formou da mesma substância do Sol". Em seguida, uma Madona apareceu, segurando uma criança e escoltada por dois anjos "indescritivelmente belos". "A aparição maravilhosa permaneceu diante de mim pouco mais do que um quarto de hora: então se dissolveu, e eu fui levado de volta ao meu covil escuro", escreve Cellini. Ele trouxera consigo um *souvenir* dessa maravilhosa jornada fora do corpo até o Sol: um halo permanente ao redor da cabeça. Essa "auréola de glória", declarou Cellini, "é visível a todo tipo de [homem] a quem eu tenha escolhido mostrá-la; mas esses têm sido muito poucos."

Talvez o castelão tenha visto o halo, e se sentido repreendido. Muito pouco tempo depois disso, Cellini foi solto.

O ourives-autor continuou a ser procurado pelo sobrenatural. Mas os seus guardiães angélicos nunca mais apareceram, embora por um ângulo mais vantajoso tenham um dia resgatado a maior obra de arte dele do desastre certo.

A obra de arte de Cellini de maior valor sem dúvida nenhuma é o seu *Perseu com a Cabeça da Medusa* (1545–54), uma estátua de bronze maior do que o tamanho natural, que ainda hoje permanece em Loggia dei Lanzi, em Florença.

Ninguém pensava que Cellini fosse capaz de esculpir uma estátua de bronze de tão enormes dimensões (mais de 5 metros de altura, incluindo o pedestal). Não só a tecnologia para tal façanha praticamente inexistia na Itália quinhentista, como também os inimigos de Cellini articulavam um plano para sabotar a obra. Nas últimas semanas desse grande empreendimento, com a ajuda de dez assistentes, Cellini construiu uma imensa e altamente inovadora fornalha próxima ao protótipo de barro cozido e cera do *Perseu*. Nas horas finais da fundição, depois dos esforços mais exaustivos e justamente quando a fornalha de fundição começava a liquefazer o bronze, Cellini viu-se atacado por uma febre "da mais extrema intensidade possível". Certo de que estaria morto pela manhã, ele se arrastou até a cama, deixando relutantemente o estágio final imensamente difícil nas mãos dos assistentes.

Celline passou as duas horas seguintes "batalhando contra a febre, que aumentava sem cessar e gritando o tempo todo: 'Sinto que estou morrendo!', enquanto a sua governanta desesperada lutava para esconder as lágrimas. De repente, escreve Cellini, "eu vi a figura de um homem entrar no meu aposento, com o corpo torcido na forma de uma letra "S" maiúscula. Ele se exprimiu numa voz lamentosa, lúgubre, como quem anuncia a última hora para os homens condenados a morrer no patíbulo, e falou estas palavras: 'Ó Benvenuto! A sua estátua está arruinada e não há esperança nenhuma de salvá-la.'"

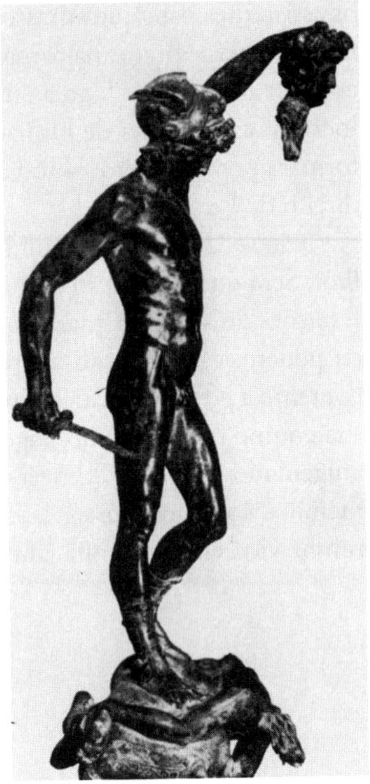

Uivando de raiva ante essas palavras, Cellini saltou da cama, vestiu as roupas e disparou para a oficina. Encontrou os assistentes por ali com expressão soturna; por alguma fatalidade, o bronze derretido começara a coagular na fornalha.

Ilustração 35.3. Um triunfante Perseu segura a cabeça decapitada da Medusa nesta estátua de mais de 5 metros de altura de autoria de Cellini.

Cellini teve a certeza de que um dos assistentes estava tentando sabotar a sua obra-prima. Assumindo o controle dos acontecimentos, com uma força hercúlea começou a transportar apressadamente braçadas de lenha de carvalho altamente combustível do outro lado da rua e atirá-las dentro da fornalha. A fornalha acendeu-se outra vez e o bronze começou a derreter. Uma chuva gelada de uma tempestade do lado de fora ameaçava esfriar a fornalha outra vez; Cellini fez com que todas as portas, janelas, frestas e até as menores fendas da casa fossem tampadas com mantas e cortinas.

De repente, ao som de uma explosão, uma labareda enorme irrompeu da fornalha; a tampa havia se rompido e o bronze vazou borbulhando! Parecia tudo perdido — até que Cellini, num rompante furioso de inspiração, instou os assistentes para que atirassem cada uma das suas duzentas vasilhas de estanho, panelas e pratos na fornalha. O estratagema funcionou; o bronze começou a se liquefazer e logo a estátua inteira fundira-se à perfeição! De maneira incrível, cada grama de bronze fora usado, não restando nada, e a estátua se formara por completo — toda ela, a não ser pela extremidade do dedão do pé direito de Perseu.

Não só Cellini não sucumbira à febre, como também nunca se sentira melhor. Será que a aparição do homem em forma de S fora mais uma das manifestações do seu anjo guardião? Não seria mais um dos produtos inumeráveis da poderosa imaginação criativa de Cellini? Ou então — conforme sugeriu contente a governanta a Cellini — os chutes e pontapés que ele desfechara na sua equipe enquanto, no auge da raiva, corria de volta à oficina é que teria afugentado a febre letal? Seja qual for a explicação, Cellini escreveria em comemoração àquela hora gelada: "Não posso me lembrar de um dia em toda a minha vida em que tenha jantado com maior prazer ou melhor apetite."

36 Dostoiévski e o Espiritismo

O AUTOR DE *CRIME E CASTIGO* CONHECEU
PESSOALMENTE O OUTRO MUNDO?

JOHN CHAMBERS

Em *Os Irmãos Karamazov* — a obra-prima do grande romancista russo do século XIX Fiodor Dostoiévski — Ivan Karamazov conta a história de um ateu que não acreditava na vida depois da morte e que, depois que morreu, foi sentenciado por Deus a caminhar por um bilhão de quilômetros como penitência. Colin Wilson resume essa história em *The Occult*: "O ateu jazia na estrada e se recusava a caminhar por um milhão de anos; entretanto, acabou precisando se levantar para andar por um bilhão de quilômetros. E quando foi finalmente admitido no céu, no mesmo instante declarou que teria valido a pena caminhar dez vezes mais em troca de apenas cinco minutos no céu."

O próprio Dostoiévski teve visões do céu que se aproximaram do êxtase. Elas o acometiam na forma de "auras extáticas" — descargas repentinas de energia eletroquímica que indicavam o início de um ataque epiléptico. Uma dessas auras extáticas (Dostoiévski teve centenas delas ao longo da vida) surpreendeu-o na noite entre o Domingo de Páscoa e a segunda-feira seguinte; ele a descreveu no seu diário secreto da seguinte maneira: "Senti [...] que o céu caía sobre a Terra e me absorvia. Eu verdadeiramente senti Deus e fui imbuído dEle. Sim, Deus Existe [...] Então gritei. E não me recordo de mais nada. [...] Não sei se essa bem-aventurança estendeu-se por segundos, horas ou minutos, ainda assim, acredite em mim, não a trocaria por todas as alegrias que a vida pode proporcionar."

Mais de uma centena de anos antes, em 5 e 6 de abril de 1743 — por mais estranho que pareça, também num fim de semana de Páscoa —, outro escritor

Ilustração 36.1. O escritor russo Fiodor Dostoiévski, cujas experiências espirituais intensas inspiraram a sua obra.

mundialmente famoso, e um dos ainda mais espetacularmente inclinado para o misticismo do que Dostoiévski, confiou ao seu diário secreto uma descrição da aura extática que acabara de experimentar. Esse escritor era Emanuel Swedenborg (1688–1772), o vidente, médium e cientista que alegava haver uma comunicação mística direta entre o nosso mundo e o reino espiritual e afirmava que Cristo era o verdadeiro Deus.

Os pesquisadores de medicina Elizabeth Foote-Smith e Timothy J. Smith escreveram: "Por sorte, Swedenborg manteve um registro dos seus sonhos (que não pretendia publicar) durante os anos cruciais entre 1743 e 1744, e durante vinte anos ele guardou o seu *Diário Espiritual,* consistindo de cinco volumes. [...] Com base no seu próprio testemunho, Swedenborg apresentava múltiplos sintomas de epilepsia lobo-temporal, incluindo uma aura característica,

314

Ilustração 36.2. O cientista, filósofo e explorador espiritual sueco do século XVIII Emanuel Swedenborg tinha visões semelhantes às de Dostoiévski.

quedas, perda da consciência, convulsões, alucinações visuais e auditivas, e estados de transe."

Swedenborg descrevia o seu ataque pré-epiléptico mais ou menos como Dostoiévski descrevia o seu: "Tinha também na minha mente e no meu corpo uma espécie de consciência de uma extrema felicidade indescritível, de modo que se ela se elevasse a um grau superior, o corpo teria ficado como se estivesse dissolvido em pura felicidade. Isso aconteceu na noite entre o Domingo de Páscoa e a segunda-feira seguinte, prolongando-se também por toda a segunda-feira."

As visões celestes de Swedenborg, que lhe eram ditadas pelos anjos e acumuladas no curso de numerosas viagens astrais, preenchem vários volumes e foram consideradas com a máxima seriedade durante o século XIX por Blake,

Emerson, Coleridge, Carlyle, Henry James pai, Tennyson, os Browning, Oliver Wendell Holmes, Thoreau, Goethe e muitos outros.

Poderiam as descrições reconhecidamente não ortodoxas de Swedenborg de uma realidade superior realmente ter sido meramente o produto de descargas eletroquímicas incontroláveis e erráticas que lhe tumultuavam o cérebro (de acordo com a literatura, auras extáticas são caracterizadas por "elação intensa e uma alegria inefável que satura completamente, um sentimento de que os segredos do universo [estão] para ser revelados")? Ou, se as visões de Swedenborg fossem realmente visões, ou apenas uma parte eletroquímica, então isso significa que os estados epilépticos de Fiodor Dostoiévski também ofereciam ao escritor russo uma passagem através da qual ele podia ter um vislumbre, no dizer de Blake, de "um imenso mundo de prazer, aproximado pelos cinco sentidos"?

E será que as visões céleres porém extáticas que Dostoiévski tinha de outros mundos despontaram aqui e ali nos seus romances e contos?

Mas antes de mais nada: exatamente quem foi Fiodor Dostoiévski?

Ele foi um homem cuja vida foi quase apavorante na sua constante progressão de acontecimentos devastadores e atribulações pessoais inauditas. Todos os quais o tornaram mais forte; eles também o levaram diariamente à loucura.

O pai de Dostoiévski era um médico arruinado de um hospital beneficente de Moscou que oprimia a pequena família. Quando Fiodor tinha 15 anos, o pai foi assassinado por três dos seus servos, em circunstâncias que ainda continuam obscuras. Dostoiévski odiava o pai e sentia-se vagamente responsável pela morte dele. O tema do parricídio percorre grande parte dos seus textos.

Coisas muito piores o esperavam. Ele freqüentou a faculdade de engenharia militar — a que odiava —, formou-se, cumpriu as obrigações, então atirou-se ao que mais amava: a literatura. Conseguiu um sucesso precoce com o primeiro romance, *Pobre Gente.* Mas se deixou atrair pela política radical e freqüentou uma sociedade secreta que promovia o socialismo de Saint-Simon e Fourier. Em 1848, foi preso com amigos e declarado culpado de disseminar literatura contra o governo.

A sua sentença foi severa — oito anos em trabalhos forçados na Sibéria (posteriormente comutada para quatro pelo czar) — mas, nas palavras de Vladimir Nabokov, "Um procedimento monstruosamente cruel foi seguido antes que a verdadeira sentença fosse lida para os homens condenados". Dostoiévski e os amigos foram condenados à morte e levados ao local da execução perante um pelotão de fuzilamento. Foram amarrados a postes. Dostoiévski e os companheiros pensaram que tinham apenas minutos de vida. Então um oficial adiantou-se e comutou as sentenças à servidão penal. Nabokov escreve que depois dessa experiência horrenda da execução simulada, "um dos homens enlouqueceu. Uma profunda cicatriz marcou a alma de Dostoiévski pelo que vivenciou naquele dia".

Dostoiévski passou os quatro anos seguintes como presidiário de trabalhos forçados na Sibéria. Em 1854, foi obrigado a servir no exército em Semipalatinsk, uma das piores regiões asiáticas. Em 1858, ele se casou e regressou a São Petersburgo, iniciando uma vida de atividade incessante como romancista, jornalista e editor. A primeira esposa morreu e ele desposou a sua estenógrafa. Nos anos de 1860 e 1870, publicou os seus grandes romances, *Humilhados e Ofendidos* (1861), *Notas do Subterrâneo* (1864), *O Idiota* (1868), *Os Possessos* (1871), *Uma Juventude Crua* [ou, *O Adolescente*] (1875), *Diário de um Escritor* (1876-80) e *Os Irmãos Karamazov* (1880).

Tinha fama agora, mas não muita fortuna. A prisão destruíra-lhe a saúde; para sempre estaria sujeito a ataques epilépticos. Era viciado em jogo, perdendo periodicamente até o último centavo ganho. O grande escritor disputava com todo mundo. "Acima de tudo isso", escreve Marc Slonim, estavam "os seus vôos extáticos, as tentações carnais e o deambular da sua alma atormentada em busca de Deus, da harmonia e da verdade". Ele morreu aos 60 anos de idade.

Considerando uma vida dessas, é difícil de surpreender que os romances de Dostoiévski sejam povoados de almas atormentadas, desesperadas, obcecadas e divididas. Ainda assim, a luz do espírito — para o bem e para o mal — bruxuleia espasmodicamente nessas pessoas esfarrapadas. Elas sabem que têm livre-arbítrio, e não conseguem suportar esse conhecimento. George Steiner escreve: "Elas permanecem nos limites mais extremos da liberdade; o próximo passo poderá levá-las ou para Deus ou para o poço do inferno." A natureza dos protagonistas de Dostoiévski é dilacerada; é como se a sua alma fosse parcialmente atomizada, como se vivesse em um incessante estado epiléptico brando que a deixa a todo momento aberta a Deus — e ao diabo. Steiner escreve que

A visão múltipla da alma por Dostoiévski inclui a probabilidade da fragmentação ocasional [...] "fantasmas" podem ser manifestações do espírito humano quando o espírito age como energia pura, separando-se da coerência da razão ou da fé para aguçar o diálogo entre diferentes facetas da consciência.

[...] O que conta é a intensidade e qualidade da experiência, a influência da aparição na formação da nossa compreensão. [...] Dostoiévski envolvia os seus personagens em uma zona de energias ocultas; eles atraíam forças que se iluminavam na sua proximidade e energias correspondentes saíam do seu íntimo e adquiriam forma palpável. [...] Analogamente, ele não estabelecia barreiras concretas entre o mundo da percepção sensorial comum e outros mundos possíveis.

Steiner cita Merezkovski: "'Para Dostoiévski, a pluralidade de mundos era uma verdade manifesta'."

Apesar de tudo isso, Dostoiévski não acreditava no espiritismo. Para ele, o espiritismo era uma forma de "isolamento" que trivializava a religião por meio do misticismo, quando o que era preciso era mais fé na verdadeira ortodoxia. Talvez os espíritos canalizados existissem, mas a prova da sua existência provava apenas que os espíritos existiam; eles não provavam que *Deus* existia. Os espíritos eram, finalmente, triviais e irrelevantes. Em 1875, o grande químico russo, D. I. Mendeleev (1834–1907), mais conhecido como o formulador do sistema periódico dos elementos químicos, criou uma comissão em São Petersburgo para investigar as alegações do espiritismo. Dostoiévski fez uma guerra contra o espiritismo nas suas colunas de jornal ao mesmo tempo que também fazia guerra contra os métodos de Mendeleev, que ele considerava autoritários e manipuladores. O relatório final da comissão rejeita cabalmente o espiritismo como algo que não passava de uma fraude consciente ou inconsciente, esmagando efetivamente a sua popularidade por décadas.

Ainda assim, Dostoiévski era fascinado pelo conjunto de imagens geradas pelo espiritismo — seria ele fascinado por mais do que isso? — e esse conjunto de imagens às vezes transparece nas suas obras. O professor Ilya Vinitsky, da University of Pennsylvania, encontrou fortes evidências da influência de Swedenborg sobre o conto "Bobok", de 1873, de Dostoiévski. O anti-herói de "Bobok" é um literato alcoólatra chamado Ivan Ivanovich, que comparece ao funeral de um parente distante e então, conforme escreve o professor Vinitsky, "permanece no cemitério, onde inesperadamente 'entreouve' as conversas céticas, frívolas, dos mortos. Ele descobre a partir dessas conversas que a consciência humana continua por algum tempo depois da morte do corpo físico, durando até a total decomposição".

As pessoas falecidas param de se comunicar apenas com a simples, desagradável, gorgolejante, onomatopaica palavra *bobok*. Então, afirma o dr.

Vinitsky, "os mortos, percebendo a sua total liberdade das condições terrestres, decidem se entreter contando casos da sua existência 'no andar de cima' — isto é, durante a vida. Mas Ivan Ivanovich subitamente espirra e os mortos silenciam (mais, conforme sugere o narrador, pela sua relutância em compartilhar um segredo tão importante com um homem vivo do que por embaraço ou temor da polícia)".

O professor Vinitsky acredita que esse conto seja uma representação um tanto satírica da vida depois da morte conforme descrita por Emanuel Swedenborg no seu *On Heaven, the World of Spirits and on Hell, as They Were Seen and Heard by Swedenborg* (1758). Swedenborg afirma que "depois da morte a alma humana passa por diversos estágios de purificação do seu conteúdo interno (bom ou mau) e como resultado encontra a sua merecida recompensa eterna: o paraíso ou o inferno". Os primeiros dois estados do homem, depois da morte, acontecem na sepultura e duram "para alguns vários dias, para outros meses ou até mesmo um ano inteiro". No segundo estado, o exterior humano desaparece — acontece a putrefação — e os espíritos dos mortos tornam-se "visíveis exatamente como eram de fato no mundo, o que na época fizeram e disseram em segredo tornando-se então manifesto, pois agora não se restringem por nenhuma consideração de fora, e portanto, o que disseram e fizeram em segredo, agora dizem e ousam por fazer abertamente, não temendo mais a perda da reputação, como quando estavam vivos".

Há evidências em outras obras de Dostoiévski — tanto grandes quanto pequenas — da influência de Swedenborg. No conto "O Sonho de um Homem Ridículo", o muito menosprezado narrador faz viagens astrais para outro mundo que é na realidade uma Terra edênica alternativa. O swedenborguismo também influenciou a visão de Dostoiévski sobre o mal em *Crime e Castigo*. De acordo com o laureado pelo Prêmio Nobel Czeslaw Milosz, a imagem ameaçadora de Svidrigailov sobre uma eternidade em uma casa de banhos infestada por aranhas lembra algumas visões do inferno narradas por Swedenborg.

A influência de Swedenborg é vista mais fortemente, porém — refletindo-se nas faces contorcidas, visionárias de tantos personagens de Dostoiévski — na maravilhosa descrição do Pai Zosima em *Os Irmãos Karamazov*, por exemplo. Os discursos de Zosima contêm claramente os ensinamentos swedenborguianos sobre o mundo espiritual, especialmente de que o inferno é sempre um estado espiritual voluntário.

Mas ao criar o personagem de Zosima, Dostoiévski faz muito mais do que encontrar um porta-voz para Swedenborg. Em todas as suas obras, a preocupação permanente e torturante de Dostoiévski é se Deus existe. No seu retrato de Zosima — o homem absolutamente bom, e o querido mentor do único irmão Karamazov bom, o padre Alyosha — ele parece estar nos contando que a sua resposta é sim.

37 Victor Hugo e os Espíritos

O AUTOR DE *OS MISERÁVEIS* E DE
O CORCUNDA DE NOTRE-DAME INSPIROU-SE
EM OUTRAS DIMENSÕES?

JOHN CHAMBERS

Uma abundância de livros no mercado atual apresentam textos supostamente canalizados espiritualmente contendo conselhos sobre praticamente tudo, de mistérios antigos ao comportamento social contemporâneo. O objetivo, aparentemente, é nos advertir de que, se a nossa espécie continuar na sua marcha egoísta, destrutiva, e não fizer um esforço decidido para evoluir para um nível mais espiritual, então não podemos esperar sobreviver. Os Seres de Luz imateriais que transmitem essas mensagens normalmente dizem que estão aqui para nos ajudar a dar o salto.

Para qualquer um que pesquise intelectualmente os mistérios da Terra, isso pode ser bem difícil de engolir. Não só as afirmações das fontes canalizadas são impossíveis de provar, mas também é difícil não imputar-lhes uma característica imensamente subjetiva — em especial quando até mesmo os melhores se contradizem uns aos outros. Por exemplo, os guias do vencedor do Prêmio Pulitzer, o poeta James Merrill, e os de Ken Carey alegam que o nosso é o único planeta em toda a nossa galáxia a ser habitado por seres inteligentes materializados.

Entretanto, os seres desencarnados que falam por meio de canais populares como Barbara Marciniak e Patricia Pereira insistem em que a galáxia fervilha com bilhões de formas de vida inteligentes, e que, embora a maioria dessas não seja material, ainda restam vários bilhões que são materiais. Além do mais, os espíritos, que deveriam saber mais, geralmente agem como se não tivessem respeito ou responsabilidade em relação às ciências físicas como a astronomia. Muitos, por exemplo, apresentam-se como originários de toda uma constelação. Mas quando consideramos que uma constelação é um agrupamento arbitrário de estrelas, que, embora sendo de brilho aparente igual, podem estar milhares de anos-luz distantes umas das outras, essa afirmação fica parecendo um absurdo inaceitável.

Não obstante, o que alguns aceitariam como corroboração da realidade e missão de tais espíritos desencarnados recentemente veio de uma pessoa inesperada — um personagem não menos respeitado que o autor dos romances mundialmente famosos *Os Miseráveis* (adaptado como um musical de sucesso na Broadway como *Les Miz)* e *O Corcunda de Notre-Dame* (convertido integralmente em um desenho animado da Disney).

De 1853 a 1855, o grande escritor francês Victor Hugo, durante um exílio político na ilha de Jersey, no canal da Mancha, participou com a família e amigos de numerosas sessões espíritas durante as quais pelo menos 115 diferentes "entidades desencarnadas" trataram de uma imensa variedade de assuntos. As comunicações do mundo espiritual, transmitidas por uma perna de mesa cujas batidas representavam letras (o precursor da Tábua Ouija), supostamente vinham de personagens históricos e literários falecidos, incluindo Galileu, Shakespeare, Aníbal, Cristo, Maomé e Mozart; animais mitológicos, tais como o Asno de Balaão, o Leão de Ândrocles e a Pomba da Arca; abstrações, como Idéia, Drama, Índia e Rússia; criaturas do mundo espiritual que declararam nunca ter tomado vida, incluindo a Sombra do Sepulcro, Morte e o Arcanjo Amor; extraterrestres dos planetas Mercúrio e Júpiter; e ocasionais fantasmas da ilha de Jersey, com destaque para a Mulher de Branco, o Homem sem Cabeça e o Porteiro Sinistro.

Essa não foi uma experiência isolada. Iniciando em 1853, uma onda de interesse pela canalização varreu toda a França. Ela manteve as classes superiores tão escravizadas que o bispo de Paris (o clérigo de maior posição hierárquica da França) advertiu do púlpito que a danação eterna esperava aqueles que se envolvessem com o mundo

Ilustração 37.1. Victor Hugo, o mais influente escritor romântico do século XIX e o maior poeta da França.

espiritual. Hugo poderia não ter se interessado se não fosse uma amiga íntima, a dramaturga Delphine de Girardin, chegada do interior para uma visita e que convidou Hugo e a família para ir "tentar a mesa".

Depois de duas ou três tentativas, apareceu de repente o que parecia ser o espírito da filha mais velha de Hugo, Léopoldine, que se afogara dez anos antes, juntamente com o marido; a jovem estava com 19 anos de idade e grávida quando morreu. A atenção de Hugo foi atraída, e durante dois anos ele não se interessou por outra coisa. Finalmente, em outubro de 1855, como nenhuma das previsões dos espíritos se realizasse, e um episódio de loucura durante o qual o participante Jules Allix ameaçou atirar em todos na sessão e em seguida entrou em transe catatônico, as sessões foram interrompidas.

Hugo tinha certeza da existência de um mundo espiritual, mas igualmente estava certo de que talvez nunca saibamos muito sobre ele. Ele nunca se entediava nas numerosas sessões de que participava, mas às vezes era mais entusiasmado do que os outros. Em dezembro de 1853, Hugo previu que as transcrições das sessões tornar-se-iam "uma das Bíblias do Futuro". Mas durante toda a vida ele comentou pouca coisa sobre aquelas experiências, temendo o ridículo e as conseqüências negativas sobre o seu trabalho político e literário. As transcrições (das quais cerca de dois quintos se perderam) não foram publicadas até 1923, e então apenas parcialmente. Em 1968, uma coleção mais ampliada foi publicada no volume nove das monumentais *Oeuvres Complètes de Victor Hugo* [Obras Completas de Victor Hugo] do editor Jean Massin, em dezoito volumes.

É fácil ser cético quanto a essas sessões. A maioria dos pesquisadores acredita que o seu conteúdo provém inteiramente, se não inconscientemente, da mente de Victor Hugo, um homem de um gênio imenso, ou da mente de um ou outro participante das sessões — ou de todos os outros —, normalmente pessoas talentosas e em geral muito instruídas. Dito isso, é difícil não nos maravilharmos quanto à originalidade e riqueza imaginativa de todas as mensagens aparentemente vindas dos espíritos, o conteúdo das quais ao que parece causando a maior surpresa entre os participantes. Eis alguns trechos bem típicos:

- Os participantes tiveram verdadeiros "encontros imediatos do terceiro grau", comunicando-se com um alienígena chamado Tyatafia, que era do planeta Júpiter, assim como com habitantes do planeta Mercúrio. Os mercurianos eram meio físicos e meio espíritos e flutuavam como fachos de luz vivos, na atmosfera do seu planeta.

- Os participantes observaram como as "mesas falantes" não só tamborilavam mensagens mas também desenhavam imagens (com uma caneta presa à perna da mesa), principalmente dos habitantes de Mercúrio mas também com base em imagens mentais de entes queridos que os participantes projetavam sobre a mesa. O controle espiritual/desenhista espiritual das imagens mercurianas canalizadas alegava ser o alquimista Nicolas Flamel, do século XV — e, o que é bem estranho, os desenhos continham antigas fórmulas alquímicas que ajudavam a descrever os mercurianos.

- O poeta francês André Chénier, guilhotinado em 1794 durante a parte mais sangrenta da Revolução Francesa, apareceu e ditou os versos finais do poema em que estava trabalhando no dia em que foi executado. Os versos, combinando exatamente com o estilo de Chénier quando vivo, foram canalizados quando Victor Hugo não participava da sessão, algo desconcertante para os críticos que insistem em que o conteúdo das sessões na ilha de Jersey provém unicamente do inconsciente do grande poeta francês. "Chénier" também descreveu a sua decapitação e o que sucedeu posteriormente.

- A mesa compunha música, a perna batendo em um teclado de piano. Um dos espíritos compositores era, supostamente, o espírito de "o Oceano"; outro era Wolfgang Amadeus Mozart.

- Alguns espíritos afirmaram ser as sombras de animais que, na mitologia e na lenda, ajudaram a humanidade: o Leão de Ândrocles, que poupou a vida de Ândrocles no Fórum Romano porque o cristão havia retirado um espinho da pata do leão; o Asno de Balaão, que, tendo ganho momentaneamente de Deus o dom da fala, recolocou o profeta moabita Balaão no caminho da virtude; e a Pomba da Arca de Noé, que guiou a arca dos remanescentes vivos do nosso planeta para o seu destino pós-Dilúvio. As entidades disseram a Hugo que os animais "não raciocinavam mas tinham um vislumbre de Deus", e também comunicaram ao poeta os Direitos dos Animais e até mesmo uma Agenda dos Direitos das Plantas inteiramente de acordo com as suas versões modernas; eles afirmaram que os animais, as plantas e até mesmo as pedras possuíam alma e portanto deveriam ser tratadas com grande amor e respeito. Hugo adotava essas crenças inteiramente e sem reservas, devolvia caranguejos ao mar, permitindo que a sua propriedade fosse invadida por animais silvestres e recusando-se a cortar flores. Ele nem sequer chutava pedras, que os espíritos insistiam que também eram vasos para a matéria da alma.

- A mesa movediça canalizou um leão falando a linguagem dos leões e um cometa falando a linguagem dos cometas, o cometa usando a perna da mesa para desenhar o seu auto-retrato.

- Os espíritos pregavam uma doutrina de reencarnação, ou metempsicose, que incluía passar por vidas de animais, plantas e pedras além de seres humanos. Pelos nossos bons atos e sucessivas reencarnações, podemos chegar ao estado de anjo — mas um único ato verdadeiramente repreensível pode nos enviar de volta por todo o caminho abaixo através da Grande Cadeia do Ser para reencarnar como uma pedra (a pecadora Cleópatra, afirmaram os guias espirituais, reencarnara como um verme). A personificação da Metempsicose também se manifestou, resumindo a natureza da metempsicose em catorze aforismos preciosos.

- O espírito chamado Morte pediu a Hugo para escrever o seu último testamento autorizando a liberação programada das transcrições das sessões década por década; e dessa maneira, a Morte explicou, as palavras dos espíritos poderiam aparecer à humanidade postumamente, em "períodos de crises da humanidade, quando alguma sombra sobrepassa o progresso, quando nuvens obscurecem os ideais". O ano futuro decisivo em que as nuvens começariam a escurecer o destino da humanidade seria, afirmou o espírito, o ano de 2000.

- O general cartaginês Aníbal, que, cruzando os Alpes com elefantes, chegou perto de conquistar o Império Romano no terceiro século a.C., descreveu em termos fantásticos a cidade imperial de Cartago como ela era antes que os romanos as arrasassem completamente.

- Os espíritos às vezes pareciam falar do coração das estrelas, uma vez que descreviam um universo cheio de estrelas "brilhantes" para "ajudar" estrelas "que choram", e "mundos de recompensa" em que ficam as almas daqueles que viveram uma vida meritória em encarnações anteriores; esses últimos mundos eram obrigados a ajudar os planetas punitivos habitados por almas daqueles que praticaram o mal em existências anteriores.

Quando os participantes das sessões, abalados com essas mensagens, tentaram reuni-las, deploravelmente tiveram de concluir que o nosso universo era um lugar bastante soturno. Por toda a parte, entidades estavam em correntes, pedras, plantas, prisões, cumprindo sentenças impiedosas por motivos que não poderiam saber. "O seu universo selvagem é prisioneiro de Deus", diz o personagem espiritual do poema de seiscentos versos de Hugo, "O Que Diz a Boca da Sombra", escrito em 1854 e inspirado pelos espíritos. Em toda parte no mesmo poema, Hugo descreve a Terra em termos que nos faz pensar no bar da "escória da galáxia", repleto de presidiários do presente, do passado e do futuro de todo o universo, visto no primeiro episódio de *Guerra nas Estrelas*:

> *No nosso planeta abarrotado de prisões infames*
> *Ficam os maus de todo o universo,*
> *Os condenados que, vindo dos céus alienígenas,*
> *Incubam as suas rochas, pendem das suas árvores arqueadas.*

O que fazer quanto à má situação com que a maioria de nós se depara no universo? Os espíritos aconselharam a assumir responsabilidade pessoal total — e ser totalmente alegre. A Sombra do Sepulcro declamou para os participantes da sessão em 18 de dezembro de 1854:

Sabem o que eu faria se estivesse no seu lugar? Pediria tudo ou nada; insistiria na imensidade [...] arranjaria uma fome magnífica, uma enorme sede e sairia pelos espaços bêbados entre as esferas, cantando a espantosa canção de beber da eternidade, jubilosa, radiante, sublime, as mãos cheias de cachos de uvas feitos de estrelas e a face roxa dos sóis! Eu deixaria uma estrela sem me voltar, e ao fim do banquete passaria por baixo da mesa do céu radiante de luz!

Se é para acreditar nos espíritos de Hugo, muitos de nós já estão viajando a reinos astrais mais ou menos dessa maneira. Uma das teorias mais estranhas apresentada pelos espíritos da ilha de Jersey foi a do *Homo duplex,* o Homem Duplo. Essa expressão, usada nas escrituras latinas cristãs para descrever a natureza dúplice do ser humano, foi usada pelos espíritos de Jersey em referência à natureza dupla dos seres humanos — como um habitante do seu corpo físico na realidade empírica cotidiana durante as horas de vigília e como um viajante através dos reinos imateriais no seu corpo astral quando adormecido, as viagens sendo para reunir força psíquica para o dia seguinte.

Os espíritos descrevem o indescritível quando exortam o nosso espírito astral para uma viagem noturna com as palavras: "Levante-se! Fique de pé! Há um forte vento soprando, cães e raposas latindo, escuridão por toda parte, a natureza estremece e se agita sob os cordões do chicote de Deus; sapos, serpentes, vermes, urtigas, pedras, grãos de areia esperam por nós: levante-se!"

De onde veio todo esse estranho conhecimento? Quase todos os críticos respondem: Victor Hugo. Hugo admitiu que grande parte da cosmologia dos espíritos estava na sua cabeça antes de ter ido para a ilha Jersey — mas, insistia, nem toda ela. Agora sabemos que Hugo estudou em segredo o documento central da sabedoria cabalística, *O Zoar*, na década de 1830, e *O Zoar* ecoa a doutrina panteísta dos espíritos segundo a qual toda a matéria é coexistente com vários graus de espírito (o teor de espírito determinando até que ponto a matéria é "boa" ou "má"). E quando a Morte fala de bradar alegremente através dos céus, parece-se mais com o herético monge dominicano Giordano Bruno (queimado na fogueira em 1600), que insistia que só poderíamos alcançar a transcendência e a redenção pessoal por meio de uma atividade heróica frenética, uma espécie de tentativa de ser Deus em si mesmo em tudo o que fazemos.

É a absorção de Victor Hugo nas filosofias ocultas como a Cabala, para não mencionar o interesse igualmente intenso do poeta no hipnotismo e no hinduísmo, que hoje faz as pessoas pensarem que ele pode ter sido, juntamente com Leonardo da Vinci, um grão-mestre do Priorado de Sião. Nunca existiu um Priorado de Sião; mas um objeto ainda mais fascinante de pesquisa pode ser simplesmente onde o imenso aprendizado e o gênio de Victor Hugo acaba e o universo estranhamente apaixonante (e talvez de certa maneira objetivamente real) dos espíritos da ilha de Jersey começa.

38 Sons e Imagens do Outro Lado

O PIONEIRISMO DA NOVA CIÊNCIA DA
TRANSCOMUNICAÇÃO INSTRUMENTAL

BILL EIGLES

O problema de se a consciência humana sobrevive além da morte física e, em caso afirmativo, de que maneira, tem intrigado a nossa espécie desde tempos imemoriais. Nem a matéria tem sido um mero interesse acadêmico ou teológico. Em vez disso, os seres humanos há muito tempo e diligentemente buscam se comunicar com aqueles que fizeram a transição da vida na Terra para seja qual for o reino que se segue à morte — para ter, entre outras coisas, um alívio expressivo e encerramento psicológico, informação mundana e/ou sabedoria espiritual.

Na realidade, tão apaixonado é o impulso contínuo para fazer contato com os entes queridos e amigos falecidos que a história está cheia de costumes e tradições voltadas para esse contato por meios variados como oráculos, médiuns espíritas, xamãs que fazem a jornada, mesas com letras e símbolos a exemplo da Tábua Ouija e escrita automática.

Entretanto, a ciência materialista ocidental tradicionalmente mantém uma atitude depreciativa, até mesmo cética, em relação a todas as noções de comunicação com os mortos, e por diversas razões: a natureza inteiramente subjetiva dessas experiências; a suscetibilidade à charlatanice, à imaginação e à sobreposição de desejos pessoais; e as dificuldades envolvidas na condução de qualquer investigação científica verdadeira para obter uma verificação independente. Portanto, a ciência tem mantido, realmente, o "além do véu" com o significado de "além da capacidade, e daí a conveniência, de ser investigado".

Até onde a cultura convencional está envolvida, a imagem das sessões espíritas mantidas em salas escuras por médiuns exóticos durante o final do século

XIX e início do século XX ainda subsiste como um emblema visual para a prática de mistificar bem-intencionada mas emocionalmente superexcitada ou cobiçosa, e assim fácil de enganar pessoas comuns.

Não obstante, o advento de fenômenos modernos como a canalização telepática de entidades sencientes desencarnadas, experiências de quase-morte e terapias de vidas passadas e liberação de espíritos tem servido para renovar o debate sobre a sobrevivência pós-morte da consciência. Isso se aplica a pessoas que vivenciaram esses fenômenos diretamente, para pesquisadores instruídos convencionalmente que escolheram investigar a questão seriamente e para aqueles cuja atitude mental da Nova Era predispõe a acreditar na legitimidade de tais fenômenos. O resto da população, isso pode ser postulado, continua a esperar o aparecimento de evidências mais tangíveis e observáveis para a hipótese da sobrevivência antes de se interessar pelo assunto seriamente.

O dia pode ter chegado.

Desde meados da década de 1980, uma pequena rede multinacional de experimentadores e pesquisadores particulares, atualmente conhecidos como a International Network for Instrumental Transcommunication (INIT), tem usado equipamentos eletrônicos convencionais tais como rádios, televisores, telefones e computadores pessoais para receber e gravar sinais inteligentes na forma de vozes, imagens e textos de pessoas que se identificam como falecidas e cuja consciência parece persistir nos planos não materiais da existência. Essas pessoas, ou transparceiros, parecem ser ex-colegas, entes queridos e outros que fizeram a transição da Terra para o mundo espiritual.

O co-fundador da INIT e mais importante pesquisador americano, Mark Macy, de Boulder, Colorado, é co-autor de um livro de 1995 intitulado *Conversations Beyond the Light* e atualmente publica um boletim quadrimestral sobre o assunto. Ex-redator técnico e autor de antologias sobre a solução de problemas mundiais, Macy sobreviveu à luta contra um câncer de cólon em 1988, tendo saído com a vida intacta mas com o seu sistema de crenças sobre Deus (agnóstico) e a morte (temeroso) profundamente questionados. Inspirado com um resultado da sua experiência para descobrir o que acontece quando morremos, ele encontrou o pesquisador e ex-industrial George Meek, que lhe mostrou uma carta pessoal da própria esposa que fora recebida pelo computador depois da morte dela, em 1991.

Essa espantosa evidência concreta da vida após a morte exerceu uma forte influência sobre Macy e o levou a explorar com Meek o novo campo da transcomunicação instrumental (TCI), uma área em que Meek já trabalhava. Com Meek, Macy aprendeu sobre um aparelho de comunicação espiritual chamado

Ilustração 38.1. Um escritório de pesquisa da International Network for Instrumental Transcommunication.

Spiricom — um conjunto de geradores de tons que emite sons de zumbido compreendendo trezes tons que abrangem a faixa da voz masculina adulta — desenvolvido em 1980 por um mago tecnológico chamado Bill O'Neil sob o patrocínio de Meek.

Supostamente, o Spiricom permitia a O'Neil manter um diálogo com a voz de um cientista da NASA (National Aeronautics and Space Administration), o dr. George Mueller, que morreu em 1967. Aparentemente, O'Neil e Mueller foram capazes de usar as suas mentes em conjunto para modular o instável zumbido do Spiricom em uma imitação que lembrava a voz que Mueller usava enquanto vivo. Depois de um tempo, a imitação tornou-se suficientemente clara para que um diálogo inteligível entre O'Neil e o espírito de Mueller pudesse ser ouvido através do zumbido, com a voz de Mueller soando parecida com a de um robô apesar de imbuída de uma inteligência viva, definida.

Essa experiência despertou a espiritualidade de Macy, fazendo-o reconhecer a existência de Deus pela primeira vez — assim como a imortalidade do espírito humano — e ver o corpo físico como meramente o veículo que usamos para navegar no mundo físico denso durante o nosso período de vida na Terra. Entendendo que a vida material é apenas uma fase transitória, ele perdeu o

330

medo da morte e passou a entender que experiências muito mais empolgantes nos esperam do outro lado do véu.

Desde essa época, Macy progressivamente vem devotando a sua vida aos experimentos com a TCI e às informações que convergem para ele e os seus colegas pesquisadores ao redor do mundo através dos seus colegas espirituais, além de escrever e fazer palestras sobre o assunto. Esses colegas espirituais são normalmente ex-experimentadores da TCI que morreram mas continuam o seu trabalho do outro lado.

Entre os resultados mais impressionantes de Macy e outros encontram-se os recebidos das verdadeiras chamadas telefônicas de um falecido ex-psicólogo europeu e pesquisador da TCI chamado dr. Konstantin Raudive, que morreu em 1974. No primeiro semestre de 1966, Macy conversou com Raudive ao telefone por quinze minutos, e outros pesquisadores de Luxemburgo falaram com Raudive por períodos de tempo mais longos. Esses contatos telefônicos, contudo, não se limitam a pesquisadores profissionais, mas parecem ser um fenômeno espontâneo e mais amplamente relatado.

Por exemplo, a renomada médica intuitiva americana, dra. Carolyn Myss relatou que, em dezembro de 1992, inesperadamente recebeu um telefonema do seu xamã-mentor indígena, durante o qual ele lhe pediu para escrever a história da vida dele para ser publicada. Algumas semanas depois, ela descobriu que o seu mentor havia morrido em outra cidade dois dias antes que a conversa telefônica com ele acontecesse.

Os contatos pela TCI não se limitam a telefonemas, mas mais geralmente têm envolvido imagens televisivas e imagens e arquivos de texto em computador. Os contatos por computador, por exemplo, costumam acontecer depois que os pesquisadores saem de casa, mesmo tendo desligado todos os equipamentos. Quando voltam para casa, às vezes os computadores estão funcionando e novos arquivos — tanto de imagens quanto de texto — foram gravados no disco rígido: comunicações diretas de uma entidade identificável em outro plano.

A primeira imagem colorida de televisão de uma entidade espiritual foi relatada em outubro de 1995 em associação com um contato por computador quando um pesquisador alemão acordou com uma irresistível necessidade de fazer um experimento com o seu televisor em cores. Ele estava acostumado a receber imagens em vídeo paranormais no televisor monocromático, mas só depois de receber notificação telefônica antecipadamente dos seus colegas espirituais. Dessa vez, o pesquisador simplesmente ligou o aparelho em cores e focalizou a filmadora na tela. No mesmo instante, apareceu na tela a imagem

Ilustração 38.2. Esq.: foto do pioneiro sueco da TCI Friedrich Juergenson. Dir.: imagem em vídeo de Juergenson de quando ele apareceu misteriosamente na tela do televisor de um pesquisador alemão depois que Juergenson tinha morrido.

do pioneiro sueco da TCI Friedrich Juergenson, falecido desde 1987, que ali permaneceu por 24 segundos. Ouvindo um ruído seco e alto vindo da sala ao lado, o pesquisador foi até lá para investigar, mas até então ele tinha tentado sem sucesso contato de voz com a imagem na televisão no aparelho. Ao entrar na sala ao lado, descobriu o computador funcionando — aparentemente fora ligado de maneira paranormal — e na tela encontrou uma mensagem digitada para ele sob o nome Juergenson.

O que é preciso para estabelecer contato com pessoas falecidas além do véu? Macy enfatiza que os contatos pela TCI não são tanto um resultado da tecnologia de comunicação moderna, mas principalmente derivam da mente de pessoas vivas na Terra estreitamente ligadas com a consciência de mentes em níveis imateriais mais sutis da existência com um espírito positivo e afetuoso de cooperação. Essa vibração harmoniosa tem sido denominada de "campo de contato" e representa a ponte mediúnica fundamental que permite a ocorrência da comunicação interdimensional com o mundo espiritual. De acordo com as informações recebidas durante diversos contatos pela TCI, o fenômeno é fortalecido ao se "insistir na vida interior, espiritual, o centro eterno" e resulta da "cooperação unificada das pessoas que estão envolvidas e cujos esforços são apoiados nos círculos da TCI".

Realmente, os colegas espirituais dos pesquisadores têm dito que a TCI só funciona "quando as vibrações dos envolvidos estão em completa harmonia, e quando os seus objetivos e intenções são puros".

O trabalho pessoal de Macy até o momento sugere que diversos fatores ajudam a promover o contato bem-sucedido com aqueles que estão do outro lado. Entre esses se destacam a manutenção de um desejo apaixonado de contato; manter pensamentos constantes e favoráveis em relação à pessoa falecida com quem houve um forte vínculo emocional; e fazer esforços contínuos ao longo do tempo para aprimorar entre as pessoas vivas a concentração mental e a clareza por meio de preces, meditação e outras formas de sintonia mediúnica. Conforme afirma Macy, porém, a TCI até agora está longe de oferecer um guia do usuário ou manual de aparição para estabelecer estações de recepção confiáveis.

O trabalho de contato é ainda um caso de tentativa e erro, embora Macy esteja confiante de que será capaz de desenvolver um forte campo de contato no futuro entre os colegas em ambos os lados do véu, e assim criar uma estação de recepção confiável no Colorado. Até lá, porém, o campo de contato na Europa Ocidental continua sendo o mais forte, conforme evidenciado pela grande quantidade de contatos recebidos pelas equipes de pesquisa de lá a partir de uma variedade de fontes.

Inevitavelmente, surge a pergunta sobre o que tem sido aprendido substantivamente como resultado dos contatos pela TCI com o mundo espiritual. Evidentemente, muita coisa. Os colegas espirituais dos experimentadores com a TCI relatam que uma estrutura multidimensional de realidade não física existe além do plano da Terra, com a multiplicidade de dimensões sobrepostas e interagindo em uma complexidade impossível de transmitir de imediato, ou até mesmo de compreender, em linguagem humana e aparelhos tridimensionais.

O estágio imediato subseqüente à morte, porém, parece bastante simples de entender. Quando a maioria das pessoas morre, elas surgem no terceiro plano ou plano astral intermediário — um mundo de energia que compartilha o mesmo espaço com a Terra, mas onde as pessoas são regeneradas dos seus ferimentos e doenças e são finalmente capazes de criar a sua imagem desejada de si mesmas e da sua vizinhança pelo poder dos seus pensamentos.

Um menino alemão, Ezra Braun, que morreu de leucemia aos 12 anos de idade em 1986, enviou uma imagem sua para o computador pessoal de um pesquisador europeu da TCI em 1992. A imagem mostrava um homem jovem sorridente no final da adolescência, o braço levantado em um aceno, o rosto facilmente reconhecível como o do menino, apenas mais velho. Os pais, em êxtase, ainda presos à Terra, confirmaram a identidade do menino, assim como muitos outros detalhes relativos aos interesses e pertences antes da sua morte que eram revelados na imagem transmitida e em uma transmissão por escrito que a acompanhava.

Além de oferecer uma visão clara de como é a vida do outro lado do véu, e de ocasionalmente propiciar comunicações de entes queridos que partiram e amigos perdidos, as transmissões de TCI também têm permitido descobertas espirituais de níveis superiores da consciência por meio de seres angelicais que nunca assumiram a forma humana. Por meio de cartas enviadas aos computadores dos pesquisadores, esses seres têm oferecido uma quantidade significativa de informações até então desconhecidas sobre a pré-história da Terra, informações que as fontes convencionais são incapazes de oferecer.

Esses seres afirmam, por exemplo, que existiu um planeta entre Marte e Júpiter, conhecido como Maldek ou Marduk. Embora os habitantes fossem altamente avançados tecnologicamente e as viagens espaciais fossem uma rotina para eles, a sua capacidade técnica excedeu a sua compreensão e o planeta explodiu, criando o cinturão de asteróides que existe atualmente. Antes da detonação final, porém, alguns dos mardukianos viajaram para a Terra e plantaram uma civilização que acabou se tornando a Atlântida. Quando esses antigos habitantes de Marduk se mestiçaram com os seres primitivos que existiam sobre a Terra naquela época, eles deram início à linhagem da nossa espécie, aproximadamente 20.000 anos atrás.

Embora lembrem as teorias do pesquisador Zecharia Sitchin sobre as origens da humanidade, essas revelações são diferentes na medida em que se alega que Marduk teria sido destruído como planeta e agora continua a existir apenas no plano astral. Esse mundo sutil é para onde muitas pessoas da Terra vão depois da morte, para continuar vivendo em uma existência semelhante à da Terra com o seu corpo astral.

Curiosamente, as pessoas de Marduk, ao que parece, têm uma visão limitada de si mesmas; como os físicos terráqueos que já foram, eles acreditam que o seu planeta astral é a plena extensão da realidade. Muitos mardukianos não reconhecem a existência da vida na Terra concreta; ao contrário, muitos acreditam que as suas noções de uma existência anterior em forma física não passa de um pesadelo! (Que desapontamento perceber que a miopia espiritual parece persistir, ao menos entre alguns de nós, mesmo depois de deixar a vida na Terra.)

De acordo com Macy, os que se encontram do outro lado do véu decidem quais dentre eles irão se comunicar com os pesquisadores da TCI vivos. Embora haja evidências de um plano global para o trabalho com a TCI, poucos detalhes têm sido disponibilizados até o momento. Sabe-se de personagens bem conhecidos que se comunicaram, tais como o explorador inglês do século XIX, Richard Francis Burton, o escritor francês Júlio Verne e o compositor americano Scott Joplin.

As transmissões têm maior probabilidade de partir dos pesquisadores da TCI já falecidos, porém, presumivelmente por causa da necessidade de alimentar a energia do campo de contato entre pessoas que estiveram envolvidas no esforço da TCI por algum tempo, seja vivendo na Terra, seja aqueles que estão do outro lado. Ainda assim, como no caso do pequeno Ezra Braun, os entes queridos falecidos dos experimentadores ou os seus amigos às vezes têm conseguido se comunicar para aliviar a dor e a perda dos que ficaram. Em todo caso, um vínculo emocional estreito que preexistiu na Terra aparentemente fortalece o campo de contato.

A comunidade científica moderna, até a presente data, não se incentivou a explorar o fenômeno da TCI de maneira significativa. Apesar de alguns testes rigorosos e claramente validados por importantes engenheiros da Inglaterra — envolvendo os resultados do pioneiro da TCI, Konstantin Raudive, com vozes de espíritos gravadas no início da década de 1970 — as limitações do paradigma científico atual podem ser grandes demais para ser suplantadas pela simples curiosidade apesar da recepção de transmissões via televisão, telefone e computadores pessoais ainda mais profundamente anômalas e inexplicáveis ao longo das décadas desde a época de Raudive.

Não obstante, antes da sua morte em 1996, o dr. Willis Harman, ex-professor de engenharia de Stanford e presidente do Institute of Noetic Sciences (IONS), na Califórnia, defendeu o trabalho de Macy e outros pesquisadores da TCI e escreveu sobre ele como um desafio da ciência moderna. Ironicamente — talvez naturalmente — um recente contato pela TCI com um ser angélico indicou que Harman, tendo já feito a sua transição, "pretende trabalhar proximamente com o grupo [espiritual] que está tentando contatar Mark Macy".

Macy e os seus colegas pesquisadores da INIT estão agora nas fases de planejamento de um esforço colaborativo para sujeitar a TCI ao escrutínio científico, envolvendo pesquisadores do IONS e do Monroe Institute, ambos respeitadas organizações americanas conhecidas pelas suas pesquisas na fronteira das ciências. Será que eles, com a ajuda dos ex-colegas além do véu, serão capazes de provar de uma vez por todas que a consciência humana sobrevive à morte? O tempo dirá.

Quanto ao presente, Macy monitora regularmente a sua série de radiorreceptores de bandas múltiplas de ampla cobertura e trabalha na formação do máximo de pessoas possível sobre a TCI por meio de seminários, apresentações e publicações. Ele acredita que, caso ele e outros tenham sucesso em estimular regularmente imagens, vozes e textos claros e nítidos do além, a TCI poderá acabar se tornando um condutor do amor e do conhecimento dos mais elevados níveis espirituais e assim ajudar a transformar o mundo de uma maneira rápida e positiva. Nós esperamos o mesmo também.

39 Compreendendo a Experiência de Quase-morte

POR QUE A CIÊNCIA NÃO EXPLICOU O
ASSUNTO AINDA?

P. M. H. ATWATER

Ninguém pode validar uma experiência de quase-morte a não ser quem a tenha vivenciado pessoalmente. A questão principal, então, das pesquisas de quase-morte é identificar elementos e padrões de ocorrências, efeitos subseqüentes e implicações, em uma tentativa de compreender como e por que o fenômeno acontece, o que ele é e o que se pode aprender com ele — especialmente quando isso envolve uma análise da existência e a perspectiva da vida depois da morte.

O que é mostrado hoje em dia como "a experiência de quase-morte" em filmes, programas de entrevistas da televisão e *best-sellers* populares guarda pouca semelhança com o fenômeno verdadeiro. Produtores de documentários cinematográficos, por exemplo, optaram por um retrato mitológico do que acham que o público quer ver, convocam os obrigatórios detratores (que nunca fizeram nenhuma pesquisa de verdade no campo e, francamente, não sabem do que estão falando), em vez de proceder a uma análise em profundidade das principais descobertas — especialmente aqueles que questionam a hipótese da "graça divina incrível" — padrão. Atualmente, há centenas de pessoas alegando ser especialistas no assunto, ainda que tenham pouca coisa de valor para apoiar a sua reivindicação, a não ser por algumas dezenas de entrevistas com sobreviventes de quase-morte, almoços com o seu pesquisador predileto e uma pesquisa na literatura. O frenesi dos livros da moda e oradores carismáticos que resultou disso alimenta-se de si mesmo, sem nunca sequer tocar na pergunta mais importante de todas: e se as descobertas originais sobre a experiência de quase-morte forem incompletas ou enganadoras?

Para tratar dessa questão, devemos reavaliar a premissa dos estudos sobre quase-morte e a metodologia usada nessa premissa.

As pesquisas sobre o fenômeno remontam a mais de 150 anos, mas o trabalho só criou raízes como uma disciplina científica distinta quando o dr. Raymond A. Moody Jr. cunhou o termo de "experiência de quase-morte" e publicou seu primeiro livro, *Life After Life*, em 1975. O dr. Kenneth Ring, escancarou as comportas para uma investigação séria ao verificar cientificamente a obra de Moody em 1980 e publicar o seu livro, *Life at Death*.

O modelo clássico da experiência de quase-morte foi estabelecido por esse esforço. Os seus oito componentes básicos são os seguintes (as explicações são minhas):

Ilustração 39.1. Um detalhe de *Ascensão no Firmamento*, pintado por Hieronymus Bosch no final do século XV e início do século XVI. O quadro parece antecipar alguns dos relatos modernos de experiência de quase-morte.

1. *A sensação de flutuar fora do corpo* geralmente seguida por uma experiência fora do corpo durante a qual tudo o que se passa ao redor do corpo vazio é visto e ouvido.

2. *A travessia de um túnel escuro ou buraco negro,* ou encontro com algum tipo de escuridão, geralmente acompanhado de um sentimento ou sensação de movimento ou aceleração. Pode-se ouvir ou sentir o "vento".

3. *A ascensão na direção de uma luz no fim da escuridão* — uma luz de resplandecência incrível que emite uma paz amorosa — e possivelmente a visão de pessoas falecidas, animais, plantas, cenários exuberantes e até mesmo cidades dentro dessa luz.

4. *A recepção de cumprimentos por vozes, pessoas ou seres amigáveis,* que podem ser estranhos, entes queridos ou personagens religiosos. Pode ocorrer uma conversa; podem ser transmitidas informações ou uma mensagem.

5. *A revisão panorâmica da vida que passou*, desde o nascimento até a morte ou na ordem inversa, às vezes mais no sentido de aliviar o peso da vida do que de fazer uma análise desapaixonada. A vida da pessoa pode ser vista na sua inteireza ou em partes. Normalmente, isso é acompanhado por um sentimento ou necessidade de avaliar perdas e ganhos durante a vida e determinar o que foi aprendido ou não aprendido. Outros seres podem tomar parte desse processo de julgamento ou oferecer conselhos.

6. *Um sentido alterado de tempo e espaço*, descobrindo que o tempo e o espaço não existem, perdendo a necessidade de reconhecer se essas medidas da vida são válidas ou necessárias.

7. *Relutância a retornar ao plano terrestre*, mas invariavelmente compreendendo que ou o seu trabalho na Terra não terminou ou ainda há uma missão a ser concluída antes que possa deixar o plano terrestre.

8. *Desapontamento ao ser revivido*, geralmente sentindo a necessidade de se encolher ou se espremer um tanto para caber de novo no corpo físico. Poderá ocorrer uma sensação desagradável, até mesmo raiva ou lágrimas, quando a pessoa perceber que está de volta ao próprio corpo e não mais no Outro Lado.

Uma vez que a experiência de quase-morte contém cerca de cinco desses componentes, as pessoas que podem ter vivenciado um episódio desses tornam-se confusas. Isso dá motivo para a principal queixa expressada por aqueles que freqüentam tanto reuniões locais da International Association for Near-Death Studies (IANDS) quanto algum grupo de Amigos da IANDS filiados nos Estados Unidos, Canadá e internacionalmente. A queixa? *O que lhes aconteceu não combina com o "modelo clássico".* As experiências comuns combinam mais com o modelo que eu desenvolvi, explicado em seguida.

Sem saber nada sobre os estudos de quase-morte quando comecei a minha própria pesquisa em 1978, isolei quatro tipos distintos de experiência de quase-morte. Os elementos eram semelhantes aos componentes do modelo clássico, mas o padrão estabelecido era diferente, e havia sutis fatores psicológicos que pareciam de alguma forma subjazer em cada tipo — como se outras forças estivessem em ação além da perspectiva de vida depois da morte.

O que descobri tem subsistido durante os anos desde aquela época, independentemente da idade, educação, sexo, cultura ou religião da pessoa. Em *Beyond the Light*, discuto o assunto extensamente, com um capítulo diferente para cada um dos quatro tipos, mais a experiência de quase-morte, anomalias e o perfil de efeitos subseqüentes psicológicos e fisiológicos que apareceram no transcorrer do meu trabalho.

Em seguida, apresento uma versão resumida dos quatro tipos de experiência de quase-morte que descobri.

- *Experiência Inicial (uma introdução a outras realidades):* envolve elementos tais como nulidade amorosa, a escuridão viva, uma voz amigável, uma breve experiência fora do corpo e/ou visitas de alguma espécie. Normalmente, vivenciada por pessoas que parecem precisar de uma última quantidade de evidências como prova da sobrevivência, ou que podem tolerar a última dose de excitação na sua vida nessa altura do tempo. Geralmente, essa se torna uma experiência-semente ou uma introdução a outras maneiras de perceber e reconhecer a realidade.

- *Experiência Desagradável e/ou Semelhante ao Inferno (uma oportunidade de limpeza interior e confrontação consigo mesmo):* o encontro com um vazio ameaçador, ou o limbo total, ou criaturas assustadoras das trevas ou purgatório infernal, ou cenas de uma indiferença impressionante e inesperada, até mesmo "perseguição" do próprio passado. Normalmente vivenciada por pessoas que parecem ter culpas, medos e raivas profundamente suprimidos ou reprimidos e/ou aqueles que esperam algum tipo de punição ou desconforto depois da morte.

- *Experiência Agradável e/ou Celestial (uma oportunidade para reafirmação e ou validação de si mesmo):* cenas prazerosas de reuniões familiares amorosas com aqueles que morreram antes; imagens confortadoras de personagens religiosos/seres de luz/anjos; validação de que a vida é importante; diálogo afirmativo e inspirador. Pode incluir uma revisão da vida; são recebidos conselhos pessoais e/ou revelados segredos de família. Normalmente vivenciada por pessoas que mais precisam saber até que ponto são amadas e até que ponto a vida é importante e como todos os esforços têm um propósito no esquema global das coisas.

- *Experiência Transcendente (uma introdução a realidades alternativas e a estados expansivos de maior percepção):* contato com dimensões e cenas de outros mundos além do quadro de referência da pessoa; geralmente inclui revelações de grandes verdades. Raramente segue algum padrão especial de imagens. Voltada para questões sociais e evolucionárias, não preocupações intrinsecamente pessoais. Normalmente vivenciada por pessoas que estão prontas para um desafio de expansão mental e/ou pessoas que estão mais aptas a utilizar (em qualquer nível) as verdades que lhe são participadas.

Para cada pessoa individualmente, é possível a ocorrência de todos os quatro tipos durante a mesma experiência, ou dois ou mais ocorrem em combinações variadas, ou os quatro tipos distribuídos ao longo de uma série de episódios em uma vida particular da pessoa. De maneira geral, porém, cada um representa um tipo diferente de experiência que ocorre unicamente uma vez com uma determinada pessoa.

Além das minhas tentativas de esclarecer a natureza da experiência de quase-morte, tem havido, nos últimos anos, um esforço orquestrado por parte de outros pesquisadores de estados de quase-morte para "fazer direito os registros" quanto ao *percentual de ocorrência* desse fenômeno. A maioria das pesquisas conduzidas por várias revistas e organizações no passado não eram científicas ou nem mesmo confiáveis. O problema são as perguntas ambíguas e as respostas dissimuladas. Resultado: estimativas exageradas com base mais na falta de objetividade do que em qualquer coisa próxima de fatos verificáveis.

As pesquisas em uso atualmente, envolvendo cerca de 15 milhões de pessoas que experimentaram a experiência de quase-morte só nos Estados Unidos (ou 5% da sua população), foi conduzida pelo *U.S. News & World Report* em 1997. Entretanto, o índice mais adequado em relação aos verdadeiros relatos de caso nos Estados Unidos, Holanda e Alemanha é de 4% (o que compreende 11 milhões nos Estados Unidos). O que é de grande interesse para os pesquisadores é que o índice de 4% para a população geral vem se confirmando em outros países em todo o mundo. Por causa disso, os pesquisadores estão reduzindo a escala das porcentagens que citam. Algumas referências: uma pesquisa aleatória na Alemanha (Schmied et al.) conduzida em 1999 e a pesquisa do Instituto Gallup feita em 1982.

Entre as pessoas que estavam próximas da morte, praticamente mortas ou que morreram mas depois reviveram ou foram ressuscitadas, a estimativa de um terço que anteriormente era usada para indicar quantos teriam uma experiência de quase-morte é também exagerada. O número está próximo a entre 12% e 20%.

O verdadeiro problema no caso, no entanto, são as crianças. Nunca foi feita uma pesquisa de nenhum tipo tratando de crianças que vivenciaram um estado de quase-morte. Um pressuposto adotado na realização das pesquisas é que a experiência de quase-morte ocorre na fase adulta. Um trabalho preliminar feito pelo dr. Melvin Morse, pediatra do Estado de Washington, sugere que entre as crianças o índice se aproxima de 70% — mais do que o dobro dos adultos. Uma vez que o trabalho de Morse ainda precisa ser duplicado, em especial em outros países, não se pode tirar conclusões sobre o que significaria essa discrepância. O que se pode dizer é que os casos de quase-morte estão em ascensão. O que não se pode dizer com nenhum grau verdadeiro de confiança é de quanto.

Para entender melhor por que o meu trabalho se distancia dos de outros pesquisadores, pode ser conveniente saber como ele se encaixa na maneira geral como as coisas são organizadas. Em 1978, Elisabeth Kübler-Ross reconheceu-me como um sobrevivente de quase-morte e expôs o agora famoso modelo clássico. Ela nunca mencionou Raymond Moody ou o livro dele, nem eu ouvi falar de algum deles até 1981, quando Kenneth Ring comprou um exemplar da edição que eu mesmo publiquei de *I Died Three Times in 1977* e me localizou por telefone.

Durante uma visita que transcorreu praticamente a noite inteira, ele ficou surpreso ao saber que eu vinha pesquisando independentemente a experiência de quase-morte e os seus efeitos subseqüentes e tinha acumulado uma grande quantidade de material. (A minha edição particular do livro desde aquela época ressuscitou e atualmente encontra-se disponível na minha página na Internet por sugestão de Ring.) Tornei-me um colunista da revista *Vital Signs Magazine,* uma publicação da recém-fundada International Association for Near-Death Studies, onde comecei a divulgar algumas das observações que havia feito, observações que depois se transformaram no livro *Coming Back to Life.*

Nunca foi meu interesse ou intenção verificar ou questionar o trabalho de ninguém. O meu trabalho, conforme percebi durante a minha terceira experiência de quase-morte, foi para esclarecer melhor e dar uma perspectiva ao fenômeno e também testar a validade do que ele revelava.

Assim, tornei-me um pesquisador de campo cuja especialidade são entrevistas, observações e análises. Eu verifico e analiso amplamente tudo o que faço pelo menos quatro vezes com pessoas diferentes em regiões diferentes do país como um meio de assegurar que qualquer preconceito que tenha como sobrevivente de quase-morte não venha a embaçar a minha percepção. Os questionários para mim são auxiliares, usados apenas para a análise posterior de determinados aspectos dos estados de quase-morte. Todo meu trabalho é original. Sempre que possível, também entrevisto as outras pessoas importantes envolvidas além das que passaram pela experiência. Esse trabalho tem sido uma profissão em tempo integral para mim desde 1978, além de um emprego que garante o supermercado.

Até o momento, entrevistei mais de 3.000 adultos e 277 crianças que passaram pela experiência, sem contar os amigos e entes queridos. Esse número dobra se forem contadas as entrevistas que conduzi entre 1966 e 1976 num esforço para entender os estados alterados de consciência e as experiências transformadoras místicas e espirituais.

Na minha pesquisa de estados de quase-morte, não uso os métodos duplo-cego ou grupo de controle padronizados que a maioria dos profissionais emprega porque não confio neles. A análise inicial com esse estilo, seja pessoalmente, seja pelo correio, depende de perguntas que usam expressões antecipadamente à resposta do entrevistado e conduzem as respostas, no sentido de que determinadas perguntas tendem a inspirar respostas previsíveis. A maioria dos formatos desses questionários tem os mesmos antecedentes, designados a provar ou negar a autenticidade de um modelo único — o clássico.

Certamente, quando todo mundo usa o mesmo estilo e os mesmos instrumentos básicos de pesquisa, podem ser feitas comparações melhores e mais exatas. E isso é desejável em um nível. Mas e se o trabalho original foi incompleto ou quem sabe distorcido por preconceito no sentido de uma preferência — ou do pesquisador ou do entrevistado — consciente ou subconscientemente?

Não pretendo fazer nenhuma crítica com isso, pois sei o quanto a maioria dos experimentadores e pesquisadores é sincero e diligente, e o quanto é difícil manter a objetividade. Não obstante, está na hora de admitirmos que:

- Não se fez nenhuma admissão durante os primeiros anos no campo quanto a investigações sobre experiências desagradáveis e/ou infernais.
- Os entrevistados que tinham dificuldade de aceitar ou integrar a sua experiência foram por um longo tempo ignorados.
- Poucas pessoas nem sequer relataram o componente túnel, ainda que o túnel fosse e ainda seja considerado uma assinatura do fenômeno.
- Raramente prestou-se atenção a episódios destituídos de luz, muito embora eles fossem tão intensos e responsáveis por mudanças de vida quanto os radiantes.
- A disseminação plena de efeitos psicológicos e fisiológicos subseqüentes passou sem reconhecimento por mais de uma década.
- Os quadros de crianças foram considerados como os mesmos dos quadros de adultos — com reações semelhantes — até que pesquisas recentes indicassem outra orientação.
- As tentativas de suicídio que aconteceram depois de uma experiência foram ignoradas.

- As correlações entre as experiências de vida e o que foi encontrado no quadro de quase-morte — a sensação de que o que aconteceu era necessário — geralmente não foi levado em conta em favor da noção de que os estados de quase-morte eram um fenômeno distintamente independente.

Tanto o fator preferência (ver na experiência o que queremos ver) quanto o enfoque patológico (pensar que é algo que podemos dissecar como na doença cardíaca) falham completamente ao avaliar a dinâmica complexa que é a experiência de quase-morte.

Atualmente, em quase toda disciplina, os estudos anteriores estão sendo revistos ou reelaborados, não porque os autores do passado fossem incompetentes, mas porque a sua base de pesquisa não era ampla o bastante para abranger adequadamente o campo investigado. Uma vez que mencionei a doença cardíaca, permita-me usá-la como exemplo. Hoje sabemos que o modelo original para o tratamento da doença cardíaca era falho — as suas fontes primárias vinham de trabalhos feitos em homens. Quando as mulheres finalmente foram estudadas separadamente, foram descobertas imensas diferenças na maneira como cada sexo reage — o que levou à criação de um modelo mais eficaz.

Não estou sugerindo que os estados de quase-morte sejam de maneira alguma uma patologia, mas *estou* dizendo que a mesma premissa se aplica [...] precisamos alargar a nossa base de pesquisa. Poucas pessoas entendem que Sigmund Freud, o fundador da psicanálise, formulou as suas teorias enquanto tratava de 22 pessoas. Que a humanidade é moralmente nobre e espiritualizada por natureza perdeu-se na investigação dele sobre os impulsos animalescos, sombrios que aquelas 22 pessoas exibiam. Exatamente como na situação com a doença cardíaca, um modelo de parâmetros limitados foi aceito como verdadeiro por todos. Ao longo dos anos, mais pessoas foram prejudicadas do que ajudadas pelas distorções da teoria freudiana.

Os estudos de quase-morte foram pegos na mesma situação, uma tendência a confiar demais em uma metodologia única. A pesquisa empírica pode ser conduzida utilizando um número de métodos diferentes, e conto o meu como um deles. Descobertas no passado no campo dos estudos de quase-morte são elogiáveis, mas observadores-analistas como eu são necessários para localizar uma infinidade de detalhes que os estudos de grupo de controle não podem avaliar. Se algum dia chegarmos a entender o fenômeno de quase-morte, devemos examiná-lo num ângulo de 360 graus. Qualquer coisa abaixo disso é inaceitável.

Por exemplo, por que continuamos confiando em investigadores medicinais nas enfermarias cirúrgicas dos hospitais para a verificação do fenômeno quando nem com adultos nem com crianças é o local do princípio "morte durante a cirurgia"? Essa era uma escolha razoável durante os primeiros anos de pesquisa, mas os hospitais modernos estão se voltando cada vez mais para o uso de um novo medicamento que causa amnésia nos pacientes. Estão os casos de quase-morte em declínio, conforme sugere um estudo recente? Ou os pacientes são simplesmente incapazes de se lembrar da experiência por causa do novo medicamento? Se encararmos seriamente a busca de objetos de estudo nos confins de um hospital, por que não "permanecemos" nas enfermarias de emergência? A maioria dos casos de crianças no meu estudo, por exemplo, provém de afogamentos e sufocação, não de cirurgia.

Para ser justo, o método de pesquisa de grupo de controle desenvolvido cerca de uma centena de anos atrás era um meio confiável para estudar os efeitos de um único agente atuando sobre uma única doença que tinha uma única causa. Mas esse método torna-se ineficaz para estudar problemas complexos como transformações da consciência.

O dr. Charles Tart, chama esse tipo de abuso de "cientismo". Tart, conhecido internacionalmente pelos seus experimentos com estados alterados de consciência — e um dos fundadores do campo da psicologia transpessoal —, é o autor de dois clássicos no campo dos estudos da consciência: *Altered States of Consciousness* e *Transpersonal Psychologies*. De acordo com Tart, o trabalho da ciência é nos dar informações de modo que possamos entender as experiências da vida. O cientismo, por outro lado, declara em termos rígidos e dogmáticos o que a realidade é e deveria ser.

Tart identifica um cético verdadeiro como alguém que busca a verdade — controlando a tentação de estabelecer finalidade — e os pseudocéticos são aqueles que insistem em um caminho para a verdade, e uma realidade. Tart lembra-nos que a ciência evoluiu da filosofia e depende de uma investigação detalhada e franca.

No primeiro semestre de 1999, a Three Rivers Press, da cidade de Nova York, lançou o meu livro *Children of the New Millennium*. Por causa de problemas na publicação, ele foi substituído em 2003 por *The New Children and Near-Death Experiences*. Quero que as pessoas saibam sobre a mudança porque o livro é um estudo importante dos estados de quase-morte em crianças, incluindo bebês e crianças pequenas, e de como essas experiências afetam os jovens, em especial durante as etapas decisivas do desenvolvimento cerebral.

Essa é uma informação importante. O livro também abrange a "nova criança" que vem nascendo ultimamente — os bebês da "aldeia global" que são bem diferentes dos bebês das gerações anteriores. *The New Children and Near-Death Experiences* incita o leitor a pensar e repensar não só sobre os estudos de quase-morte, mas também sobre nós mesmos como seres humanos, o que pensamos que somos e onde pensamos que queremos chegar — enquanto a evolução continua a brincar de pular carniça com o nosso futuro. É um livro cheio de surpresas.

40 A Questão da Reencarnação

A RELIGIÃO É A ÚNICA RAZÃO PARA
ACREDITAR OU EXISTEM EVIDÊNCIAS DE
NATUREZA MAIS CIENTÍFICA?

IAN LAWTON

Todo mundo sabe que muitas religiões orientais mantêm a doutrina da reencarnação como um dos seus fundamentos. Ela não é encontrada explicitamente nos antigos textos védicos, embora a alta filosofia desses escritos possa ser um tanto obscura às vezes, e alguns eruditos pesquisadores argumentam que a idéia estaria presente no pensamento védico geral — o conceito é certamente uma pedra angular da religião hindu que nasceu daquela filosofia. Contrariamente, quando Buda levou os seus ensinamentos para fora da corrente de pensamento hindu oficial, foi deliberadamente vago quanto à idéia da reencarnação, possivelmente numa tentativa de afastar os seus seguidores da dependência das limitações rijas do sistema de castas hindu e do pressuposto de que sempre renasceriam na mesma casta. Infelizmente, essa vagueza cristalizou-se na doutrina do *anatta,* ou "não eu/alma", daí que o karma pessoal ter sido considerado agregado ao grande recipiente universal depois da morte, ao passo que a alma individual não sobreviveria como uma entidade distinta.

Apesar desse recuo, o esoterismo ocidental tem uma longa história de crença na reencarnação — conforme discuto no meu segundo livro, *Genesis Unveiled.* A crença na reencarnação foi fundamental tanto para os hermetistas quanto para os neoplatônicos — embora, curiosamente, não para os gnósticos ou até mesmo os antigos egípcios de quem grande parte desse pensamento posterior supostamente derivou. E até os nossos dias, a reencarnação continua a se firmar como uma pedra angular do cabalismo, embora de novo o judaísmo de que esse se desenvolveu não o incorpore explicitamente, e também o movimento rosa-cruz.

No entanto, todas essas visões de mundo dependem efetivamente, assim como todas as principais religiões o fazem, do conhecimento revelado nos seus textos sagrados. Acho que muitas pessoas no mundo moderno chegaram a entender que o conhecimento revelado pode conter terríveis distorções, por mais que grande parte dos discípulos de qualquer visão de mundo possam insistir no contrário. Assim, no início do século XXI, devemos continuar a depender desse antigo conhecimento revelado na nossa busca de verdades espirituais? A resposta é um enfático não.

Existem duas fontes principais da pesquisa moderna sobre a reencarnação. A primeira é a regressão a vidas passadas; a segunda são as crianças que se lembram espontaneamente de vidas passadas. E antes que alguém mais cético incline-se a me acusar de divulgar absurdos do pensamento Nova Era ao usar esse tipo de material, devo enfatizar que eu também pensava que esse material seria facilmente desmascarado por uma investigação científica adequada e rigorosa.

Mas quando investiguei pessoalmente, descobri que não poderia estar mais enganado. Na realidade, as explicações materialistas para esses fenômenos são inadequadas e reducionistas, e se concentram nos casos fracos sem tentar atacar os mais fortes. Devo também enfatizar que os profissionais que lançaram inicialmente as pesquisas nessas áreas, durante as décadas de 1960 e 1970, eram psicólogos e psiquiatras com formação científica, a maioria dos quais inicialmente de inclinação cética ou ateísta.

Os elementos-chave ao usar a regressão a vidas passadas como prova da reencarnação dependem dos casos que se enquadram em duas categorias. A primeira, e mais óbvia, são aqueles em que surgem detalhes históricos que são não somente verificáveis, mas também tão obscuros que poderiam não ter sido obtidos por nenhum meio normal — aqueles em que a possibilidade de engodo deliberado, que tem a ver com a única explicação materialista de que poderia haver fraude nesses casos, é tão remota quanto desprezível.

Três exemplos servem para confirmar o que digo.

Gwen McDonald, uma mulher australiana que nunca viajara ao exterior, fez uma regressão com o pioneiro psicólogo Peter Ramster. Ela se lembrou de detalhes obscuros da vida no século XVIII de uma menina chamada Rose Duncan, que morava em Glastonbury. Quando o caso foi investigado posteriormente na Inglaterra, por uma equipe de documentários australiana sob condições controladas, os detalhes foram todos verificados pelos historiadores e moradores locais. Esses detalhes incluíam nomes obscuros ou obsoletos de lugares e pessoas, elementos obsoletos do dialeto local e detalhes de casas e outras construções como haviam existido no século XVIII.

O mais impressionante foi a insistência da mulher de que ela fora levada para uma casa de campo, cujas pedras do piso haviam sido roubadas da abadia de Glastonbury. Uma dessas pedras tinha um entalhe obscuro que ela desenhou quando ainda se encontrava em Sydney. Ela conduziu a equipe de filmagem ao que se tornara um galinheiro em ruínas e eles limparam a sujeira acumulada por tanto tempo. Encontraram o entalhe exatamente como ela desenhara.

Outra das pessoas estudadas por Ramster foi Cynthia Henderson, que foi levada à França pela mesma equipe de documentários. Ela se lembrava da vida de uma garota aristocrática chamada Amelie de Cheville, que viveu no século XVIII. Ela não só os conduziu a uma casa senhorial em ruínas do interior nas proximidades de Flers, na Normandia — a qual, antes de sair da Austrália, descrevera com precisão como sendo a sua casa —, mas, em transe, falou fluentemente no francês arcaico do período, com um sotaque perfeito, conforme verificado por um homem local empregado especificamente para testar essa hipótese.

Fora do transe, ela foi incapaz de se lembrar de mais do que algumas palavras básicas do francês, recordadas de não mais de dois meses de estudo aos 12 anos de idade.

O terceiro caso envolve uma dona de casa galesa chamada Jane Evans, que fez uma regressão a outra vida na televisão por Arnall Bloxham. Ela se lembrou de quando viveu em uma comunidade judaica perseguida em York no século XII, e de circunstâncias que obrigaram um determinado número de judeus, incluindo ela mesma, a procurar refúgio na cripta de uma igreja local, onde eles acabaram sendo descobertos e massacrados.

O professor Barrie Dobson, um especialista em história judaica na York University, foi chamado para investigar. A partir das descrições fornecidas por Jane Evans, ele estabeleceu que a igreja a que ela se referia devia ter sido a de St. Mary, em Castlegate. Mas havia um problema — ela não tinha cripta. Alguns meses depois, quando trabalhadores reformavam a igreja, descobriram uma cripta que fora selada. Quando a abriram, descobriram vestígios humanos datando do século XII.

A outra maneira pela qual a regressão a vidas passadas oferece provas impressionantes da reencarnação acha-se naqueles casos que envolvem benefícios terapêuticos radicais. Muitos terapeutas de vidas passadas pioneiros descobriram a técnica mais ou menos por acaso, geralmente quando regrediram os pacientes à infância. Ordens imprecisas eram consideradas literalmente pelas pessoas sob hipnose. Quando lhes pedia, por exemplo, para "recuar mais", elas de repente começavam a descrever acontecimentos que não poderiam ter relação com a sua vida atual.

Intrigados, esses pioneiros continuaram os seus experimentos e descobriram que graves transtornos psicológicos e psicossomáticos que haviam permanecido praticamente inatingíveis por anos de terapia convencional eram aliviados por completo, às vezes depois de apenas algumas sessões de terapia de vidas passadas — e independentemente de o paciente, ou no caso o terapeuta também, acreditar ou não em reencarnação. Foi essa experiência universal que convenceu

Ilustração 40.1. O dr. Ian Stevenson, cujo trabalho pioneiro no campo da reencarnação oferece evidências impressionantes da imortalidade da alma.

todos os pioneiros de que esse não era um mero efeito placebo, e que a reencarnação é uma realidade.

Passemos agora às crianças que se lembram de vidas passadas espontaneamente, em oposição às pessoas hipnotizadas. O psicólogo americano Ian Stevenson, da University of Virginia, foi um dos pioneiros nas pesquisas sobre esse assunto quase isolado por várias décadas; somente agora ele começa a receber o reconhecimento que tanto merece. Muitos dos seus casos também envolvem detalhes verificáveis que são tão obscuros que poderiam não ter sido obtidos por meios normais, a menos que fraudes e trapaças deliberadas estivessem envolvidas. A metodologia de Stevenson foi criada especialmente para localizar esses e outros padrões suspeitos.

Para enfocar apenas um dos seus casos impressionantes, desde a mais tenra infância Swarnlata Mishra lembrava-se espontaneamente de detalhes da vida de outra menina indiana chamada Biya Pathak, que vivera em uma cidade distante da sua casa atual, e cuja família acabou sendo localizada. Stevenson descobriu que, das 49 afirmações sobre a vida anterior feitas por Swarnlata, apenas algumas poderiam ser consideradas como imprecisas, e dezoito delas foram feitas antes de qualquer contato entre as duas famílias.

Essas declarações incluíam a identificação de antigos integrantes da família, às vezes mesmo quando tentavam enganá-la; a indicação de apelidos pouco conhecidos; e até mesmo revelando para o antigo marido que tirara uma vez 200 rupias do seu cofre — algo que apenas os dois sabiam.

Existe uma explicação paranormal possível para todas essas evidências que não envolveriam a reencarnação, a qual é que todas essas pessoas analisadas estariam se baseando em algum tipo de memória ou consciência universal, e que as vidas passadas a que tiveram acesso dessa maneira não pertencem a essas pessoas estudadas. Mas há duas razões extremamente fortes para duvidar dessa teoria. Primeiro, os resultados terapêuticos não poderiam ser obtidos se esse fosse o caso. E segundo, a maioria dos casos de regressão a vidas passadas mostra ligações kármicas claras entre vidas que são pessoais e individuais.

Em nenhuma parte isso é mais evidente do que nos casos mais comuns investigados por Stevenson, os de crianças nascidas com marcas de nascença ou malformações incomuns. Ao investigar os relatos pós-morte, e assim por diante, ele descobriu que muitos desses defeitos correspondem exatamente a ferimentos que mataram a personalidade anterior indicada pela criança, e pelas quais outros dados verificáveis haviam sido descobertos.

A outra possibilidade geralmente mencionada — muito embora ainda dependendo da reencarnação — é que todas essas pessoas estudadas se baseiam em memórias ancestrais transmitidas nos seus genes. Mas de novo essa teoria não é confiável, por duas boas razões. A primeira é que muitas vidas passadas se revelam próximas no tempo e ainda assim envolvem outros continentes ou até mesmo raças diferentes, durante uma época em que as pessoas geralmente não tinham muita mobilidade. A segunda é que muitos dos casos de Stevenson envolvem vidas separadas por apenas alguns anos, em que as duas famílias envolvidas evidentemente não têm vínculos genéticos.

Como então todas essas evidências modernas se relacionam com o conhecimento revelado do passado? É claro que o conceito que é o corolário fundamental de que a reencarnação tem a ver com o karma, e a única coisa em que todas as considerações em torno da reencarnação — tanto antigas quanto modernas — concordam é que reencarnamos repetidamente para aprimorar o nosso karma o suficiente para nos libertar do "ciclo kármico terrestre" e para "reunirmo-nos com a nossa origem". Em outras palavras, para chegar ao ponto em que aprendemos e vivenciamos tudo que pudemos na vida terrestre, então não precisamos mais reencarnar na forma física — embora as almas que avançaram até esse estágio possam, é claro, oferecer-se para retornar para ajudar a humanidade em geral a progredir.

Um dos aspectos interessantes que as pesquisas modernas podem nos esclarecer é sobre a natureza dos próprios reinos etéreos, e o que exatamente queremos dizer com nos reunir com a nossa origem. Descobrimos que as pessoas que regrediram não só a vidas passadas, mas também para a etapa intermediária entre as encarnações — de novo, por numerosos psicólogos e psiquiatras pioneiros trabalhando quase sempre de modo independente — têm muito a oferecer em termos de conhecimento espiritual coerente. E lembre-se de que estamos falando de pessoas comuns, saídas de todas as atividades corriqueiras, que não se apresentam como gurus espirituais e que não têm uma posição religiosa ou política radicais para defender.

Elas relatam que uma quantidade imensa, fecunda e variada de atividade acontece nos reinos etéreos. As almas em diferentes níveis de evolução estão em formação para todos os tipos de trabalho especializado, desde aprender a ser um guia espiritual para outras almas até experimentos com a criação de vida pela adaptação de projetos existentes em diferentes ambientes.

Está implícito em tudo isso que existem outros planetas habitados por todo o universo, alguns mais concretos do que outros. Assim, por exemplo, podemos evoluir o bastante para nos reunir com a origem terrestre ou logos, mas ainda teríamos um imenso caminho a percorrer antes de começar a desfrutar, que dirá nos reunir, com a suprema fonte criadora ou poder do universo como um todo. Também podemos precisar obter variados tipos de experiência reencarnando em outros planetas.

Isso é muito mais complexo do que a idéia relativamente simplista, mantida pela maioria das visões de mundo em torno da reencarnação, de que uma vez concluído o nosso serviço na Terra, a fonte suprema imediatamente estará esperando por nós. Algumas visões de mundo esotéricas discutem as hierarquias dos anjos e demônios e diferentes camadas do céu e do inferno, e assim por diante, e o cabalismo incorpora corajosas tentativas de mostrar que os reinos etéreos são compostos de inúmeros estratos. Mas eles tendem a representar uma visão um tanto rígida e hierárquica, ao passo que as evidências modernas são práticas e relativamente realistas. Elas eliminam uma grande quantidade do que — com o risco de parecer controverso — possivelmente nada mais é do que especulação vazia sobre o processo.

Para sermos ainda mais práticos nesse sentido, precisamos compreender o que a evolução kármica realmente significa, e como fazemos para consegui-la. De novo, os enfoques do passado sobre a reencarnação adotaram diferentes visões desse processo. Por exemplo, algumas das filosofias mais rígidas sugeriam que todo tipo de karma, seja bom ou mau, cria uma reação que deve ser concluída — assim o truque é levar uma vida de tal ascetismo, e rejeitar o mundo material a tal ponto, que não criamos mais karma. Felizmente, as pesquisas modernas sugerem que isso é um total absurdo, baseado na questionável premissa de que o karma tem a ver com "ação e reação".

Em nenhuma parte esse princípio está mais em evidência do que na visão hindu de que, por exemplo, as pessoas que têm deformações físicas estão sendo punidas por algum delito grave cometido no passado. Será que isso pode ser verdade? Se voltarmos aos casos de Stevenson de marcas e malformações de nascimento, vemos que eles nos dão uma sugestão significativa, mesmo que a sua importância como indicadores da dinâmica kármica não tenha sido adequadamente tratada antes.

As pessoas analisadas se acham com o que parece ser um castigo físico na vida atual e ainda assim elas foram vítimas inocentes na vida anterior. Em que medida isso representa um processo kármico de ação e reação? A resposta, concluímos, é que não representa.

As pesquisas modernas sobre o período entre as vidas mostra que almas mais avançadas não só conduzem análises detalhadas das suas vidas passadas, como também planejam as próximas. E mesmo quando escolhem circunstâncias adversas, com uma deficiência física ou privações financeiras ou emocionais, elas o fazem para avançar o seu karma como parte de uma experiência de aprendizado. Mas essas pesquisas também mostram que as almas menos avançadas geralmente ignoram toda a análise e planejamento no período entre as vidas, e como resultado as suas vidas tendem a exibir padrões repetitivos.

Isso significa que elas repetidamente encaram circunstâncias adversas semelhantes, mas recebem outra oportunidade para aprender a lição que lhes escapou no passado — não por causa de algum tipo de punição kármica ou ação e reação dinâmica. O teste mais decisivo é assimilar adequadamente fortes emoções negativas de raiva, medo, inveja, vingança, e assim por diante, seja durante a vida encarnada, seja no período entre as vidas, de modo que não mais precisem manter essa carga kármica restritiva.

Os desafortunados nos casos de marcas ou malformações de nascença — possivelmente por não terem uma experiência adequada no período entre as vidas — parecem ter retido em vez de dispersado as emoções com esse poder da vida anterior de tal modo que esses ficaram impressos no seu corpo seguinte — embora as malformações possam servir construtivamente como lembretes de que têm emoções da vida anterior que precisam resolver.

Assim, a conclusão mais importante da minha análise das evidências modernas é que o karma e a progressão kármica têm a ver com aprendizado e a vivência de ambos os lados de cada moeda. Não existe uma lei kármica de ação e reação, e na realidade esse aspecto do conhecimento revelado do passado não é simplesmente enganoso como também positivamente nocivo.

Outra área em que grande parte do conhecimento revelado do passado tem sido questionado pelas evidências modernas é a revelação dessas últimas de até que ponto criamos o nosso ambiente nos reinos etéreos, com base nas nossas expectativas e no nível de avanço kármico. E em nenhuma parte essa visão é mais controvertida do que quando nos voltamos para as idéias de inferno e demônios. Embora muito poucos pioneiros modernos se concentrem especificamente em possessão demoníaca, a maioria acha que os seus analisados são unânimes em relação ao seguinte ponto de vista: o de que tais idéias são meramente construções psicológicas humanas.

Isso não significa que elas não sejam verdadeiras para algumas pessoas, e certamente as pessoas com a forte expectativa de que encontrarão demônios e estados infernais no período entre as vidas possam encontrar mesmo. Mas essas serão manifestações físicas de sua própria criação, sem nenhuma validade permanente ou subjacente. As implicações são de que, se tanto individual quanto coletivamente pararmos de alimentar essas manifestações com energia psíquica, elas irão definhar e ir desaparecendo aos poucos.

Compreendo que algumas pessoas possam sugerir que isso é muito bom até certo ponto, mas que em si mesmas essas pesquisas e análises modernas são reducionistas e deixam de captar a verdadeira essência da vivência espiritual e conhecimento esotérico. Admito que, até certo ponto, isso possa ser verdade. Certamente, os praticantes mais avançados espiritualmente podem muito bem estar explorando caminhos além dessa análise relativamente simples.

Mas até mesmo aqueles que fazem experimentos construtivos com alucinógenos poderosos ou estão experimentando a entrada em estados alterados de consciência pela meditação apenas devem estar avisados de até que ponto podem estar experimentando ou até mesmo criando modelos psíquicos baseados nas suas próprias idéias preconcebidas, as quais portanto podem ter objetivo limitado ou validade subjacente. Além do mais, num sentido mais prático, se eles estiverem trabalhando a partir de uma premissa falsa sobre o funcionamento do karma, por exemplo, então eu questionaria se até mesmo essas pessoas talvez não queiram voltar aos estudos originais e reavaliar o seu enfoque.

Acredito profundamente que essa nova espiritualidade racional que as pesquisas modernas puseram à nossa disposição possa ter um efeito maciçamente libertador sobre nós como pessoas, e que se um número suficiente de nós considerar as suas percepções a sério, teremos uma possibilidade verdadeira de alterar para melhor o futuro da humanidade.

Leitura Recomendada:
Bibliografia Selecionada

Introdução

Brown, Dan. *The Da Vinci Code*. Nova York: Doubleday, 2003.

Burgess, Anthony. *A Clockwork Orange*. Nova York: Norton, 1967.

Salinger, J. D. *A Catcher in the Rye*. Filadélfia: Chelsea House Publishers, 2000.

Shermer, Michael. *Why People Believe Weird Things: Pseudoscience, Superstition, and Other Confusions of Our Time*. Nova York: W. H. Freeman, 1997.

Vonnegut, Kurt. *Slaughterhouse Five*. Nova York: Delacorte, 1969.

Capítulo 1. O Mistério de Cristo

Baigent, Michael, Richard Leigh e Henry Lincoln. *Holy Blood, Holy Grail*. Nova York: Delacorte Press, 1982.

_____. *The Messianic Legacy*. Nova York: Holt, 1987.

Brown, Dan. *The Da Vinci Code*. Nova York: Doubleday, 2003.

Campbell, Joseph. *The Hero with a Thousand Faces*. Princeton, Nova Jersey: Princeton University Press, 1949. [*O Herói de Mil Faces*, publicado pela Editora Pensamento, São Paulo, 1989.]

Conrad, Joseph. *Lord Jim*. Cambridge, Massachusetts: R. Bentley, 1920.

Frazer, *Sir* James. *The Golden Bough*. Nova York: The Macmillan Company, 1940.

Golb, Norman. *Who Wrote the Dead Sea Scrolls? The Search for the Secret of Qumran*. Nova York: Scribner, 1995.

The Gospel of Mary Magdalene. Traduzido por Jean-Yves Leloup. Rochester, Vermont: Inner Traditions, 2002.

The Gospel of Thomas, Annoted and Explained. Tradução e notas de Stevan Davies. Woodstock, Vermont: Skylight Paths Publishing, 2002.

Kipling, Rudyard. *The Man Who Would Be King*. Nova York: Farrar, Straus and Giroux, 2005.

Pagels, Elaine. *The Gnostic Gospels*. Nova York: Vintage, 1989.

Capítulo 2. O Paralelismo com Osíris

11 Coríntios 5:10.

Cott, Jonathan. *Isis and Osiris: Exploring the Myth*. Nova York: Doubleday, 1994.

João 11:25.

Capítulo 3. A Leste de Qumran

Baigent, Michael e Richard Leigh. *The Dead Sea Scrolls Deception*. Nova York: Summit Books, 1991.

Baigent, Michael, Richard Leigh e Henry Lincoln. *Holy Blood, Holy Grail.* Nova York: Delacorte Press, 1982.

Brown, Dan. *The Da Vinci Code.* Nova York: Doubleday, 2003.

Eisenman, Robert e Michael Wise. *The Dead Sea Scrolls Uncovered: The First Translation and Interpretation of 50 Key Documents Withheld for Over 35 Years.* Nova York: Penguin Books, 1993.

Gandhi, Vichard R. *The Life of Saint Issa.* Kila, Montana: Kessinger Publishing, 2003.

Golb, Norman. *Who Wrote the Dead Sea Scrolls? The Search for the Secret of Qumran.* Nova York: Scribner, 1995.

Notovitch, Nicolas. *The Unknown Life of Jesus Christ: By the Discoverer of the Manuscript, Nicholas Notovich.* Nova York: Gordon Press, 1974.

Rig Veda. Traduzido por Wendy Doniger. Nova York: Penguin Classics, 2005.

Capítulo 4. Uma Nova Luz sobre as Origens Cristãs

Atos 15.

Baigent, Michael, Richard Leigh e Henry Lincoln. *Holy Blood, Holy Grail.* Nova York: Delacorte Press, 1982.

Brown, Dan. *The Da Vinci Code.* Nova York: Doubleday, 2003.

Bütz, Jeffrey. *The Brother of Jesus and the Lost Teachings of Christianity.* Rochester, Vermont: Inner Traditions, 2005.

Emmerich, Anne Catherine. *The Dolorous Passion of Our Lord Jesus Christ.* Mineola, Nova York: Dover Publications, 2004.

Capítulo 5. Propagando o Evangelho da Deusa

Baigent, Michael, Richard Leigh e Henry Lincoln. *Holy Blood, Holy Grail.* Nova York: Delacorte Press, 1982.

Brown, Dan. *The Da Vinci Code.* Nova York: Doubleday, 2003.

Starbird, Margaret. *The Goddess in the Gospels: Reclaiming the Sacred Feminine.* Rochester, Vermont: Bear & Company, 1998.

_____. *The Woman with the Alabaster Jar: Mary Magdalen and the Holy Grail.* Rochester, Vermont: Bear & Company, 1993.

Capítulo 6. Em Busca da Verdadeira Estrela de Belém

Cântico dos Cânticos 2:11.

Esdras 10:9, 13.

Lucas 2:8-12.

Mateus 2:1-3.

Mateus 2:16.

Capítulo 7. A História Oculta

Baigent, Michael, Richard Leigh e Henry Lincoln. *Holy Blood, Holy Grail.* Nova York: Delacorte Press, 1982.

Baigent, Michael e Richard Leigh. *The Temple and the Lodge.* Londres: J. Cape, 1989.

Brown, Dan. *The Da Vinci Code.* Nova York: Doubleday, 2003.

Chopra, Deepak. *The Return of Merlin: A Novel.* Nova York: Harmony Books, 1995.

Hancock, Graham. *The Sign and the Seal. The Quest for the Lost Ark of the Covenant.* Nova York: Simon and Schuster, 1993.

von Eschenbach, Wolfram. *Wolfram von Eschenbach's* Parzival: *An Attempt at a Total Evaluation.* Berna: Francke, 1973.

Capítulo 8. Os Templários e o Vaticano

Blavatsky, Madame Helena Petrovna. *Isis Unveiled: A Master Key to the Mysteries of Ancient and Modern Science and Theology.* Pasadena, Califórnia: Theosophical University Press, 1972. [*Ísis sem Véu — VI Vols.*, publicado pela Editora Pensamento, São Paulo, 1990.]

Knight, Christopher e Robert Lomas. *The Hiram Key: Pharaohs, Freemasons, and the Discovery of the Secret Scrolls of Jesus.* Rockport, Massachusetts: Element, 1998.

Lévi, Éliphas. *The History of Magic: Including a Clear and Precise Exposition of Its Procedure, Its Rites and Its Mysteries.* Londres: W. Rider & Sons, 1913.

Capítulo 9. A Frota Templária Perdida e a Jolly Roger

Baigent, Michael e Richard Leigh. *The Temple and the Lodge.* Londres: J. Cape, 1989.

Bradley, Michael Anderson e Deanna Theilmann-Bean. *Holy Grail Across the Atlantic.* Toronto: Hounslow Press, 1998.

Capítulo 10. O Mistério da Batalha de Bannockburn

Allen, Richard Hinckley. *Star Names: Their Lore and Meaning.* Nova York e Leipzig: G. E. Stechert, 1899.

Baigent, Michael, Richard Leigh e Henry Lincoln. *Holy Blood, Holy Grail.* Nova York: Delacorte Press, 1982.

Barbour, John. *The Bruce, or the Book of the Most Excellent and Nobel Prince Robert De Broyss, King of Scots.* Londres e Nova York: publicado para a Early English Text Society pela Oxford University Press, 1968.

Bower, Walter. *History Book for Scots: Selections from* Scotichronicon. Organizado por D. E. R. Watt. Edimburgo: Mercat Press, 1998.

Burns, Robert. *The Complete Poems and Songs of Robert Burns.* New Lanark, Inglaterra: Geddes & Grosset, 2002.

Gardner, Laurence. *Bloodline of the Holy Grail: The Hidden Lineage of Jesus Revealed.* Rockport, Massachusetts: Element, 1996.

Laidler, Keith. *The Head of God: The Lost Treasure of the Templars.* Londres: Weidenfeld & Nicholson, 1998.

Wallace-Murphy, Tim e Marilyn Hopkins. *Custodians of Truth: The Continuance of Rex Deus.* York Beach, Maine: Weiser Books, 2005.

Capítulo 11. As Pirâmides da Escócia

Bower, Walter. *History Book for Scots: Selections from* Scotichronicon. Organizado por D. E. R. Watt. Edimburgo: Mercat Press, 1998.

Capítulo 12. O Enigma do Mapa Perdido do Grande Marinheiro

Hapgood, Charles. *Maps of the Ancient Sea Kings, Evidence of Advanced Civilization in the Ice Age.* Filadélfia: Chilton Books, 1966.

Capítulo 14. O Tesouro Perdido dos Cavaleiros Templários

Baigent, Michael, Richard Leigh e Henry Lincoln. *Holy Blood, Holy Grail.* Nova York: Delacorte Press, 1982.

Sora, Steven. *The Lost Treasure of the Knights Templar: Solving the Oak Island Mystery.* Rochester, Vermont: Destiny Books, 1999.

Capítulo 15. Os Mistérios da Capela de Rosslyn

Brown, Dan. *The Da Vinci Code.* Nova York: Doubleday, 2003.

Hall, Manly P. *The Secret Teachings of All Ages: An Encyclopedic Outline of Masonic, Hermetic, Qabbalistic and Rosicrucian Symbolical Philosophy.* Los Angeles: Philosophical Research Society, 1988.

Hermetica: The Greek Corpus Hermeticum and the Latin Asclepius in a New English Translation. Cambridge, Inglaterra: Cambridge University Press, 1992.

Wallace-Murphy, Tim e Marilyn Hopkins. *Rosslyn: Guardians of the Secrets of the Holy Grail.* Rockport, Massachusetts: Element, 1999.

Capítulo 16. Desvendadas Novas Anomalias da Capela de Rosslyn

Kerr, Mark. *Proceedings of the Society of Antiquaries in Scotland,* vol. 12, 1877. onlinebooks.library.upenn.edu/webbin/serial?id=procsascot.

Slezer, John. *Theatrum Scotiae.* Edimburgo: Impresso por G. Ramsay para J. Thomson, 1814.

Wallace-Murphy, Tim e Marilyn Hopkins. *Rosslyn: Guardians of the Secrets of the Holy Grail.* Rockport, Massachusetts: Element, 1999.

Capítulo 17. Uma Falha em *O Código Da Vinci*

Barbour, John. *The Bruce, or the Book of the Most Excellent and Nobel Prince Robert De Broyss, King of Scots.* Londres e Nova York: Publicado para a Early English Text Society pela Oxford University Press, 1968.

Bentley, James. *Restless Bones: The Story of Relics.* Londres: Constable, 1985.

Bower, Walter. *History Book for Scots: Selections from* Scotichronicon. Organizado por D. E. R. Watt. Edimburgo: Mercat Press, 1998.

Brown, Dan. *The Da Vinci Code.* Nova York: Doubleday, 2003.

Gardner, Laurence. *Bloodline of the Holy Grail: The Hidden Lineage of Jesus Revealed.* Rockport, Massachusetts: Element, 1998.

The Gospel of Thomas, Annotated and Explained. Tradução e notas de Stevan Davies. Woodstock, Vermont: Skylight Paths Publishing, 2002.

Kerr, Mark. *Proceedings of the Society of Antiquaries in Scotland,* vol. 12, 1876. onlinebooks.library.upenn.edu/webbin/serial?id=procsascot.

Pistis Sophia: The Gnostic Tradition of Mary Magdalen, Jesus, and His Disciples. Traduzido por G. R. S. Mead. Mineola, N.Y.: Dover, 2005.

Capítulo 18. A Verdadeira Sociedade Secreta por trás de *O Código da Vinci*

Baigent, Michael, Richard Leigh e Henry Lincoln. *Holy Blood, Holy Grail.* Nova York: Delacorte Press, 1982.

Brown, Dan. *The Da Vinci Code.* Nova York: Doubleday, 2003.

Gower, John. *Confessio Amantis (Medieval Academy Reprints For Teaching).* Toronto: The University of Toronto Press, 1981.

Picknett, Lynn e Clive Prince. *The Sion Revelation.* Nova York: Touchstone, 2006.

Waite, Arthur Edward. *The Brotherhood of the Rosy Cross.* Kila, Montana: Kessinger Publishing, 1992.

Yates, Frances. *The Rosicrucian Enlightenment.* Londres: Routledge, 2001.

360

Capítulo 19. As Origens do Hino Nacional Americano e dos Estados Unidos

Baigent, Michael e Richard Leigh. *The Temple and the Lodge.* Londres: J. Cape, 1989.

Capítulo 21. Segredos Nacionais

Baigent, Michael, Richard Leigh e Henry Lincoln. *Holy Blood, Holy Grail.* Nova York: Delacorte Press, 1982.

Brown, Dan. *The Da Vinci Code.* Nova York: Doubleday, 2003.

Ovason, David. *The Secret Architecture of Our Nation's Capital: The Masons and the Building of Washington, D.C.* Nova York: HarperCollins, 2000.

Capítulo 22. Bacon, Shakespeare e a Lança de Atena

Bacon, Francis. *New Atlantis: Begun by Lord Verulam and Continued by R. H.* Los Angeles: Philosophical Research Society, 1985.

_____. *Sylva Sylvarum: Or, a Natural Historie.* Londres: Impresso por J. Haviland para W. Lee, 1631.

Shakespeare, William. *Richard II.* Nova York: Washington Square Press, 1996.

_____. *The Tempest.* Nova York: Washington Square Press, 1994.

Capítulo 23. Desvendando o Enigma de Shakespeare

Bacon, Francis. *The Advancement of Learning.* Nova York: Modern Library, 2001.

Shakespeare, William. *Hamlet.* Nova York: Washington Square Press, 2003.

_____. *The Tempest.* Nova York: Washington Square Press, 1994.

Capítulo 24. Francis Bacon e o Sinal do Duplo "A"

Bacon, Francis. *New Atlantis: Begun by Lord Verulam and Continued by R. H.* Los Angeles: Philosophical Research Society, 1985.

Bayley, Harold. *The Lost Language of Symbolism.* Mineola, Nova York: Dover, 2006. [*A Linguagem Perdida do Simbolismo*, publicado pela Editora Cultrix, São Paulo, 2006.]

_____. *The Tragedy of Sir Francis Bacon: An Appeal for Further Investigation and Research.* Nova York: Haskell House, 1970.

Budge, E. A. Wallis. *The Egyptian Book of the Dead.* Kila, Montana: Kessinger Publishing, 2005. [*O Livro Egípcio dos Mortos*, publicado pela Editora Pensamento, São Paulo, 1985.]

Potts, Mrs. Henry. *Francis Bacon and His Secret Society: An Attempt to Collect and Unite the Lost Links of a Long and Strong Chain.* Nova York: AMS Press, 1975.

Smith, William Henry. *Bacon and Shakespeare: An Inquiry Touching Players, Playhouses, Play-Writers in the Days of Elizabeth.* Londres: J. R. Smith, 1857.

Capítulo 25. A Perspectiva de Nostradamus

Koke, Steven. *Hidden Millennium, the Doomsday Fallacy.* West Chester, Pennsylvania: Chrysalis Books, 1998.

Nostradamus, Michel e John Hogue. *Nostradamus, the Complete Prophecies.* Londres: Thorsons Publishers, 1997.

Spadaro, Patricia, Elizabeth Clare Prophet e Murray L. Steinman. *Saint Germain's Prophecy for the New Millennium: Includes Dramatic Prophecies from Nostradamus, Edgar Cayce e Mother Mary.* Corwin Springs, Montana: Summit University Press, 1999.

Capítulo 26. Giordano Bruno

Hermetica: The Greek Corpus Hermeticum and the Latin Asclepius in a New English Translation. Cambridge, Inglaterra: Cambridge University Press, 1992.

Mendoza, Ramón G. *The Acentric Labyrinth: Giordano Bruno's Prelude to Contemporary Cosmology.* Rockport, Massachusetts: Element, 1995.

Capítulo 27. Joana d'Arc Revelada

Baigent, Michael, Richard Leigh e Henry Lincoln. *Holy Blood, Holy Grail.* Nova York: Delacorte Press, 1982.

Shakespeare, William. *Henry VI, Partes I, II e III.* Organizado por Lawrence V. Ryan. Nova York: Signet Classics, 1986.

_____. *Twelfth Night.* Nova York: Washington Square Press, 2004.

Capítulo 28. A Ressurreição do Alquimista

Hermetica: The Greek Corpus Hermeticum and the Latin Asclepius in a New English Translation. Cambridge, Inglaterra: Cambridge University Press, 1992.

Jollivet-Castelot, François. *Comment On Devient Alchimiste* (1897), ou *How to Become an Alchemist.* Paris: Chamuel, 1897.

Jung, Carl. *Alchemical Studies.* Traduzido por R. E. C. Hull. Princeton, Nova Jersey: Princeton University Press, 1967.

Lewis, Harvey Spencer. *The Mystic Triangle, 1925: A Modern Magazine of Rosicrucian Philosophy.* Kila, Montana: Kessinger Publishing, 1942.

McIntosh, Christopher. *The Rosicrucians: The History, Mythology and Rituals of an Occult Order.* York Beach, Maine: Weiser Books, 1998.

Rowe, Joseph. *The Quintessence of Alchemy: The Gnosis Interview with François Trojani.* http://www.lumen.org. Meados de 1996.

Capítulo 29. Fulcanelli e o Mistério das Catedrais

Bréton, André. *Manifestos of Surrealism.* Traduzido por Richard Seaver e Helen R. Lane. Ann Arbor: University of Michigan Press, 1969.

Fulcanelli. *Le Mistère des Cathédrales (The Mystery of the Cathedrals): Esoteric Interpretation of the Hermetic Symbols of the Great Work.* Londres: Spearman, 1971.

Hugo, Victor. *The Hunchback of Notre Dame.* Adaptado por Marc Cerasini. Nova York: Random House, 2005.

Capítulo 30. Isaac Newton e o Ocultismo

Hermetica: The Greek Corpus Hermeticum and the Latin Asclepius in a New English Translation. Cambridge, Inglaterra: Cambridge University Press, 1992.

Needham, Joseph. *Science and Civilization in China.* Cambridge, Inglaterra: Cambridge University Press, 2004.

Newton, Isaac. *Opticks: Or a Treatise of the Reflections, Refractions, Inflections & Colours of Light-Based on the Fourth Edition London, 1730.* Mineola, Nova York: Dover, 1952.

_____. *The Principia: Mathematical Principles of Natural Philosophy.* Berkeley: University of California Press, 1999.

White, Michael. *Isaac Newton: The Last Sorcerer.* Reading, Massachusetts: Perseus Books, 1999.

Capítulo 31. Newton, Alquimia e a Ascensão do Império Britânico

Newton, Isaac. *The Principia: Mathematical Principles of Natural Philosophy.* Berkeley: University of California Press, 1999.

Capítulo 32. Newton e a Bíblia

Daniel 7:26-27.

Drosnin, Michael. *The Bible Code.* Nova York: Touchstone, 1998. [*O Código da Bíblia,* publicado pela Editora Cultrix, São Paulo, 1997.]

_____. *The Bible Code II.* Nova York: Penguin. 2003. [*O Código da Bíblia II,* publicado pela Editora Cultrix, São Paulo, 2003.]

Newton, Isaac. *The Principia: Mathematical Principles of Natural Philosophy.* Berkeley: University of California Press, 1999.

Newton, Isaac. *Observations Upon the Prophecies of Daniel and the Apocalypse of St. John.* Kila, Montana: Kessinger Publishing, 2003. [*As Profecias do Apocalipse e o Livro de Daniel,* publicado pela Editora Pensamento, São Paulo, 2008.]

Snobelen, Stephen. *Isaac Newton, Heretic,* disponível em formato PDF em www.isaac-newton.org.

Capítulo 33. A Vida Notável de G. I. Gurdjieff

Beekman Taylor, Paul. *Gurdjieff and Orage: Brothers in Elysium.* York Beach, Maine: Weiser Books, 2001.

Blake, William. *The Complete Poetry and Prose of William Blake.* Berkeley: University of California Press, 1982.

Gurdjieff, G. I. *Beelzebub's Tales to His Grandson.* Nova York: Penguin Group, 2005.

_____. *Meetings with Remarkable Men.* Nova York: Penguin Books, 1969. [*Encontros com Homens Notáveis,* publicado pela Editora Pensamento, São Paulo, 1980.]

Joyce, James. *Finnegan's Wake.* Nova York: Penguin Books, 1999.

Milton, John. *Paradise Lost: A Prose Rendition.* Organizado por Robert A. Shepherd Jr. Nova York: Seabury Press, 1983.

Moore, James. *Gurdjieff. A Biography.* Rockport, Massachusetts: Element Books, 1999.

Ouspensky, P. D. *In Search of the Miraculous: Fragments of an Unknown Teaching.* San Diego: Harcourt, Inc., 2001.

Waldo, David Frank. *The Rediscovery of Man: A Memoir and a Methodology of Modern Life.* Nova York: G. Braziller, 1958.

Capítulo 34. A Expulsão de Espíritos Malignos

Modi, Dra. Shakuntala. *Remarkable Healings: A Psychiatrist Discovers Unsuspected Roots of Mental and Physical Illness.* Charlottesville, Virgínia: Hampton Roads Publishing, 1997.

Capítulo 35. A Autobiografia Paranormal de Benvenuto Cellini

Cellini, Benvenuto. *The Autobiography of Benvenuto Cellini.* Traduzido por John Addington Symonds. Kila, Montana: Kessinger Publishing, 2005.

Capítulo 36. Dostoiévski e o Espiritismo

Dostoiévski, Fyodor. *The Best Short Stories of Fyodor Dostoyevsky.* Nova York: Modern Library, 2001.

_____. *The Brothers Karamazov.* Nova York: Signet Classics, 1999.

_____. *Crime and Punishment*. Traduzido por Richard Pevear e Larissa Volokhonsky. Nova York: Everyman's Library, 1993.

_____. *Writer's Diary, Vol. 1: 1873-1876*. Traduzido por Kenneth Lantz. Evanston, Ill.: Northwestern University Press, 1997.

_____. *The Idiot*. Nova York: Fine Creative Media, 2004.

_____. *Notes from the Underground*. Traduzido e organizado por Michael R. Katz. Nova York: Norton, 2001.

_____. *Poor Folk*. Tradução e introdução de Richard Pevear e Larissa Volokhonsky. Ann Arbor, Michigan: Ardis, 1982.

_____. *The Possessed*. Traduzido por Constance Garnett. Nova York: Barnes & Noble Classics, 2005.

_____. *A Raw Youth* [or, *The Adolescent*]. Nova York: Dial Press, 1947.

Swedenborg, Emanuel. *Heaven and Its Wonders Described with an Account of Hell*. Kila, Montana: Kessinger Publishing, 2004.

_____. *The Spiritual Diary of Emanuel Swedenborg*. Londres: Newbery, Hodson, 1846.

Wilson, Colin. *The Occult*. Londres: Hodder & Stoughton, 1971.

Capítulo 37. Victor Hugo e os Espíritos

Hugo, Victor. *The Hunchback of Notre-Dame*. Adaptado por Marc Cerasini. Nova York: Random House, 2005.

_____. *Les Misérables*. Traduzido por C. E. Wilbur. Organizado por Laurence M. Porter. Nova York: Barnes & Noble Classics, 2005.

The Zohar. Traduzido por Daniel C. Matt. Stanford: Stanford University Press, 2003.

Capítulo 38. Sons e Imagens do Outro Lado

Macy, Mark e Dr. Pat Kubis. *Conversations Beyond the Light: Communication with Departed Friends & Colleagues by Electronic Means*. Irvine, Califórnia: Griffin Publishing Group, 1995.

Capítulo 39. Compreendendo a Experiência de Quase-morte

Atwater, P. M. H. *Coming Back to Life*. Nova York: Citadel Press, 2001.

_____. *The New Children and Near-Death Experiences*. Rochester, Vermont: Bear & Company, 2003.

Moody, Dr. Raymond A. Jr. *Life After Life: The Investigation of a Phenomenon-Survival of Bodily Death*. San Francisco: HarperSanFrancisco, 2001.

Morse, Dr. Melvin, com Paul Perry. *Closer to the Light: Learning from the Near-Death Experiences of Children*. Boston, Massachusetts: Ivy Books, 1991.

Ring, Kenneth. *Life at Death: A Scientific Investigation of the Near-Death Experience*. Nova York: Quill, 1980.

Tart, Charles. *Altered States of Consciousness*. San Francisco: HarperSanFrancisco, 1990.

_____. *Transpersonal Psychologies*. Londres: Routledge and Keagan Paul, 1975.

Capítulo 40. A Questão da Reencarnação

Lawton, Ian. *Genesis Unveiled: The Secret Legacy of a Forgotten Race*. Montpelier, Vermont: Invisible Cities Press, 2002.

Colaboradores

P. M. H. Atwater, doutor em Humanidades, é um dos primeiros investigadores no campo dos estudos de quase-morte. Atualmente, a sua base de pesquisa se estende a quase 4.000 adultos e crianças, e algumas das suas obras têm sido confirmadas em estudos clínicos. As suas descobertas estão contidas em sete livros, relacionados na sua página da Internet, www.pmhatwater.com. *Beyond the Indigo Children,* o seu livro mais recente, é o primeiro estudo em profundidade das crianças de hoje, combinando pesquisa objetiva com tradições místicas e profecias.

Vincent Bridges é o co-autor de *The Mysteries of the Great Cross at Hendaye: Alchemy and the End of Time* (Destiny Books, 2003). Ele também foi o consultor de história e guia da filmagem da inovadora biografia *Nostradamus: 500 Years Later* [Nostradamus: 500 Anos Depois] (que foi ao ar originalmente em dezembro de 2003 e ainda é exibida no History Channel). Mais detalhes sobre a sua obra encontram-se disponíveis em http://vincentbridges.com.

Peter Bros é o presidente de The FAR, um truste que possui mais de 120.000 artefatos mediterrâneos orientais, incluindo aproximadamente 20.000 manuscritos, alguns dos quais são pergaminhos que datam de mais de 2.000 anos. Um crítico de ciência consensual (peterbros.com), é o autor de *The Copernican Series* (nove volumes). O seu mais recente livro é *Let's Talk Flying Saucers: How Crackpot Ideas Are Blinding Us to Reality and Leading Us to Extinction,* as "idéias malucas" sendo o dogma da ciência empírica.

Richard Russell Cassaro é o autor do livro inovador *The Deeper Truth: Uncovering the Missing History of Egypt,* que evoca uma imagem poderosa de Osíris como o Pastor, o Messias e o eterno Rei do Egito antigo.

John Chambers é o autor de *Conversations with Eternity: The Forgotten Masterpiece of Victor Hugo,* que é a sua tradução das experiências de Victor Hugo com a mesa falante da ilha de Jersey. Ex-editor-gerente da International Thomson Publishing, John atualmente é o diretor da New Paradigma Books (http://www.newpara.com), em Boca Raton, Flórida.

David H. Childress estudou pessoalmente e em primeira mão os vestígios de antigas civilizações da África, Oriente Médio e China. É um especialista reconhecido em civilizações antigas e a sua tecnologia, sendo o autor de *The Lost Cities Series* [a série sobre Cidades Perdidas] (oito títulos) e de numerosos outros livros que narram as suas experiências em pesquisas de mistérios antigos. Continua a explorar, escrever e empolgar as pessoas com a possibilidade das descobertas pela sua revista *World Explorer* e a sua editora, Adventures Unlimited Press, situada em Kempton, Illinois.

Bill Eigles é o editor-gerente de *Aperture*, a publicação trimestral da International Remote Viewing Association, que promove a percepção paranormal validada. Ex-promotor e engenheiro profissional, é escritor, advogado e conselheiro noético.

Virginia Fellows é autora de *The Shakespeare Code*, explicando alguns dos fatos surpreendentes que descobriu depois de anos de pesquisa sobre o grande filósofo Francis Bacon, apenas parcialmente compreendido. Virginia trabalhava em um segundo livro sobre Bacon e o ocultismo quando faleceu em outubro de 2005.

William Henry é um mitólogo investigativo e pesquisador de projetos especiais junto à Subliminal Research Foundation, de Albuquerque, Novo México. O seu extenso banco de dados sobre simbolismo e mitologia egípcia e suméria capacita-o a detectar as maneiras surpreendentes pelas quais a história está se repetindo atualmente. É entrevistado regularmente em programas de rádio e faz palestras internacionalmente.

J. Douglas Kenyon passou os últimos quarenta anos demolindo barreiras a idéias que desafiam paradigmas. Utilizando a mídia das mais variadas formas, tem divulgado constantemente pontos de vista ignorados pela imprensa convencional. Fundou a revista *Atlantis Rising* em 1994, que desde aquela época tornou-se uma "revista de registro" de mistérios antigos, ciência alternativa e anomalias inexplicadas. É o organizador de *Forbidden History*, um livro provocador e inspirador, que inclui a obra de pesquisadores pioneiros a exemplo de Graham Hancock, John Anthony West e Zecharia Sitchin.

Ian Lawton é um escritor-pesquisador e conferencista em tempo integral, especializado em história antiga e filosofia espiritual e esotérica. Os seus primeiros dois livros, *Giza: The Truth* e *Genesis Unveiled*, destacaram-se pela erudição e tratamento lógico de aspectos espirituais dos assuntos ali estudados. Em 2004, escreveu *The Book of the Soul*, tão aclamado pela crítica que o levou a fundar o Rational Spirituality Movement (www.ianlawtom.com e www.rsmovement.org).

David Lewis é um jornalista especializado em estudos eruditos alternativos, interessando-se pelas origens da vida, pela civilização e pela existência humana. Tem contribuído regularmente com artigos para a revista *Atlantis Rising*, que trata de teorias alternativas sobre a história, a ciência, as origens humanas e a consciência.

Cynthia Logan é redatora da equipe de *Atlantis Rising* desde o começo dessa revista. Também contribui para outras publicações regionais e internacionais sobre assuntos relativos à Yoga e medicina alternativa.

Jeff Nisbet vem de uma carreira de trinta anos no meio jornalístico, o que lhe rendeu uma posição privilegiada em relação à arte da "manipulação das informações", capacitando-o a ver o que os "mestres da manipulação" têm preparado nos bastidores há milênios para montar uma versão consentida da história que devemos aceitar cegamente. As suas pesquisas indicam que os subtextos esperam para ser encontrados, escritos nas entrelinhas e por trás da "história" e do "mito" — subtextos que se aproximam mais da verdade real do que as disciplinas que nos ensinam na escola.

Peter Novak é um pesquisador sobre as lendas culturais da humanidade e de modernos relatos fenomenológicos da vida depois da morte. É o aclamado autor de livros pioneiros como *The Division* *of Consciousness* e *The Lost Secret of Death*, e costuma ser entrevistado e citado em programas da televisão e do rádio, além de ser um palestrante que se apresenta em conferências e simpósios nos Estados Unidos, no Canadá e na Europa. Além disso, tem vários trabalhos de pesquisa publicados sobre a psicologia dos fenômenos da vida depois da morte.

Mark Amaru Pinkham é o grão-prior americano da International Order of Gnostic Templars (www.GnosticTemplars.org). É o autor de *Guardians of the Holy Grail: The Knights Templar, John Baptist, and the Water of Life*, sendo constantemente entrevistado em programas americanos de rádio e televisão com relação aos mistérios dos Cavaleiros Templários e de sociedades secretas. Também organiza viagens a locais sagrados em todo o mundo que sejam associados aos Cavaleiros Templários e ao Santo Graal.

Steven Sora estudou história na Long Island University, embora a sua verdadeira paixão seja descobrir os mistérios deixados *fora* dos livros de história. Ao mesmo tempo que coleta evidências comprovando as travessias pré-colombianas do Atlântico, também observa a busca de duzentos anos de um tesouro na minúscula Oak Island, Nova Escócia. Depois de uma década de estudos e viagens para pesquisar o assunto, o seu livro *The Lost Treasure of the Knights Templar* foi publicado em 1999.

Mark Stavish estudou alquimia com os Philosophers of Nature — um grupo educacional e de pesquisas de Wheaton, Illinois, cujo foco é a alquimia e suas técnicas — de 1995 a 2000, atuando como diretor do Occult Research and Applications Project (ORA) durante aquele período. É autor de vários livros: *The Path of Alchemy — Energetic Healing and the World of Natural Magic; Healing Paths — Kabbalah and Energetic Healing;* e *Through the Gates — Lucid Dreaming, Astral Projection, and the Body of Light in Western Esotericism*. Atualmente é o diretor de estudos do Institute for Hermetic Studies, em Wyoming, Pensilvânia.